全国新闻出版系统职业院校统编教材

出版物流管理

CHUBAN WULIU
GUANLI

主　审：王元平
主　编：尹章池　张麦青
参　编：王　力　吴慧思　岳佳仪　郑怡琳　李柏轩

PRESS AND PUBLISHING

北京师范大学出版集团
BEIJING NORMAL UNIVERSITY PUBLISHING GROUP
北京师范大学出版社

图书在版编目(CIP)数据

出版物流管理 / 尹章池，张麦青主编. —北京：北京师范大学出版社，2019.3

ISBN 978-7-303-23298-7

Ⅰ. ①出… Ⅱ. ①尹… ②张… Ⅲ. ①出版业—物流管理—职业教育—教材 Ⅳ. ①F252.8

中国版本图书馆 CIP 数据核字(2018)第 003205 号

营 销 中 心 电 话 010-58802181 58805532
北师大出版社职业教育与教师教育分社网 http://zjfs.bnup.com
电 子 信 箱 zhijiao@bnupg.com

出版发行：北京师范大学出版社 www.bnup.com
北京市海淀区新街口外大街 19 号
邮政编码：100875
印　　刷：三河市兴达印务有限公司
经　　销：全国新华书店
开　　本：787 mm×1092 mm 1/16
印　　张：18
字　　数：452 千字
版　　次：2019 年 3 月第 1 版
印　　次：2019 年 3 月第 1 次印刷
定　　价：42.00 元

策划编辑：易 新　　责任编辑：周光明 易 新
美术编辑：焦 丽　　装帧设计：焦 丽
责任校对：段立超　　责任印制：陈 涛

全国新闻出版系统职业院校统编教材

编写指导委员会

编 委 会

序 言

以习近平同志为核心的党中央高度重视职业教育工作。2014 年，全国职业教育工作会议召开，习近平总书记就加快发展职业教育作出重要指示，强调职业教育是国民教育体系和人力资源开发的重要组成部分，是广大青年打开通往成功成才大门的重要途径，肩负着培养多样化人才、传承技术技能、促进就业创业的重要职责，必须高度重视、加快发展。2017 年，中华职业教育社成立 100 周年之际，习近平总书记专门致信祝贺，关心指导职业教育发展。在党的十九大上，习近平总书记指出，要完善职业教育和培训体系，深化产教融合、校企合作。习近平总书记关于职业教育的重要讲话，是习近平新时代中国特色社会主义思想的重要组成部分，是新时代推动我国职业教育发展的思想武器、强大动力和工作指南。

新闻出版作为主要依靠人才、依靠智力资源发展的行业，一直把推进职业教育、培养职业技能人才作为重要工作紧抓不放。党的十八大以来，在习近平新时代中国特色社会主义思想的指引下，相关部门实施高技能人才培养工程，举办职业技能大赛，开展职业技能培训和认证，成立行业职业教育指导委员会，着力推进新闻出版职业教育工作，取得了丰硕成果，为新闻出版业转型升级、繁荣发展提供了人才保障。党的十九大作出了建设文化强国的重大部署，提出要提高保障和改善民生水平，把教育事业放在优先位置。《新闻出版广播影视“十三五”发展规划》也对发展行业职业教育、培养职业人才作出了重要安排。面向新时代，立足新起点，必须要进一步贯彻落实习近平总书记关于职业教育的重要指示精神，着眼新闻出版广播影视强国建设，不断创新推动新闻出版职业教育工作，为行业繁荣发展提供强有力的人才支撑。

教材是职业教育的重要载体，是决定职业教育成效的关键因素。为了推动印刷行业提质增效、实现更高层次的发展，新闻出版职业教育指导委员会组织编写了平面媒体印制技术专业、出版与发行专业首批各十本专业教材，服务印刷、出版发行技能人才培养。从整体上，这批专业教材主要体现出以下几个特点：

一是把握现代职教体系要求。按照建设适应发展需求、产教深度融合、中职高职衔接、职业教育与普通教育相互沟通的现代职业教育体系的要求，做好教材内容设计。教材编写过程中注重中高职衔接，把握内容编排由简到繁、由浅入深，为系统培养适应经济社会发展需求的印刷、出版专业技能型特别是高端技能型人才打造精品教材。

二是教材编写模式多样。把握应用型教材的编写以社会实际需要为核心目标的特点，对教材编写模式不做统一要求，鼓励老师根据自身课程的特点，选取最适合这门课程教学的模式组织编写。编写过程中，采取了任务式、模块式、项目式等多种编写模式，有效解决了应用型人才培养过程中教材难以满足教学现状的问题。

三是强化业务实践能力。坚持理论的适度性、应用的系统性、实践的指导性、内容的先进性，按照岗位工作流程，以工作实践为主线，选用了大量典型的实践案例素材组织教材内容。每门课程内含几个大的模块，模块下再分任务。通过层层递进，突出人才培养过程中实践能力和专业技能的训练，强化学生的动手实践能力，为学生未来的就业打好坚实的基础。

四是遵循新的课程标准。教育部于 2015 年认定通过了平面媒体印制技术专业、出版与发行专业课程标准，对两个专业 4 门专业核心课及其他专业课都进行了界定，这为教材的编写提供了根本依据，也为教育教学提供了质量标准。教材编委会在组织首批教材的开发编写期间，严格按照新的课程标准编制教材内容，以学生职业能力和职业技能的形成为重点，充分反映时代特征与专业特色，能够有力满足学生学习的需求。

平面媒体印制技术专业、出版与发行专业首批各十本教材即将付梓出版，希望职业教育各个方面对教材的使用提出反馈意见，促进查缺补漏、吸取教训、及时改进，提升后续教材的开发编写工作质量，更好地为行业培养高素质技能人才服务。

编委会

2019 年 1 月

前言

物流业进入21世纪后获得了全社会的充分重视，出版业及时引入现代物流，快速建立起了较为先进的出版物流体系。出版物流契合了国家建立开放、竞争、有序和统一大市场的需要，也响应了出版单位降低物流成本、扩大市场利润空间的要求。出版物流的研究及其人才培养正受到越来越多的关注。许多新闻出版院校开设“出版物流管理”“出版物流实务”等课程。

本书为满足传播学学科建设和出版单位人才培训的需要而编写，它融合了出版学与物流学的知识和技术。本书是“全国新闻出版系统职业院校统编教材”中的一种。

综合而言，本书具有如下特色。

1. 国内目前关于出版物流管理的书较少，本书在系统、深入地讲述出版物流理论与实务方面做了积极探索。

2. 本书主编作为出版物流管理课程的主讲，主持了相关项目课题研究，其研究成果居国内领先地位。同时，本书积极吸纳出版业、物流业最新动态和研究成果，其体系内容在国内领先。

3. 本书注重实践技能的培养。根据各项目和任务的重点，本书设计了若干情景案例题、调查案例题、设计案例题、理论思考题，提高学生的动手能力，保证了理论教学的趣味性、实习实践的可操作性，以及两个环节的衔接和互动。

4. 本书应用领域广泛。全国目前有出版物流从业人员100多万，有近百所院校的新闻出版专业开设有出版物流课程，本书可以满足他们的学习需求。

本书将物流学的普遍性原理和方法运用于出版业的物流研究，力图揭示出版物流中的特殊性。出版物流不同于其他的普通物流，我们有责任研究和总结出版物流的特殊运作流程、规则和经验，帮助新闻出版行业降低物流成本，从而增加出版单位利润、提高经济效益。

尹章池、张麦青负责本书的编写大纲和框架，合作完成教材的初稿，并负责统稿和定稿。具体分工如下：尹章池、王力编写项目一、项目二和项目三；尹章池、吴慧思编写项目四和项目五；尹章池、李柏轩编写项目六；尹章池、郑怡琳编写项目七和项目八；尹章池、岳佳仪编写项目九、项目十、附录和参考文献。本书主审由江苏省新闻出版学校王元平担任。

在本书的编写过程中，我们参考了业内一些专家的研究成果，在此表示感谢。由于编者水平有限，书中不足之处，恳请各位专家和读者批评指正。

编　者

目 录

项目一　出版物流概述

学习目标

【知识目标】

1. 掌握出版物流的定义和基本内容。
2. 了解我国出版物流的发展阶段及特点。
3. 了解当前我国出版物流的主要问题及发展方向。

【能力目标】

1. 能够对出版物流的含义有一个清晰的认识。
2. 领会我国出版物流的发展过程。

【素质目标】

树立现代出版物流的理念和意识。

我国出版业(尤其是图书发行业)经过数十年的发展，已经拥有庞大的国有书店物流网络，在人员、场所、设备等方面为出版物流的发展奠定了坚实的基础。原以新华书店为储运渠道的局面已被完全打破。在上游，各出版社自办发行；在下游，各地方新华书店直接向出版社订货，省级以上新华书店被架空。与此同时，由新华书店总店领导的规模庞大、组织严密、覆盖全国而且颇具效率的全国出版物流体系已经被打破，取而代之的是各省店自立门户，各出版发行机构各显神通。随着出版业电子商务与连锁经营的推行，出版物流的重要性日益显现。

但是，出版业发展现代物流的时间还不长，对出版业现代物流理论和实践还缺乏系统性的探索，因此，加强对出版业物流理论与实践的研究，对于做大做强中国信息服务产业是十分必要的。

任务一　认清出版物流的内涵和特征

任务思考

结合你对“出版”和“物流”概念的理解，谈一谈“出版物流”的含义，并思考与一般物流相比，出版物流具有什么特点。

任务分析

出版物流是出版业所有物流的统称，其物流的主体是包括图书、期刊、音像制品、电子出版物等所有出版物，而出版物这一商品对上市时间要求很高、贬值较快，因此出版物流与一般物流相比，既有相通之处，又有不同之处。

1970 年，日本早稻田大学的西泽修教授出版了一本名为《流通费》的书，阐释了商品流通过程中“所不为人知的第三利润源”，从此，“物流是企业的第三利润源泉”的提法便逐渐传播开来。物流观念及其经营行为的变革，在制造业、运输业、批发零售业产生了深远的影响。20 世纪 80 年代中期，我国引入了物流的概念，并使之得到了一定程度的发展。20 世纪 90 年代初，“出版物流”的概念在我国图书发行界开始流行。近年来，随着出版业的体制改革以及出版市场的发展，我国的出版物流也初见规模，形成了以国有批发和零售企业为主体，多种经济成分、多条流通渠道、多种购销形式并存的流通体系。从原来的小规模、人工操作、附属于主业的“二等公民”到成为社店控制成本、增加核心竞争力的筹码，我国的出版物流实现了实质性的转变。2003 年后，出版物流中心的建设如火如荼，呈现出规模化发展的趋势。

一、出版的定义

“出版”一词，在英语中为 publication，来源于古拉丁语 publicattus。据考证，“出版”一词在中国出现于近代。出版与印刷术的发明密切相关，一般来说，先有印刷术后有出版。所谓版，在中国古代，是指上面刻有文字或图形以供印刷的木片。用雕版印刷的书籍，称雕版书。中国早在五代时就有刻印板、镂板，宋代有开板、刻板、雕版（在古代“板”通“版”）等词，但未曾出现“出版”一词。有的学者认为，“出版”一词是19世纪末、20世纪初从日本传入我国的。日本在18世纪50年代已出现了“出版”一词。如果用概括的说法，出版就是选择作品复制发行。我国古代表示出版行为的词语有“上梓”“梓行”“刊行”“开版”“板印”等。日本最初使用“出板”一词，西方近代活版印刷术传入日本后，开始把“出板”写作“出版”，并正式在官方文件中使用。中国人最先运用“出版”这个被日本人使用的汉字词，见于梁启超1899年在日本写作的《自由书》。另据王益先生考证，黄遵宪在《日本国志》的《学术志》中最先使用了“出版”一词。该书出版的时间大致是在1890年或1895年，比梁启超的应用早4年或9年。这一考证证明“出版”一词在中国更早就被使用。今天我们所说的“出版”一词，通常是指图书、报纸、期刊、音像、软件等的编辑（制作）、印刷（复录）和传播的统称。

在一些工具书以及有关的出版法规条例中，出版被定义为：

把书刊、图画等编印出来；把唱片、音像磁带等制作出来；把著作物编译成为图书报刊的工作，现在出版工作泛指出版、印刷、发行三个环节；选择某种精神劳动成果（文字、图形作品等），利用一定的物质载体进行复制以利传播的行为；用印刷或其他机械方法将文字、图画、摄影等作品复制成各种形式的出版物并提供给众多读者的一系列活动。

出版的字面意思是“出于印版”或“印出”。这个概念的产生同印刷术的发明有直接联系。在日本，明治二十年（1887年）颁布的版权条例（敕令76号），第一次以法令的形式给“出版”的概念下定义，“凡以机械、人工或其他方法印刷纸文书图画予以发售或散布者，均为出版”。

关于出版活动，一般可以表述为：社会上各种文稿、图片、信息、音像、录像制品等原件，汇集到出版机构以后，经过审定、选择、编辑和加工，使用一定的物质载体，复制成各种形式的出版物，通过流通渠道传播到全社会。狭义的出版活动，指图书刊物的编辑、印制和发行。

本公约所用“出版”一词，系指以有形形式复制，并向公众发行的能够阅读或可以看的作品复制品。根据一些专业书籍和有关文章的论述，作者概括和归纳出“出版”的概念。

与工具书的词条和有关法规相比，专业书籍中的“出版”概念有明显的操作性和对出版实践经验、技能进行总结的特点。

出版是指选择文字、图片或音像等方面的作品或资料进行加工，用印刷、电子或其他复制技术制作成为书籍、报纸、杂志、图片、缩微制品、音像制品或机读件等以供出售、传播。现代出版工作包含编辑、制作、发行、管理等环节。

出版包括编辑、印刷、发行三个方面。这三个方面是不可分割的整体。出版以编辑为中心，以印刷为手段，以发行为桥梁。编、印、发三者之间互相依存、互相制约、互相促进。

出版是人类社会经济、政治、文化发展到一定阶段的产物。出版物凝结着人类的思想和智慧，集聚了科学技术的发明创造和社会实践活动的经验与成果，反映了社会生活的各个方面。出版的历史是人类文明的历史，出版业的发展对社会的发展进步有着极其重要的作用。

二、物流的概述

作为与物质实体在时间和空间上的流动相关联的经济活动，在物质资料生产和流通过程中发挥着重要的作用。物流活动普遍存在于人类的贸易活动中，因此可以说物流活动的历史如同人类文明一样悠久。随着物流服务的实践及物流产业的发展，物流成为人们关注的重要领域。合理有效地组织和配置物流生产要素可以大幅降低成本，因此物流被称为物质资源和人力资源之外的“第三利润源泉”、“经济领域中的黑大陆”。

(一)物流的产生及定义

物流作为一种生产实践早已存在，但对于物流活动的科学管理及指导则是近代以来的事情。物流概念的正式形成也经历了漫长的过程，从20世纪初物流概念的最初提出至今，人们对物流活动和物流管理的认识几乎经历了一个世纪。物流的概念起源于军事学，在市场营销学中得到发展。

1. 物流产生的背景和条件

20世纪初，在北美和西欧一些国家，随着工业化进程的加快以及大批量生产和销售为大批量配送提供了条件，物资配送越来越成为经济活动中的一个重要环节，人们开始意识到物资采购成本对降低产品销售成本的重要性。尤其是20世纪50年代以后，经济发展使市场竞争日益激烈，生产中各个环节逐渐趋于专业化和集约化，物流与商流分离。在流通领域出现了超级市场、商业街等大规模的物资集散场所，人们开始使用现代的流通技术和设备，提高物资流通的速度和效益，使得商品的流通成本相对于生产成本有了降低的可能和趋势。

经济的迅速发展促进了市场的成熟，为了适应市场的需要，人们的经营理念也开始由“以生产为导向”向“以市场为导向”转变，高效的物流服务成为企业确保竞争力的重要手段。物流正是在降低成本和迎合市场营销观念的背景下孕育而生的。物流活动使其各个环节相互连接，实现物资在时间和空间上的衔接，使原来孤立的各项物流活动有机地结合在一起，形成一个物流大系统。

2. 物流概念的产生及发展

1901年约翰·格鲁威尔(John F. Crowell)在美国政府报告《关于农产品的配送》中，论述了对农产品配送成本产生影响的各种因素，揭开了人们对物流认识的序幕。此后，1905年美国陆军少校琼西·贝克(Chauncey B. Baker)在其著作《军队和军需品运输》中，从军事后勤的角度提出了物流的概念——Logistics，称其是“与军配的移动与供应有关的战争科学之一”。1915年，美国市场学学者阿奇·萧(Arch W. Shaw)出版了《市场流通中的若干问题》(*Some Problems in Marketing Distribution*)一书，从市场分销的角度提出了物流的概念——Physical Distribution。他指出，物资实体分配(Physical Distribution of Goods)就是怎样更省钱、更及时地将客户订购的产品送到客户手中，并且还指出“物资经过时间或空间的转移，会产生附加价值”，物资实体分配与创造需求同等重要，它们在市场分销中是相互平衡、相互依赖的。这两个概念提出之后，分别在其各自的专业领域都产生了一定程度的影响、应用和发展。

1927年拉尔失·布素迪(Ralph Borsodi)在《流通时代》一书中，用Logistics来称呼物流，为物流概念的形成奠定了基础。第二次世界大战期间，美国军事兵站后勤活动的开展以及英国在战争中对军需物资的调运的实践都大大充实和发展了军事后勤学的理论、方法和技术，因此支持了物流的发展。美国在战时采用的名词后勤管理后来被引入到商业部门，产生了商业后勤之说，定义为“包括原材料的流通、产品分配、运输、购买与库存控制、储存、用户服务等业务活动”，其领域统括原材料物流、生产物流和销售物流。

在营销领域，继阿奇·萧之后，物流的概念也逐渐受到了营销专家的注意。1933年，行业团体美国市场营销协会(AMA)最早给物流(Physical Distribution，简称PD)下了定义：“物流是销售活动中所伴随的物质资料从产地到消费地的种种企业活动，包括服务过程”。后来，这一概念进一步在美国得到发展和完善，到20世纪80年代中期形成了比较统一的概念，并逐渐得到了世界的公认。随着物流的发展和应用，物流的概念随着交易对象以及环境的变化也在不断地发展。美国物流管理协会(The Council of Logistics Management，简称CLM，世界上第一个物流专业人员组织，也是目前全球最有影响力的物流专业组织)，基于全球经济一体化和市场的国际化这一现实，在1998年对物流作出了最新定义：“物流是为满足消费者需要而进行的从起点到终点的原材料、中间过程库存、最终产品及相关信息高效低成本流通和储存的计划、实施和控制过程。”

美国密西根大学斯麦基教授提出了物流的7R理论，指出物流就是将恰当质量(Right Quality)、恰当数量(Right Quantity)、恰当价格(Right Price)的恰当商品(Right Commodity)，在恰当的时间(Right Time)送到恰当场所(Right Place)的恰当顾客(Right Customers)手中。1964年，日本也开始使用物流这一概念，把与商品实体有关的各项业务统称为“流通技术”。

1956年10月，日本生产性木部派出由早稻田大学12名教授组成的流通技术专门考察团赴美考察，将Physical Distribution这个术语引入日本。1965年，日本在政府文件中正式采用“物的流通”这个术语，简称为“物流”。到了20世纪70年代，日本已成为世界上物流最发达的国家之一。1981年，日本综合研究所编著的《物流手册》中对“物流”的表述是：“将物资从供给者向需求者的物理性移动，是创造时间性价值和场所价值的经济活动。包括包装、装卸、保管、库存管理、流通加工、运输、配送等诸种活动。”

物流的概念也逐步流传到了西欧、北美等许多国家。20世纪80年代初，Physical Distribution的概念随市场营销理论从欧美引入我国。借鉴日本人的翻译，我国也直接将其译为“物流”一词。2001年国家质量技术监督局发布的《中华人民共和国国家质量标准物流术语》(简称《物流术语》)中规定：“物流是物品从供应地向接受地的实体流动过程，根据实际的需要，将运输、储存、装卸、搬运、包装、流通加工、配送、信息处理等基本功能实现有机结合。”

(二)物流的分类

按照不同的分类标准，从不同的角度出发，可以将物流分成不同的类别，如表 1-1 所示。

表 1-1　物流的分类

分类标准	类别
按研究对象分类	宏观物流、微观物流
按物流涵盖的领域分类	社会物流、企业物流
按物流的作用分类	销售物流、生产物流、回收物流、废弃物物流
按物流活动覆盖范围分类	国际物流、国内物流、区域物流
按物流系统的性质分类	社会物流、行业物流、企业物流
按物流服务对象分类	一般物流、特殊物流
其他物流研究方法	军事物流、商业物流、绿色物流、网络物流

因为分类标准的不同，以上概念在内容上会有相互重合的地方。为了理解和学习的需要，下面对常用的概念作简单的解释。

1. 宏观物流

宏观物流是指从社会再生产总体角度进行认识和研究的物流活动。这种物流活动的参与者是构成社会总体的政府机构、产业、集团。宏观物流研究的重点是社会再生产的总体物流，重点在于政策法规、产业规划对政府、产业或集团的物流活动和物流行为的影响。

2. 微观物流

微观物流是指企业、消费者所从事的实际的、具体的物流活动。在整个物流活动中的一个局部、一个环节的具体物流活动以及在一个小的地域空间发生的具体的物流活动也属于微观物流。

3. 社会物流

社会物流指以一个社会为范畴，超越以家庭为单位、面向社会的物流活动。这种社会性很强的物流往往是由专门的物流服务者提供的。

4. 企业物流

企业物流主要是研究在企业运营过程中与物品的实体流动有关的所有物流活动，是具体的、微观的物流活动的典型领域，主要包括企业供应物流、企业生产物流、企业销售物流、企业回收物流以及企业废弃物物流。

(三)物流和供应链

供应链是围绕核心企业，通过信息流、物流、资金流将供应商、制造商、分销商、零售商以及最终用户连成一个整体的功能网络结构模式，链中的成员称为供应链的节点。更加确切地说，供应链是描述商品在需—产—供过程中各实体和活动及其相互关系动态变化的网络。

2001年我国颁布实施的《物流术语》中对供应链的定义是："生产和流通过程中，涉及产品或服务提供给最终用户活动的上游和下游企业所形成的网链结构"，即指产品生产和流通过程中所涉及的原材料供应商、生产商、批发商、零售商以及最终消费者组成的供需网络，可分为公司内部供应链、企业间供应链、区域性或全国性供应链及全球供应链等。它将供应链管理(Supply Chain Management，SCM)定义为："利用计算机网络技术全面规划供应链中的商流、物流、信息流、资金流等，并进行计划、组织、协调与控制"，即用系统工程的方法，在现代计算机网络和通信技术的支持下，将供应链上的所有企业作为一个不可分割的整体，对供应链中的物流、商流、信息流和资金流进行设计、规划、控制与优化，从而最大限度地提高供应链上企业群体的经济效益和竞争能力，寻求共同利益的最大化，并满足客户需求。供应链管理是一种集成的管理理念与模式，主要涉及四个领域：供应(Supply)、生产计划(Production Schedule)、物流(Logistics)和需求(Demand)。

传统观点认为，物流对一个企业而言仅仅是一个辅助部门，对制造企业的生产起一种支持作用。而在供应链管理环境下，企业的物流系统应与制造系统具有同等重要的地位，甚至更为重要。物流贯穿整个供应链，并连接供应链的各个企业，是企业间相互合作的纽带，物流管理在供应链管理中具有重要的作用，有统计数据表明，物流价值在各种类型的产品和行业中占到了整个供应链价值的一半以上。所以，有效地管理供应链的物流过程，将物流、信息流、资金流有效集成并保持高效运作，是供应链管理中的一个重要内容，这对于提高供应链的价值水平有着举足轻重的作用。

事实上，物流本身不产生利润，利润来自于供应链经营成本的下降和需求链附加价值的增加。在现代的市场环境中，企业只有建立敏捷而高效的供应链物流系统才能提高自身竞争力。目前，世界500强企业大部分建立了完善而高效的物流系统，依靠现代物流配送已成为提高企业竞争力的普遍做法。

(四)现代物流的内涵与功能

现代物流是综合、集约、先进的物流方式，是建立在先进的信息网络技术基础上，从需求预测、订单处理到采购、运输、仓储、加工、配送，从供应商到生产商和销售商再到用户，对物流全过程进行的科学控制和高效服务，是一体化的供应链和需求链。与传统物流相比，它最主要的特征是网络化和信息化。

随着经济全球化和世界贸易一体化，现代物流在世界范围内迅速发展，很多行业都引入了物流的概念，通过物流建设实现物资快捷配送，并减少企业运作成本。据有关专家统计分析，普通商品的物流成本占商品成本的64%以上。现代物流在企业的经营管理中有着十分突出的作用，主要表现在：

(1)占用最少的资金，准时可靠地组织各种原料的供应，追求低成本的订货批量；

(2)在生产过程中科学管理各种物料，详细计算出每个工种、工序的原材料、零部件使用的准确时间和数量，并以此为基础制订出整个生产过程的供应方案，使原材料、零部件供应与生产计划和设备的利用更加有序和协调；

(3)通过制定合理的配送路线和最精确的时间，把产品送到消费者手中，进而创造出新的市场需求；

(4)物流还是企业的一项专有资产，物流的能力不会被竞争对手轻易复制，在某种程度上属于无形资产。

众所周知，我国汽车制造行业的物流管理在国内制造业中走在前列，而上海通用汽车是其代表。每个参观过上海通用汽车公司的人都不得不承认其物流管理的先进性。在那里看不到自动化仓库，看不到无人搬运小车，甚至也看不到一般工厂用的高位货架，看到的是大量的单元化容器和看板系统(在日语中，看板的含义是信号或指示器，是生产过程中传递作业信号的工具，自20世纪60年代起在日本丰田汽车公司开始应用)，替代AGV(自动导引运输车)的是牵引车和叉车，所能感觉的是精益生产的精髓——效率和准时，而这也正是制造业物流追求的目标。

从国民经济发展的角度来看，物流是GDP(国内生产总值)的重要组成部分，影响着通货膨胀率、利率、生产率、能源成本等经济的诸多方面。若一国的物流成本过高，将会提高消费价格，降低企业利润，从而阻滞国民经济发展。我国是世界上物流成本最高的国家之一，据国际货币基金组织研究统计，物流成本平均约占全球国内生产总值的12%左右，美国、日本物流成本占GDP的比例分别为10.5%、11.4%，而中国物流成本占GDP的比例为16.9%。按照世界银行的估算，“十五”期间，我国如采用现代物流管理，每年可为全社会直接节省约2400亿元物流成本。因此，现代物流业已经成为中国经济发展的重要产业和新的经济增长点。

三、出版物流

从广义上来讲，出版物流是出版业所有物流的统称，是指在出版发行系统中，将出版物及其各种原材料从供应方向需求方的物理性流动及其存储的计划、实施与控制的过程；它同时也是一种出版经营管理战略思想。

在这个概念界定中，出版物不仅包括图书，还包括音像制品、电子出版物等其他出版物，其外延涵盖了图书物流和书业物流。同时，这个定义还将前端的材料采购和出版印刷中的物流也包括在出版物流中，这符合当前媒介融合经营环境下我国出版物流中心发展的现状与趋向。此外，这一定义中的出版物流系统不仅包括正向物流，还包括由于退货而产生的反向物流，又称逆向物流。

现代出版物流是以满足综合性图书的客户需求为目的，运用现代物流理论和技术，运用市场机制整合社会运输、仓储、装卸、搬运、加工、信息等功能，为提高图书产品以及相关图书信息从供应到消费的流动和储存的效率及效益而进行的计划、执行和控制的过程。

发展现代出版物流有利于促进图书管理水平的提高，从而提高企业整体竞争力，为出版业发展提供良好的支持环境。通过对图书销售物流进行整合，把物流业务从主业剥离，构建第三方物流，实行独立化运作，可以达到精干主业的目的，可以使图书出版企业把更多的精力用于提供更多的精品图书和市场营销等主营业务，提高企业的核心竞争力。实行物流的独立化运作，可以取得专业化分工的效率和规模化效益；通过对库存商品资源整合和提高物流效率，可以降低整个图书供应链商品库存水平，加速资金周转；图书商品的集中储存，可以减少仓库面积，降低仓储保管费用；通过使用专用运输集装工具，可以降低运输成本，从而实现企业的低成本运营，提高企业和产品的市场竞争力。另外，专业化的物流服务，保证物流在空间上的畅通、时间上的准确和质量上的稳定，有助于提升包括空间价值和时间价值在内的效用价值。遍布各地的高质量的物流配送网络还可以开展多元化商品配送业务，这既为出版企业的发展拓展了新的经营空间，又提高了客户满意度和对图书行业的忠诚度、贡献度与依存度，促进出版业的发展进入健康有序的良性循环轨道。

四、出版物流较之一般物流的特征

出版物流的主体主要还是出版物，由于出版物对上市时间要求很高、贬值很快，因此出版物流与一般生产性行业物流相比，对物流体系的强壮性、物流信息系统的信息处理能力提出了较高的要求，具体体现在以下三个方面。

(一)物流过程中的损耗是双重的

出版物是出版物流运作、管理的主要对象，出版物具有物质载体性和知识信息性的双重性质。一般商品由于物质的损耗导致使用价值和交换价值下降，而出版物在物流中的损耗，不仅仅是物质形态的丢失或磨损造成使用价值和交换价值下降，更重要的是，由于知识信息的出版、流通和交易滞后，会使出版物的主要使用价值丧失殆尽。

(二)退货率高于其他行业物流

从世界范围看，出版业的退货率高于其他任何行业。日本出版业退货率高居世界榜首，以图书为例，20 世纪 70 年代为 30%，1998 年达 41%，2000 年跃升到 44.7%；以期刊为例，2000 年的退货率，周刊为 24.5%，月刊为 32.6%；单个图书公司的退货率高达 54.5%。

近年来，我国图书库存庞大，退货率也持续攀升。据国家统计局公布的数据，图书库存占纯销售的比例越来越大。据 2002 年的调查估算，当年我国仅用于出版物流的总成本约 80 亿元(物流费率按 15%计算、退货率按 10%计算)，其中用于图书退货的物流成本约 7.3 亿元。同时，据主管部门统计，当年全国图书库存累计总价值超过 300 亿元。在高库存的背后是高退货率，现在我国有许多出版社的退货率达到 30%～40%，一些时效性较强的图书，如计算机类和某些畅销书等，退货率更是高达 50%～60%。而这仅仅是统计在册的数据，业内人士估计真实的库存和退货率远不止如此。

退货物流是正常物流的逆过程，其作业环节和所花费的成本往往比正向物流还要多，而且大部分是不能增值的不合理物流(在我国，出版物二次上架的比例较低)。高退货率导致高库存量，而库存图书占用的仓储空间、人力成本以及资金成本等也都是物流成本的重要组成部分，进而导致整个产业链上企业的经营成本大幅上升。因此，降低退货率，减少物流成本也就成为业界人士讨论的一个热点话题。

(三)出版物流便于通过信息现代化实现物流成本的降低

图书不同于其他产品，具有批量小、品种多、单价低、市场分布广、市场需求不确定和存在逆向物流等特点，因此在出版物流过程中，需要有完善的标准化系统、良好的存储条件、准确的分拣设施和高效的配送队伍，同时也需要对市场的需求做出尽量准确的判断，否则会导致大量的逆向物流。这就要求出版物流企业利用规模化效应降低物流成本，利用较高的物流技术和信息技术提高对图书需求的预测，提升分拣和配送效率。图书等出版物的可解释、可描述的精确性、有效性，可传播的广泛性、兼容性，可以使得信息技术得以有效应用，并且这些物流信息在整个流通配送甚至整个出版流程和经营中发挥强大的导向作用，使得图书在需求预测、标准化建设、分拣、配送、信息沟通等领域逐渐提升效率，最终降低出版物流的生产成本、交易成本和委托代理成本。

五、现代出版物流的特征

改革开放以后，我国的出版物流已经取得了巨大的进步，在理念、目的、手段和技术等方面超越了传统图书储运。

(一)功能集成化

现代出版物流不再局限于图书储运的具体操作，更着眼于将物流纳入整个出版企业的经营活动中来考虑。要具备更多的功能并且要使之实现一体化，要与商流、资金流和信息流集成，使出版链条的上、下游能够很好地衔接起来。比如，现代出版物流要保证出版企业的物流成本和服务水平与企业的整个经营战略合拍，就要求物流信息能及时反馈并加强对经营决策的支持，要求物流与分销渠道能够彼此配合等。

(二)手段现代化

现代出版物流一个非常重要的内容就是把先进的技术、设备与管理应用到出版物流中来。它和图书发行自动化有一部分内容是重合的，如计算机技术、通信技术、机电一体化技术、语音识别技术的应用等，所以也表现为自动化、机械化、无纸化和智能化等。此外，像电子订货技术(Electronic Order System，EOS)、电子数据交换技术(Electronic Data Interchange，EDI)、条码技术、地理信息系统(Geographical Information Systems，GIS)、全球定位系统(Global Positioning Systems，GPS)、卫星通信、射频识别技术(Radio Frequency Identification，RFID)、机器人等都应该适当地应用到出版物流系统之中。一般来说，出版企业生产、流通的规模越大、范围越广，则物流技术、设备及管理的现代化水平应当越高。

(三)服务系列化

除了传统的图书储存、运输、包装和流通加工等服务外，现代出版物流向上扩展至图书市场调查与预测、图书采购及订单处理，向下延伸至图书配送、物流咨询、物流方案的选择与规划、图书库存控制策略建议、货款回收与结算、物流教育培训等增值服务。

(四)目标系统化

现代出版物流从系统的角度统筹规划出版企业的物流活动，要求不因单个物流环节的最优而损害企业整体效益的最优。例如，出版社发行部和书店采购部门通常希望保持较宽的图书采购面和较多的单品备货量，以增加销售机会和避免缺货情况的发生，虽然书店方面因为目前出版退货体制的特殊性而不像以前那样对库存非常敏感，但相应地，退货率会上升，社店双方的物流工作量同时加大，对企业流动资金的占用也会更多，这些负面影响是显而易见的。这需要出版企业在物流管理中做好平衡，以整体效益最优为目标。

(五)作业标准化

现代出版物流要求作业流程和动作的标准化、规范化与程式化。这样做的目的主要有三个：一是使复杂的作业简单化，以便于推广和考核；二是很多现代物流技术和设备都有特定的标准和操作规范，在工作中必须遵守；三是为了实现供应链管理，使出版上、下游企业之间的物流能及时准确地衔接，减少标准差异造成的障碍，大家能够执行共同的一套标准。

(六)反应快速化

流通速度一直都是整个出版产业界抱怨的一个问题，单从物流这一环节来看，可以改进的方面有很多。现代出版物流在这方面成效显著，基于计算机网络、需求分析和预测技术、库存管理技术和现代储运设备等的支持，出版物流的速度可以充分满足市场的需求，主要表现为及时反应、前期准备时间缩短、配送速度加快、配送间隔缩短和周转次数增多等。

(七)组织网络化

现代出版物流还表现为拥有健全的出版物流网络体系，而不再是以前那种分散、割裂的出版物流据点遍地开花的状况。该网络能够提供集成化、一体化的物流服务，例如为社店提供“门对门”的物流服务。它既保持了相当的地理覆盖面，又具备了较高的物流运作水平。这样才能保证为出版企业提供快速、全方位的物流支持，保证整个出版物流网络实现最优的库存水平和库存分布。

任务二　梳理国内出版物流发展历程

任务思考

随着我国出版业规模的扩大和互联网技术的发展，出版物流行业也发生了很大的变化。请思考出版物是如何从出版商运送到读者手中，中间会经过什么环节，和以前纯仓储时期的出版物流相比，当今的出版物流发生了什么变化，有哪些显著的优势和特点。

任务分析

我国自20世纪80年代引入物流概念以来，出版物流的发展逐步受到出版集团和发行集团的重视，90年代以前，主要是图书存储和运输阶段；90年代中后期进入批销中心时期；21世纪以来，出版物流建设力度加大，出版物流朝着现代化出版物流发展，相继进入了现代化物流基地时期、电子商务出版时期和“互联网＋”出版物流时期。

我国的出版物流发展起步比较晚，至今也只有十余年的历史。在物流的概念被引入出版业以前，我国的出版业还只有储运工作，主要做春秋两季的教材发行，基本都是手工操作。

20 世纪 80 年代末至 90 年代初，物流概念从欧美、日本引入我国，引起政府和主管部门关注，并开始深入业界人心，特别是 20 世纪 90 年代中后期以来，各省出版部门日益认识到出版物流对提升我国出版企业和整个国民经济竞争力具有重要的支撑作用，于是积极推动出版物流发展，把发展出版物流作为一项涉及经济全局的战略性问题来抓。全国各地也都把发展出版物流作为出版产业经济腾飞的重要措施和支撑点，因此，在过去十余年的时间里，我国出版物流建设取得了从扩容到升级的实质性发展。出版物流从原来的小规模、人工操作、附属地位成为连锁总部的必要支撑，建立在以网络为平台的信息流基础上的现代化物流成为店社核心竞争力之一。

从 1995 年到 2004 年，中国出版业在 10 年间，无论是卖场规模、销售业态、新旧技术，还是行业聚会、购销形式、仓储运输和物流建设，出版物分销领域的诸多方面均发生了翻天覆地的变化。20 世纪 90 年代中期，书店面积多为几百平方米，3000 平方米、两三万品种的书店就算是超级大书店了。而今，各地的书城动辄上万平方米，几十万品种，北京图书大厦一家书城的年销售额就能达到 3 亿多元。近年出版界最热门的连锁经营、网上书店和物流中心，十年前更是凤毛麟角。过去的这十年，是我国出版业的大发展时代，书店、出版社物流基地经历了从无到有，从小到大，从手工到自动化、智能化操作的蜕变过程。出版物流不再是过去附属于主业的“二等公民”，不再是脏乱差的工作环境，现代化的出版物流已成为社店控制成本、增加核心竞争力的筹码。

表 1-2 是国内部分出版物流中心建设情况的统计表，粗略地勾勒出我国出版物流的发展路径，可以说是我国出版物流的一个缩影。从中可以看出我国的出版物流经历了从纯仓储时期到批销中心时期，再到兴建现代化物流基地时期的过程。目前，随着信息技术的发展，电子商务技术在出版物流中的应用已经十分普遍，我国的出版物流进入了全新的电子商务出版物流时期。

表 1-2　国内部分物流中心建设情况统计表

名称	时间	仓储面积(m^2)	备注
浙江新华发行集团物流基地	1995 年	500	
	1996 年	2000	
	1998 年	7000	
	1999 年	9000	
	2001 年	1.4 万	
	2002 年	4 万	
	2004 年	8.15 万	

续表

名称	时间	仓储面积(m^2)	备注
江西新华书店联合有限公司物流中心	20世纪90年代初	7000	一般图书品种最早只有1万种，目前近20万种；销售额从最初的近1000万元增长到了后来的2000万元、7000万元，2003年达2.2亿元
	90年代中期(成立批销中心)	另租4000(与原教材仓储分开)	
	2000年至今	4万	
辽宁北方出版物配送公司	1996年成立批销中心	2000	销售额最初为近4000万元，品种从1万种发展到3万种再到七八万种，目前有20万种
	2003年至今	4.5万	
广东新华发行集团物流中心	90年代中期	1万	品种从最初的1万种到高峰时12万种，目前长期备货8万余种
	1999年	5万	
外研社物流基地	1995年之前	简易库房	2003年发货11亿，2004年增长到20亿，设计发货能力20亿
	1995年	3000	
	1996年	6000	
	2000年至今	2.8万	

一、纯仓储时期(20世纪90年代以前)

20世纪90年代之前，图书是卖方市场，新华书店只有简单、小规模的仓储运输，一些出版社甚至连库房都没有，谈不上真正意义的物流。新华书店主要做教材仓储发运，而且只有春秋两季，一般书数量少。出版社根据新华书店征订的数目印刷，配送也是按订单通过新华书店发货，每份单子复本量都很大，对速度要求也不高，多是铁路运输。出版社无须考虑库存问题，几乎无经营风险，许多书甚至从印刷厂就直接拉到了新华书店。

二、批销中心时期(20世纪90年代中后期)

20世纪90年代中后期，随着一般书出书品种增多，省店原来的仓储面积不够了，不适应销售需要，于是纷纷成立批销中心，进行现货批发。将分散在出版社的书集中到批销中心，再由批销中心销售至基层店，形成了一般书在批销中心进、销、发、运一体的运作形式。批销中心的作用就是地域性的物流基地。过去库房管理是封闭的，入货、出货数目相等，库管员用卡片管理就行。现在批销中心库房向客户开放，现货到货速度比以前期货征订和看样订货都快，客户随时挑选现货，随时取货，库存管理从静态变为动态。业务量加大，销售额增加，单靠库管员用笔记录已不现实，这时便引入了计算机管理。就出版社而言，随着出书品种增多，市场变为买方市场后，出版社库房面积不够；加上出版社有了自主发行权，销售商多元化，既有新华书店也有民营书店，订单的复本量却少了，要求出版社减配，这加大了库存；由于信息不畅，出版社对市场估计不足，盲目加印，库存加剧；实行退货后，出版社库存大大增加；再加上盗版猖獗，风险向上游转移。以上问题对出版社物流提出了新要求，许多出版社开始兴建或扩大库房面积。

三、兴建现代化物流基地时期(20 世纪 90 年代末至 2005 年)

到了 20 世纪 90 年代末，批销中心也已不适应不断扩充的图书品种和快速到货、快速铺货、快速上架的市场要求。面对数量日益庞大的图书品种、小批量订货、退货大的现状，批销中心力不从心。再加上连锁的实行，对物流发展提出了更高要求。连锁总部面对上游众多出版社和下游多家基层店，要有大型仓储面积，还要有高效的采购配送系统、高效的退货处理系统、高效的运输集散系统以及标准化和体系化的物流设备和辅材。这就进入了第三个时期，兴建现代化物流基地时期。

这个时期省级新华书店改制为发行集团，传统的储运系统提升为现代物流系统，因为发行集团集中了各地所有出版社，汇集了原有出版社的物流量，从集约经营和规模效应考虑，建设 5 万～10 万平方米的现代物流基地既必要也可行。如浙江新华发行集团物流中心、辽宁北方图书配送中心、江西新华集团物流中心、安徽新华集团物流中心、深圳书城物流中心以及武汉新华书店集团物流中心等的营业面积都达到了 3 万～8 万平方米。它们引进物流系统，采用自动分拣系统、计算机集成管理和独立的运输车队，实现了对本集团出版物流的全程服务。同时，发展了第三方物流，向社会其他行业或其他系统提供物流服务。特别是一些出版和发行统一的集团，其优势更加明显。

四、电子商务出版物流(2005 年至 2015 年)

物流尽管仅仅是整个商务过程中的一个环节，但却是商品和服务价值的最终体现，如果没有解决好，前端环节的价值是无法实现的。书店、出版社不惜投入巨资建立现代化的物流中心，扩大库房面积，引进先进的分拣、管理设备，就是看到了现代物流在降低成本、利用电子商务等方面的重要性。目前几家在业内领军的店、出版社，无一不是早已实现自动化和智能化，拥有先进的管理和设备，实现了商流、资金流、物流和信息流的有效结合。

电子商务的发展给我国出版物流带来了无限的增值空间。通过信息监控，可以随时跟踪货物的状态和物流的每个过程，也便于对员工工作量和质量的考核，而这在手工时代根本无法想象。比如，辽宁北方出版物配送公司引入了 RF 无线射频(以无线信道作为传输媒体)管理货位，可以随时调整、点存，解决了管货难的问题，也改进了批销中心时期要阶段性盘点而不得不暂停营业的做法；引入退货分拣系统，提高了退货处理效率，现在的处理速度是原来人工速度的 10 倍，解决了退货难题；引入智能分拣系统和自动导航系统，解决了找货难的问题。

江西新华书店联合有限公司物流中心拥有在业内领先的设备：第一是自动分拣机，有四个投入口，100 个出口，意味着一次可以分拣 100 家基层店的图书或处理 100 家供货商的退货，每小时处理 3000～4000 册图书；第二是电子标签储位管理系统，过去工作人员只能通过记忆在仓库的茫茫书海里找书，而现在每种书都贴有三仓式电子标签，只需条码一扫，就可知道这本书在第几层货架上，在该货架的哪个储位上，可取多少册；第三是垂直输送机，每个楼层在分拣完毕后通过该机器可以自动传到一楼，不必再由工作人员上下楼搬运。先进的设备再加上计算机管理，整个系统连在一起。现在供货商只要通过省店提供的用户名和密码，登录总部网站，就可以查到该种图书在总部、每个连锁店的销量、库存，而不必亲自到现场查验。门店也可上网查总部的库存情况。总部可以监控门店每天的销量、每个社销售的总码洋等，门店营业收入按照一定比例自动通过网上银行传给总部。退货单通过网络传给总部，总部拆包后，通过自动分拣机分拣，退给相应的出版社。并且该分拣机还有一个好处，如某一出版社的书也许不是该社主发的，而是通过其他渠道进的货，也能自动分拣出来，各就各位。在这种监控设备的管理下，信息化、数字化程度高，差错率是万分之一，几乎可以忽略不计。

2004 年发货量近 30 亿元码洋的江苏新华发行集团已完成三期物流中心建设，占地 214 亩。在 2005 年下半年投入使用的自动化设备先进、齐全，包括数据管理、新书快速分拣、基层店添配、空箱自动调度存储、退货理货，建立现代化、条码编制识别与打印等自动化系统，特别是为出版社提供退货后的加工处理，将书清洁修整后，实现二次流通。生产用房采用大跨度、局部多层、钢结构的建筑形式。

上海世纪出版集团成立后，按照规模经营、降低成本、细分市场、扩大销售的原则，建立了集团发行中心，建立现代化的出版物流中心被提上日程。世纪秋雨物流就是集团对现代出版物流的探索，依赖一整套计算机信息管理系统，从图书制造、入库、储存、拣货、加工、出货到销售、退回，按照物流流程进行规划、控制、检查，保证每个环节准确无误，并即时提供市场销售信息。在拣货系统中，采用了智能型电子标签，针对不同的图书和用户，明确显示“由谁拣”“到哪拣”“拣什么”“拣多少”“拣给谁”等信息，确保物流作业的弹性、效率和正确性。还有精确的自动分类集货系统，各拣货区拣好的图书，沿输送带，经集货分类场的条型码扫描识别，自动集结在一起，进入出口进行复验和打包出货。退货也依靠计算机系统进行处理。该集团还拥有完整的销售和存储图书信息管理、分析系统和对员工绩效考核的系统。发行中心还与各出版社实行出版、销售信息联网，与世纪秋雨物流通过网络进行数据传递和交换。集团易文网建立了集团版图书的网上 B2B 信息交换系统，加强供应链管理，与全国近 40 家重要销售商建立了网上销售信息的链接。世纪秋雨在运行了三年的基础上，正在筹划二期物流工程。

五、互联网＋出版物流(2015 年至今)

2015 年 3 月李克强总理在第十二届全国人大三次会议上提出要制动“互联网＋”行动计划的要求，要求各行业利用信息化手段，以互联网为平台，进行融合、优化、转型、延伸并创造出新的业态，推动移动互联网、云计算、物联网、大数据的发展，从此我国出版业进入了“互联网＋”时代，出版物流也进入“互联网＋出版物流”新时期。这一时期随着新的互联网技术的发展，出版企业的实体书店受到了来自网上书店和电子出版物的冲击，很多出版社纷纷自建网上书店，并开展与京东、当当、亚马逊等网络电商平台的合作，在这种形势下，很多新的商业模式和多元化经营一起推动着“互联网＋出版物流”的发展。

以新华文轩为例，文轩在四川建设了成都、广元、南充、内江 4 个物流中心，其中，成都作为总库拥有所有的物流职能，既可以给中盘事业部发货，也可以给零售事业部发货，广元仓库主要承担逆向物流，处理退货，而作为交通枢纽铁路覆盖面广的内江库和南充库则主要承担新华文轩的教材物流，专业化的分工使文轩的出版物流运作更加高效。新华文轩还拥有覆盖全国 24 个省市区的图书批发配送网络，每家分公司都建立物流中心，服务于销售和客户，例如，在上海采购的图书，可以直接让供应商发往上海分公司，再由上海分公司分发至全国，这样就避免了先发送至成都大库再发至全国，大大节省了物流成本，在时间上也可以节省 5～7 天。此外，在网络销售上，新华文轩采用“铁三角专库储配模式”，即选择北京、成都、无锡三个专库构成地域上的“铁三角”阵型，进而辐射全国范围，2015 年文轩网“双十一”销售单日全网第一的好成绩，与背后强大的物流战略密不可分。

一直以来，新华文轩都十分重视信息化建设，文轩网拥有世界先进的 ERP-ASP 系统，一流的现代化物流系统，物流系统立体储存面积 10 万平方米，每天可收货 2 万个品次，可挑选 4.5 万个品次，加工处理 3.5 万个运输包件；文轩也一直重视先进的物流技术的运用，文轩旗下的子公司四川文传物流有限公司就在物流建设过程中广发运用自动化箱件式、自动化托盘式立库、高位叉车、RF、电子标签等现代化的物流设施与设备；在网络布局方面，搭建起全国五大区域性配送中心省内 114 个末端物流节点，仓储面积达 30 万平方米。目前新华文轩已经基本形成了“自建物流中心＋第三方终端配送”的物流配送模式。文轩正在建设总面积 20 万平方米的“西部文化物流配送基地”，一期工程已经竣工，并与国际物流业巨头敦豪(DHL)、国内的京东等企业达成合作，在满足自身发展的同时，面向市场提供第三方物流。

任务三　国内出版物流的现状和发展方向

任务思考

在我国出版物流实践中，长期存在的一种出版物流是仓储和运输的错误观念，而一个完整的出版物流过程应该是仓储、库存、运输、配送、包装、信息处理的集合体，从企业的角度，你认为应该如何加强我国的现代出版物流建设。

任务分析

出版物流的建设应该体现为高度的信息化、适度自动化、流程合理化与实际需求匹配的原则，企业应当加强自身硬件建设和信息化建设、培养和引进专业化的出版物流人才、积极发展第三方物流，以此提高出版发行业的整体效益。

一、我国出版物流建设的现状

目前中国出版业已经认识到与国际出版物流的差距，为了尽快与国际出版物流接轨，中国出版业加快了出版物流建设的步伐，进行了一系列物流建设活动：全面发展连锁经营，建立大型物流配送中心。然而，现代物流是一项真正意义上跨行业、跨地区乃至跨国界的系统工程，它是整合运输、包装、装卸、仓储、配送、退货及物流信息处理等各种功能而形成的综合性物流活动模式，其最终目的是提高效率，降低成本，提供良好的服务功能。但是由于我国对现代出版物流建设缺乏统筹安排和进行物流建设的经验，出现了很多新问题。

全国出版业纷纷建立物流中心和配送基地，为出版物流的发展创造了物质基础和前提条件，反映了出版物流建设和整合的重要性已成为业界的共识，出版业也为此投入很大的物力、人力和财力。

由湖南出版集团投资1.1亿元人民币建设的一个大型物流中心总建筑面积超过5万平方米，提供从纸张、印刷到图书分拣的“一条龙”服务，该物流中心还具备成为第三方物流的能力，2003年9月14日，该物流中心被冠名为“湖南华瑞物流有限责任公司”。

武汉最大的出版物流中心于2003年9月开工，该中心坐落在江岸区黄浦科技园内，规划用地3万多平方米，总建筑面积4万多平方米，中心全部完工后包括全国出版物电子商务信息中心、彩印中心，将成为集印刷、发行以及销售于一体的出版物流中心，并为半径500千米内的各类图书连锁店提供全天候、全方位的配送服务。

安徽省新华发行集团有限公司物流配送中心于2003年10月16日举行奠基仪式，该物流配送中心建在合肥市庐阳区产业园内，占地112亩，总投资人民币8000万元。物流配送中心的建设将使安徽省新华发行集团实现由粗放式经营向集约化经营的转变。

江西省新华书店现代化物流配送系统于2003年9月16日投入试运营，该系统实时互动的查询功能不仅使全省新华书店的业务计算机管理以及网上查询、网上下单订货成为现实，而且实现了出版社、销售店、发货店之间的数据共享和链接。

2000年9月北京西南物流中心在京郊建立并投入运行，下设上海、广州、青岛、重庆等分公司，现有库房总面积30万平方米，合作出版社100家，年营业额100亿元，是一家有较大影响的非出版企业。

综合以上，可以看出，出版物流建设的主要特点表现为：从全国范围讲，时间相对集中；投入的资金较多，规模较大；大多数由省一级出版企业进行运作，且具有地域性；应用现代化的设施装备和计算机技术信息管理；集体和民营企业加入出版物流领域，为出版物流的发展与整合打下了良好的基础，也将进一步促进出版业走向做强做大之路。另外，有的省市出版物流建设的规模和进度与自身发展水平还有一定的差距，其实际效用尚未得到完全发挥。

较之国际出版物流而言，我国出版物流还处于起步阶段，其建设和发展呈现出观念滞后性、分布不均衡性、供需矛盾性、技术落后等特点，出版市场还未真正形成现代物流体系。存在的主要问题有：

(1)产业集中度低，抑制了出版物流的规模；

(2)出版物流区域分割；

(3)出版物流结构失衡；

(4)出版物流系统建设缺乏整体规划。

二、发展我国出版物流的对策与方向

在中国出版业组建集团、全面推进连锁经营的过程中，物流系统是供应链的核心，物流系统的整合与优化是出版物供应链整合的关键。因此，发展现代出版物流，是中国出版发行业的必然选择。出版物流建设的目标是，通过合理的资源配置，加快周转，实现规模效益，更高效、快捷地服务于出版营销，提高出版发行业的整体经济效益。按照我国出版业的实际，出版物流的建设应该体现高度信息化、适度自动化、流程合理化和与实际需求匹配的原则，控制建设成本。

为此，政府、行业协会、企业需要形成合力，有所分工。针对前面所列出版物流存在的问题，我们探讨其发展对策和方向。

(一)宏观方面

1. 树立现代物流理念

在我国，长期存在着一种物流就是仓储和运输的错误观念，加上长期受“重业务、轻储运”观念的影响，没有认识到物流在很大程度上决定着商流，导致物流成了制约商流发展的瓶颈，也成为中国出版业发展中的软肋。对此，我们应从根本上转变物流观念，牢固树立现代物流理念。现代物流业投入大、回报慢、本身效益低，但综合效益高，因此，我国出版物流建设要有长远发展的眼光，无论是企业自己组织物流，还是委托社会化物流企业承担物流任务，其具体经营都要采用市场机制，要以“服务、成本”的最佳配合为总目标。现代物流业既是市场经济满足公众物质需求的产物，同时，它的发展也将促进我国市场经济的完善，并更快地融入世界经济循环。

2. 进行产业重组，实现规模化经营

目前在出版物流过程中普遍存在着资金周转慢、库存积压大、退货率高、经济效益低下的困难。这种现状将成为整个产业现代化的障碍，只有实现产业重组，实现物流规模化运作，才能彻底解决上述问题。目前在许多省市正在运作的集团化经营，正是实现规模经营的积极尝试。但需要注意的是，在规模化经营中，规模要适度，要与市场发育相适应，尤其在物流中心的建设上。如果事实上并没有足够的图书流通规模支持物流中心的运营，就会造成企业资源闲置和资金亏损，但是，如果规模过小、分布过散，又无法获得规模效益，规划过于保守可能会使企业在未来物流业务扩张时受到抑制。建设出版业物流中心要与地区经济发展环境相适应，要与周围的出版企业发展水平相适应，要与城市交通、城市用地等环境因素相适应，要与当地城镇整体发展的中长期规划相适应，高度统筹、全盘考虑。具体来说，可以发挥本地的一些优势，如人力成本较低、交通便利、市场发达等，一味强调高起点、大投入是不合适的。

3. 物流中心战略定位、布局模式应当合理，防止重复盲目建设

战略定位解决发展方向问题，决定出版物流中心的类型、形式和运作方式，如销

售型图书配送中心是定位于流通的，储存型图书配送中心是定位于中转的，二者的运作方式也就截然不同；布局模式则是对战略定位的深化，是物流中心运行体制的具体化，它决定了物流中心的业务功能、服务对象、服务范围等。是否有合理的战略定位和明确的布局模式在很大程度上决定了出版物流中心的成败。配送中心、仓储中心、中转中心、批销中心等出版物流节点，在全国出版网络一盘棋中要有明确的数量、规模和科学布局，避免投资浪费，走绿色物流建设之路。现在出版物流中心都是由各省出版企业在各自的区域范围联合兴建的，宏观上相互之间缺乏协调和全盘的规划，有强化流通壁垒之嫌。这不利于出版业连锁经营，因为连锁经营的初衷就是要打破地区界限，所以，物流是否引导和促进了连锁经营是检验出版物流成败的标杆。

4. 采取有效措施，加快物流标准化的进程

2003年年底，《中国出版物物流标准总体规范》通过专家评审；2006年4月1日，《图书流通信息交换规则》开始实施；2007年1月1日，中国与世界同步实施新的13位ISBN(International Standard Book Number)标准。这表明，我国出版物流的标准化进程在加快。针对当前物流标准化进程中存在的问题和国际物流标准化的发展方向，政府应继续充分重视出版物流标准化工作。在制定出版物流标准过程中，需要征求各方面意见，协调出版物产业链上各企业的关系和利益，对产业链的状况作充分的调查研究，提出标准化方案，制定和实施各项具体标准，并以法律手段切实保障各项工作的顺利实施。一方面，要在物流用语、计量标准、技术标准、数据传输标准、物流作业和服务标准等方面做好基础工作。另一方面，也是更为重要的，要加强标准化工作的协调和组织工作，对国家已经颁布的各种与物流活动相关的国家标准、行业标准进行深入研究，对已经落后于经济技术发展水平的标准要尽快淘汰，并代之以新型标准；对图书的托盘、集装箱、各种物流搬运和装卸设施、条形码等通用性较强的物流设施和装备的标准进行全面梳理，并进行统一修订和完善，尽快使各种相关的技术标准协调一致，从而提高整个出版产业链上的物流运作效率，真正实现整个产业的现代化。

消除壁垒，实现全国出版物流的协调利用鉴于贝塔斯曼等国外资本已成功进入我国出版业，中国的出版物流市场遭遇国际范围内的竞争，因此，政府应站在一个更高的起点制定我国的出版物流发展战略，以维护我国的出版业利益。具体讲，要从全局出发，有计划、有步骤地先在几个区域建成有规模、有实力、技术含量高的出版物流基地，再日益完善和联网，使中国新兴的现代出版物流体系从一开始就朝着集约、集中、专业、联网的方向发展。同时，打破物流为各企业自有的现状，成为第三方物流，为业内各出版、发行单位服务，实现全国物流的协调利用。

(二)微观方面

1. 重新塑造作为上游的出版社与作为下游的批发、零售商的关系，缔结物流联盟

当前市场竞争的主要特征不再是单个企业之间的竞争，而是在更大范围和更高层次上的整个供应链之间的竞争。“出版—批发—零售”是一条完整的供应链，任何一个环节都必须依赖于完整的供应链而存在，因此，现代出版物流的建设必须要从改善企

业整个供应链的高度来思考，任何谋求将成本降低或利润增加建立在损害供应链上其他成员的利益上的做法，都是不可取的。出版物流必须走出目前各企业自营物流的现状，主动与相关的上游、下游单位结成一个基于相互信任和相互合作的紧密的供应链联盟。具体地，图书批发企业可选择与出版社联盟，与零售商联合，或三方联合形成产、供、销一体化。

2. 硬件建设和信息化建设

物流工作的顺利展开和持续发展有赖于功能完善的基础设施和现代化的信息系统支撑。

(1)合理选择出版物流设备系统

目前国际上的物流设备先进、技术成熟，但不能不加分析地全部引进，一定要适合中国出版业的实际，一是要看企业出版发展的水准，二是要看企业的资金实力。中国很多企业的失败往往是盲目引进超过企业承受能力的“先进设备”，背上沉重包袱而倒闭的。

根据出版业的业务发展特点和“完善的系统设计、低廉的运行成本、适度的设备配置、渐进的发展步伐”的建设思路，应使出版业的物流建设能与出版业的业务发展、经济发展相配套，既要避免物流建设跟不上业务发展的需要，又要避免贪大求全造成企业资产的闲置和浪费。

就目前物流设备的建设，并结合图书的特点来看，图书配送中心的物流设备系统选取可以分为三大部分。第一，自动拣选系统。该系统相对于人工定位法来说，可接受计算机管理系统的信息，继而自动完成商品定位、数量确认、货位确认等工作。第二，分拣系统。分拣系统承担两项功能：按照配送方式形成配送数据，通过机械设备分发给客户；把各基层书店的退货分拣为退回供货单位的货物和退回物流中心的货物两大类。第三，报件分拣系统。该系统可自动识别报件所属的客户，进行打包处理之后，进入到货位。该系统利用条码技术，具有自动纠错功能，可以协助有关工作人员确认图书数量、图书品种是否正确，具有较高的准确度。

(2)发挥政府的组织领导职能，加快物流信息化和网络化建设

出版、流通、销售之间，商流与物流之间未能建立有效的信息机制，不仅影响物流系统运转的效率，还影响整个出版产业供应链的效率。所以，出版物流首先应投入的建设是信息化建设，包括出版物流信息的商品化、出版物流信息收集的数据库化和代码化、出版物流信息处理的电子化和计算机化、出版物流信息传递的标准化和实时化、出版物流信息存储的数字化等，这些将为物流供应链的整合和采用外部物流资源提供条件。

政府作为宏观指导部门，应当重视出版物流信息化的建设和发展，为出版物流发展提供必要的物流信息平台和制定信息交换标准。首先，应制定政策，规定各企业在实施平台建设和信息交换方面的权利与义务，鼓励多种所有制形式的资本投资于公共平台建设，如国外的在版书目的建设与维护就是基于这两个方面，中国的在版书目也离不开这两点；其次，应该推动现代信息管理技术的应用，如 ERP、MRP 等在出版企

业和发行企业内部物流管理中的应用，全面提高出版企业的信息管理水平；在此基础上，还应制定统一的物流信息识别和交换标准，鼓励和帮助图书产业链上各环节实现信息资源的共享和联通，逐步使图书销售的商流、物流、信息流一体化。而一体化内容的核心是以快速、准确、高效、集约为基点，以适应图书市场发展要求为目的。“他山之石，可以攻玉”，在这方面，可以借鉴东贩公司商流、物流、信息流一体化的运作模式，它们从图书采购、到订单形成及物流处理全部网络化，真正做到了信息共享。

3. 培养和引进高质量的专业人才

现代物流是一项跨行业、跨部门、跨地区甚至跨国界的系统工程，它需要掌握各类现代知识的专业物流人才，而这不仅是中国出版业而且也是整个中国产业界所缺乏的人才。为了解决这一问题，就要采取有力措施，加快专业人才的引进和现有人才的培养。

目前可以采取的办法有：①加强出版物流从业人员在职培训力度，针对不同岗位进行电子商务、计算机操作、信息系统管理、仓储管理、运输管理等相关培训，通过“做中学”的方式进行自我提升，逐步实现出版物流人员持证上岗，培养一批既能适应实际工作需要又具有较高理论素养的出版物流人才。②要着手积极引进其他行业乃至国外的物流人才。③强调“标杆学习”，在条件允许的情况下，将现有出版物流人员送到国外出版物流企业或到国内其他先进的外资或中外合资物流企业学习。④发挥大专院校在物流诊断、策划和研究方面的作用，为出版企业开展物流管理服务。出版物流企业要与大专院校和科研单位建立联系，借助他们的专业优势，制订系统、完整、可靠的物流方案，提高运作水平，走“产学研”结合之路。

4. 完善物流服务

图书是一种特殊商品，它不仅品种多、金额小，且极易发生差错，而物流工作是个多元化的有机整体，在实际工作中，出现差错在所难免。这就要求在图书流转过程中，物流部门要认真负责，变“你要我做什么”为“我能做什么”，在物流策划、运输配送、包装分拣、库房管理、退货回收、存货管理等一系列工序上全面实施信息化和网络化管理，及时跟踪物流运作程序，切实做好各方面服务。这不仅体现了“以客户为中心”的现代服务理念，也是适应市场竞争的要求。

优胜劣汰是市场竞争的规律，当前，图书市场是买方市场，批发和零售商必定会选择供货信誉好、供货及时、费用低、服务好的物流渠道来实现商品的流通和销售。因此，一定要完善物流服务，最大限度地挖掘由其带来的潜在市场，充分发挥其增值功能。在这方面，中国建筑工业出版社便借助图书连锁店的“三零需求”经验，即“充分满足所要求的零距离、零风险、零遗憾”。在国外，全球最大的图书批发商——英格拉姆图书集团为零售书店和网上书店提供的“隐形服务”业务也很值得借鉴，即网上书店和零售书店将订单传给英格拉姆并告知该书的零售价格、读者的姓名及地址，由英格拉姆配货并贴上带有零售书店和网上书店标志的发货凭证标签，然后寄送到读者手中。对于读者而言，只知道自己是从零售书店和网上书店购买了图书，并不知道英格拉姆在其中提供的“隐形服务”。对批发商提供的这种客户服务，零售书店和网上书店当然满意，而批发商不仅获得了业务，还直接掌握了相当多的客户信息，市场趋向直指零售终端，这种资源的积累也非常有利于批发商对市场的掌握和资源开发。

5. 发展多样化物流，实现国有出版物流与民营出版物流、外资出版物流相结合

国内改革开放到现在，出版发行体制改革和相关联的教育体制改革已经进入到纵深阶段，新华书店垄断经营的局面早已成为历史。国家对新华书店的扶持政策已经逐渐变成行业政策，不再是过去单纯的企业政策，国内出版业市场已经基本成形，并且越来越规范，竞争越来越激烈。目前国内图书发行市场的总体状况是"七分天下"，新华书店、民营、外资、业外资本、出版社自办发行、系统发行及非法经营七种力量共同参与市场分配。市场经济最基本的特征和要求是市场竞争的公开、公平和公正，因此，我们鼓励多样化物流的存在与发展，可以激发市场活力。如果按资本构成来划分，以上七种力量可以归类为国有出版物流、民营出版物流和外资出版物流。换句话说，首先，我们要鼓励国有出版物流与民营出版物流、外资出版物流结合发展。因此，在不断深化国有出版物流改革的同时，也要制定相关政策，鼓励民营资本、民营企业、外资企业进入出版物流企业，特别是在资金、税收、土地上予以政策倾斜，以实现优势互补，进而形成三足鼎立、互相竞争、相互制衡、共同发展的市场格局；其次，引进国际先进物流管理理念，激活、规范和引导国内出版物流，按照国际惯例，调节物流企业运行机制；再次，规范、引导自办物流，鼓励利用社会物流，同时鼓励大型出版物流中心在满足本行业商流服务的同时，挖掘现有仓储设施的潜力，利用现有运输工具等储运物业，开展新业务，为相关部门承办代储、代运业务，使物流工作由单一服务类型向服务经营型转变，逐步形成以出版为主的多元化物流服务体系。

6. 积极发展第三方物流

近年来，国外物流企业加快投资中国市场，外资带来了先进经营理念、经营模式和管理技术。同时，一些外资制造商、零售商等在国内率先将物流业务外包，推动了国内专业的第三方物流市场的发育和成长，从总体上看，中国第三方物流的发展已进入快速增长期，但与国外相比仍有20～30年的差距，且地区与行业之间发展极不平衡，在我国出版物流领域，差距则更大。开展第三方物流业务，可以提高物流运作场地和自动化设备系统的利用率，细化服务举措，增加物流配送收入，摊薄运营成本。一般情况下，出版物流企业拥有良好完善的网络，因此一些企业可以借助这一优势，将触角伸向行业内外，与一些品牌企业建立合作关系，在拓展第三方物流市场的同时，完善和锤炼自身能力。隶属湖南出版集团的湖南华瑞物流有限责任公司自成立伊始，就将自身定位为文化出版行业领先的第三方物流企业，并以此进行设计、运作，与国际著名的物流公司进行战略合作，并成立专门的市场部，积极开拓其他行业的物流业务。2005年8月，刚刚试运营4个月的华瑞物流就与食品行业的旺旺公司签署短期合同，并通过努力迅速续签，此后又和家电行业的创维公司签署合同，为其提供物流服务。同时华瑞物流还与众多的知名品牌企业建立了初步的关系，为与客户进一步合作打下了良好的基础。

鉴于我国图书出版和销售单位的总体数量不多的现状，应该提倡建设为出版社服

务的第三方物流平台和打破省际边界的区域性第三方物流。

我国的出版物流面临的问题比较多，解决问题的关键还在于与时俱进。尽快改变过去的经营模式，加强对终端的掌握、对物流资源的整合，将是我国出版物流的发展方向。

思考与练习

1. 简述物流的定义与分类。
2. 什么是出版物流？与一般生产性行业物流相比，出版物流有什么特点？
3. 现代出版物流有什么特征？
4. 我国出版物流的发展经历了哪几个阶段？
5. 发展我国出版物流的主要对策有哪些？

项目二　出版物流系统

学习目标

【知识目标】

1. 了解出版物流系统的含义与分类。
2. 熟悉出版物流信息系统和作业系统的基本内容。
3. 了解国内外先进的出版物流系统案例。

【能力目标】

1. 能够实地进行出版物流系统实践，了解出版物流信息系统和作业系统的运作。
2. 运用出版物流系统知识进行实际出版物流系统案例的分析。

【素质目标】

1. 训练学生对实际出版物流系统进行评价。
2. 能够为出版物流的信息系统、作业系统提出合理的建议。

任务一 构建出版物流系统

任务思考

系统是由相互作用和相互依赖的若干要素组成的具有特定功能的有机整体，结合系统和出版物流的概念，思考什么是出版物流系统，它应该由哪些要素构成，对出版物流有着什么作用。

任务分析

系统虽然是若干单元的集团体，但是其发挥的作用并非几个单元之间的简单相加，出版物流系统也是同样，它由出版活动中的图书运输、存储、装卸、搬运、包装、流通加工、配送、信息处理等要素构成，整个系统将各个要素加以整合、集成和最优化的处理，使出版物流取得最合理、最高效、最经济的方案，力求人尽其才、物尽其用。

所谓系统是指由两个或两个以上互相区别又互相联系的单元结合起来，以完成特定功能的有机联合体。这几个单元之间相互区别又相互联系、相互作用、相互依赖。每个系统都有一个环境，它由多个单元组合而成，同时它又是其从属的一个更大的系统的构成部分。系统具有如下几个特性。

1. 整体性

系统运动整体效果，不一定是系统的各要素活动效果之和，一个有效的系统的各要素的总和能带来“整体大于部分”的效果。

2. 层次性

系统作为相互作用的诸要素的总体，可以分解为一系列的子系统，并存在一定的层次结构，在不同的层次结构中存在着不同的运用形式，构成了系统的整体运动特性，为深入研究复杂系统的结构、功能并有效地进行控制与调节提供了条件。

3. 目的性

系统的整体目的就是要创造价值和提供服务，达到一定的经济效益与社会效果。

4. 开放性

任何一个系统，不论大小都是社会系统的一个组成部分。因此，它必须不断地与外部社会环境交换能量与信息。

5. 适应性

任何一个系统都存在于一定的物质环境之中，因此，它必然要与外界产生物质、能量和信息的交换，外界环境的变化必然会引起系统内部各要素的变化。不能适应环境变化的系统是没有生命力的，只有能够经常与外界环境保持最优适应状态的系统，才是具有不断发展势头的理想系统。

6. 相关性

组成系统的要素是相互联系、相互作用的，相关性说明这些联系之间的特定关系和演变规律。

7. 控制性

有效的系统必须有畅通的信息与反馈机制，使各项工作能够及时有效地得到控制。

根据系统和出版物流的概念，可以把出版物流系统定义为出版活动中各项物流功能相互联系的统一体。按照物流活动的特点，可以把出版物流系统分为图书储存、图书运输、图书装卸、图书搬运、图书的包装、图书的流通加工、图书配送和有关图书物流的信息处理；按照物流活动的作用，可以把出版物流系统分为图书原材料供应物流、图书制作物流、图书销售物流和图书回收物流；按照出版物流的实施主体，可以把出版物流系统分为出版商发展的物流系统、批发商发展的物流系统、零售商发展的物流系统和货物运输企业发展的第三方(社会)物流系统；按照物流活动发生的阶段，可以把出版物流系统分为出版环节的物流和发行环节的物流；按照出版物流活动的空间范围，可以把出版物流系统分为地区出版物流、国内出版物流和国际出版物流。

在出版物流公司系统的组成中，从功能角度看，不仅包括了基本的作业环节，而且物流信息贯穿于物流作业的全过程，因此，出版物流系统是由出版物流作业系统和支持物流系统运作的信息流动系统——出版物流信息系统两个子系统组成的。

一、出版物流信息系统

出版物流信息系统是指在保证商品的采购、订货、进货、库存、发货和商品配送过程中信息通畅的基础上，实现通信据点、通信线路和通信手段的网络化，在企业活动中与其他功能——采购、生产、销售系统有机联系，从而提高物流作业系统的运作效率。

(一)出版物物流信息系统的功能

1. 数据收集

物流数据的收集首先是将数据通过收集子系统从系统内部或者外部收集到预处理系统中，并整理成为系统要求的格式和形式，然后再通过输入子系统输入物流信息系统中。这一过程是其他功能发挥作用的前提和基础，如果一开始收集和输入的信息不完全或不正确，在接下来的过程中得到的结果就可能是实际情况完全相左，这将会导致严重的后果。因此，在衡量一个信息系统性能时，应注意它收集数据的完善性、准确性，以及校验能力和预防和抵抗破坏能力等。

2. 信息存储

物流数据经过收集和输入阶段后，在其得到处理之前，必须在系统中存储下来。即使在处理之后，若信息还有利用价值，也要将其保存下来，以供以后使用。物流信息系统的存储功能就是要保证已得到的物流信息能够不丢失、不走样、不外泄、整理得当、随时可用。无论哪一种物流信息系统，在涉及信息的存储问题时，都要考虑到存储量、信息格式、存储方式、使用方式、存储时间、安全保密等问题。如果这些问题没有得到妥善的解决，信息系统是不可能投入使用的。

3. 信息传输

物流信息在物流系统中，一定要准确、及时地传输到各个职能环节，否则信息就会失去其使用价值了。这就需要物流信息系统具有克服空间障碍的功能。物流信息系统在实际运行前，必须要充分考虑所要传递的信息种类、数量、频率、可靠性要求等因素。只有这些因素符合物流系统的实际需要时，物流信息系统才是有实际使用价值的。

4. 信息处理

物流信息系统的最根本目的就是要将输入的数据加工处理成物流系统所需要的物流信息。数据和信息是有所不同的，数据是得到信息的基础，但数据往往不能直接利用，而信息是从数据加工得到，它可以直接利用。只有得到了具有实际使用价值的物流信息，物流信息系统的功能才算发挥。

5. 信息输出

信息的输出是物流信息系统的最后一项功能，也只有在实现了这个功能后，物流信息系统的任务才算完成。信息的输出必须采用便于人或计算机理解的形式，在输出形式上力求易读易懂，直观醒目。

(二)出版物物流信息的组成与特点

物流系统是涉及社会经济生活各个方面错综复杂的大系统，关系到图书原材料的供应商、生产制造商、出版商、批发商、零售商以及最终消费者市场流通的全过程。因此出版物流信息数量十分巨大，按照信息的来源划分，出版物流信息可以划分为物流内部信息和物流外部信息。物流内部信息包括物料流转信息、物流作业层信息，具体包括运输信息、存储信息、物流加工信息、配送信息、定价信息、物流控制层信息和物流管理层信息。物流外部信息包括供应商信息、消费者信息、社会交通讯息信息、出版物市场信息、出版政策信息。

在出版行业，物流信息的种类十分繁多，来源广泛，这就使得出版物流信息的分类、研究、筛选等工作难度进一步增大，在出版发行物流企业内部，来源广泛的物流信息要求物流企业建立起有效的信息收集和处理系统，实现企业内部的信息统一化和信息共享。尤其在当今的互联网时代，出版物物流供应商必须不断更新原有的数据库，使物流信息得到及时的更新。因此，出版物物流信息系统具有实时化、网络化、系统化、规模化、专业化、集成化、智能化等特点。出版物物流信息他系统以物流信息传递的标准实时化、存储的数字化、物流信息处理的计算机化为基本内容。

(三)出版物物流信息系统流程

以某省新华书店的物流信息管理系统为例，其主要流程有：从省新华书店计算机信息管理系统获得图书入库上架、移位转架、配发出库、退书上架的信息，通过自动化输送线，由操作人员使用 RFID 无线扫描器完成图书上架、移位转架、拣选配送等操作。在整个无纸化操作过程中可实现全程实时跟踪，及时反映各任务单的执行情况并进行实时数据查询、任务分解、包件数量统计、图书拣选路线的优化计算、人员安排等工作。如图 2-1 所示。

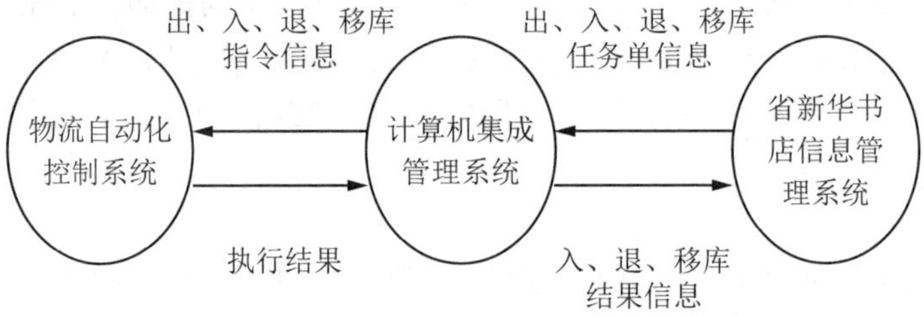

图 2-1　某书店出版物流信息系统流程图

此外，出版物流信息系统的维护也十分重要，主要包括库存管理，自动生成订单，优化配送路线，对系统用户的定义及维护，对系统内周转箱及传输作业口的定义、维护以及系统的参数设置等。

（四）出版物物流信息技术

出版物物流信息技术主要包括条码技术、无线射频（RF）技术、计算机网络技术、多媒体技术、电子数据交换（EDI）技术等。

条码是一组黑白相间的条纹，由若干黑白相间、粗细不同的条状符号组成，其中，黑色条对光的反射率低而白色条对光的反射率高，再加上条与空的宽度不同，就可以产生不同的反射接受效果，然后在光电转换设备上转换成不同的电脉冲，形成可以传输的电子信息。出版发行企业运用条码技术，并借助先进的扫描技术、POS 系统和 EDI 技术，可以对出版物进行跟踪，获得实时数据。目前条码技术已经广泛运用在出版物物流销售信息系统、销售跟踪、库存系统、分货拣选系统等方面。

无线射频（RF）技术是利用无线电波对记录媒介进行读写的一种识别技术，并且可以穿透某些障碍物进行非接触识读，可识别高速运动的物流，抗恶劣环境能力强，保密性强。无线射频技术广泛运用在仓库管理、运输管理、生产管理、物料跟踪、运载工具和货架识别等环节，适合用在商店，特别是超市中的商品防盗等场合。

电子数据交换（EDI）技术指的是根据认同的标准进行构造，将所定义的报文在计算机应用系统之间进行电子交换。这种技术在物流行业的最大优势就是将从不同渠道获得的供应商、出版社、消费者的信息根据预先规定的标准化格式实现不同计算机之间的数据传输交换，使数据传输速度和准确性大大提高，极大地扩大了信息含量，并且降低库存水平和运营成本。

二、出版物流作业系统

物流作业系统是指在商品的运输、仓储、包装、配送、流通加工和装卸搬运等作业环节中，使用各种先进的手段和技术，将商品的生产点、物流点、运输配送路线和运输手段组成一个合理、有效的网络系统，并以此来提高物流活动的运输效率。出版物流作业系统包括出版物进货作业、搬运作业、存储作业、盘点作业、订单处理、拣货作业、补货作业、出货作业、输配送作业等内容。如图 2-2 所示。

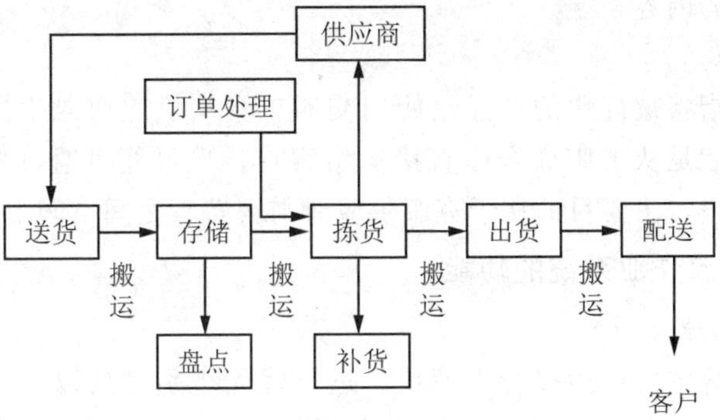

图 2-2 出版物流作业系统基本作业流程

(一)出版物流作业系统的组成

1. 进货作业

进货作业包括把图书做实体上的接受，从火车上卸下，并核对图书的数量及状态，进行入库信息输入。

2. 搬运作业

图书搬运作业则是将不同形态的图书在平面或垂直方向上加以提起、放下或移动，以便进行运送或将图书适时、适量移至适当的位置或场所存放。

3. 存储作业

存储作业主要任务在于把即将出货的图书做保存，且经常要做库存品的核检控制，不仅需要善用空间，还要注意存货的管理，尤其物流中心的储存与传统的仓库存储运营形态不同，更要注意空间运用的弹性和存量的有效控制。

4. 盘点作业

盘点作业指的是有些出版物因为存放过久、不恰当，致使品质技能降低，难以满足客户或消费者的需求。为了有效地控制出版物数量，而对各储存场所进行数量清点的作业。盘点作业的结果对出版公司影响很大，若物流公司未能多加注意且及时、有效施行，对公司的损益将有重大影响。

5. 拣货作业

拣货作业是指物流中心根据每张客户的订单中对不同出版物种类和数量的需求，将不同种类数量的出版物由物流中心取出集中在一起。在出版物流作业系统中，拣货系统是十分重要的一环，其扮演的角色相当于人体内的心脏，而其产生的动力来自于客户的订单，拣货作业的目的也就在于正确且迅速地集合顾客所订购的产品。

6. 补货作业

补货作业包括从保管区域将货品移到另一个为了做订单拣取的动管拣货区域，然后将此迁移作业做信息上的处理。

7. 出货作业

出货作业是将拣取分类完成后的货品做好出货检查，装入妥当的容器，做好标示，根据车辆趟次别或厂商别等指示将物品运至出货准备去，最后装车配送，这一连串的过程即为出货作业的内容。

8. 输配送作业

输配送作业是指将被订购的产品，使用交通工具从供应商或生产地送至客户手中的活动，而其间可能是从出版商仓库直接运给客户，也可能再通过批发商、经销商或由物流中心转至客户，主要目的在于克服供应者与消费者之间空间上的距离。

(二)出版物物流作业系统的功能

1. 入库作业处理

图书的入库内容主要包括接受入库单、进行优先级别排列以及将入库信息返回计算中心。具体就是用叉车将装卸月台上的入库图书托盘运至入库暂存区，操作人员利用RF生成编目、库位号、重量等入库信息数据，然后根据此数据判断是否为即进即出的图书类型，如果是则转作出库处理；否则，人工拆包进行RF手持设备逐册扫描，并扫描所装箱对应条码后经输送线、多路向连续垂直直升机按楼层、库区均匀分配到相应缓存线，进行人工扫描上架并将RF所得信息返回系统，整个入库作业结束。如图2-3所示。

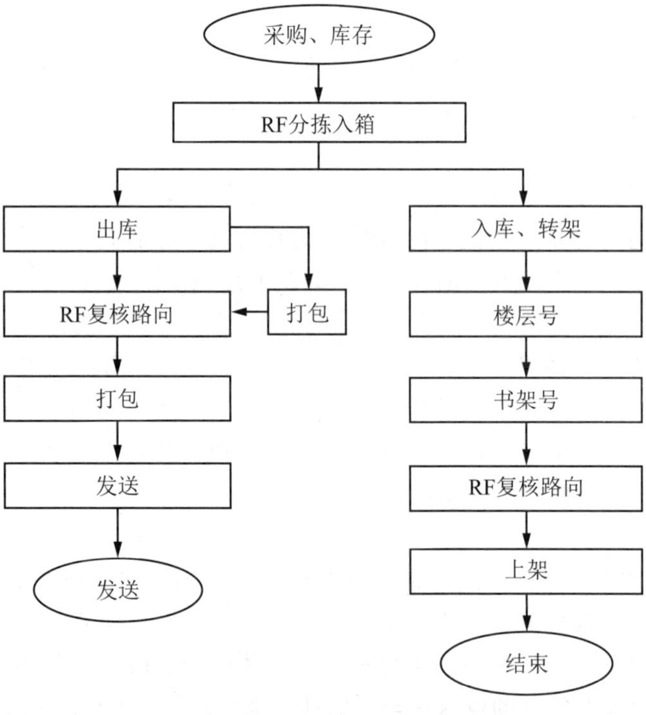

图2-3 某新华书店图书物流作业流程

2. 出库作业处理

出库作业处理的工作内容主要包括接受出库单、制作计划单、扫描输入清单数据、并包处理、复核处理及单据打印，其中，计划单的制作要分解为任务单、优化包件及作业路线，根据任务及人员情况安排工作。制作好的配发计划单按照多种方式(一书多店、一店多书、多店多书)输入RF手持设备中。操作人员根据自己RF手持设备上所显示的任务单进行拣取，并逐本扫描核实后，将配完图书放到输送线体上。系统根据整体需要进行并包处理后，送至复核打包处进行复核、打包，然后按作业单优先级别对某笔作业优先处理，或通过手工干预对其处理后进行路向分配、出库，并将出库信息数据返回系统，整个作业结束。

3. 退书作业处理

通常情况下，图书产品会存在一定的退货率，尤其是寄销方式销售的出版物。退货过程可以视为进货的逆向物流，经过简单的物理整理，然后按照进货流程来完成。在退货处理中的主要工作内容是接受退货入库单，根据优先级别作业后再将退书入库信息返回计算中心，即由操作员通过RF数据库中信息判断退书路向(主要路向是退回出版社和重新入库)后进行作业，所有退货图书都会由电脑自动记录其品种、数量等信息并将此信息返回到系统数据库。

出版物流信息系统和作业系统密不可分，一方面物流信息系统需要物流作业系统的配合，另一方面物流信息系统又是物流作业系统的支撑。

任务二　比较国内外出版物流系统经典案例

任务思考

出版物物流信息系统是整个物流系统的“神经中枢”，是现代出版物流企业的灵魂，而物流系统的建立和运行，需要有大量的技术装备手段作为支持，列举你所知道的出版物物流信息技术。

任务分析

出版物物流信息技术有条码技术、射频识别(RF)技术、电子数据交换技术、地理信息技术、全球卫星定位技术等，这些技术的使用大大提升了出版物物流信息的快速记录定位和快速识别，目前这些技术广泛运用在出版物流销售系统、出版物销售跟踪、分货拣选系统、生产管理等方面，保障了出版物流信息系统的高效运行。

伴随我国图书出版与流通体制的不断完善和图书市场需求的逐步扩大，出版物流的信息化管理得到越来越广泛的重视，众多从事出版物流业务的企业对图书产品及相关图书信息的流转与存储效益提出了更高的要求。在这种情况下，现代出版物流管理的理念得以迅速推广，现代化的出版物流管理信息系统得以在出版物流业充分发挥效力，并得到了进一步的应用。下面将以北京西南物流中心图书物流管理系统和日本东贩公司的出版物流系统为例，分析国内外出版物流系统的构成和运营。

一、国内出版物流经典案例

(一)系统概况

北京西南物流中心是全国最大的出版物流中心之一，专业从事图书仓储、分拣、配送服务。随着业务的不断发展，北京西南物流中心仓储面积已经达到 25 万平方米，拥有 5 个仓储部、1 个配送中心和 3 个车队，自有车辆 120 台，为 200 家出版社和 20 万家书店提供公路、铁路、航空、邮政和市内快递等物流服务，拥有 80 家物流合作伙伴。随着经营范围与空间的不断扩大，出版物流业务的管理日益复杂与多样化，运用科学、先进的出版物流信息化管理方法提高企业的运营效率，成为北京西南物流中心发展的必要手段。北京西南物流中心确立了建立一个支持业务发展，适应多种业务类型和运作方式的一体化物流管理系统的目标，通过对现代出版物流理论与技术的应用，并结合图书供应模式的特点，与软件开发商共同实施了专业的出版物流管理信息系统。

该系统是集仓储、配送、调度、货运、计费和企业成本核算等功能于一体的出版物流综合管理软件，除了具备业内的专业功能外，还支持物流技术设备的应用。更为重要的是，该系统规范了出版物流各业务环节，在业务流程上可实现用户定制。该系统数据接口丰富，扩展性强。另外，系统的数据交换功能大大提高了出版物流企业和出版社的信息沟通效率，从而极大地满足了出版物流企业及相关企业的管理需求，在很大程度上降低了企业的运作成本，提高了出版物流绩效。系统总体架构如图 2-4 所示。

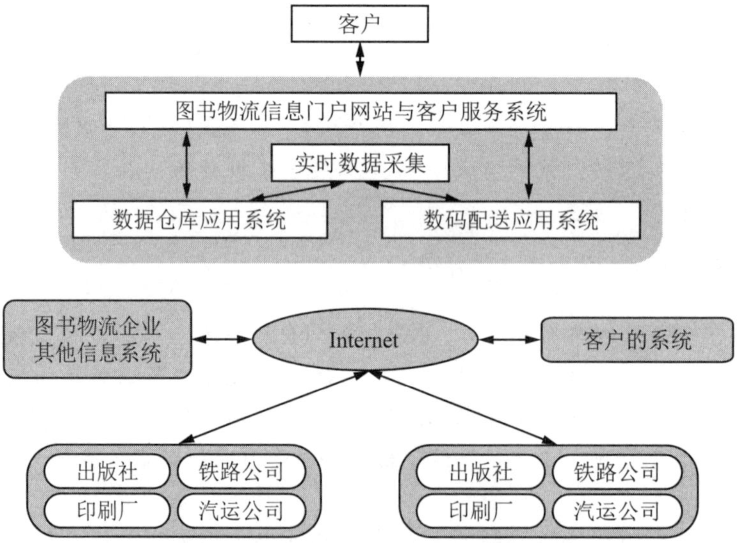

图 2-4　北京西南物流中心出版物流管理系统流程图

(二)系统结构功能

系统由系统管理、标准化管理、业务管理、统计查询等功能模块组成。

1. 系统管理模块

系统管理模块是由系统管理员根据用户的级别设定访问权限，同时负责设置系统选项，以及对留言簿的回复。

2. 标准化管理模块

标准化管理包括对部门信息、岗位信息、员工信息、库区信息、库位信息、客户信息、货运公司信息、图书信息、司机信息、车辆信息、到站城市信息和道路信息等基础信息的管理。这些基础信息的建立为企业系统的顺利应用、扩展和信息管理提供了有力保证。

3. 业务管理模块

一般物流企业的业务管理功能包括入库管理、残书处理、在库管理、批销出库管理以及分拣发运管理五个部分，该系统在此基础上扩充了相应子模块。以批销出库管理为例，其中就包括配送订单管理、仓储出货管理、配送保险单管理、配送派车单管理、监控计划管理、配送装车单管理、配送签收单管理等功能。

4. 统计查询模块

统计查询包括业务查询统计和分拣费用管理。其中业务查询包括发货退书查询、分拣退货查询、工作量查询和发票查询等。分拣中心负责图书货物的发送和运输，由市场部、货运部、分拣部、统计部、客户服务部和综合管理部等八个部门组成，整合公路、铁路、航空和邮政等各种运输方式及中转仓储功能为一体。系统的分拣统计主要是对西南物流分拣中心的费用管理。分拣中心的费用按结算对象的不同有应收(与出版社结算)和应付(与货运公司结算)两种分拣费用，而且每个结算对象的费用标准也不尽相同。基于以上情况，系统首先对每个结算对象进行费用标准设置，而后在业务进行中将业务单据和费用单价进行捆绑，这样可以计算出每笔业务的费用发生情况，再生成相应的分拣费用单，最后的费用查询统计以费用为依据。系统结构如图 2-5 所示。

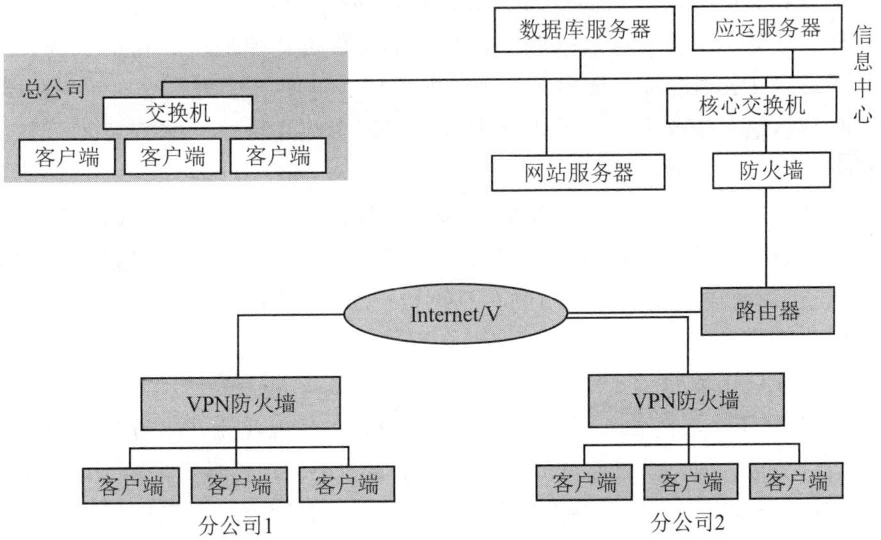

图 2-5　统计查询模块示意图

(三)系统应用效果

目前，在信息系统的帮助下，北京西南物流中心每日发货 6000 多票，每日退货 1000 票，每日配送 1 万票，每月生成各种报表 80 万份；单据处理速度大于 1000 条/秒，月报表 1 小时内打印完成。现在，北京西南物流中心建立了客户服务中心和财务结算管理中心，为客户提供网上查询服务和邮件、手机短信服务；可以集成 GPS 动态分配车辆，优化运输配送路线，并且采用条码设备实行全程单品管理；通过物流应用系统，客户从货物起运时就可以获得准确的货物到达时间、到达位置等信息，这样收货人与各仓储、运输公司等相关部门就可以提前做好准备，实现货物的快速流动与安全抵达。系统可同时处理图书分拣、退货加工和员工绩效考核等功能，为物流中心逐步整合了业务平台，为业务的发展提供了更强大的支持，同时为公司管理人员、业务人员的日常工作提供了便利，全面实现了工作效率和服务水平的提升。该系统的应用，满足了多种物流盈利模式，同时，通过对几十家物流合作伙伴的整合，完成了对物流中心出版物流业务的规范建设。总之，通过运用现代信息技术实现科学化管理，北京西南物流中心的业务量已提前突破200亿元，率先成为图书市场物流信息化的标杆企业。

二、国外出版物流经典案例

与欧美经销公司独家代理的情况不同，日本出版社的图书可以分别交给不同的经销公司代理。但是，原则上是一家书店只与一家经销公司发生业务关系。东贩公司是日本规模最大的书刊经销商，在日本图书流通市场占有率很高。

(一)组织构成

1. 东京总部中心

东贩公司的总部位于东京都新宿区，下属有两大部门：一是营业部门，二是物流部门。其中营业部负责与出版商进行进货洽谈，向销售店分货、补配、运输，办理东贩系统内外的结算，以及信息数据服务；物流部则负责物流配送工作的实施。东贩营业部门主要设立在公司总部大楼内，整个营业大厅有近两层楼面，约3000平方米。东贩代理了全日本绝大多数出版社的批发业务，以图书配送为主，兼营杂志等其他出版物。教科书批发业务一般不做。

日本中盘配书并不是根据零售商要求的书的数量，而是根据零售商以往的销售业绩来配送，并随时根据销售业绩的变化情况加以调整。由此可见，书店紧紧地依附在经销商身上。东贩的配书单上将所有的书店分成七八个等级，对不同的等级配以不同的书和不同的册数。

2. 东京TLC物流中心

东京TLC物流中心的物流配送以书刊杂志为主，在现代化技术方面不仅是最先进的，其规模也是最大的，是目前世界上现代化水平最高、规模最大的物流处理系统。

东京TLC物流中心的配送范围是全国性的，每天都要处理大量图书配送及退货业务。此外，中心还会为出版社提供信息反馈服务，以帮助出版社根据市场需求对出版计划做出相应的调整。由于TLC物流中心采用计算机管理，图书反馈信息的传递在一天之内便能完成，出版社可以更加及时地对其做出反应，从而最大限度地减少退货率。

过去，处理退货的作业大都是手工来完成的，TLC的投入使用使这一作业实现了完全自动化。对于哪些图书应退回出版社或是运送化浆，电脑都予以自动分拣。TLC实现了进货、配送、退货的快捷化，而且与银行的结算也是同步进行的。

3. 上尾杂志配送中心

上尾杂志配送中心是日本最大的杂志物流系统，是高质量的杂志发送和退货处理的有机联合体。上尾杂志配送中心的工作重点是开发保证杂志送货事故为零的全自动商品检查系统和发货确认系统等。

4. 特急便公司

东贩特急便公司目标在于缩短订货与发送的周期，致力于为零售书店和读者提供品种特别、时间特急的书刊。

公司在书刊销售行业开设了第一个管理订购和具体送货信息的电话咨询服务中心，24小时、365天都能对书店或一般读者提供服务。这一业务的开展既满足了读者的订购需求，又解决了书店配货的困难，对于扩大图书的销售有着极大的推进作用。

5. 桶川物流中心

桶川物流中心占地面积65400平方米，总建筑面积达到76300平方米，为5层楼构造，不同楼层分别承担着不同的物流功能。整个建筑长150米，宽80米，最大库容量可达80万种、1800万册，在日本乃至全世界出版发行界，不仅以其庞大的规模称雄，而且拥有最先进的物流系统和强大独特的物流功能。它除了具有商品保管的仓库功能和提供运输的功能之外，根据出版社的要求，还可以提供重新包装、保管和委托运送等服务。中心引进了日本大福公司最新型的书籍专用高速分拣机、料箱自动仓库等先进的物流系统，实现了图书分拣、出货以及退货处理高度自动化，在节省人力、提高作业效率与精确度的同时，构建了日本前所未有的出版物流通网络，实现了对遍布全国的书店、出版社的图书销售与物流信息的统一管理，而且缩短了从读者订购到收货的时间，压缩了库存，减少了退货率，促进了出版业销售额的提高。

(二)系统构成

1. 高效的计算机管理系统

日本出版发行企业在其信息反馈、信息咨询功能上也呈现出高度信息化的特点。作为联系出版社和书店的经销公司，东贩与出版社的业务关系不仅停留在采购进货和退货层面，而且还会给出版社提供各种图书的信息反馈服务，帮助出版社根据市场需求，调整杂志的内容，重新确定下一期的印数和发行地区，对出版计划做出相应的调整。从东京TLC物流中心开始，东贩就引入了高效的计算机管理系统，缩短了信息流通的周期，帮助出版社对市场做出更加灵敏的反应和调整。

2. 高效的采购配送系统

在东贩公司，高效的采购配送系统体现在两个方面：一是负责采购的营业部人员一般是根据书的内容、同类书的销售情况、出版社的知名度等来决定进多少货，即根据市场潜力来订货，这既可以预防一部分退货的产生，也可以最大限度地满足消费者的需求；二是根据零售商的销售业绩对其进行分级，再结合市场情况，有效配送出版物，保证出版物最大限度的流通和销售。

3. 高效的退货处理系统

日本出版社实行“永久退货制”，即不分年限，销不完均可退货的制度。因此发行商通常采取新书主发、重点书配发、售缺书补发给销货店的做法，这样可以缩短周期，使图书早上市、早销售，有利于发行商参与市场竞争。发行商努力做好收退书工作，不是简单地把书退回出版社，而是把书整理、出新后再调剂发送，进行二次销售后，才退回出版社，把损失降至最低限度。

一方面，东贩公司积极发动书店和出版社采用更有效利用物流中心功能的“责任销售制”(即主动负责销售而非代销)，将书店的退货率控制在30%左右；另一方面，东贩还将出版社的退货记录作为评估出版社等级的一个重要指标。就零售商来说，退货远非所想象的想退就退。在做出退货决定之前大部分发行商都要考虑下回书店还能进到多少货。

此外，随着技术的发展，东贩各物流中心的退货处理也由传统的手工处理转变为完全自动化的流水线作业。对于哪些图书应退回出版社或是运送化浆，电脑都予以自动分拣，速度可以达到1秒钟处理两册书。

4. 高效的运输集散系统

为了加快出版流通的革新，东贩从建立支援销售活动型书库这一点出发，对物流、信息体系进行了彻底的改革，建立了高效的运输集散系统，体现在以下三个方面：

(1)构筑充分利用电脑的联机网络；

(2)根据商品的特点，将书库地点分成地方据点分散型和中央据点集中型两类；

(3)同时达到提供高品质的服务和提高流通的效率。

5. 健全的商业信用体系

商业信用是市场经济条件下进行各种活动的前提，大到一种商品或劳务的合约，小到一张属于个人的信用卡或消费信贷，无不基于对有关各方信用度的互相认同。日本东贩高效的物流体系同样有赖于日本工商界长期形成的商业体系。物流供应链中的各方都对彼此的商业信用相当信任，不必现场交接、现场验收、现场签单，省去了许多工作，提高了效率。同时，日本方便健全的银行信用制度也简化了商业活动中的结算方式，使商品交易更加方便。

6. 体系化的物流设备及辅材

在出版流通体制中，物流是衔接批发环节和零售环节的纽带，主要包括运输、保管、包装、仓库管理、流通加工和物流信息管理等环节。日本物流系统的高度社会化，使其图书流通体系具有快速出版、快速采购、快速配送、快速运输、快速退货、快速结算、快速信息反馈等特点。运输系统、仓储装卸搬运系统、信息处理系统的现代化和包装标准化是现代化物流系统正常运转的必备条件。

东贩采用高效的计算机管理系统，并不断对其进行开发、升级和完善。东贩还具有高效的采购配送系统和退货处理系统。它实行中央采购制度，统一分配，统一运输，辅之以作业流程的合理化、系统化、自动化和管理的精细化，创造了令人叹服的采购配送效率，同时成功地打破了高效退货这一影响物流效率的瓶颈。日本现代化的运输网络、运输工具和资讯手段，再加上科学合理的运输体系设计，都是东贩高效运输集散系统的保证。同时，物流设备及辅材的标准化、体系化等物质技术保障也是其物流体系的基本特征。东贩公司非常注重物流设备及辅材的建设，多次引入高水平的物流系统，目前已经建成了体系化的出版物流作业系统。

实践训练

一、实训项目

出版物流操作系统和信息系统调查。

二、实训内容

选择本地的出版物流基地或配送中心进行调研，调查其出版物流操作系统和信息系统是如何构建和运作的，可以进行实地图书仓库的参观走访，或者进入物流后台系统进行观摩学习，也可以采访相关专业人员进行介绍并学习。

三、实训形式

1. 以小组为单位展开调研，5 人一组。
2. 组内交流，整理调查信息，推荐小组交流代表。
3. 小组代表将小组调研结果整理汇总后在全班展示并进行交流，互相提问。

四、注意事项

1. 调查过程中安全管理，文明调查。
2. 可进行手写记录或拍摄照片，以 PPT 形式进行展示。

五、评价标准

“出版物流操作系统和信息系统调查”实训项目评价表

项目	分值	表现描述	得分	备注
调研内容完整	50			调研内容包括实践单位、活动时间、出版物流的信息输入、信息输出、图书订单处理、图书的仓储和运输过程等主要项目
获取信息准确	10			
特点分析深入	20			
语言表达流畅	10			
PPT 文稿演示美观	10			
总分	100			

项目三　出版物流成本与盈利模式

学习目标

【知识目标】

1. 掌握物流成本的含义作用。
2. 理解与物流成本相关的理论学说的内涵。
3. 掌握物流成本的基本构成与分类。
4. 熟悉出版物流成本的不同模式的演化。
5. 了解出版物流盈利模式的基本内容。

【能力目标】

1. 学会计算物流成本。
2. 运用物流成本的相关知识对不同物流模式进行评价。

【素质目标】

1. 培养出版物流成本的管理意识。
2. 形成对出版物流盈利模式的系统性认识。

任务一 识别物流成本管理

任务思考

物流成本是完成各种物流环节所需要支出的全部人力、物力和财力的全部费用，也是物流管理的重要内容，请思考企业为什么要加强对物流成本的管理，加强物流成本管理，对整个行业和社会有什么意义。

任务分析

物流成本管理的目的在于科学、合理地组织物流活动，降低物流总成本，提高企业和社会的经济效益。因此物流成本管理的重要意义可以从两个方面理解，一是对企业而言，物流成本的降低可以增强企业在价格上的竞争优势，为企业带来更多的利润；二是在整个行业和社会层面，行业物流效率的提高可以增强其在全球市场的竞争力，提高国民的购买力，还可以创造更多的物质财富。

一、物流成本的含义

随着物流管理意识的增强，人们对于物流成本越来越关注，降低物流成本已经成为物流管理的首要任务。在许多企业中，物流成本占企业总成本的比重很大，物流成本的高低直接关系到企业的利润水平及其竞争力，所以，物流成本管理成为企业物流管理的一个核心内容，也可以说，人们对物流的关心首先应该从关心物流成本开始。有专家指出："物流既是主要成本的产生点，又是降低成本的关注点"，物流是"经济的黑暗大陆"。加强物流成本的研究与管理对提高物流活动的经济效益有着非常重要的意义。

根据 2001 年 8 月 1 日正式实施的《中华人民共和国国家标准·物流术语》(GB/T 183542001)，物流成本可定义为"物流活动中所消耗的物化劳动和活劳动的货币表现"，即产品在实物运动过程中，如包装、运输、储存、流通加工、物流加工、物流信息等各个环节所支出的人力、物力和财力的总和。物流成本是完成诸种物流活动所需的全部费用。

人们可以从不同的角度来对物流成本进行观察和分析，观察和分析的角度不同，对物流成本的认识就不同，物流成本的含义也就不同。有学者认为："按实体的经营性质不同，可将物流成本分为制造企业物流成本和流通企业物流成本两大类型。"在本书中，按照人们进行物流成本管理和控制的不同角度，把物流成本分成社会物流成本、货主企业(包括制造企业和商品流通企业)物流成本以及物流企业的物流成本三个方面。其中，社会物流成本是宏观意义上的物流成本，而货主企业物流成本以及物流企业物流成本是微观意义上的物流成本。

二、物流成本管理的意义

无论采用什么样的物流技术与管理模式都是为了实现企业物流的合理化，也就是通过对物流系统目标、物流设施设备和物流活动组织等的改进与调整，实现物流系统的整体最优化，其最终目的是要在保证一定物流服务水平的前提下实现物流成本的降低。可以说，整个物流技术和物流管理的发展过程就是不断追求物流成本降低的过程。

物流成本管理是物流管理的重要内容，降低物流成本与提高物流服务水平构成了企业物流管理最基本的课题。物流成本管理的意义在于，通过对物流成本的有效把握，利用物流要素之间的效益背反关系，科学、合理地组织物流活动，加强对物流活动过程中费用支出的有效控制，降低物流活动中的物化劳动和活劳动的消耗，从而达到降低物流总成本，提高企业和社会经济效益的目的。

物流成本管理的前提是物流成本计算，在此基础上，才能够实施物流成本分析，编制物流成本预算，控制物流成本支出。物流成本的内涵在概念上是明确的，问题的关键是，在实践中如何正确规定和划分物流成本的范围，如何将物流成本准确计算出来。在物流成本计算方面，我们还缺乏有效的方法和操作经验。由于缺乏对物流成本的准确把握，给企业的物流管理带来许多障碍，不利于发现企业物流活动中存在的非效率活动，也难以对物流成本进行纵向和横向的比较。因此，认识物流成本，不能只停留在概念本身的理解上，还必须对物流成本的统计范围、计算方法以及物流成本分析方法等有一个全面的掌握，这也是我们的企业在物流成本管理中急需解决的问题。

(一)从微观经济效益的角度观察

由于物流成本在产品成本中占有很大比重，在其他条件不变的情况下，降低物流成本意味着扩大了企业的利润空间，提高了利润水平。由经济学的基本原理可知，在充分竞争的市场环境下，产品的价格由市场的供求关系所决定，但价格背后体现的还是产品的价值量，即产品中所凝聚的人类抽象劳动的数量。商品价值并不取决于个别企业的劳动时间，而是由行业平均必要劳动时间决定的。当某个企业的物流活动效率高于所属行业的平均物流活动效率，物流成本低于所属行业平均物流服务成本水平的时候，该企业就有可能因此获得超额利润，物流成本的降低部分就转化为企业的“第三利润”；反之，企业的利润水平就会下降。正是由于这种与降低物流成本相关的超额利润的存在，而且具有较大空间，导致企业积极关注物流领域的成本管理，致力于降低物流成本的努力。

物流成本的降低意味着增强企业在产品价格方面的竞争优势，企业可以利用相对低廉的价格在市场上出售自己的产品，从而提高产品的市场竞争力，扩大销售，并以此为企业带来更多的利润。

(二)从宏观经济效益的角度观察

从宏观的角度讲，降低物流成本给行业和社会带来的经济效益体现在以下三个方面：

第一，如果全行业的物流效率普遍提高，物流成本平均水平降低到一个新的水平，那么该行业在国际上的竞争力将会得到增强。对于一个地区的行业来说，可以提高其在全国和全球市场的竞争力。

第二，如果全行业的物流成本普遍下降，将会对产品的价格产生影响，这有利于保持消费物价的稳定，相对提高国民的购买力。

第三，对于全社会而言，物流成本的下降意味着创造同等数量的财富，在物流领域所消耗的物化劳动和活劳动得到节约，实现尽可能少的资源投入创造出尽可能多的物质财富、节省资源消耗的目的。

(三)物流成本管理在我国的发展

我国的物流起步较晚，一开始人们对物流的研究也只是停留在概念认识的层次上。20 世纪 90 年代初，竞争的激烈、业态的多样化导致了物流行业利润的下降，使得人们开始重视物流，并注重物流成本分析在物流管理中的重要性，物流成本开始进入初步的研究和试验性管理阶段，但还只限于个别的企业和部门，并没有引起全社会对物流成本的关注。

进入 20 世纪 90 年代后期，生产企业及其他流通企业开始认识到物流的重要性，国内一些企业内部开始设立专门的物流部门，也开始出现了不同形式的第三方物流企业。物流这个“第三利润源”引起了社会和企业的极大兴趣，纷纷参照国外的先进经验和技术来加强物流管理，组织专门的人员研究降低物流成本，物流成本管理开始组织化。进入 21 世纪，我国的物流产业又有了新的发展，特别是近几年随着网络经济的发展，我国物流业发展开始走向国际化、全球化的阶段。对物流成本管理理论和方法的研究更是进入了一个新的阶段，出现了一些关于物流成本管理的专著和论文。一些企业开始引入物流成本预算制度，对于物流环节的运输、储存、装卸和搬运等，都有了一些行业的定额指标。

但是从整体上看，目前我国在物流总成本与物流服务水平方面的研究还处于起步阶段，对物流成本的研究还比较贫乏。

首先，从企业微观物流成本的角度看，对物流成本的构成认识不清，只见树木不见森林。我国企业现行的财务会计制度中，没有单独的科目来核算物流成本，一般所有的成本都列在费用一栏中，无法分离。这使得许多企业仅将向外部运输企业支付的运输费用和向外部仓库支付的仓储费用作为企业的物流成本。这种计算方式使得大量的物流成本未被纳入成本核算，在这种情况下，无论采用什么先进的物流管理模式和技术，都不可能真正实现企业物流系统的合理化。

其次，从社会宏观物流成本的角度来看，由于物流成本的计算与控制由各企业分散进行，缺乏相应的权威统计数据。我国的企业是根据自己对物流成本的理解来进行计算与控制的，缺乏统一的统计口径，全国甚至各个行业都没有有关物流成本的统计数据。目前一些发达国家可以根据自己的统计数据，计算出其物流成本占 GDP 的比重，而我国却做不到这一点，只有一些由世界银行等国际组织估算出来的数字。此外，由于企业计算标准的不同，我国各行业的平均物流服务成本水平也无法计算。

从微观上看，物流成本统计数据的缺乏会给企业的物流成本管理与控制带来困难。同时，由于计算口径不同，相同行业或类型相似的企业之间的物流服务成本水平无法比较，这对于评估企业物流绩效，促进企业的物流合理化也是很不利的。从宏观上看，这也会造成区域物流中心与物流园区建设的盲目性。例如，对于某一个地区来说，缺乏该地区确切的物流成本数据就会导致我们对于未来该地区物流需求总量与物流需求类型预计不准确，从而产生建成的物流中心或物流园区不适应当地物流需求的后果，造成资金的浪费。此外，物流中心或物流园区建立后能否有效地提高物流效率(在保证一定物流服务水平的前提下，切实地降低物流成本)也不得而知。

三、物流成本相关理论学说

(一)物流成本冰山说

这一理论是由日本早稻田大学的西泽修教授提出的。它的含义是：人们并没有掌握物流成本的总体内容。西泽修教授指出，企业在计算盈亏时，“销售费用和管理费用”项目所列支的“运输费用”和“保管费”的现金金额一般只包括企业支付给其他企业的运输费用和仓储保管费，而这些外付费用不过是企业整个物流成本的冰山一角。

一般情况下，在企业的财务统计数据中，只能看到支付给外部运输企业和仓库的委托物流成本，而实际上，这些委托物流成本在整个物流成本中犹如冰山一角。因为物流基础设施的折旧费，企业利用自己的车辆运输、利用自己的库房保管货物、由自己的工人进行包装、装卸等自家物流成本都计入了原材料、生产成本(制造费用)、销售费用、管理费用和财务费用等科目中。一般来说，企业向外部支付的物流成本是很小的一部分，真正的大头是企业内部发生的物流成本。从现代物流管理的需求来看，当前的会计科目设置使企业难以准确把握物流成本的全貌。美国、日本等国家的实践表明，企业实际物流成本的支出往往要超过企业对外支付物流成本额的五倍以上。

图 3-1 反映的是我国当前会计核算制度下一个典型的制造企业物流成本的核算现状。其中，整个冰山可以视为该企业的整个物流成本部分，而露在水面之上的部分是委托物流成本。这部分物流成本是企业可以统计出来的，而隐藏在水面之下的大部分物流成本却不能通过当前的会计核算得到统计。

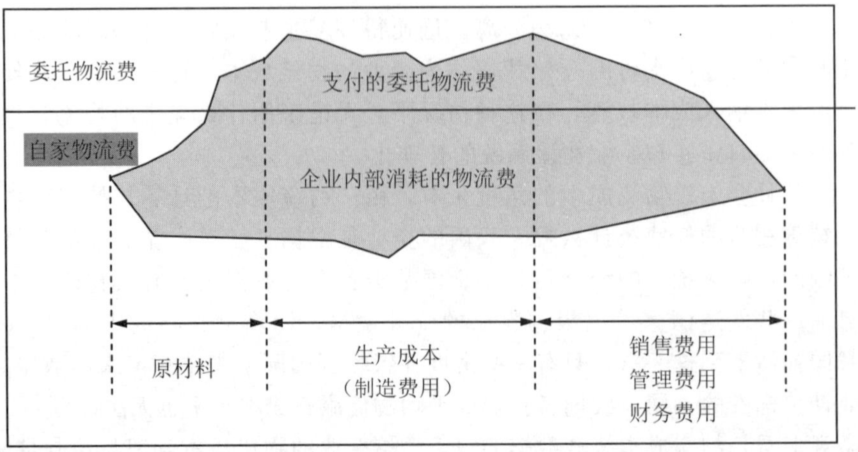

图 3-1　物流成本冰山示意图

图 3-1 物流成本冰山示意图“物流成本冰山说”之所以成立，除了会计核算制度本身没有考虑到物流成本之外，还有三个方面的原因。一是物流成本的计算范围太大，包括原材料物流、工厂内物流、从工厂到仓库和配送中心的物流、从配送中心到商店的物流、退货物流和废弃物物流等。这么大的范围，涉及的单位非常多，牵涉的面也很广，很容易漏掉其中的某一部分。计算哪部分、漏掉哪部分，物流成本的计算结果相差甚远。二是运输、保管、包装、装卸以及信息等各物流环节中，以哪几种环节作为物流成本的计算对象问题。如果只计算运输费用和保管费用，不计其他费用，与计算运输、保管、包装、装卸以及信息等全部费用，两种计算结果差别相当大。三是选择哪几种费用列入物流成本的问题。比如，向外部支付的运输费、保管费、装卸费等费用一般都容易列入物流成本，可是本企业内部发生的物流成本，如与物流相关的人工费、物流设施建设费、设备购置费以及折旧费、维修费、电费、燃料费等是否也列入物流成本中？此类问题都与物流成本的大小直接相关。因此，我们说物流成本确实犹如一座海里的冰山，露出水面的仅是冰山一角。

（二）“黑大陆”学说

“黑大陆”学说的基本思想与“物流成本冰山说”类似。由于物流成本在会计核算中被分别计入了生产成本、管理费用、营业费用、财务费用和营业外支出等项目，因此，在损益表中所能反映的物流成本在整个销售额中只占很小的比重，因此物流成本的重要性当然不会被认识到，这就是物流成本被称为“黑大陆”的另一个原因。

由于物流成本管理存在的问题以及有效管理对企业盈利、发展的重要作用，1962 年世界著名管理学家彼得·德鲁克在《财富》杂志上发表了题为《经济的黑暗大陆》一文，他将物流比做“一块未开垦的处女地”，强调应高度重视流通以及流通过程中的物流管理。彼得·德鲁克曾经指出：“流通是经济领域里的黑暗大陆”。这里彼得·德鲁克虽然泛指的是流通，但是由于流通领域中的物流活动的模糊性特别突出，是流通领域中人们认识不清的领域，所以，“黑大陆”学说主要是针对物流而言的。

“黑大陆”学说主要是指尚未认识、尚未了解的领域。在“黑大陆”中，如果理论研究和实践探索照亮了这块黑大陆，那么摆在人们面前的可能是一片宝藏。“黑大陆”学说是对 20 世纪经济学界存在的愚昧认识的一种批驳和反对，指出在市场经济繁荣和发达的情况下，科学技术和经济发展都没有止境。“黑大陆”学说也是对物流本身的正确评价，这个领域未知的东西还很多，理论与实践都不成熟。从某种意义上来看，“黑大陆”学说是一种有关未来学的研究结论，是战略分析的结论，具有较强的哲学抽象性，这一学说对于研究物流成本具有启发作用。

（三）“第三利润源”学说

“第三利润源”学说是日本早稻田大学教授、日本物流成本学说的权威学者西泽修在 1970 年提出的。

从历史发展来看，人类历史上曾经有过两个大量提供利润的领域。在生产力相对落后、社会产品处于供不应求的历史阶段，由于市场产品匮乏，制造企业无论生产多少产品都能销售出去，于是就大力进行设备更新改造、扩大生产能力、增加产品数量、降低生产成本，以此来创造剩余价值，即“第一利润源”。当产品充斥市场，转化为供大于求，销售产生困难时，也就是第一利润达到一定极限，很难持续发展时，便采取扩大销售的办法寻求新的消耗或采用机械化、自动化来降低劳动耗用，从而降低成本，增加利润，我们称之为“第二利润源”。然而，在前两个利润源潜力越来越小，利润开拓越来越困难的情况下，物流领域的潜力被人们所重视，于是出现西泽修教授的“第三利润源”的说法。

这三个利润源着重开发生产力的三个不同要素：第一个利润源挖掘对象是生产力中的劳动对象；第二个利润源挖掘对象是生产力中的劳动者；第三个利润源挖掘对象则是生产力中劳动工具的潜力，同时注重劳动对象与劳动者的潜力，因而更具有全面性。

从“第三利润源”学说中，人们可以认识到：

物流活动和其他独立的经济活动一样，它不仅是总体的成本构成要素，而且是单独盈利因素，物流可以成为“利润中心”。

从物流服务角度来说，通过有效的物流服务，可以给接受物流服务的生产企业创造更好的盈利机会，成为生产企业的“第三利润源”。

通过有效的物流服务，可以优化社会经济系统和整个国民经济的运行，降低整个社会的运行成本，提高国民经济总效益。

(四)物流成本交替损益规律

物流成本交替损益(Trade-off)规律又称为物流成本背反规律、二律背反效应。物流系统的效益背反包括物流成本与服务水平的效益背反和物流功能之间的效益背反。

1. 物流成本与服务水平的效益背反

物流成本与服务水平的效益背反是指物流服务的高水平必然带来企业业务量的增加，收入增加，同时也带来企业物流成本的增加，使得企业效益下降，即高水平的物流服务必然伴随着高水平的物流成本，而且物流服务水平与物流成本之间并非呈线性关系，如图 3-2 所示。在没有很大技术进步的情况下，企业很难同时做到提高物流服务水平和降低物流成本。

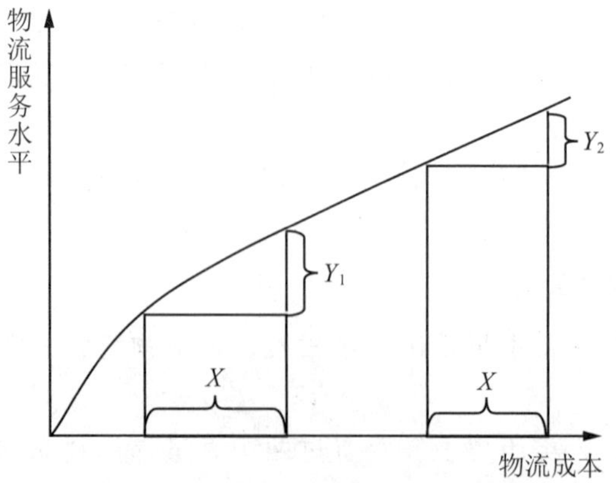

图 3-2　物流服务水平与物流成本的背反关系

从图中看出，在物流服务处于较低水平时，追加物流成本 X，就可以把物流服务水平提高 Y_1；如果处于较高物流服务水平，同样追加物流成本 X，物流服务水平却只能提高远小于 Y_1 的 Y_2。

实际上，进行有效物流管理的目标，就是要在保持客户要求的物流服务水平的同时，使得物流成本达到最低。与处于竞争状态的其他企业相比，在处于相当高的服务水平的情况下，要想超过竞争对手，维持更高的服务水平就需要有更多的投入。美国的营销专家 P. 科特勒指出："物流的目的必须引进系统效率概念，才能得出较好的定义。"即把物流看成是由多个效益背反的要素所构成的系统，避免为了片面达到单一目的而损害企业整体利益。

一般在对物流服务和物流成本做出决策时，可以价值工程理论为指导，考虑以下四种方法：

(1)保持物流服务水平不变，尽量降低物流成本。在不改变物流服务水平的情况下，通过改进物流系统来降低物流成本，提高物流价值。这种通过优化系统结构降低物流成本来维持一定物流服务水平的方法称为追求效益法。

(2)提高物流服务水平，增加物流成本。这是许多企业提高物流服务水平的做法，是企业物流面对特定客户或面临竞争对手时所采取的具有战略意义的做法。

(3)保持物流成本不变，提高服务水平。这是一种积极的物流成本对策，是一种追求效益的方法，也是一种有效利用物流成本性能的方法。

(4)用较低的物流成本，实现较高的物流服务。这是一种增加效益、具有战略意义的方法。企业物流只有合理运用自身的资源，才能获得这样的效果。

企业采取哪种物流成本策略，要考虑各个方面的综合因素，这些因素包括商品战略、流通战略和物流系统所处的环境及竞争对手的情况等。对于自身物流服务成本水平与物流服务质量水平，可以进行综合的分析，也可以与竞争对手或同行业其他企业进行相应的比较分析，如图 3-3 所示。

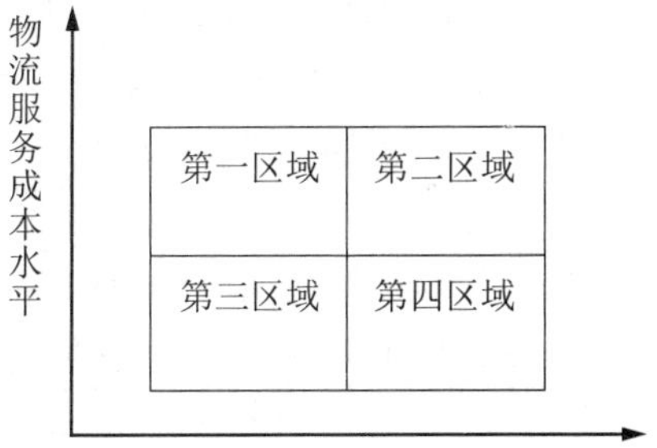

图 3-3　物流服务质量水平与物流服务成本水平

在与竞争对手的比较过程中，如果本企业处于第一区域，即物流服务质量水平低于竞争对手，但是物流服务成本水平却高于竞争对手，这是最差的状况。在这种情况下，企业应尽快改进物流运营管理，提高服务水平，降低物流成本。

如果在与竞争对手的比较过程中本企业处于第二区域，表明与竞争对手相比较，客户对物流服务质量水平是相对满意的，但是物流服务成本水平较高。在这种情况下，企业应在保持自身物流服务质量水平的同时，通过不断降低物流成本来改善物流系统。

如果本企业处于第三区域，则表明与竞争对手相比，企业的物流服务质量水平较低，同时物流服务成本水平也较低，也许可以说明企业的服务水平定位较低。这种情况，企业应考虑在一定的物流成本下，追求物流服务水平的提高，改进物流服务。

如果与竞争对手相比，本企业处于第四区域，则是最理想的结果，表明企业在物流服务成本水平低于竞争对手的情况下，物流服务质量水平却能高于竞争对手，说明物流管理水平较高，物流成本控制得好。

把自身的物流服务质量水平和物流服务成本水平与竞争对手进行比较，可以对自身的物流经营现状进行定位，并通过以上方法来寻求自身物流运营的改善。

2. 物流功能之间的效益背反

物流功能之间的效益背反是指物流各项活动处于一个统一且矛盾的系统中，在同样的物流问题需求和物流执行条件下，一种功能成本的削减会使另一种功能成本增加。因为各种费用互相关联，必须考虑整体上实现成本最小。

物流的基本功能主要是对货物的包装、装卸、保管以及运输四个职能，这些基本职能之间就存在着此消彼长的效益背反。

例如，从配送中心的数量与运输配送费和保管费的关系看，一个企业如果在配送范围内建立多个配送中心，运输配送成本必然下降，因为运输距离变短，但是同时，由于单个配送中心必须配备一定数量的保管人员、车辆，且保持一定的商品库存，必然导致企业整体的工资费用、保管费、库存资金占用利息等大大增加。也就是说，运输成本和保管费用之间存在着二律背反关系，二者交替损益。

另外，在货物年需求量不变的情况下，由于每一次订货成本不变，一年内订货次数越少，年总订货费用越低；但是同时，订货次数少意味着每一次订货数量多，使得保管费用增加。也就是说，订货费用越少，库存持有成本越高，而总库存费用等于两者之和。订货费用的增减与存货持有成本也并非绝对负相关，企业完全可以通过长期的数据统计，利用相关总库存费用模型，得出企业的最优订货次数和每次订货量。

这些现象说明，要实现物流成本的削减，不能仅仅关注个别物流成本的控制，而要从系统成本的角度来管理，掌握好物流成本各构成项目之间的关系，即物流成本的管理与控制要有全局观念。物流系统就是以成本为核心，按最低成本的要求，使整个物流系统化，它强调的是调整各要素之间的矛盾，把它们有机结合起来，使物流成本最小。

企业物流成本的效益背反关系实质上是研究企业物流的经营管理问题，即将管理目标定位于降低物流成本的投入并取得较大的经营效益。在物流成本管理中，作为管理对象的是物流活动本身，物流成本作为一种管理手段而存在。一方面，成本能真实地反映物流活动实态；另一方面，物流成本可以成为评价所有活动的共同尺度。

企业物流管理肩负着降低物流成本和提高物流服务水平两大任务，二者相互矛盾。整个物流是否合理化，需要用总成本评价，这反映出企业物流成本管理的效益背反特征对企业物流整体的重要性。

3. 物流成本的综合管理与控制

物流成本管理系统是对物流成本进行预测和编制计划，并通过会计系统进行物流成本的归集和核算，来对本年度物流成本责任部门进行考核，并把相关信息反馈给相关作业与管理部门，便于他们依据这些成本信息来充分挖掘降低物流成本的潜力，寻求降低物流成本的有关技术经济措施。同时，进行物流成本决策和再预测，进入下一个物流成本管理循环。因此，物流成本管理系统是由物流成本的预测、计划、成本计算、成本分析、成本信息反馈、成本决策和再预测等环节构成的。一个预测管理期连着下一个预测管理期，不断循环提高。成本管理的预测计划循环按时间标准进行划分，可以分为短期计划(一个月或一个季度)、中期计划(半年或一年)或长期计划。

物流成本日常控制系统主要是通过物流技术的更新、物流管理水平的提高来实现物流过程的优化和物流成本的降低。物流过程是一个创造时间性和空间性价值的经济活动过程，为使其能提供最佳的价值效能，就必须保证物流各个环节的合理化和物流过程的迅速、通畅。物流系统各个环节的优化技术与方法很多，例如，用线性规划、非线性规划制订最优运输计划，实现物品运输优化；运用系统分析技术选择货物最佳的配比和配送线路，实现货物配送优化；运用存储论(是研究物资最优存储策略及存储控制的理论)来确定经济合理的库存量，实现物资存储优化；运用模拟技术对整个物流系统进行研究，实现物流系统的最优化。

物流成本的综合管理与控制就是要将物流成本管理系统与物流成本日常控制系统结合起来，形成一个不断优化的物流系统的循环。通过一次次循环、计算、评价，使整个物流系统不断优化，最终找出其总成本最低的最优方案。物流成本综合管理与控制方法可以用图 3-4 表示。

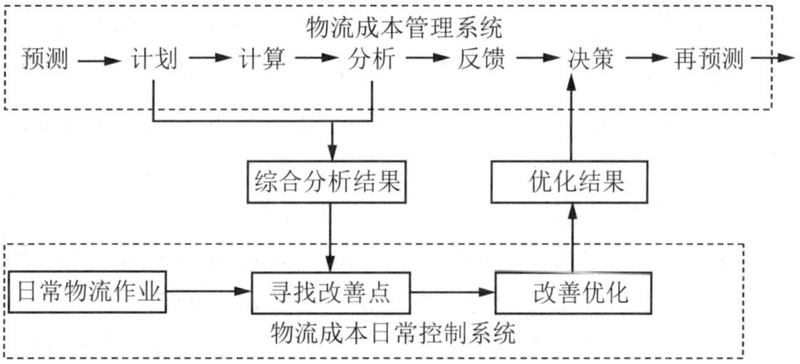

图 3-4　物流成本综合管理与控制方法

在实际工作中，企业应该将物流成本的管理系统与物流成本日常控制系统有效地结合起来，把物流成本当成一种指标工具，在企业物流成本的日常控制中实现物流成本管理的目的。

(五)物流成本管理和控制中要注意的问题

近年来我国物流成本管理与控制理论的研究和实践受到广大学者和实务工作者的重视，取得了一定的成果，但仍然有很多问题需要大家去研究。在物流成本管理与控制系统的研究运用过程中，有很多方面值得引起注意。

1. 明确计算物流成本的目的

必须将物流成本明确化，并设置恰当的计算基准，但更为重要的是明确计算物流成本的目的。如不明确目的，计算物流成本也没有什么用处，应根据明确的目的来找出最适合该目的的物流成本计算方式。

对于物流成本的计算基准，有两个层次的考虑。首先，从国家物流主管部门和行业协会的角度来说，应进行物流成本构成内容的分析，制定相应的国家参考标准，这对于宏观物流成本的统计核算以及各企业进行物流成本的核算与管理都有重要的参考意义。其次，每个企业自身在物流成本管理与控制的过程中，应结合自身物流成本核算和管理的目的，确定相应的物流成本构成内容，不要千篇一律，因为每个企业都有自身的特点，管理要求与管理方式都会有所不同。

2. 企业往往会简单地认为物流成本下降就会带来效益

过去，企业领导一味要求降低成本，认为物流是一种没有效益的活动，这种观点是有问题的。不应该把物流只看作是需要支付的费用，而应把它当作资源加以有效地利用，也就是将物流成本看作是一种生产要素，应当利用物流成本资源促进销售、争取客户。为确保收益，必要时可以考虑加大物流成本，争取销售目标的实现。

3. 应从保证物流服务水平的需要考虑物流成本

不从保证一定服务水平所需要的物流成本出发考虑问题，而只是一味强调降低成本是毫无意义的。应该保证一定的物流服务水平，在此前提下再考虑如何降低成本。

4. 各类物流活动的成本之间也存在背反关系

在维持当前物流服务水平不变的情况下，一种物流成本的削减往往伴随着另一种物流成本的增加。企业的物流成本管理必须站在全局的角度系统全面地进行。

5. 物流成本受销售部门和生产部门控制

一般情况下，能够完全控制物流成本的物流部门很少，通常情况下，一个企业的物流成本往往受销售部门和生产部门控制。例如，在客户对货物配送的时间要求变得严格的同时，企业的运输费用必然大幅度增加，因为通常情况下，紧急运输配送伴随着更多的过路费、更低的装载率、更高的空驶率、更多的司机和仓库管理人员的加班费；生产部门产量的变动也影响着企业库存成本的变动，如库存产品占用资金的利息、产品维护费用等；其他如采购费用、信息传递费用等，也不是物流管理部门能够完全控制的。因此，单纯由物流管理部门进行物流成本的管理和控制是不现实的。

也就是说，物流成本之中包含着物流部门能够管理和不能管理的两种成本。物流部门无法管理的这种成本也大多由物流部门负责。应该尽量将物流成本与销售费用、管理费用以及生产成本区分开来。

6. 为降低物流成本，可成立物流成本管理委员会

在日本，这种物流成本管理委员会在企业中非常普遍。但是，多数企业的物流成本委员会清一色地由物流部门成员组成。这种组成使降低成本受到限制。因为物流大多是在生产和销售过程中产生的，委员会应当有销售和生产部门的成员参加，以便通盘考虑生产和销售方面的因素。

7. 当物流预算出现差错时，能够指明责任的归属

物流预算是在生产计划和销售计划的基础上做出的，生产、销售出了问题，一般

会直接使物流的预算和实际出现差异。当预算出现差错时，应当能够指明是物流的责任，还是生产或销售的责任。

8. 物流成本的削减具有乘数效应

如果销售额为100万元(不考虑税收的影响)，物流成本占销售额的比率当前为10%，即为10万元，企业净利率为10%，也为10万元，那么物流成本每削减1万元，就相当于企业的净利润增加了1万元，与企业增加10万元的销售额具有相同的效果，这就是物流成本削减的乘数效应。

9. 在基层，销售部门常常打破物流部门的常规，搞紧急运输或例外运输

关于这个问题，物流部门应该在事前让销售部门清楚地了解，按常规提供物流服务的运输费用是多少，非常规情况下其费用又该是多少。如果不这样做，物流服务的规定将形同虚设。物流部门应努力向各部门随时提供与交货条件、产品搭配情况有关的运输费用等准确的物流成本信息。必须在销售人员中建立物流成本责任制。

10. 日本和我国物流管理的简要情况

按照菊池康也的分析，在物流管理方面，日本企业已经达到根据实际情况来进行成本核算、成本管理的阶段，但多数企业还未达到评估物流绩效、分析物流盈亏的阶段。而在我国，首先要做好物流成本核算、物流成本性态分析、物流成本预算、物流责任成本管理等工作，在此基础上才能进行物流成本效益评估。

因此，对企业来讲，要实施现代化的物流管理，首要的是全面正确地把握企业内外发生的所有物流成本，削减物流成本必须以企业整体为对象。同时，注意不能降低对客户的服务水平。其次，随着企业多频度、定时进货的需求和客户小批量、及时迅速的送货需求，企业必须加强物流成本的管理与控制，才能在竞争中立于不败之地。最后，应该指出的是，企业往往只是把目光局限在如何控制物流成本上，当然，控制物流成本确实非常重要，但更多的是应当把重点转移到如何管理和运用物流成本上来。

本书把物流成本管理的控制系统分成两个方面：一是物流成本管理系统，包括物流成本核算层、物流成本管理层和物流成本效益评估三个层次，它是指在进行物流成本核算的基础上，运用专业的预测、计划、核算、分析和考核等经济管理方法来进行物流成本的管理，具体包括物流成本预算、物流成本性态分析、物流责任成本管理以及物流成本效益分析等；二是物流成本日常控制系统，它是指在日常物流运营的每个作业环节，依据现代物流运营理论，采用先进的物流技术与方法，来降低整个企业物流成本的一系列措施。物流成本控制是物流成本管理的中心环节，具体来说，物流成本的日常控制可以以物流成本的形成阶段、物流服务的不同功能以及物流成本的不同项目作为控制对象。

在实际工作中，企业应该将物流成本的管理系统与日常控制系统有效地结合起来，形成一个不断优化的物流系统的循环，在企业物流成本的日常控制中实现物流成本管理的目的。通过一次次循环、计算、评估，使整个物流系统不断地优化，最终找出使其总成本最低的最佳方案。

相关链接

国内生产总值(GDP)和国民生产总值(GNP)都是目前国际上通行的用来衡量国家宏观经济发展水平的统计指标。其中，GDP指的是在一国国土内所有的生产要素，包括劳动力、资本和资源等，在一定时期内所生产并实现销售的最终产品和服务的价值总和，它包括本国企业在本国内投资带来的产出，以及由外国企业在东道国投资(即FDI)所带来的产出；GNP是指由一国国民所拥有的生产要素，在一定时间内生产并销售的最终产品和服务的价值总和，它仅包括本国国民(企业和个人)在本国和外国投资带来的产出，并不包括外国人在本国投资带来的产出。

从根本上而言，两者并不存在着本质的区别，它们都是对一国一定时期内产出水平的衡量。但从GDP和GNP的含义仍然可以看出，它们之间存在的区别，主要体现在前者是根据属地原则来衡量一国财富的，后者则是根据属人原则来衡量一国财富的。

四、物流成本的构成与分类

(一)社会物流成本的构成内容

社会物流成本是核算一个国家在一定时期内发生的物流总成本，是不同性质企业微观物流成本的总和。事实上，一个国家物流成本总额占国内生产总值(GDP)的比例，已经成为衡量各国物流服务水平和物流发展水平高低的标志。

美国、日本等发达国家对物流成本的研究工作非常重视，已经建立了一套完整的物流成本收集系统，并将各年的资料加以比较，随时掌握国内物流成本变化情况以供企业和政府参考。在我国，当前物流成本到底处于什么水平、成本构成比例是多少、存在哪些可以改进之处、怎样才算是降低了物流成本却还没有一套可供参考的标准。

1. 社会物流成本构成的公式

目前，各国物流学术界和实务界普遍认同的一个社会物流成本计算的公式为：

社会物流总成本＝运输成本＋存货持有成本＋物流行政管理成本

基于这个公式，可以认为社会物流成本由三部分构成：

运输成本(Transportation Cost)；

存货持有成本(Inventory Carrying Cost)；

物流行政管理成本(Logistics Administration Cost)；

下面根据美国和日本对社会物流成本的统计方法，来具体分析社会物流成本中运输成本、存货持有成本以及物流行政管理成本的构成内容。

2. 美国社会物流成本构成内容及统计

美国权威的物流市场年度报告撰稿人罗伯特·V. 迪兰尼先生已经连续十多年编纂出版《美国物流年度报告》(*Annual "State of Logistics Report"*)，而对美国社会物流成本测算的年代则已经上溯到1960年。迪兰尼先生的每次报告中均包括以下指标：

年度社会物流总成本及其组成结构；

社会物流总成本及各项目变化趋势；

社会物流总成本占GDP的比率及发展优势。

计算出指标后，迪兰尼先生会对变化的原因进行分析，找出可改进之处。

历年来，美国权威物流成本核算机构在计算物流成本时都采用下述公式，该公式也是其在多年的实践中不断改进的结果，具有一定的普遍性。

物流总成本＝运输成本＋存货持有成本＋物流行政管理成本

其中：

存货持有成本＝利息＋税、折旧、贬值、保险＋仓库费用

运输成本＝公路运输＋铁路运输＋水路运输＋油料管道运输＋航空运输＋货运代理相关费用＋货主费用

物流行政管理成本＝订单处理及IT成本＋市场预测、计划制订及相关财务人员发生的管理费用

宏观上，美国社会物流成本包括以下三个部分。

(1)存货持有成本

存货持有成本是指花费在保存货物上的费用，除了仓储、残损、人力费用及保险和税收费用外，还包括库存占压资金的利息。其中利息是当年美国商业利率乘以全国商业库存总金额得到的。把库存占压的资金利息加入物流成本，这是现代物流与传统物流成本计算的最大区别，只有这样，降低物流成本和加速资金周转速度才能从根本上统一起来。美国库存占压资金的利息在美国企业平均流动资金周转次数达到10次的条件下，约为库存成本的1/4，为总物流成本的1/10，数额之大，不可忽视。仓储费用既包括公用仓库费用，也包括私人仓库费用。

在计算存货持有成本时，存货价值的数据来源于美国商务部的《国民收入和生产核算报告》(*National Income and Product Account*)、《当前商业状况调查》(*Survey of Current Business*)和《美国统计摘要》(*US Statistical Abstract*)等。将得到的数据代入Alford-Bangs公式来测算存货持有成本。

(2)运输成本

运输成本包括公路运输、铁路运输、水路运输、航空运输、货运代理相关费用、油料管道运输与货主费用等。公路运输包括城市内运输费用与区域间卡车运输费用，货主费用包括运输部门运作及装卸费用。

运输成本测算的数据是基于伊诺运输基金会出版的《美国运输年度报告》(*Transportation in America*)。

(3)物流行政管理成本

物流行政管理成本应该包括订单处理、IT成本以及市场预测、计划制订和相关财务人员发生的管理费用。由于这项费用的实际发生额很难进行真正的统计，因此，在计算物流行政管理成本时，是按照美国的历史情况由专家确定一个固定比例，乘以存货持有成本和运输成本的总和得出的。从第一篇《美国物流年度报告》于1973年出版时起，就一直用4%乘以存货持有成本和运输成本之和作为物流行政管理成本数据。

从上面的分析可以得出几个清晰而重要的启示：

第一，降低物流成本是提高效益的重要战略措施。美国每年10万亿美元的经济规模，降低1%的物流成本就等于增加了1000亿美元的效益。业界普遍认为我国物流成

本下降的空间应该在10个百分点或更多，这是一笔巨大的利润源。

第二，美国的实践表明，物流成本中运输费的比例大体不变，减少库存支出就成为降低物流成本的主要来源。减少库存支出就是要加快资金周转、降低库存水平，这是核心的考核指标。

第三，物流成本的概念必须拓展，库存支出不仅仅是仓储的保管费用，更重要的是要考虑它所占有的库存资金成本，即存货占压资金的利息。理论上还应该考虑因库存期过长造成的商品贬值、报废等成本，尤其是产品周期短、竞争激烈的行业，如电子、家电等。总之，只有在物流成本中包含资金周转速度的内涵，才能真正反映出物流的作用，做出准确的评价。

3. 日本社会物流成本的构成内容及统计

日本也是物流业发展很快的国家，日本的社会物流成本计算方法与美国略有区别。

日本社会物流总成本的计算公式如下：

物流总成本＝运输费＋保管费＋管理费

(1)运输费

运输费分为货主企业支付给各种运输机构的营业运输费及自家运输费两种。营业运输费又分为卡车货运费、铁路货运费、内海航运货运费、国内航空货运费、货运站收费等多种。而自家运输费是以营业车平均行走一千米的原价为基础，将自家卡车的行走千米数、实际平均一日一车行走千米数比率、自家用卡车装载比率相乘而得出的。

运输费的计算公式如下：

运输费＝营业运输费＋自家运输费

其中：　营业运输费＝卡车货运费＋铁路货运费＋内海航运货运费＋国内航空货运费＋货运站收费

(2)保管费

保管费是将日本经济企划厅编制的《国民经济计算年报》中的国民资产、负债余额中原材料库存余额、产品库存余额及流通库存余额的合计数乘以日本资材管理学会调查所得的库存费用比例和原价率得出的。这项保管费不是狭义的保管费，它不仅包括仓储业者的保管费或企业自有仓库的保管费，还包括仓库、物流中心的库内作业费用和库存所发生的利息、损耗费用等。

保管费的计算公式如下：

保管费＝(原材料库存余额＋产品库存余额＋流通库存余额)×原价率×库存费用比例

其中：　库存费用比例＝利率除外的库存费用比例＋利率

(3)管理费

管理费无法用总体估计的方法求得，所以根据日本《国民经济计算年报》中的《国内各项经济活动生产要素所得分类统计》，将制造业和批发、零售业的产出总额，乘以日本物流系统协会根据行业分类调查得出的各行业物流管理费用比例的0.5%计算得出，即：

管理费＝(制造业产出额＋批发、零售业产出额)×物流管理费用比例×0.5%

（二）企业物流成本的构成内容

本部分所指的企业物流成本是指微观物流成本，具体包括制造企业的物流成本、商品流通企业的物流成本以及物流企业的物流成本三个方面。

1. 制造企业物流成本的构成

制造企业物流是指单个制造企业的物流活动，是微观物流的主要形式。制造企业物流是包括从原材料采购开始，经过基本制造过程的转换活动，到形成具有一定使用价值的产成品，直到把产成品送达中间商（商业部门）或用户全过程的物流活动。按照物流的定义，制造企业物流包括原材料（生产资料）供应物流、生产物流、销售物流以及回收废弃物物流几个方面。图 3-5 所示是一个典型的制造企业物流系统流程。

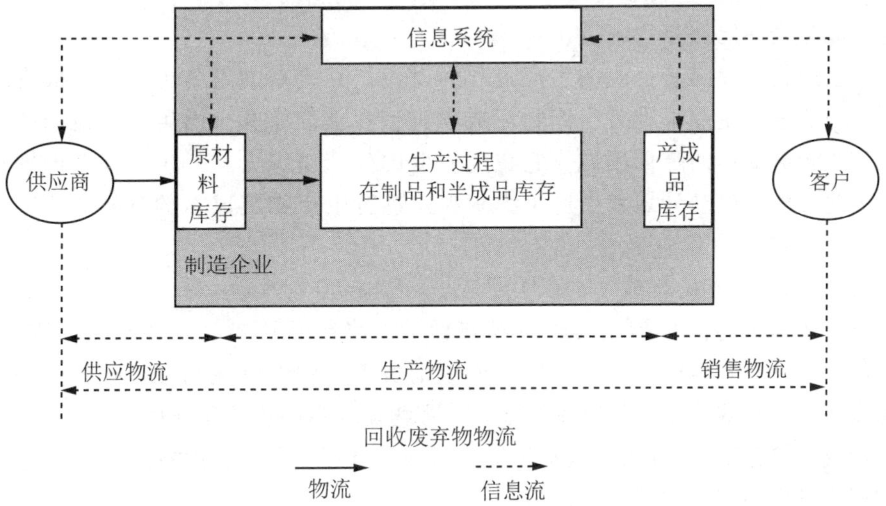

图 3-5　典型的制造企业物流系统流程

与物流系统流程相对应，制造企业的物流成本也应该包括供应物流成本、生产物流成本、销售物流成本与回收废弃物物流成本四个方面。

（1）供应物流成本的构成

制造企业供应物流是指经过采购活动，将企业生产所需要原材料（生产资料）从供给者的仓库（或货场）运回企业仓库的物流活动。它包括确定原材料等的需求数量、采购、运输、流通加工、装卸搬运、储存等物流活动。其物流成本的构成内容主要包括：

①订货采购费（采购部门人员工资、差旅费、办公费等）；

②运输费（外包运输费、运输车辆折旧、运输损耗、油料消耗以及运输人员工资等）；

③验收入库费用（验收费用、入库作业费）；

④仓储保管费（仓储人员工资、仓储设施折旧、合理损耗、仓库办公费用、储备资金利息等）。

在以上物流成本构成项目中，储备资金利息费用要引起企业物流管理者的重视。在我国现行的会计制度中，并没有一个专门项目来核算存货占压资金的利息（或称为机会成本），而实际上，存货利息费用在总的物流成本（特别是仓储费用）中占有相当大的比重。由于会计制度的问题，该项费用往往容易被管理者忽略。

(2)生产物流成本的构成

制造企业生产物流是指伴随企业内部生产过程的物流活动。即按照企业布局、产品生产过程和工艺流程的要求，实现原材料、配件、半成品等物料在企业内部供应库存与车间、车间与车间、工序与工序、车间与成品库之间流转的物流活动。从范围划分，它是由原材料等从供应仓库运动开始，经过制造转换形成产品，一直到产品进入成品库待销售为止。制造企业生产物流成本也就是指在这个过程中发生的与物流业务相关的成本，具体包括：

①内部搬运费；

②生产过程中物流设施的折旧；

③占压生产资金(包括在制品和半成品资金)的利息支出；

④半成品仓库的储存费用等。

由于生产物流伴随着企业的生产过程而发生，其成本的发生也与生产成本密切相关，所以一般来说企业很难对生产物流成本进行独立的核算，而生产物流的改善也不仅仅是生产物流成本的降低问题，它也与企业的生产组织方式、生产任务的安排密切相关，因此，离开生产计划和生产组织来独立进行生产物流成本的分析和研究显得不切实际。

(3)销售物流成本的构成

制造企业销售物流是指企业经过销售活动，将产品从成品仓库通过拣选、装卸、运输等环节，一直到运输至中间商的仓库或消费者手中的物流活动。这就是一般意义上的物流活动，是狭义物流的基本内容。销售物流成本的主要构成内容包括：

①产成品储存费用(成品库人员工资、折旧、合理损耗、仓库费用等)；

②销售过程中支付的外包运输费；

③自营运输设施的折旧、油料消耗、运输人员工资；

④销售配送费用(包括配送人员工资、配送车辆折旧和支出等)；

⑤退货物流成本等。

(4)回收废弃物物流成本

企业回收废弃物物流的成本与特定的企业有关，如制糖业、造纸业、印染业等，都要发生回收废弃物物流，整个回收废弃物物流过程中发生的人工费、材料费、机器设备的折旧费以及其他各种支出，都构成了回收废弃物物流成本的内容。

制造企业物流成本的构成除了从物流流程的角度来分析外，也可以按照物流成本项目来分析其构成。制造企业物流成本主要包括：

①人工费；

②材料消耗；

③运输设施、仓库设施的折旧；

④合理损耗；

⑤资金占压的利息费用；

⑥管理费用；

⑦委托物流费用等。

如果按照物流成本发生的各个物流功能环节分析，制造企业物流成本的构成也可以划分为：

①包装费；

②输送费；

③保管费；

④装卸费；

⑤流通加工费；

⑥流通信息费；

⑦物流管理费等。

2. 商品流通企业物流成本的构成

商品流通企业主要是指商业批发企业、商业零售企业、连锁经营企业等。商品流通企业物流成本是指在组织商品的购进、运输、仓储、销售等一系列活动中所消耗的人力、物力、财力的货币表现，相对于制造企业来说，流通企业减少了生产物流的环节，并且其供应和销售物流是一体化的。图 3-6 所示是典型的商品流通企业物流系统业务流程。

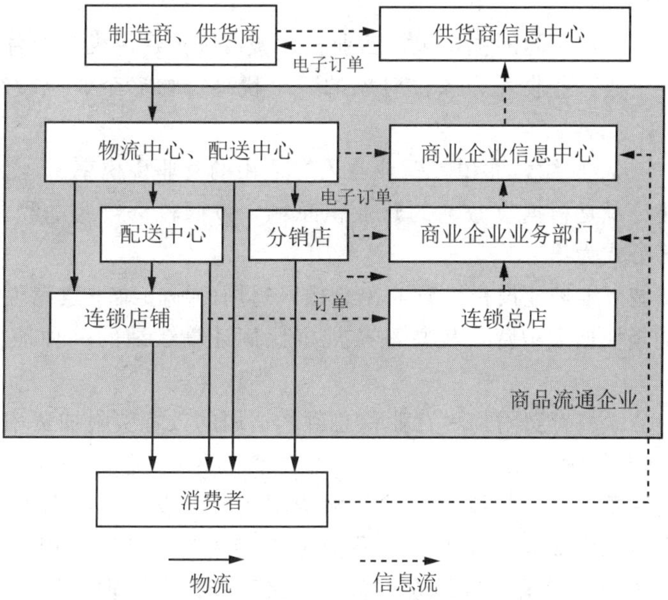

图 3-6 典型的商品流通企业物流系统业务流程

商品流通企业的物流成本具体构成如下：

①人工费用，包括与物流相关员工的工资、奖金、津贴以及福利费等；

②营运费用，如物流运营中的能源消耗、运杂费、折旧费、办公费、差旅费、保险费等；

③财务费用，指经营活动中发生的存货资金使用成本支出，如利息、手续费等；

④其他费用，如与物流相关的税金、资产损耗、信息费等。

不同经营方式的流通企业，其物流成本占营业额的构成比例也相差很大。日本的一项统计结果表明：商品流通企业的物流成本在批发销售环节和便利商店的比重最高，占营业额10%以上，但是同属于零售业的百货公司却仅占2.23%。

3. 物流企业物流成本构成

物流企业是为货主企业提供专业物流服务的，它可以包括一体化的第三方物流服务企业，也包括提供功能性服务的企业，如仓储公司、运输公司、货运代理公司等。物流服务企业通过专业化的物流服务来降低货主企业物流运营的成本并从中获得利润。可以说，物流企业的整个运营成本和费用实际上就是货主企业物流成本的转移。物流企业的全部运营成本费用都可以看作广义上的物流成本。

目前，大部分物流服务供应商一般都为特定的行业，如日用行业、医药行业、烟草行业、化工行业、计算机行业和电子行业等服务，这些行业的物流服务需求量比较大，物流服务要求也高。当然，还有一些物流服务企业，并不强调自身是为特定行业或特定企业服务的，他们秉持专业知识和专有技术，对作业进行革新，强调协同效应和规模效应等。

按照我国会计制度的规定，物流企业的成本费用项目包括营业税及附加、经营费用、管理费用三大类。

(1)营业税及附加

物流企业的营业税及附加主要包括营业税、城市维护建设税和教育费附加等。

营业税是以企业营业收入为课税对象的一个税种。物流企业应缴纳的营业税计算公式为：

应缴营业税＝营业收入×适用的营业税税率

城市维护建设税是根据应缴纳的营业税总额，按照税法规定的税率计算缴纳的一种地方税。计算公式为：

应缴城市维护建设税＝营业税总额×适用的城市维护建设税税率

教育费附加是根据缴纳营业税总额按规定比例计算缴纳的一种地方附加费。计算公式为：

应缴教育费附加＝营业税总额×适用的教育费附加费率

(2)经营费用与管理费用

除了缴纳的税费之外，物流企业的各项费用一般可以归为经营费用和管理费用两大类。经营费用可以看成是与企业的经营业务直接相关的各项费用，如运输费、装卸费、包装费、广告费、营销人员的人工费、差旅费等；而管理费用一般是指企业为组织和管理整个企业的生产经营活动而发生的费用，包括行政管理部门管理人员的人工费、修理费、办公费、差旅费等。

(三)物流成本的构成

需要指出的是，在企业物流成本的分析过程中，对于物流成本的构成内容并不能一味地生搬硬套，而是要依据企业的业务特点、组织结构状况以及企业成本管理的要求，结合自身情况进行有效的物流成本归类，以真正实现物流成本控制和物流系统优化的目的。如某著名家电制造企业将物流成本分成六个构成部分，即物流运作成本(包括运输费用和仓库费用)、存货持有成本(由存货资金占压成本、调价损失成本、库存风险成本、库存服务成本四部分组成）、缺货损失成本、订单处理及IT成本、采购费用以及其他管理费用。图3-7反映了该企业物流成本的构成。需要注意的是，优化部分物流成本会减少单项物流成本，但同时会造成物流总成本的增加。因此，企业必须把物流看成一个整体的系统，以减少物流总成本为目标来管理物流运作。

传统意义上的物流成本往往只涵盖物流运作成本，它包括运输费用及仓库费用。很多企业在统计企业内部的物流成本时就只把物流运作成本计入物流总成本。

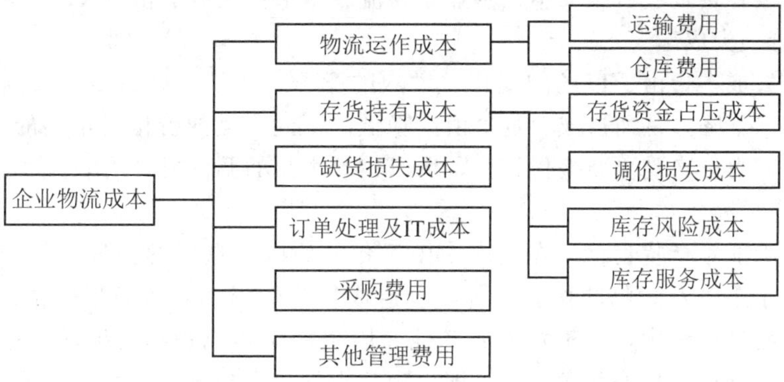

图3-7　某著名家电制造企业物流成本的构成

1. 物流运作成本

物流运作成本包括运输费用和仓库费用。

运输费用指的是企业对原材料、在制品以及产成品的所有运输活动所造成的费用，包括直接运输费用和管理费用。直接运输费用包括：原材料、在制品以及产成品在不同仓库之间货物调拨及反向物流所产生的运输费用。如果企业的运输是交由第三方物流公司运作，则合同上的费用即为运输费用，如果运输是由企业自己运作，则还包括车辆折旧、维修等相关费用。管理费用指的是运输调度人员、司机等相关人员的管理费用。

仓库费用包括仓库租金和仓库折旧、设备折旧、装卸费、物流包装材料费用以及管理费用。仓库租金包括原材料、在制品及产成品仓库的租金，如果是自建仓库，则包括对仓库的折旧。设备折旧指仓库内的物流运作设备，如叉车、手持扫描仪、货架等的折旧。装卸费指进仓、出仓以及仓库内运作时的搬卸费用。物流包装材料费用是指为了增加装卸效率或避免货物在运输途中损坏而使用的一些包装材料的费用，如薄膜类包装等，同时包括由于产品外包装损坏而需要重新更换包装的费用。管理费用包括仓库管理及运作人员工资、福利等与仓库运作相关的管理费用。

2. 存货持有成本

存货对大部分制造商来说几乎是在资产上最大的一项投资，高度的市场竞争导致产品种类必须迅速增加以满足各细分市场的需求。一般来说，存货可以占到制造商资产的20%以上。存货持有成本通常是大部分制造企业物流成本中的最大项，但是很多公司从来没有精确计算过存货持有成本，实际上，存货持有成本包括存货资金占压成本、调价损失成本、库存风险成本和库存服务成本。

(1)存货资金占压成本

存货以占用资金为代价，而对资金而言存在机会成本。资金的机会成本是指，如果资金未被存货占用，将这些资金投放到其他投资领域所能产生的预期回报。作为业内平均水平，物流行业可以将“存货价值×15%”作为计算存货资金占压成本的公式，部分国外企业通常会以更高的比率来计算存货资金占压成本。现实情况中，很多企业往往忽视存货资金占压成本的存在，或者只是以贷款利率作为存货资金占压成本计算比率，实际上存货资金占压成本在企业总物流成本中往往占了相当大的比例。

(2)调价损失成本

调价损失成本指由于市场的变化、激烈的竞争、产品的更新换代或其他原因造成产品市场价格下降，从而造成存货价值的降低。不同产品的价格对市场的敏感度不同，高科技产品、电子产品更新换代较快，所以这类产品的调价损失成本相对会大得多。

(3)库存风险成本

库存风险成本指货物存放在仓库中由于各种原因所造成的损失。部分库存放置太久，或者由于平时对货物的保养不好，会造成货物的损坏，即变为残品、废品。在运输、搬运或装卸过程中，由于意外或其他原因也可能造成货物的损坏。仓库在盘点时还可能发现实际库存比账面库存少，即出现盘点损失。出现盘亏现象的原因会有很多，如在以往发货时不小心多发了货等。此外，货物存放在仓库中也可能由于被盗而造成损失。

(4)库存服务成本

库存服务成本包括保险费用和税收。保险费用是指为库存投保所支付的保险费用，税收是指在库存所有权转移中可能发生的税收。

3. 缺货损失成本

缺货损失成本是指由于不能满足客户订单或需求所造成的销售利润损失。它不仅指当客户要货而仓库没有存货时所造成的损失，还包括当客户由于订货或送货时间太长，送货时间不稳定或其他与物流服务相关原因而不在企业购买货物所造成的损失。这种缺货损失成本很难精确统计，所以大部分企业只有在满足设定的客户服务水平(如订货满足率为95%)的前提下尽量降低其他物流成本项目。

4. 订单处理及IT成本

订单处理指从客户下订单开始到客户收到货物为止，这一过程中所有单据处理活动及与订单处理相关活动的费用属于订单处理费用。包括订单录入费用和订单传输费用。前者是指对销售订单的录入处理，主要是订单录入人员的管理费用。后者是指订单在各部门之间传输而造成的费用，传输方式有多种，可以通过电子数据方式，如XDI(跨企业数据交换)、EDI(即电子数据交换)等，也可以通过传真等方式。

IT成本是指与物流管理运作相关的IT方面的成本。包括软硬件折旧、系统维护及管理费用。具体来讲，是指用于物流管理及运作的计算机等硬件的折旧、软件开发费用或软件的折旧，如仓库管理系统(WMS)、运输管理系统(TMS)等。对物流IT系统的运行及维护费用，以及相关IT人员的管理费用也应计算在其中。

5. 采购费用

采购费用是指与采购原材料部件相关的物流成本。包括采购人员管理费用、采购计划制订人员的管理费用、采购订单费用、原材料部件检验入库费用(其中原材料的库存保有成本已统一纳入到“存货持有成本”项目中)。

6. 其他管理费用

其他与物流管理及运作相关人员(如市场预测人员、库存计划制订人员、负责给客户开单的财务及会计人员等)的管理费用。在企业实际运作中,由于物流、商流没有分开独立运作,销售人员承担起部分物流方面的工作,如安排送货车辆等。

相关链接

机会成本(Opportunity Cost)在经济学上是一种非常特别的既虚又实的成本。简单地说,机会成本就是选择一种东西意味着需要放弃其他一些东西,它是指投资于某一方面后所失去的在其他方面的投资所获得的机会。

任务二 分析出版物流成本与物流模式演化

任务思考

目前我国的出版物流存在着中盘过大、退库率高、物流管理低效等特点,你认为造成这些问题的原因是什么。出版物流企业应当如何改善这种情况?

任务分析

图书在发行过程中具有品种多、单价低、分布广、需求不确定等特点,这些特性都直接或间接地影响着出版物流成本。这就要求出版企业利用较高的物流技术和信息技术提高对出版物产品的需求预测,提升图书在标准化建设、分拣、配送、信息沟通等效率,进而降低出版物流成本。

我国现行出版物流具有中间环节繁琐和中盘数量庞大的典型特点;图书从出版社到消费者手中的环节过多、中盘过大、信息阻隔、缺乏规模效应,造成图书库存量大、周转慢、退货率高;同时,图书企业的物流成本管理普遍比较粗放,浪费严重。我国出版物流的这些特点,决定了其物流成本必然偏高。尽管网上书店与传统书店相比,可以超越空间的限制,市场分布广阔,不受地域的影响,但是随着网络的普及和电子商务的发展,网上书店的市场规模逐渐扩大、交易频率与日俱增、市场的不确定因素也日渐加剧,在这样的背景下,网上书店的物流也会远远跟不上信息流的步伐,出版物流所带来的问题致使网上书店的很多优势很难体现出来。

一、影响出版物流成本以及物流模式选择的根本因素

面对出版物流成本普遍过高的现象,很多学者都提出了自己的解决方案,即引入第三方物流,通过专业分工和规模化效应来提升出版物流的运作效率,降低物流成本。随着产业分工的细化和现代物流技术的迅速发展,第三方物流在很多领域都已经被证

明是一种降低物流成本的合理途径。那么，第三方物流是否可以最终解决当前出版物流中普遍存在的成本过高的问题呢？

图书不同于其他产品，具有批量小、品种多、单价低、市场分布广、市场需求不确定、存在逆向物流等特点，因此出版物流需要完善的标准化系统、良好的存储条件、准确的分拣设施和高效的配送队伍，同时也需要对市场的需求做出尽量准确的判断，否则会导致大量的逆向物流。这就要求出版物流企业利用规模化效应降低物流成本，利用较高的物流技术和信息技术提高对图书需求的预测，提升分拣和配送效率。

图书在流通过程中也具有自身的某些市场特性，这决定了影响出版物流成本的直接或间接因素，按照美国著名的经济学家威廉姆森的交易费用观点，包括个人的有限理性和机会主义行为(欺骗和不可信的承诺等)，以及市场不确定性、潜在交易对手、资产专用性和交易频率等市场因素，上述诸多影响因素都直接或间接地受信息化水平的影响，而信息化水平的提高可以影响人的有限理性和机会主义行为，改善市场不确定性，有效地与交易对手和合作伙伴进行沟通，更好地对市场需求、市场分布和交易频率进行有效预测，从而最终影响物流成本。同时，图书产品自身具备的诸多特性，要求图书在其物流过程中，必须要有强大的信息支持，只有通过强有力的信息技术和健全的信息平台，才能使得图书在需求预测、标准化建设、分拣、配送、信息沟通等领域逐渐提升效率，最终降低出版物流的生产性成本、交易成本和委托代理成本。可见，图书以及出版物流的自身特点，决定了信息化水平对物流成本的决定性影响，使得信息化水平的高低直接影响图书企业对出版物流模式的选择。

二、不同出版物流模式的成本比较

1. 出版物流的模式比较

按照威廉姆森的观点，企业的物流运作除了可以从市场上采购物流和企业自营物流以外，还可以选择物流外包的形式。物流外包作为一种市场操作模式，以合同的形式将业务长期地交给第三方物流企业，既不同于单个的、自由的市场交易，又不同于企业自营。实际上，市场采购物流和物流外包都是第三方物流的表现形式。此外，基于第三方物流和自营物流之间的中间模式，称为混合物流，这是当前我国很多出版社普遍采用的出版物流模式。

随着第三方物流的迅速发展，第四方物流也在逐渐成形，并开始得到推广。第四方物流的概念由美国埃森哲公司率先提出，他们将“第四方物流”定义为一个供应链集成商，它调集、组织和管理自己的以及具有互补性的服务提供商的资源、能力和技术，提供一个综合的供应链解决方案。就出版物流而言，第四方物流不仅控制和管理特定的物流服务，而且根据自己掌握的信息和技术，对整个物流过程提出解决方案，并通过自身的信息平台将这个程序集成起来，为顾客提供最佳的增值服务，即迅速、高效、低成本和个性化服务等，从而帮助图书企业实现运作成本的持续降低和图书商品的有效转移。第四方物流主要依靠业内第三方物流供应商、技术供应商、管理咨询顾问、配套资源的供应商和其他增值服务商，为客户提供独特和广泛的图书供应链解决方案。第四方物流作为一个信息服务公司，建立图书供求信息平台，将图书商品的所有供方与需方的信息完全公开和透明，实现图书供方和需方的直接有效沟通，当供需双方达成交易之后，第四方物流再帮助他们实现图书的物流转移。可见，第四方物流集中扮演了三个角色：一是提供图书信息平台，促进图书供需的透明化；二是提供业务整合能力，协调第三方物流，进行统一存储、统一分拣、统一配送，最终完成图书实体的低成本转移；三是进行供应链的优化，测算成本最低、效率最高的物流路径，利用物流的规模化效应，降低整个系统的物流成本。第四方物流运作模式如图 3-8 所示，其中虚线表示信息流，实线表示图书的实体流。

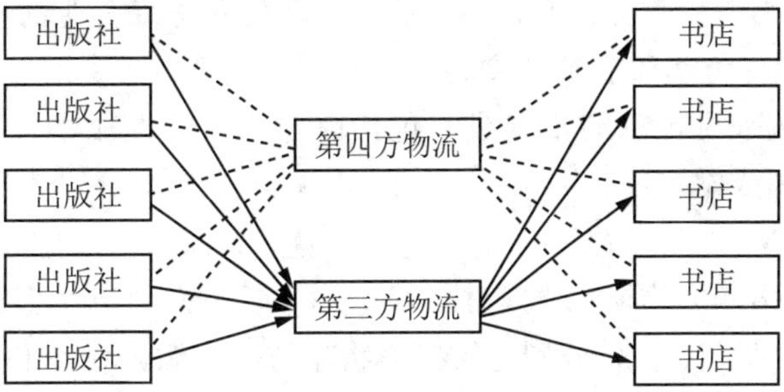

图 3-8　第四方物流的运作模式

可见，出版物流存在诸多模式，包括自营物流、第三方物流、第四方物流以及混合物流等。那么图书企业选择适合自己的模式，有效降低自身的物流成本，就显得尤为必要了。决定物流成本、选择物流模式的理论很多，主要包括：交易费用理论、委托代理理论、战略竞争理论、资源基础理论和社会交换理论等，通过对这些理论的分析，可以将出版物流的成本划分为生产性成本、交易成本和委托代理成本。当企业自营物流的时候，不存在交易成本和委托代理成本，只包括生产性成本和内部组织成本。

2. 信息化水平对出版物流成本的影响

由于信息化水平对出版物流的成本具有决定性的影响，是决定物流模式演化的序参量，所以本书基于信息化水平的高低来对各种出版物流模式的成本进行分析。信息化水平对出版物流的影响主要表现在：第一，可提升图书供应链上各企业的内部管理信息系统，使企业实现内部信息化，从而提高企业的物流管理效率；第二，可以提高图书供应链上游企业对下游企业特别是终端消费者的需求的预测能力（当企业对其下游企业或者最终消费者的需求有较强的预测能力，并能做出快速的反应时，物流成本将随着逆向物流成本的降低而大幅下降）；第三，可以提升图书供应链各个环节的沟通能力，从而降低彼此之间的交易成本和委托代理成本；第四，可以提高专营物流的第三方物流的运行效率，特别是标准化建设，以及分拣和配送等环节的效率，从而降低其生产性物流成本；第三，可以使各个图书企业之间进行有效的沟通和信息交流，特别是对图书的供求、对出版物流的供求、对配套资源的供求等信息而言，这些信息的透明化能更好、更深地促进出版物流行业的产业细化，实现信息化的规模效应，最终降低出版物流运行体系的总体成本。

3. 出版物流的成本分析

假设度量信息化水平高低的变量为 I，总的物流成本包括企业进行物流运作的生产

性成本和企业自营物流的组织成本，即

$$TC_S(I)=C_S+T_S$$

其中，TC_S是企业自营物流的总成本，C_S是企业自营物流的生产性成本，T_S是企业自营物流的组织成本。

对于第三方物流来说，总的物流成本包括第三方物流企业进行物流运作的生产性成本和供需双方的交易成本和委托代理成本，即

$$TC_{3PL}(I)=C_{3PL}+T_{3PL}+A_{3PL}$$

其中，TC_{3PL}是第三方物流的总成本，C_{3PL}是第三方物流企业的生产性成本，T_{3PL}、A_{3PL}分别是企业与第三方物流企业的交易成本和委托代理成本。

对于第四方物流来说，总的物流成本包括内部的生产性成本、与各种利益主体的交易成本和委托代理成本，即

$$TC_{4PL}(I)=C_{4PL}+T_{4PL}+A_{4PL}$$

其中，TC_{4PL}是第四方物流的总成本，C_{4PL}是与第四方物流企业合作的第三方物流企业的生产性成本，T_{4PL}、A_{4PL}分别是第四方物流与各资源供应商和合作方之间的交易成本和委托代理成本。

当信息化水平比较低的时候，由于信息阻隔和信息的不对称，图书企业寻找第三方物流的交易成本，以及与第三方物流合作时的委托代理成本都比较高，最终使得企业自营物流的成本相对较低。同时，由于第四方物流需要依靠强大的信息支持，较低的信息化水平不能满足运营第四方物流的需要，使得在较低信息化水平下运作第四方物流的成本相对于自营物流和第三方物流都要高。可见，在信息化总体水平比较低的时候，自营物流的成本将低于第三方物流的成本，而此时第四方物流的成本最高。随着信息化水平的逐渐提高，物流技术得到改善，物流运作的生产性成本将逐渐降低，图书企业与第三方物流之间、第四方物流与合作伙伴之间的交易成本和委托代理成本也会随之下降，最终使得自营物流成本、第三方物流成本和第四方物流成本都会随着信息化水平的提高而降低。与此同时，由于信息化水平的提高，第三方物流企业和第四方物流企业在信息技术的利用上，规模化效应逐渐提升，专业分工日益加强，最终使得在物流成本降低的过程中，专业化分工最强、信息化利用程度最高的第四方物流企业，其物流成本降低的幅度最大，第三方物流次之，自营物流成本的降低幅度最小。

上述三种出版物流模式随着信息化水平的提升，其成本变化曲线如图 3-9 所示。

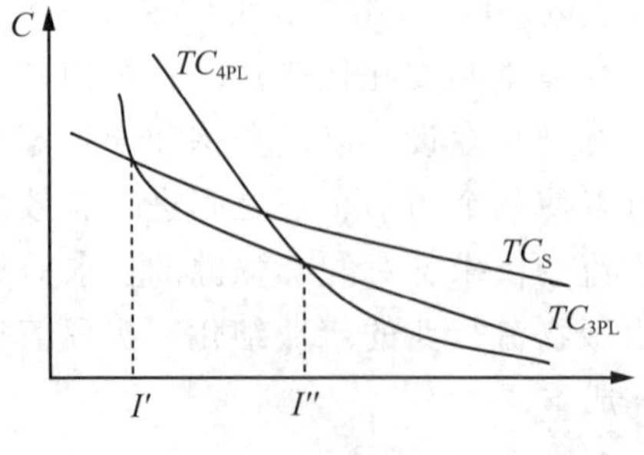

图 3-9 自营物流、第三方物流和第四方物流的物流成本曲线

三、我国出版物流模式的决定因素

通过对图 3-9 的成本曲线进行比较分析，可以发现，在信息化水平低于 I' 的时候，自营物流的成本最低，因为较低的信息化程度使得企业在与第三方或者第四方企业合作的时候面临更大的交易成本和委托代理成本；在信息化水平高于 I'' 的时候，较高的信息技术使得第四方物流具备了很强的成本优势，使得其物流成本相对最低；而当信息化水平介于 I' 和 I'' 之间的时，其信息化程度高于 I'，使得第三方物流比自营物流更具成本优势，可以使交易成本和委托代理成本小于企业自营物流的内部组织成本，从而在成本上优于自营物流，而同时，其信息化水平又低于 I''，使得其成本又低于对信息化技术要求更高的第四方物流。

可见，信息化水平作为决定出版物流成本的关键因素，其高低直接决定了不同物流模式的成本。在信息化水平比较低的时候，图书企业将选择成本相对最低的自营物流模式；在信息化水平比较高的时候，企业会选择成本相对最低的第四方物流模式；信息化水平居中的时候，企业会选择成本相对最低的第三方物流模式。

可见，随着信息化水平的不断提高，出版物流最终将完成从自营物流到第三方物流，再到第四方物流的演化。导致这种演化过程的直接原因是由于出版物流对信息化技术的依赖，而这种依赖的根本原因在于图书这种商品的内在特性。

掌握了出版物流演化的根本路径和影响其发展的决定因素，图书企业就可以很好地解决现在面临的物流成本问题。要从根本上解决当前出版物流所遇到的问题，特别是成本过高、环节复杂、效率低下的问题，仅仅将当前的自营物流模式转变成第三方物流是不够的，还不能从根本上解决出版物流中的各种问题。最根本的任务是找到影响出版物流成本的核心要素——信息，努力提高物流的信息化技术，从内部提高图书企业以及物流运营企业的信息化管理水平，促进图书供应链各个环节的沟通，增加供应链上游企业对下游企业的需求预测，提高物流中心的分拣、配送等运行效率，不断降低物流运营过程中的生产性成本和各个利益主体之间的交易成本和委托代理成本，使得出版物流不断具备第四方物流运行的条件，最终完成出版物流从自营物流到第三方物流，再到第四方物流的演变。

任务三　建立出版物流盈利模式

任务思考

出版业的价值链包括编辑、出版、发行、中盘管理、销售和客户服务等活动过程，请思考企业如何从这条价值链上切入，建立起出版物流盈利模式。

任务分析

在出版业价值链中中盘是连接上游出版商和下游批发、零售商，依托信息技术和物流配送体系，提供分销、分拨服务的经销商和代理商，也是出版商价值链中较为薄弱的环节，而出版物流盈利模式的建立则要建立以中盘为关键环节的供应链系统，布局好物流分拨网络，采用信息网络建立起出版物流信息系统，并对该系统实施综合的、系统的控制。

2001年12月我国加入世界贸易组织。根据我国政府入世前的承诺，图书分销行业一年内放开零售，两年内允许外资控股，三年内取消地域、股权和设立方式的限制，五年内图书分销领域全面对外开放。目前，我国的图书出版发行已经进入了一个新的历史阶段。我国目前出版发行已经出现了十分激烈的竞争格局，我们应该思考如何应对这一本地市场国际化的竞争。今天，我们的图书出版发行业最缺乏的是物流盈利模式，最需要的是分销渠道的重新设计。只有在价值链上定位自己的核心业务，在供应链上找到自己的分工，才能在市场的不确定性风险中找到机会，求得企业的发展。

回顾我国出版发行业走过的历程，过去曾经有过很多的客户群体，发行过几十亿码洋的大型出版社，在今天有些已经成为"问题出版商"和"衰败的出版商"。市场份额并不等于出版商的价值，获得大量的销售收入并不意味着获得相应的利润。同样的销售码洋在不同的出版发行运作方式下，特别是采用不同的物流运作方式可获得数量不同的利润。因此，我们有充分的理由认为，出版发行业务采用物流盈利模式，是出版商、发行集团快速提升企业价值，进而成为行业内排名领先企业的一个有效的方法。

总体来看，出版物流盈利模式应该由图书出版发行业的特点和行业价值链上的核心业务流程决定，这就要求我们应该考虑图书出版发行行业的未来发展趋势。

一、国内外图书出版发行行业的成功案例分析

从国外图书出版发行行业巨头的现状来看，立体化教材和教材定制出版发行业务是目前增长最快的业务领域。Pearson(培生)通过采用价值链定位，将核心业务定位在提供阶梯式、立体化解决方案，其发行的1000多种教材都配备有网站，支持师生互动，其2001年总收入的60%是来自基于互联网支持的这种教材包销售。教材包将课程内容与教学管理结合在一起，教师教课有课件，学生用书有配套的系列参考书，目前已有900多所大学采用了这套教学解决方案。Thomson(汤姆森)通过价值链定位，在图书的数字化产品方面走到了前列，目前Thomson(汤姆森)54%的收入来自数字化产品，2001年销售收入达到72亿美元。Wiley(威立)采用价值链定位，在纸质教材和数字化产品组合立体化教材方面找到了自己的核心业务流程，销售收入中的80%是来自基于1700个网站提供支持的组合立体化教材包的销售。从上述三家教育类图书出版发行巨头成功案例中，我们可以发现，图书出版发行行业正在经历一场从单一发行图书向提供整体解决方案，从纸介质教材向立体化教材，从注重产品向注重服务的重大的历史性变革。

在国内教育类图书出版发行方面，一些出版社积极采用图书品种优势、价格策略、教师培训等措施，在出版发行方面走到了行业的前列。高等教育出版社采取的差异化竞争策略，将资金、品牌、技术、资源、人才优势相结合，奠定了该社在行业内的领

导地位。外语教学与研究出版社早在10年前就启动针对教学改革和市场发展趋势的立项研究，使其在近10年的出版发行方面取得了巨大的发展。中国人民大学出版社率先提出的“教材进校园，服务到身边”服务模式，树立了现代出版发行业的理念。

总的来看，我国的图书出版发行行业与国外相比，在分销渠道的设计和物流支持系统的建立方面还存在着明显的不足，其主要原因是我国图书发行中盘存在渠道混乱、资源分散、过度竞争以及缺乏使客户满意的现代物流意识，其结果必然导致需求与供给脱节、库存数量不合理、物流作业表现较差和图书退货率高等现象。因此，要想搞好我国图书出版发行工作，应从客户端的需求入手，整合分销渠道、建立物流支持系统，使整个出版物流处于动静结合、有序流动状态，实现图书的时间价值和空间价值，进而实现其使用价值和价值。

二、出版物流盈利模式的建立

按照我国出版业的价值链分析模型，一家出版商的价值增值业务活动过程主要包括编辑、出版、发行、中盘管理、销售和客户服务，这是所有出版商都必须具备的基本活动过程。但是，通过大量的案例研究分析我们发现，几乎每一家出版商的基本活动过程当中都存在着中盘管理、内部物流和外部物流的薄弱环节。所谓中盘，是指连接上游出版商和下游批发、零售商，依托现代信息技术和物流配送体系，能够提供分销服务和分拨服务的经销商和代理商。从这一定义当中，我们可以看出，中盘是一个商流和物流混合的渠道。而目前我们的图书中盘是重商流过程，轻物流服务。在价值链的支持性活动方面，出版商的基础设施投资、人力资源管理、技术开发和采购工作应该与基本活动过程密切相关。但是，目前绝大多数出版商的支持性活动均存在着与基本活动相关性差的问题。以编辑出版业务环节为例，尽管在出版立项之前，出版社都对所出图书的市场需求、出版目的和意义做过可行性研究，但这种研究往往带有出版者的主观意志，其结果是如果产生正风险偏差，图书在市场上非常畅销和供不应求，导致的结果是发生断货。而绝大多数情况下是产生负风险偏差，图书在市场上滞销和卖不出去，导致的后果是库存积压，甚至报废。这一现象表明，由于出版商没有很好地采用价值链分析技术，将价值增值过程所涉及的各种资源进行很好的整合，因而表现在供应链上不是以客户和市场需求为系统的活动起点，而是以编辑出版为推动起点，产生了该系统的运作不良。

如果再看一看价值链中的图书发行中盘和内部、外部物流，我们会发现，这是出版商价值链上最为薄弱的环节。如果出版商自办发行，那么出版商就应该管理中盘。如果出版商委托发行的话，那么应该由代理商管理中盘。然而，实际情况与此正好相反。我们在这里如此强调管理中盘，目的是强调图书发行一旦进入分销渠道，应该有人管理渠道当中的物流。因此，在图书出版发行价值链上定位自己的中盘发展战略并建立起一个有效的物流支持系统，是所有出版商和发行集团都应该深刻思考的重大问题，这也是建立出版物流盈利模式的基本依据。

所谓物流盈利模式，是指用物流服务传递产品价值、创造客户价值、巩固市场份额、扩大市场规模的现代物流技术和管理方法的组合。通过上面的分析，物流盈利模式的应用范围主要是在价值链上的中盘管理和内部、外部物流环节。在价值链上建立物流盈利模式，首先要以图书和物流服务能够对客户和市场做出快速和有效反应为主要标准；建立以中盘为关键环节的连接上游出版商和下游分销渠道的供应链系统，对现有渠道实施以“倍增、集中、压缩、再生”为主要方式的系统整合；在重要的战略性销售地区，布局和建设设施型物流中心，形成物流主通道；在较好的销售地区组建组织机构型配送中心，形成分拨网络；采用信息技术建立协同商务平台、物流信息平台、物流及配送中心管理信息系统，形成以订单处理流程为核心业务流程的商流、物流指令系统；建立客户服务中心，实行订单报告制度；用回款码洋、人工成本、市场覆盖率、物流作业表现等指标作为关键绩效考核指标，对物流系统实施控制。上述方法的组合运用，实际上就是出版物流盈利模式。因此，建立出版物流盈利模式应从上述方面整体着手，结合实际、综合考虑、统一运用，不可过度强调某一方面内容。

三、国内外中盘物流盈利模式及其启示

1. 中国法律图书出版社

中国法律图书出版社的中盘物流盈利模式最主要的特点：一是将下游分销渠道、零售网络进行整合，实行统一采购、统一物流，为物流管理和盈利模式应用提供依据；二是成立了统一管理中盘的民营化发行公司，并走向市场进行独立运作，成为上游出版商的分销服务商，成为下游分销渠道及物流的管理者；三是对整个图书供应链的利益分配关系进行了重新调理，按照合理的折扣、返点，调动下游分销渠道的积极性；四是建立了一套科学的物流及中盘运作绩效考核指标体系。

2. 中国台湾联强公司

中国台湾联强公司是世界分销服务业的巨子，名列世界五大科技产业分销中盘之一。联强公司的成功经验：一是首先从行业、产品、企业定位开始，取得某一种产品的中盘分销和物流运作经验；二是比专业化的物流公司提供更加专业化的物流服务，用积累的客户服务知识指导物流服务；三是形成由物流系统支持的分销通路循环，将在一个产业取得的成功经验，复制到其他行业；四是注重产品售后，客户在使用产品过程中的产品使用物流支持，能够快速进行回收物流处理。

3. 美国英格拉姆图书公司

英格拉姆图书公司(INGRAM)1935 年成立，经过 70 多年的不断发展，已在美国建立了 7 个巨型批发中心，总代理 6000 多家出版商的出版物，是美国出版业最大的批销商，为各类客户提供图书、出版物。它拥有 3.2 万家零售店，与 56 个国家的 2200 多家书商建立了长期业务关系，年流水约占全美图书批发市场的 25%左右。公司仓库达 28 万平方英尺，图书品种 25 万种。库房分为三个部分：样本陈列室、流转库、储备库，日处理图书能力达一百多万册。整个物流过程采用电子商务，九成批发客户并入公司计算机联网，订货、配送、结算都是通过网络运作，整个商业过程准确迅捷，发送到英国 3 天、日本 4 天。美国英格拉姆图书公司的中盘及物流盈利模式的成功经验在于：一是采用先进的信息技术，提高客户的订单传输效率；二是制定了一套能够对客户和市场做出快速和有效反应的送达服务标准，将客户所需产品在发生物权转移之

前作为自己流动当中的存货进行管理；三是建立了一个能够对分销渠道当中的库存进行有效控制的方法，对存货的数量、种类、分布能够实时监控；四是将退货控制在最低限度，并对所退货物进行及时处理。

目前，该公司在全美有四家仓储配发中心。其中，康涅狄格州的配送中心仓库面积为 34 万平方英尺，备货品种为 60 万。里面除大型货架、叉车、托盘外，还有 10 英里长的传输带。配送和包装都是通过传送带进行自动化流水作业。仓库里所有的硬件设备都是由德国公司制造的，非常先进。仓库管理靠条形码来控制。印制好的书一进仓库就进行注册，登记，每一种书有一个编码，内容包括作者、书名、价格、版别、规格、重量、仓库货架号等信息。工作人员按照图书编码将书依次上架陈列。仓库的计算机系统和公司总部的计算机系统是连接在一起的，通过计算机，接收总部发来的订单。收到订单后，由计算机自动在数据库中搜索，将书从数据库中调出、计价，根据订单号自动进行分箱安排。每箱多少品种，共多少箱，通过计算机打出多联单据，交人工配发。工作人员按照编码号将书配送到打包处，打好的包经过三次检验核收，准确无误后在上面贴上标签出库，通过联邦快递或 UPS 等运送到客户手中。该配送中心的图书发货准确率高达 99.99%。

该配送中心整个现场的管理很科学，计算机应用水平高，图书发货过程效率也很高。仓库内所有图书的到货、发货是分开进行的，互不交叉。新到的畅销图书、热销图书等直接放置于仓库最前处。为方便查找，一排排的书架按左单右双编号，即左手书架是单号，右手书架是双号，配书的工作人员可以很轻松地根据图书的编号找到每一本书，提高了工作效率。仓库内所有的工作人员都有一个个人的识别码，从接货到上架，从配送到打包，每个环节上都在计算机中输出自己的识别码，责任落实到人，每个人的工作效率一目了然，便于考核。图书到货时，通过计算机系统自动控制来分配仓库库位。发货也是通过计算机系统根据订单来判断是否和库存匹配，对有库存的图书进行发货。发货清单也比较科学，上面的图书按仓库的先后顺序排列，工作人员只要根据图书的编号，按照正常的行走路线，一遍就可配好单据上的所有图书。上述这些细节无不体现英格拉姆公司在图书仓库管理方面的先进思路和规范管理。正是这种先进管理和规范操作的结合，使得整个仓库运作高效。

从英格拉姆图书公司的配送中心我们可以发现美国出版发行行业的信息化、标准化、自动化程度已经很高，其实这正是后工业社会、知识经济对于企业管理的要求和体现。在美国，一本图书的基本信息包括几个方面：书号、定价、书名、作者、出版社、内容简介、出版时间等。这些信息内容都是全国统一的、标准的。据悉，美国出版业一向对标准化问题非常重视。美国图书批发商协会积极倡导在行业中统一使用图书信息格式。美国出版商协会最近还公布了网上图书信息交换码标准(ONIX)，该标准由 148 项标准化栏目组成，全面系统地描述了图书的各方面信息，如书名、作者等。出版商按此标准将一本书的信息生成图书目录，在此基础上提供准确的订单。由于所有的图书信息都是统一的，该订单信息无论传到哪个环节都是可辨认的，实现了信息共享。另外，图书的这些基本信息还可以更改。订单生成后，信息直接交换到印刷厂和图书配送仓库，在每一处，同时还可加入各家单位的不同信息。图书的信息在进入流通前有几个环节，每个环节都可能根据自己的需要附加一些重要信息，如图书的重量、开本和体积等。在保证基本信息一致的前提下，生成的各类信息都是行业内所共享的，也是行业信息流通中需要的。比如，订单中缺少该书的重量等信息，但到货时，印刷厂会将该订单的各种新书重量提供过来，在两个不同数据库之间准确地进行数据交换，并将重量信息与配送仓库共享，仓库就有了订单的所有信息。在发货时，就根据所提供的重量作为校验发货准确性的重要依据。正是这些基础信息的管理实现了准确和统一，给美国出版业带来了极大的方便。美国每年有春、秋两次大型的图书交易会，还有许多其他图书的促销活动，出版商将会拿着这些图书目录到处宣传和征订。而在我国，对于图书信息的唯一性及条码的统一问题，出版发行部门早已认识到，并提出过整改措施，但由于一些措施不得力，管理没有跟上，没能取得应有的效果，甚至出现了一书多码现象。信息提供不完整、信息提供滞后等问题是我们行业规范发展的最大障碍。据了解，由于信息不畅，我国每年约有20%的图书不能及时上架销售，上百亿的库存图书无法二次进入市场进行再销售，出版发行部门因缺乏客观准确及时的信息指导而造成的重复出版较为严重，盲目进货导致大量退货和结算困难。随着计算机的普及和信息基础设施的高速发展，对图书信息的标准化也提出了更高的要求。在新形势下，要积极推进信息社会共享。现在的问题是数据交换标准不统一，信息不能共享，网络建设处于低水平建设状态。要建立现代化的物流配送中心、发展连锁经营，都需要建立一个行业的信息规范，加速我国图书信息的标准化建设。

4. 借鉴意义

第一，应充分考虑我国目前图书分销现状，设计好图书发行中盘的体制和运作机制，将分销服务、渠道管理、物流服务、客户服务实行有机结合；第二，对渠道当中的分销服务资源与分拨服务资源进行有机整合，布局设施和组织机构型物流中心、配送中心，对商流、物流、信息流和资金流进行统一管理和协调；第三，对所经营的图书应该进行专业分类和品种定位，走出一条先规模经济再范围经济的产品经营模式，不断复制成功经验；第四，加强终端零售连锁网络建设，走出一条渠道“倍增、集中、压缩、再生”先进的分销渠道模式，为渠道提供整体物流解决方案；第五，建立以订单处理为核心业务流程的供应链管理模式，对客户和市场形成快速和有效反应能力；第六，建立合理的利益分配机制和科学的绩效考核制度，对中盘及物流运作实行监督管理。

思考与练习

1. 简述物流成本的含义。
2. 简述物流成本管理的意义。
3. 简述物流成本相关理论学说及其基本内容。
4. 社会物流成本和企业物流成本的区别是什么？分别由哪些部分构成？
5. 什么是机会成本？
6. 什么是第四方物流？它与第三方物流的区别是什么？

7. 信息化水平对出版物流成本有什么影响？随着信息化水平的提升，不同出版物流模式的物流成本呈现怎样的变化？

8. 简述出版物流盈利模式的含义。

9. 什么是中盘？中盘与出版业的价值链有什么关系？

10. 国内外中盘物流盈利模式对我国有什么启示？

项目四　出版业仓储与管理

学习目标

【知识目标】

1. 了解出版仓储管理的基本概念。
2. 掌握出版业仓库选址的原则及策略。
3. 了解出版物仓储作业具体流程。

【能力目标】

1. 能够学会出版业仓储规划与设计并灵活运用。
2. 能够熟悉出版业仓储作业流程的各个环节。

【素质目标】

1. 提高专业意识和专业理念，了解出版业仓储管理的模式。
2. 培养学生养成全面分析问题的能力。

任务一　识别出版业仓储管理

任务思考

在社会分工日益明确和生产专业化的背景下，仓储应运而生。谈一谈仓库的分类和仓储的功能以及你对仓储管理的理解。

任务分析

仓储管理就是对仓库和仓库内储存的产品进行管理。仓储管理是企业正常运转的必要环节。

一、仓库的定义和分类

(一)仓库的定义

仓储是物品流通不可缺少的环节，是物流的主要职能之一，是在特定的场所储存物品的行为。仓储是物流的一种运动状态，是物品流转中的一种作业方式。仓储不但包括商业和物资部门为了保证销售和供应而建立的物品仓储以及交通运输部门为衔接各种运输方式，在车站、码头、港口和机场建立的物品仓储，还包括生产企业的原材料、半成品和成品仓储等。此外，出于政治、军事的需要或为了防止重大自然灾害所进行的物资储备也属于仓储。

仓储是随着剩余产品和物品流通的需要而产生的。人类社会自从有了剩余产品，人们就将多余的、暂不消费的物品储存起来，以备今后使用，这就形成了仓储。在古籍中常常看到有“仓廪”“窦窖”“邸店”等词语都与仓储有关。

进行仓储活动的主体设施是仓库。所谓仓库，一般是以库房、货场及其他设施和装置为劳动手段，对商品、货物和物资进行收进、整理、存储、保管和分发等工作的场所。在我国，最初“仓”和“库”是两个概念，“仓”是指储藏粮食的地方，“库”是指储藏兵器的库房；后来人们将二者合一，凡是储存物品的场所均称为仓库。

库存一般是指处于储存状态的物资。更广义的库存还包括处于制造加工状态和运输状态的物资。在企业的日常生产和经营活动中，特别是随着生产现代化程度的日益提高和企业间竞争的日益加剧，企业为了生产和经营活动的有序进行，从而在激烈竞争中立于不败之地，往往需要储备一定数量的物资。例如，一个工厂为了使生产能连续进行，需要储备一定数量的原材料和半成品；一个商店为了满足顾客的需求，就必须有足够的商品；一个银行为了能正常地服务于顾客，每天需要备有足够的现金等。如果没有库存，各企业组织将无法正常运转。因此，物资的库存在人类社会活动，特别是生产经营活动中是不可缺少的。

仓库管理作业应注意的问题有：

1. 库存商品要进行定位管理，其含义与商品配置图表的设计相似，即将不同的商品分类、按分区管理的原则来存放，并用货架放置。仓库内至少要分为三个区域：第一，大量存储区，即以整箱或栈板方式储存；第二，小量存储区，即将拆零商品放置在陈列架上；第三，退货区，即将准备退换的商品放置在专门的货架上。

2. 区位确定后应制作一张配置图，贴在仓库入口处，以便于存取。小量储存区应尽量固定位置，整箱储存区则可弹性运用。若储存空间太小或属冷冻(藏)库，也可以不固定位置而弹性运用。

3. 储存商品不可直接与地面接触。一是为了避免受潮；二是由于生鲜仪器的规定；三是为了堆放整齐。

4. 要注意仓储区的温、湿度，保持通风良好，干燥、不潮湿。

5. 仓库内要设有防水、防火、防盗等设施，以保证商品安全。

6. 商品储存货架应设置存货卡，商品进出要遵循先进先出的原则。也可采取色彩管理法，如每周或每月用不同颜色的标签，以明显识别进货的日期。

7. 仓库管理人员要与订货人员及时进行沟通，以便到货的存放。此外，还要适时提出存货不足的预警，以防缺货。

8. 仓储存取货原则上应随到随存、随需随取，但考虑到效率与安全，有必要规定作业时间。

9. 商品进出库要做好登记工作，以便明确保管责任。但有些商品(如冷冻、冷藏商品)为讲究时效，也采取卖场存货与库房存货合一的做法。

10. 仓库要注意门禁管理，不得随便入内。

(二)分类

1. 按照仓库功能分类

(1)储备仓库

储备仓库指专门长期存放各种储备物资，以保证完成各项储备任务的仓库。如战略物资储备、季节物资储备、备荒物资储备、流通调节储备等等。储备仓库的功能是用于物资较长时间的储存保管，主要追求储存效益。这类仓库一般由国家设置，以保管国家应急的储备物资和战备物资。货物在这类仓库中储存时间一般比较长，并且储存的物资会定期更新，以保证物资的质量。

(2)周转仓库

周转仓库指存放有待加工、运输和销售的出版物或出版物资的仓库，包括生产仓库、流通仓库、中转仓库、集配仓库和加工仓库等。它的储存时间短，主要追求周转效益，为生产、流通或运输服务。

2. 按照仓库用途分类

(1)自用仓库

自用仓库指某个企业建立的供自己使用的仓库，这种仓库一般由企业自己进行管理，因此也叫自营仓库。仓库的建设、物品的管理以及进出库业务均属本公司的管理范畴。采用自用仓库的一个重要因素就是固定成本。因为自用仓库的固定成本与仓库的使用无关，所以企业就必须拥有足够存储量来分摊固定成本，从而使采用自用仓库的平均成本低于采用公共仓库的平均成本。采用自用仓库的另一个原因就是稳定的需求和市场的集中度以及企业对安全、冷藏和客户服务等方面的控制能力。

自营仓库的优势：

①它可以更大程度地控制仓储。由于企业对仓库拥有所有权，所以企业作为货主能够对仓储实施更大程度的控制，而便于与其他系统进行协调。拥有自营仓库的公司可以对他们的存储、搬运和管理实行更高水平的控制。高水平的控制可以使公司更容易将仓库功能整合纳入公司整体的物流系统中。

②管理更具灵活性。管理的灵活性并不是指能迅速增加或减少仓储空间，而是指企业在对仓库进行设计时要考虑企业要求和产品的特点。自营仓库可以根据客户的特定需求和产品特性进行灵活运作。有些公司的产品具有高度的专业性，要求特殊搬运和存储，而受设备或物料搬运的局限，公共仓库则不适用于这类型产品。

③长期仓储时的成本低。如果仓库得到长期的充分利用，那么也是一种规模经济，可以降低单位货物的仓储成本。

④它可以为企业树立良好形象。当企业将产品储存在自有自建的仓库中时，客户会认为企业经营十分稳定可靠，是产品的持续供应者，这样有助于提高企业的信誉度。

自营仓库虽然在运作上有灵活性，但改扩建的成本却很高，周期也会相对较长。不管公司的需求水平如何，自营仓库的容量在短期内是不变的。在需求低的时候，公司同样要承担固定成本以及与闲置空间相关的成本。所以各公司在决定是否采用自营仓库时还要根据本公司自身的特点做出慎重的选择。而且自营仓库固定的容量和成本使得企业的一部分资金被长期占用。对于企业而言仓库的容量是固定的，因而不能随着需求量的变化而变化，企业仍需承担仓库中未利用部分的成本；而当企业对仓储空间有额外需求时，仓库却又无法满足。

(2)公共仓库

公共仓库是指国家和公共团体为了公共利益而建设的仓库。公共仓库正成为一个非常有活力、不断变化的行业，尤其是那些大公司进行大宗购物时经常采用。公共仓库最大的客户是连锁零售店，因为这些连锁店的货流量非常大，并且它们还将仓储同其他一些诸如采购和分销的职能联系起来。企业采用公共仓库的第二个理由是利用它的灵活性优势。对公共仓库的租用，可以使公司对运输服务的质量作出快速反应。公共仓库使公司可以快速进入或退出市场，提供打包、分拣、完成订单以及 EDI 数据的发送等服务。

公共仓库的优势：

①节约资本。公共仓库的使用者不需要在建筑、土地和材料搬运设备方面的投资，以及与运营启动和雇佣、培训员工等相关的成本。

②满足高峰需求。如果某个行业易受季节性的影响，选择公共仓库将使企业可以通过签订协议获得满足高峰需求所需的存储空间。相反，自营仓库在可存储的最大产品数量上存在限制，并且有可能在一年的一部分时间里得不到充分利用。

③规模经济。公共仓库可以同时满足许多公司的存储需求，这些数量足以使雇佣全职仓储人员成为可能。

另外，公共仓库也能够提供一些更加经济的专业服务。比如：拆箱处理、产品运输包装、集中破损货物、设备维护服务等。

虽然公共仓储有以上诸多优势，但是它的劣势也是不容回避的，主要有：IT 系统的兼容问题、专业化服务的可得性和旺季仓储空间的可得性问题。

(3)社会仓库

这是一种专业从事仓储经营管理的、面向社会的、独立于其他企业的仓库，是指按照相关管理条例取得许可，向一般企业提保管服务的仓库，是一种社会化的仓库。它面向社会，以经营为手段，以盈利为目的。与自用仓库相比，社会仓库的使用效率较高。

(4)保税仓库

保税仓库是指根据海关条例保管国外进出口货物的仓库。保税仓库是为了国际贸易的需要，设置在一国国土之上，但在海关关境以外的仓库。外国企业的货物可以免税进出这类仓库和办理海关申报手续，而且经过批准后，可以在保税仓库内对货物进行加工、存储等作业。

保税是指货物进口后，保持一种暂不缴纳相应关税的状态。保税制度是指经海关批准的境内企业所进口的货物，在海关监管下，在境内指定的场所储存、加工、装配，并暂缓缴纳各种进口税费的一种海关监管制度。保税制度创始于英国，由于企业暂时免交税赋、减少企业资金占用与利息支出、降低贸易成本，有利于促进国际贸易的发展，因而在全世界推广开来。保税物流则是指货物在进出口过程中处于保税状态，在海关的监管下进行的运输、存储、加工等物流活动。

保税物流作为现代物流发展的新增长点，越来越受到业界的重视，并且成为区域经济发展的热点，在实施国家区域发展总体战略中扮演着重要角色。在国际上，海关的保税监管被定位于一种促进经济的优惠政策，相关的制度被誉为经济监管制度，保税物流监管直接体现了海关对经济的促进作用。近年来，我国保税物流的发展呈现出需求旺、变化快、新情况多的特点。

保税仓库按照使用对象不同分为公用型保税仓库和自用型保税仓库。公用型保税仓库由主营仓储业务的中国境内独立企业法人经营，专门向社会提供保税仓储服务。自用型保税仓库由特定的中国境内独立企业法人经营，仅存储供本企业自用的保税货物。保税仓库中专门用来存储具有特定用途或特殊种类商品的称为专用型保税仓库。专用型保税仓库包括液体危险品保税仓库、备料保税仓库、寄售维修保税仓库和其他专用型保税仓库。液体危险品保税仓库是指符合国家关于危险化学品仓储规定的，专门供原油、成品油或者其他散装液体危险化学品保税仓储服务的保税仓库。备料保税仓库是指加工贸易企业存储为加工复出口产品所进口的原材料、设备及其零部件的保税仓库，所存保税货物仅限于供应本企业。寄售维修保税仓库是指专门存储为维修外国产品所进口寄售零配件的保税仓库。

3. 按照仓库保管形态分类

(1)普通仓库

普通仓库一般是指具有常温保管、自然通风、无特殊功能的仓库。

(2)恒温仓库

恒温仓库是指具有保持一定温度和保湿功能的仓库。

(3)冷藏仓库

冷藏仓库是指具有制冷设备，并有良好的保湿隔热性能以保持较低温度的仓库，是专门用来储存冷冻物资的仓库。恒温仓库、冷藏仓库是用来存放在保管条件上有要求的物资，这一类仓库必须配备专门设备，以满足物资的保管要求。

(4)危险品仓库

危险品仓库是用于存放易燃性、易爆性、腐蚀性、有毒性和放射性等对人体和建筑有一定危害的物资的仓库。它在库房结构以及库内布局等方面有特殊要求，还必须远离工厂和居民区。

4. 按照仓库结构和构造分类

(1)平房仓库

平房仓库是最常见，也是使用最广泛的一种仓库建筑类型，其费用低，结构简单，有效高度一般不超过 5～6 米。它的主要特点是：①单层仓库设计简单，所需投资较少；②由于仓库只有一层，因此在仓库内搬运、装卸货物比较方便；③各种附属设备(例如，通风设备、供水、供电等)的安装、使用和维护都比较方便；④由于只有一层，仓库全部的地面承压能力都比较强。

(2)多层仓库

多层仓库为两层以上的建筑物，是钢筋混凝土建造的仓库。仓库楼房各层间依靠垂直运输机械联系，也有的楼层间以坡道相连，称为坡道仓库。多层仓库虽然有使货物上下移动进行作业的缺点，但在土地受到限制的港湾、都市等地，建造多层仓库可以扩大仓库实际使用面积。多层仓库占地面积较小，一般建在人口稠密、土地使用价格较高的地区，由于是多层结构，因此货物一般是使用垂直输送设备来搬运货物。

概言之，多层仓库有以下几个特点：①多层仓库可满足各种不同的使用要求，例如可以将办公室和库房分处两层，在整个仓库布局方面比较灵活；②分层结构将库房和其他部门自然地进行隔离，有利于库房的安全和防火；③多层仓库作业需要的垂直运输重物技术已经日趋成熟；④多层仓库一般建在靠近市区的地方，因为它的占地面积较小，建筑成本可以控制在有效范围内。所以，多层仓库一般经常用来储存城市日常用的高附加值的小型商品。使用多层仓库存在的问题在于建筑和使用中的维护费用较大，一般商品的存放成本较高。

(3)高层货架仓库

高层货架仓库又被称为立体仓库，它也是一种单层仓库，但与一般的单层仓库的不同之处在于它利用高层货架来储存货物，而不是简单地将货物堆积在库房地面上，在立体仓库中，由于货架一般比较高，所以货物的存取需要采用与之配套的机械化、自动化设备，一般在存取设备自动化程度较高时，也将这样的仓库称为自动化仓库。高层货架是一种常用的自动化仓库形式，一般由四个部分即高层货架、巷道机、周围出入搬运系统和管理控制系统组成，具有可以保管 10 层以上托盘的仓库。这是一种自动化程度较高、存货能力较强的仓库。采用高层货架配以货箱或托盘存储货物，用巷道堆垛起重机及其他机械进行作业，其货架的高度一般大于单层库房高度。立体仓库由计算机自动控制与管理，能按指令自动完成货物的存取，并能对库存物资进行自动管理。立体仓库充分利用空间，集信息、存储、管理于一体，采用微电子技术，具有占地面积小、仓储作业迅速准确的特点，在故障判断、参数记录、报表打印等方面全部自动化。与平房仓库相比，自动化立体仓库可节约70%的占地面积和70%的劳动力，是一种很有发展前景的新生事物。

(4)筒仓

筒仓是用于存放散装的小颗粒或粉末状货物的封闭式仓库，一般这种仓库被置于高架上，经常用来存储粮食、水泥和化肥等。

(5)露天堆场

露天堆场是用于在露天堆放货物的场所，一般用来存储大宗原材料或者不易受潮的货物。

5. 按照仓库选址分类

(1)内陆仓库

在内陆地区建造的仓库统称为内陆仓库。

(2)港口仓库

为了保管进出口货物而在海港、空港附近建造的仓库称为港口仓库。除上述分类方法以外，在实际中工作中还会遇到其他的仓库分类方法，如按库房的建筑材料分类、按仓库的机械化程度分类等，尽管分类的方法很多，但它们并不是彼此孤立的，实质上它们都是根据仓库管理的不同需要而产生的分类方法。

二、仓储的功能

1. 储存保管

仓库的首要功能就是储存保管。现代出版物流系统中大多采用自动化立体仓库(多层仓库)，它的功能及作用包括收货、存货、取货、发货和信息查询等。

(1)收货是指仓库从原材料供应方或生产车间接收各种材料或半成品，供工厂生产或加工装配。收货时需要站台或场地供运输车辆停靠，需要以升降平台作为站台和载货车辆之间的过桥，需要装卸机械完成装卸作业。卸货后需要检查货物的品名和数量以及货物的完好状态，确认完好后方能入库存放。

(2)存货是指将卸下的货物存放到自动化系统规定的位置，一般是存放到高层货架上。存货之前首先要确认存货的位置。某些情况下可以采取分区固定存放的原则，即按货物的种类、大小和包装形式等实行分区分位存放。随着移动货架和自动识别技术的发展，已能做到随意存放。存货作业一般通过各种装卸机械完成。系统对保存的货物可以定期盘查，控制保管环境，减少货物损伤。

(3)取货是指根据需求情况从库房取出所需的货物。它可以有不同的取货原则，通常采用的是先入先出方式，即在出库时，先存入的货物先被取出。对自动化仓库来说，必须能够随时存取任意货位的货物，这种存取要求搬运设备和地点能频繁更换，需要有一套更为科学和规范的作业方式。

(4)发货是将取出的货物按照严格的要求发往用户。根据服务对象不同，有的仓库只向单一用户发货，有的则需要向多个用户发货。发货时需要配货，即根据使用要求对货物进行配套供应。因此，发货功能的发挥不仅要靠运输机械，还要靠包装机械的配合。当然，各种检验装置也是不可缺少的。

(5)信息查询是指能随时查询仓库的库存信息、作业信息以及其他的相关信息。这种查询可以在仓库范围内进行，有的也可以在其他部门或分厂进行。

2. 集散货物

仓库通过运输从各个供应商处收集货物，然后在仓库进行储存、整理、组配、流通加工、分拣、分发和分销，最后分运到各个不同需求的客户手中。

3. 衔接供需

仓库作为一个能够“余存缺流”的储水池，它可以衔接供应者和需求者在供需时间上的不同步，缓冲供需矛盾，保证生产、流通和运输各个环节的顺利进行。生产仓库可以衔接上下工序之间、生产过程之间以及生产与流通之间的供需。流通仓库可以衔接供应与销售之间的供需。中转仓库可以衔接不同运输方式、不同运输方向之间的供需。

4. 客户服务

仓库可以为顾客提供代储、代运、代加工等服务，为顾客的生产、供应、销售和生活等提供物资和信息的支持，为客户带来各种方便。仓库的基本服务如下：

(1)现场储备。在实物配送中经常使用现场储备，尤其是那些产品品种有限或产品具有高度季节性的制造商偏好这种服务。他们不是按照年度计划在仓库设施中安排各种存货，而是直接从制造工厂进行装运，并通过在战略市场中获得提前存货的承诺，以大大减少递送时间。在这种概念下，将某个厂商一定数量的产品堆放在仓库里或在仓库里进行“现场储备”，以满足顾客在至关重要的营销期内的订货。利用库存设施进行现场储备，可以在季节销售的旺期即将到来之前，把各种存货堆放到最接近关键顾客的各种市场中去。

(2)仓库组合。仓库组合类似于仓库分类。当制造业在地理上被分割时，通过长途运输组合，有可能降低运费和仓库需求量。在典型的组合运输条件下，从制造工厂装运整卡车的产品到批发商处，每次大批量的装运可以享受较低的运费率，一旦产品到达组合仓库时，卸下从制造工厂装运来的货物后，就可以按照每一个顾客的要求或市场需求，选择一种产品的运输组合。通过运输组合进行转运，在经济上通常可以得到特别运输费率的支持，即给予各种转运优惠。在组合仓库概念下，内部的产品也可以与定期储存在仓库里的产品结合在一起。提供转运组合服务的仓库所能获得的净效果，就是降低物流系统中整个产品的储存量。组合之所以被分类为服务利益，是因为存货可以按照顾客的要求精确分类进行储备。

(3)生产支持。制造经济证明具体的零部件对长时间生产的重要意义，而生产支持仓库则可以向装配工厂提供稳定的零部件和材料供给。由于较长的前置时间或使用过程中的重大变化，因而对向外界采购的项目进行安全储备是完全必要的。对此，大多数总成本解决方案都建议，经营一个生产支持仓库，以经济而又适时的方式向装配厂供应或“喂给”加工材料、零部件和装配件。

(4)市场形象。市场形象利益也许不像其他服务利益那样明显，但是它常常被营销经理看作是地方仓库的一个主要优点。市场形象因素基于这样的见解和观点，即地方仓库比起距离更远的仓库对顾客的需求反应更敏感，提供的递送服务也更快，并由此而产生这样的想法：地方仓库将会提高市场份额，并有可能增加利润。尽管市场形象因素是频繁讨论的一个战略，但很少有扎实的研究来确认它对实际利益的影响。

5. 防范风险

储备仓库以及周转仓库的安全储备都是用于防范灾害、战争、突发事件以及市场变化、随机事件而设置的保险库存。可以用于防范各种风险，保障人们生命、财产安全，保障生产和生活正常进行。出版业仓库主要表现为防范出版市场变化和满足个性化的随机需求。

6. 物流中心

仓库是各种物流活动集中的场所，除了储存以外，还可以运输、配送、包装、装卸、流通加工以及提供各种物流信息，因此仓库往往成为物流中心或配送中心、储运中心等。有的仓库还可以进行商流，这时仓库就成为流通中心。

任务二　规划与设计出版业仓库

任务思考

假如某出版社让你负责策划该出版社仓库的选址方案，你会优先考虑哪些因素，为什么？

任务分析

仓库的选址对于出版业的发展非常重要，仓库选址的好坏会直接影响到企业的服务和工作效率。科学合理的选址需要考虑多方面因素。

出版业仓库规划与设计包括两个方面的工作：一是仓库系统的宏观布局设计，二是各个仓库的选址和仓库内部的规划与设计。

一、仓库规划原则

企业对建设自动化立体仓库的需求决定于其整体发展目标。一般说来，建设立体仓库的主要目的是提高储存供应能力，节约人力物力，有效衔接生产，加快物资周转，降低物流成本，提高科学管理水平和企业经济效益。因此，在自动化立体仓库规划论证和建设上，要注重系统性、先进性和经济性几个方面的问题。

(一)系统性

立体仓库是相对完整的物流系统，但在整个企业内部或在供应链体系内还是一个子系统。因此，在进行仓库选址规划上要考虑到诸如立体仓库与外部的物资转运衔接、环境对运输和噪音限制等问题。在内部布局上，要注重物流的合理化，避免内部运输迂回重复。在其他条件相同的情况下，占地面积越小，总平面布置越紧凑，建造时的土方工程量越小，各种道路和路线将越短，物流也越通畅。在主要设备如堆垛机、输送设备、分拣设备等性能选择上，要系统考虑，均衡设置，不要出现阻碍系统性能的“短板”，也不要出现片面追求高性能的“长板”，要使整个系统达到性能上的最佳匹配。

(二)先进性

决定立体仓库工程投资的关键还在于对其自动化水平的需求，飞速发展的现代物流业对物流基础设施的先进性要求将越来越高，因此，只要经费允许，在总体设计、关键技术、作业手段等方面应尽量采用先进技术，着眼于物流发展的前沿。规划论证要有前瞻性，确保在相当长一段时期内保持较高的自动化水平，有充足的容量，易于管理，便于硬件扩充和软件升级，避免短期内进行改造，造成重复投资和浪费。

(三)经济性

在满足物流作业需求、确保综合作业能力的前提下，应尽量减少工程量，优先选择性价比最优的设备，减少不必要的项目，压缩一次性投资规模。除此之外，建设周期、运行效率、维护和立体仓库使用寿命等也应是规划论证中必须关注的问题。应该把立体仓库整个寿命周期内的建设、使用消耗、折旧、维护、人力投入等总开支与产生的总体经济效益进行综合比较，论证其经济性的优劣。

二、仓库宏观布局

物流经理最主要的工作之一就是决定公司物流系统应该使用多少个仓库。通常单一市场的中小规模的企业只需一个仓库，而产品市场遍布各地的大规模企业，需要在全范围内布置多个仓库，建立一个仓库网络体系，这就是仓库系统的宏观布局。仓库系统的宏观布局要求：第一，需要确定设立仓库的数量，即仓库数量决策；第二，要确定各个仓库的规模，即仓库规模决策；第三，需要确定各个仓库分别选择什么样的类型，即仓库类型决策；第四，就是要确定布局的方式，即布局模式决策。

(一)仓库数量决策

仓库数量决策要考虑各种因素。一是市场需求因素。仓库要能够满足各个分市场的需要量。一般把企业的市场分成若干个地区市场，根据各个地区市场需求量的大小，分别考虑在各个地区市场中设置一个或几个仓库。二是成本因素，包括仓储成本、存货成本与运输成本、丧失销售成本。各种成本的总和为总成本，总成本曲线是一条U形曲线。

另外，还要考虑服务水平因素。一般而言，据点越少，顾客响应程度越不灵敏，服务水平越低；据点越多，顾客响应程度越灵敏，服务水平越高。

(二)仓库规模决策

是指仓库能够容纳的货物的最大数量或总体积。直接影响仓库规模的因素是本地市场对仓库商品的需求量和需求速率。需求量越大，则仓库的规模也应该越大。需求速率越大，说明出库速率越大，商品的周转速度也就越快，因而仓库规模可以小一些。

因此要综合考虑市场需求量和需求速率，确定仓库合适的规模。

(三)仓库类型决策

确定了仓库数量和规模以后，就要逐个确定各个仓库的类型。企业应选择哪种类型的仓库，是自营仓库还是租用社会、公共仓库，主要考虑以下因素：本地或外地，存货的种类，数量的大小，存货的持久性、稳定性和仓储成本。

(四)仓库布局模式决策

仓库布局主要考虑仓库网点和它的客户群的位置关系，达到方便客户、节省运输费用的目的。仓库布局模式可以分为辐射型仓库、吸收型仓库、聚集型仓库和扇形仓库四种类型。

(1)辐射型仓库布局指仓库位于许多用户的一个居中位置，物品由仓库向各个方向的用户运送，呈辐射状。

(2)吸收型仓库布局指仓库位于许多货主的某一居中位置，货物从各个货主向此中心运送，形成吸收型仓库布局。

(3)聚集型仓库布局类似于吸收型仓库，但处于中心的不是仓库，而是一个客户聚集的经济区域，四周分散的是仓库，而不是货主和用户。

(4)扇形仓库布局指产品从仓库向一个方向运送，形成单向辐射，辐射方向与运输干线上的运动方向一致，适宜于运输主干线上区域范围内的多客户物资供应。

对于出版业来讲，主要应考虑辐射型仓库布局和吸收型仓库布局。

三、仓库选址和内部规划

(一)仓库选址

仓库的选址直接关系到企业对顾客的服务水平和服务质量，也关系到企业仓库的设置成本和物流运作成本，影响企业的销售量及经济效益。

在现代企业规划过程中，物流配送仓库选址应考虑以下因素：

1. 物流配送仓库交通条件

交通状况直接决定着企业配送仓库的物流费用，大多数企业配送选址接近物流服务需求地，如接近大型工业、商业区，以便缩短运距，降低运费等物流费用，因此，企业配送仓库必须具备方便的交通运输条件，具体考虑的因素有：距离主干道入口远近，仓库周边通道是否畅通，是否靠近高速公路、是否有铁路专线，距市中心距离是否恰当，对来往车型有无限制，有无交通管制情况，出入库道路情况，出入库道型。

2. 生活基础设施状况

仓库附近的生活基础设施状况也是仓库选址的因素，它不仅影响员工的生活水平和质量，同时，也影响仓库的管理成本、效益问题。对仓库附近的生活基础设施状况，应具体考虑的因素有：员工上下班是否有公交车，仓库周边两千米内是否有医院、银行、公安局，电话线路、网络线路是否畅通，距离市中心的远近。

3. 库房情况

库房内是否有立柱及其密度情况，库房内单个仓库面积，库房内是否具有消防设备，库房内照明情况，库房安全保卫措施，库房排水防洪措施情况，仓库周边周转通道情况，是否具有办公区域，可提供的办公用房数量，仓库扩容情况。

4. 物流费用

物流费用是仓库中心选址的重要考虑因素之一，多数企业配送选址接近物流服务需求地。例如，接近大型工业、商业区，以便缩短运距，降低运费等物流费用。具体考虑的因素有：距主要客户群的距离、停车场的费用、停车场办公用房租赁费用、装卸费用。在进行仓库选址分析时，仓库的选址区域情况也很重要。企业的决策小组根据这个区域的具体情况进行分析，因为每个区域对法律法规以及政府授权的职能的执行情况各有不同，所以仓库选址的决策小组应当就公司的决策标准和目标对每个区域进行衡量。小组也应当从库房的角度来对他们将要选址的区域进行观察和评估。这里列出了几条对区域进行衡量的标准：政府是否对物流产业发展持支持的态度，是否符合政府远景规划，政府是否顺应区域发展来开展工作，该地区对经济有哪些激励机制，地价对布局规划的影响，该地区是否有工业的成熟配套服务，教育和培训系统如何，仓库位于城市的方位，有无交通管制及其他规划。

5. 局部市场，即客户需求条件

要考虑顾客需求量的大小，选在市场需求量大的位置建立仓库。不但要考虑现在的市场需求量，还要考虑未来的发展前景。

6. 交通运输条件

仓库是大量物资运输集散的场所，需要有很好的交通运输条件作保证。交通状况直接决定着企业配送仓库的物流费用，大多数企业配送选址接近物流服务需求地，如接近大型工业、商业区，以便缩短运距，降低运费等物流费用。因此，企业配送仓库必须具备方便的交通运输条件，具体考虑的因素有：距离主干道入口远近，仓库周边通道是否畅通，是否靠近高速公路，是否有铁路专线，距市中心距离是否恰当，对来往车型有无限制，有无交通管制情况，出入库道路情况，出入库道型。

7. 城市政治经济

要具有法制健全、管理科学、社会稳定、人文素质好、经济发达、能源与通信基础条件好等条件。

8. 自然地理环境

要具备良好的地形地质条件、水文气候条件，这些条件为仓库建设以及将来的运作提供了保障。

9. 成本条件

这里的成本包括仓库设置成本和将来仓库的运行成本。设置成本是仓库的建设成本或者租用仓库的成本。

(二)配送仓库选址原则

配送仓库的选址过程应同时遵守适应性原则、协调性原则、经济性原则和战略性原则。

1. 适应性原则

配送仓库的选址须与国家、省市的经济发展方针、政策相适应，与我国物流资源分布和需求分布相适应，与国民经济和社会发展相适应。

2. 协调性原则

配送仓库的选址应当将国家的物流网络作为一个大系统来考虑，使配送仓库的设施设备在地域分布、物流作业生产力、技术水平等方面互相协调。

3. 经济性原则

配送仓库发展过程中，有关选址的费用，主要包括建设费用及物流费用(经营费用)两部分。配送仓库的选址定在市区、近郊区或远郊区，其未来物流活动辅助设施的建设规模及建设费用，以及运费等物流费用是不同的，选址时应以总费用最低作为配送仓库选址的经济性原则。

4. 战略性原则

配送仓库的选址，应具有战略眼光。一是要考虑全局，二是要考虑长远。局部要服从全局，眼前利益要服从长远利益，既要考虑目前的实际需要，又要考虑日后发展的可能。

(三)内部规划

1. 仓库功能规划

这是指确定仓库的使命和主要功能，如：仓库储存物品的种类、性质、数量等，仓库需要的保管条件、内外环境要求，仓库的主要功能是单纯储存还是兼有分拣、流通加工和配送等功能。

2. 仓库总体规划

(1)库体规划。仓库的库体规划主要是关于仓库的高度、楼层数及物品流程的规划。仓库设计要考虑储存产品的流程，不论是否存放货物都应该使产品能够直接在整个仓库设施中流动。直线式产品流程是最典型的，可以使仓库的拥塞和混乱减小到最低程度。

(2)搬运规划。为了提高仓库的物品搬运效率，在搬运规划上要遵守两个基本原则，即移动连续性和移动规模经济性。移动连续性意味着减少货物在搬运机之间的转换，一般来说，在仓库中首选的是次数更少但距离更长的移动。移动规模经济性是指所有的仓库活动要尽可能搬运和移动最大的数量。成组或成批的最大量移动，运用托盘和集装箱。

(3)积载规划。在确定仓库的积载计划时，主要关心的问题是产品流量和重量。高流量的放在主通道附近、低层货架上；较重的产品放在离地面较低的位置。

(四)仓库选址的必需数据

企业仓库建在什么地方，选用哪些设施，成本如何，一般是通过计算求得，尤其必须准确预测和分析计算公式中的作业量和成本这两个数据。

企业仓库作业量主要有以下各项：企业仓库至供应点的运输量，配送给用户的配送数量，企业仓库的容量。

这些数据在不同的时间段、不同的季节等有各种各样的波动，必须论证选址时采用什么样水平的数量。另外，除现状数据外，必须设定设施运营后的预测值。同企业仓库选址相关联的费用有以下几项：供货点至企业仓库之间的运输费，将货物配送给用户的运输费，设施、用地所需费用及其相关的人事费、业务费等。

（五）仓库选址的程序和步骤

选址可分为以下几个步骤：

1. 选址约束条件分析

选址时，首先要明确建立配送中心的必要性、目的和意义。然后根据物流系统的现状进行分析，制订物流系统的基本计划，确定所需要了解的基本条件，以便大大缩小选址的范围。

2. 搜集整理资料

选择地址的方法，一般是通过成本计算，也就是将运输费用、配送费用及物流设施费用模型化，根据约束条件就目标函数建立数学公式，从中寻求费用最小的方案。但是，采用这种选择寻求最优的选址解时，必须对业务量和生产成本进行正确的分析和判断。

3. 地址筛选

对所取得的上述资料进行充分的整理和分析，考虑各种因素的影响并对需求进行预测后，就可以初步确定选址范围，即确定初始候选地点。

4. 定量分析

针对不同情况选用不同的模型进行计算，得出结果。

5. 结果评价

结合市场适应性、购置土地条件、服务质量等，对计算结果进行评价，看其是否具有现实意义及可行性。

6. 复查

分析其他影响因素对计算结果的相对影响程度，分别赋予它们一定的权重，采用加权法对计算结果进行复查。如果复查通过，则原计算结果为最终结果；如果复查发现原计算结果不适用，则重新进行定量分析、结果评价、复查和继续计算，直至得到最终结果为止。

7. 确定选址结果

在用加权法复查通过后，则计算结果即可作为最终的结果。但是所得解不一定为最优解，可能只是符合条件的满意解。

这里主要介绍一下 AHP 选址法的步骤。

(1)确定方案层结构。根据选址原则，对不同原则下的诸因素进行归纳，最后确定方案层。在企业配送仓库选址中，目标层受到四个决策层的影响，而四个决策层又分别受到各子决策因素的影响，通过对上一层次某因素与本层次因素之间相对重要性的比较，构造出判断矩阵。

(2)选定等级划分方法。层次分析法采用的是两两比较的方法，从而得出每个元素相对于其他元素的相对重要比率(可以根据专家经验或者从历史数据仓库中用数据挖掘的方法求出)，然后将元素的比较结果综合起来，得出元素的综合权重，给每个元素标注重要性等级。

(3)得出各个判断矩阵和层次排序，并进行一致性检验。

(4)根据该企业配送仓库的实际情况，在进行选址方案评价时着重考虑交通条件、生活基础设施状况、库房情况、物流费用、仓库的设施等几项因素，建立各因素的评价标准，再分别确定权重，进行专家打分，分值越高者，满意程度越高(情况接近时，分值可相同)，最后按合计数提出建议方案。

仓库的选址是基于公司的仓库战略计划对公司的配送网络、设备需求及顾客服务进行分析，再通过已定的方案鉴定、衡量和评估各项标准，从而让公司了解什么是仓库拓展或重新定位的“最佳”选址方案。在企业物流系统中，最重要的是从需求的物流服务水平出发，以尽可能小的物流费用，来实现物流网络结构的合理化。配送仓库地址的确定是物流系统分析中的核心内容，配送仓库合理选址能够减少货物运输费用，大幅降低运营成本，从而获得最大的利润，同时使企业物流系统有效运作，给企业提供优质服务。

任务三　规范出版业仓储作业流程

任务思考

如果你是一名图书仓库管理员，谈一谈图书入库管理和图书出库管理有哪些流程，并说一说如何保养在库图书。

任务分析

图书入库管理和图书出库管理是出版业仓储作业重要流程。图书在库保管保养应当遵循基本要求和方法。

一、图书入库管理

(一)接货

它是指从供应商或者运输商手中接收货物的过程。交接完毕后，货物正式转入仓库。

(二)验收

1. 验收准备

(1)仓位准备，即根据商品的性能、数量、体积、重量等确定商品堆放地点并进行清理、消毒等工作；(2)接货人员、设备等物质准备；(3)作业操作顺序的安排，即根据商品入库的时间、数量、品种做好接货、验收、搬运、堆码等各个环节的协调配合；(4)在机器操作条件下，要事先安排好定人、定机的作业顺序。

2. 核对资料

核对资料就是要核对合同、发票、运单、货物清单、质量证明、产品说明书等。主要是确认供货商、运输商以及入库商品品种、规格和质量，只有单据齐全无误，方可接收货物。

3. 检验实物

检验实物是指对入库的商品按规定的程序和手续进行数量和质量的检验。

4. 数量检验

商品运到后，收货人员要按商品入库单清点商品数量。商品数量的计量分计数和计重两种。计数可采取大数点收、逐件计总，或集中堆码点数等方法。计重的商品若需要验收净重，可根据商品包装的具体情况，采取扣除平均皮重或除皮核实两种方法。

5. 质量检验

质量检验是鉴定商品的质量指标是否符合规定，分感官鉴定和理化鉴定两种方法。理化鉴定一般由技术部门进行取样鉴定。感官鉴定一般由仓库保管员在验收商品时凭感官检查商品的包装、外观等，如检查商品有无破损、渗漏、污染、变形、干裂及沉淀、混淆、霉烂等异常现象。

6. 建立账卡档案

实物检验中，会产生原始记录，如磅码单、入库验收单等，因此要根据这些原始记录，建立入库台账、货卡和物资档案，建立了账卡档案，则入库阶段结束。对于出版业来讲，主要是建立书目数据库，将每种入库图书的题名、著者、出版者、出版年、版次、主题词、分类号、标准书号和内容提要等图书内容特征进行描述，并且存储在数据库中，它是物流信息系统的重要子系统，是客户生成订单的依据，也是物流作业的基础。

二、图书在库保管保养

(一)出版物的质量变化和价值变化

1. 物理变化

它包括物理存在状态的变化、渗透变化、串味变化、变形、破损变化等。

2. 化学变化

在储存期，物资内部或不同物资之间发生化学反应，改变了原物质微观状态，形成了不同于原物资的新物质，从而造成损失。

3. 生化变化

在储存期间，有机体受外界生物的影响，发生如霉变、发酵、腐败等变化，引起使用价值的严重变化。

4. 时间价值变化

物资储存实际也是货币储存的一种形式。储存时间越长，支付利息越多，资金的机会投资损失越大，这是储存时不可忽视的损失。

(二)物资的保管保养

物资保管保养是通过一定的储存环境和保管条件，采用具体技术措施，保持物资数量、质量不变的全部工作。

保管的基本要求和方法：保质保量、保安全、保急需，仓库规范化、存放系列化、保养经常化。物资保管保养要做到以下工作：

1. 货位规划

货位规划就是要在仓库整体规划的基础上，具体安排货物的存放货位。

2. 分拣入位

分拣可以是人工分拣，也可以是自动分拣。自动分拣可以是传输线自动识别、分拣和入位，也可以是智能叉车自动识别、分拣和入位。

3. 维护保养

它主要包括温度和湿度调节控制，通风、去潮、去湿、去污染，清洁卫生，防虫、防暑、防盗、防火，货垛、货架维护等等。维护保养的目的就是要维持合适的保管条件和保管安全，维持被保管物资的使用价值。

4. 清点盘存

要及时、准确地掌握库存物资的数量和质量，把握库存物资的保管期。

三、图书出库管理

作业流程包括核单、配货、复核、发货几个环节。核单即审核商品出库凭证。配货是按出库凭证的品名规格核对并注销实物账或卡片，然后按其配货，并将配好的出库商品集中到理货场所复核。复核是由专职或兼职复核员按照出库凭证，对商品的品名、编号、规格、计量单位、数量逐一进行再次核对。

发货业务是根据业务部门开出的商品出库凭证，按其所列的商品编号、名称、规格、牌号、数量等项目组织商品出库。送货与自提是两种基本的发货方式，由仓库发货人员按单将商品交付给提货或承运人员，办清交接，划清责任，然后包装、发运，最后还要清理场地。

相关链接

浙江省新华书店集团物流仓储中心的库存管理

1. 入库作业处理

入库的工作内容主要包括接收省计算中心的入库单、进行优先级别排列以及将入库信息返回省计算中心。具体就是用叉车将装卸月台上的入库图书托盘运至入库暂存区，操作人员利用RF生成编目、库位号、重量等入库信息数据，然后根据此数据判断是否为即进即出类型，是即进即出的转作出库处理；否则，人工拆包进行RF手持设备(一种物流设备)逐册扫描，并扫描所装箱对应条码后经输送线、多路向连续垂直升运机按楼层、库区均匀分配到相应缓存线，进行人工扫描上架并将RF所得信息返回系统，整个入库作业结束。

库位管理则是系统将整个库区柔性划分为不同区域。最理想的状态是一个库位只有一个品种，但由于受到仓库容量的限制，现在实际上一个库位存放了一至多个品种的图书。库位从物理概念上划分，三件以上放在大储位区，三件以下放在小储位区，大储位区面积相对较小。出货时要先在小储位区拣选，如数量不足再到大储位区找货。系统会自动查找并打印出待调整的货位，每天早上有专人负责进行货位调整。

2. 出库作业处理

出库管理的工作内容主要包括接收省计算中心的出库单、制作计划单、扫描输入清单数据、并包处理、复核处理及单据打印。其中，计划单的制作要分解为任务单、优化包件及作业路线、根据任务及人员情况安排工作。制作好的配发计划单按照多种方式(一书多店、一店多书、多店多书)输入 RF 手持设备中。操作人员根据自己 RF 手持设备上所显示的任务单进行拣取，并逐本扫描核实后，将配完图书放到输送线上。系统根据整体需要进行并包处理后，送至复核打包处进行复核、打包，然后按作业单优先级别对某笔作业优先处理，或通过手工处理后进行路向分配、出库，并将出库信息数据返回系统，整个作业结束。

3. 退书作业处理

在通常情况下，委托销售的图书退货率都不会低于 30%，即便是畅销书也会有 20%～30%的退货比例。可以将退货视为进货的逆向物流，经过简单的物理整理，然后按照进货流程来完成。这个退货区域的主要工作内容是：接收省计算中心的退书入库单，根据优先级别作业后再将退书入库信息返回省计算中心，即由操作员通过 RF 数据库中信息判断退书路向(主要路向是退回出版社和重新入库)后进行作业，所有退货图书都会由电脑自动记录其品种、数量等信息并将此信息返回到系统数据库。

4. 空箱交换与分配调度

在整个系统运行中，空箱的合理运作显得至关重要，因为它直接关系到其他环节的运作效率，所以在设计过程中要充分考虑各个环节的操作细节，制定出一个合理、详尽的空箱运作流程，使每个箱体都通过其自身条码信息受控于整个系统。空箱的运作环节分为两个组成部分：空箱供给和空箱存储。

(1)空箱供给

当流水线运行过程中发现空箱短缺后可向系统提出空箱申请指令，而系统便会及时响应，将储存段空箱经自动释放装置供给流水线，按需分配到各楼层相应线段进行实时补给。

(2)空箱存储

当流水线运行过程中发现空箱有过盈时可向系统提出空箱储存指令，系统可根据区域实时需求量把多余的空箱经空箱叠放装置放入空箱存储段，在进入缓存段前将条码无效空箱剔除到收容段，进行人工更换条码，以保证系统能正常运行。

实践训练

一、实训项目

调查出版集团、发行集团或出版社的仓库选址。

二、实训内容

1. 选择当地出版集团或出版社，调查其仓库的选址和内部布局，分析其选址是否合理。

2. 制作调查报告的 PPT。

三、实训形式

1. 以小组为单位，5～8 人为一组，分小组进行资料的收集和调查，完成分析报告 PPT。

2. 各小组派代表轮流上台演示分析报告，各小组进行交流，相互提问并解答问题。

四、注意事项

1. 调查前期在收集相关资料的过程中要注意信息的准确性。

2. 小组成员分工明确，团结合作。

3. 调查过程中要注意文明调查。

五、评价标准

“出版集团、发行集团或出版社的仓库选址调查”实训项目评价表

项目	分值	表现描述	得分
资料数据准确	10		
分析报告层次分明，格式规范，条理清楚	20		
表达清晰，逻辑严谨	15		
分析问题全面透彻	30		
PPT 讲稿简洁美观	15		
语言表达流畅	10		
总结	100		

项目五　出版业库存与管理

学习目标

【知识目标】

1. 了解出版业库存管理的基本概念。
2. 掌握图书库存的分类方法。
3. 了解库存成本管理的概念及库存成本控制的措施。

【能力目标】

1. 能够对出版业库存管理的概念有一个清晰的认识。
2. 能够学会图书库存的分类方法及图库存成本控制的措施。

【素质目标】

1. 提高学生成本分析和控制能力，提升学生职业技术能力。
2. 促使学生养成发现问题，分析问题，解决问题的能力和习惯。

任务一　识别出版业库存管理

任务思考

随着出版社转企步伐的深入，出版社越来越重视库存的管理，谈一谈你对库存管理的理解，并思考传统库存管理有哪些缺陷。

任务分析

库存管理就是对图书的存入和发出进行管理。在市场需求多样化的今天，传统的库存管理模式很难与竞争激烈的市场相适应，库存成本的优化管理已迫在眉睫。

一、库存管理的概念

库存是长久以来伴随人们经济活动的一个重要组成内容。美国生产与库存管理协会(APICS)把库存定义为“以支持生产、维护、操作和客户服务为目的而存储的各种物料：包括原材料和在制品、维修件和生产消耗品、成品和备件等”。库存可以分为在途库存、周期性库存、季节性库存、安全库存、投机性库存和仓库损耗。充足的库存可以保证产品和服务的可得性，有助于实现生产经营过程中的规模效益，可以有助于减少不确定性和突发事件对经营带来的影响，因此尽管提出了JIT等即时制的概念，库存还是作为一种必要而存在着。当然，库存的存在增加了企业的运营成本，掩盖了企业存在的某些问题，甚至从某些方面来说增加了企业的经营风险。库存的存在无形中与其他部门之间存在着目标上的冲突。现代库存管理决策正是以系统的观点，综合考虑相关各个部门的要求，从企业甚至供应链的角度出发，对库存进行预测、计划和执行、控制的一种行为。库存决策的重点在于确定订货方式、订货量多少、订货时间。其目标是在企业经营目标和经营能力等条件限制下，寻求服务水平或者说产品/服务的可得性与库存成本两者的最优结合。

库存管理是物流管理中的一个重要环节，也是物流研究中的一个重要领域。库存管理是人们为了实现目标，运用相关方法、手段、技术、管理及操作过程，对库存的合理性进行的控制管理。在物流活动中，把库存量控制到最佳数量，在尽量减少人力、物力、财力的条件下做好库存管理，能为企业整个物流管理提供最大的保证。

在美国，有些企业库存周期只有8天，但有些中国企业的库存周期长达51天，仅运输成本一项，占销售额的比例就高达20%～30%。从物流成本构成看，中国物流管理成本占总成本的14%，而美国只占3.8%。对物流企业进行库存管理，其实就是降低其成本。物流企业作为供应链的一部分，不管是对库存进行管理还是要降低成本，都要从供应链的角度上来实行。由于我国物流业还处于起步发展阶段，整体物流规划能力的经验不足，并且物流信息化程度不高，许多物流管理还是以人工管理为主，直接导致了仓储和库存成本居高不下。从20世纪60年代以来企业信息化的趋势来看，物流企业的库存管理也趋向于信息化、网络化和高度集成化，随着信息技术的高速发展和国外大型物流企业纷纷涌入中国，作为现代企业物流管理的核心部分——库存管理，也要适应时代的发展。

库存管理是指在物流过程中对物资数量的管理。过去认为仓库里的物资多，表明企业发达、兴隆，现在则认为零库存是最好的库存管理。库存多，占用资金多，则利息负担重。但若过分降低库存，则会出现断档。一般来说库存功能有：第一，防止断档。缩短从接受订单到送达货物的时间，以保证优质服务，同时又要防止脱销。第二，保证适当的库存量，节约库存费用。第三，降低物流成本。用适当的时间间隔补充与需求量相适应的合理的货物量以降低物流成本，消除或避免销售波动的影响。第四，保证生产的计划性、平稳性以消除或避免销售波动的影响。第五，储备功能，减少损失，以应灾害等不时之需。在价格下降时库存管理应该特别考虑两个问题：一是根据销售计划，按计划生产，要考虑在什么地方存放，存放多少；二是从物资在市场上的流通水平和经济效益出发，确定库存量以及如何保证补充的问题。这两个问题均与库存在物流过程中的功能有关。

企业管理工作的重要内容之一就是要考虑如何为企业开源节流。销售部门作为企业的利润中心对企业的开源有着重要的作用，物流部门作为企业的成本中心对企业的节流也同样重要。良好的物流管理可以通过提高库存周转次数、加快资金回转、降低运营成本以及改善客户服务水平等方法节约企业的成本支出，通过节流增加利润。

二、库存管理的宗旨

库存管理的宗旨或目标主要有三个：

(1)提高库存保证程度。供应机构或供应商在保障商品供应时，应尽可能避免缺货现象发生。随时保障供应就必须维持一定的库存水平，但这个库存水平要合理。

(2)降低成本。库存管理中费用是最受关注的。只有降低费用、成本，才能增加利润，因此应尽可能压缩库存。

(3)快速反应。供应商或供应机构的仓库必须能根据客户的供应需求快速提供货物，高质量地完成供应任务，所以一般仓库及供应站都以快速出货为目标来控制库存。

三、传统库存管理的缺陷

(1)人们对库存的认识曾经存在误区。因为库存货物是作为一项资产记入的，所以库存的增长似乎是无限度的。这样，库存商品可能远远超过需求，结果是大量资金被占用、产品积压，经营出现困难。尤其在不得不为库存缴税时，库存造成的损失更大。库存的储存费用也很大，为维护库存，必须投入更大的人力、物力、财力。

(2)传统的库存管理主要以表单、账簿为主，商品的进出及入库情况不能及时反映出来，同时整个管理过程以人工管理为主，工作量大、出错率高。尤其是在盘点时，当仓库的商品在上千种以上，每逢盘点，就要上下齐动员，停止进出货，突击进行账目处理。在清点实物时，经常出现点错或找不到货位的情况，出现账物不符时也很难查出原因。

(3)传统库存管理系统所做的只是靠采购员的经验发出订单和催货，或用订货点法确定何时进行订货，或用经济批量法确定每次订货的最佳批量。订货点法是一种按过去的经验预测未来需求的方法，库存一旦低于订货点或消耗时，就立即订货以保证一定的存货。这种不依需求而定的做法非但没有必要，也很不合理，在需求间断的条件下，必然造成大量的库存积压。这种方法的实质在于遵循“库存补充”的原则，保证在任何时候仓库里都有一定数量的存货，以便需要时随时取用。经济批量法是使用经济批量公式计算出使订货费用和库存费用总和最低的订货批量，这种方法是解决库存优化问题的数学模型，它建立在一些假设的前提下，如需求是连续不变的，但实际上需求是变化的。由于传统的库存管理主要是靠经验；对信息的分析能力差，无法对需求做出准确的预测，库存模型成了空中楼阁，靠它来采购，必然会造成大量库存积压。

因此，我们只有在获取对及时、准确的信息基础上进行统计和预测，把握甚至引导下游需求的变化，这样才能实现有效的库存管理。因此，库存管理问题，实质上是一个大量信息的处理问题。

四、供应链环境下库存管理

(一)国内企业存在的问题

库存控制和管理是供应链管理的重要内容。实际上，供应链管理理论的发展最初就是从解决企业存在的库存问题开始的。在我国，供应链管理理念已经引入较长时间了，但很多企业并没有具体实施，企业库存管理仍然使用传统的库存管理方法；因此，供应链管理理论的应用还有巨大的空间。从供应链整体看，传统方式的单一企业库存管理方法存在许多问题。

1. 缺乏供应链整体(系统)观念

从库存功能可以看出，持有一定的库存是非常必要的。于是供应商持有自己的库存，生产商持有自己的库存，分销商持有自己的库存，零售商持有自己的库存。也就是说，整条供应链各个节点都独立持有自己的库存，虽然各个节点采用 EOQ 模型(Economic Order Quantity，经济订货批量模型)可以使得单个节点本身的库存成本最小化；但是从供应链全局的角度来看这种方式并不可取，因为它仅仅是各个节点的最优化，而不是整个供应链的最优化，影响了供应链的优化运行。因此，应该寻求一种新的、合理的库存管理系统，采用系统的、集成的管理，破除传统的、条块分割的管理模式思想，以使供应链系统能够获得同步化的运作。

2. 库存管理信息有效传递路径不畅

组成供应链的各经营者之间的关系在过去是买卖关系，因而经营者并不习惯在它们之间交换信息，更不用说在整个供应链上共享信息。这样，往往导致大量库存，同时也可能降低客户的满意度。同样，在过去，组成供应链的各个经营者与各自的客户(需求方)之间缺乏必要的信息交换，从而对客户的需求，特别是对终端消费者的实际需求难以把握，往往依靠销售预测来安排生产。由于预测与实际往往存在差距，容易产生库存不足或过剩的现象。因此，从供应链整体来看，过去这种传统交易方式导致的不必要库存给企业增加了成本，而这些成本通过各个环节的传递，最终将反映在销售给客户的产品价格上，从而降低顾客满意度。因而在供应链范围进行库存管理，不仅可以降低库存水平，从而减少资金占用和库存维持成本，还可以提高客户的满意度。

随着供应链的形成，企业间的关系从过去建立在客户交易基础上的关系向基于共同利益的协作伙伴型关系转变，供应链各个经营者间交换信息，协调进行库存管理成为可能，而先进的库存管理方法和技术的出现使这种可能变为现实。例如，零售商与其他供应链成员共享 POS 数据，就能使各成员对实际顾客需求的变化作出响应。因此，在供应链上实行销售时点数据(POS)信息共享，使供应链每个阶段都能按照顾客要求进行更加准确的预测，从而减小需求预测变动性，减小牛鞭效应。

3. 库存控制策略简单化

许多公司对所有的库存品采用统一的库存控制策略，没有根据库存品的性质特点进行分类，因而不能反映供应与需求中的不确定性。比如，具有销售季节性强的空调的库存管理就应该在销售旺季前保有相当的库存，而在淡季持有少量库存或不持有库存。此外，可通过 ABC 分类法分类，确定不同的库存控制策略。

4. 缺乏合作与协调性

为了应对不确定性，供应链的各个节点企业都设有一定的安全库存，这在运作中是必要的。问题在于，在供应链中，组织的协调涉及更多的利益主体，如果企业间缺乏协调与合作，相互之间的信息透明度不高，会导致交货期延迟和服务水平下降，因库存水平也因此增加。因此，组织之间存在的障碍有可能使得库存控制变得更为困难，因为各自都有不同的目标和绩效评价尺度，拥有不同的仓库，也不愿意与其他组织共享资源。在分布式的组织体系中，组织间的障碍对库存集中控制的阻力会更大。

供应链管理强调企业间的合作，建立长期、互利的战略伙伴关系，而不再是以往短期的、追求单方利益最大化的交易竞争关系。企业与供应商的合作时间长短在一定程度上可以反映供应链结构的稳定性以及供需双方合作的紧密程度，良好的供应链结构应具备较稳定的供需合作关系。

供应链相互间的信息透明度低，使得各个物流节点企业自身必须保持较高的安全库存水平来面对各种不确定性。即使在同一物流节点企业，不同部门组织之间存在的各种障碍也会影响有效的库存控制，进而使得整条供应链的效益大打折扣。由于企业之间缺乏有效的监督机制，加之信任风险的存在，企业之间真正有效的合作与协调还很难实现。比如说，制造商可能会把它的原材料库存转嫁给供应商，把完工产品库存转嫁给采购商，以最小化其库存成本，进而增加供应链的总库存成本。所以说，在供应链环境下，库存管理模式可以整合企业资源，如果企业之间缺乏协调和信任，将使得库存趋于不合理，这也是供应链库存管理目前遇到的突出问题之一。

5. 缺乏供应链整体的绩效评估机制

供应链中的各节点企业在决定自身的库存时，不能兼顾到整个供应链的整体效益，均以自身业绩评估指标的最优化作为评估标准。大多数企业追求存货周转率的高低，没能考虑到用户的服务水平和反应能力，最终影响到供应链各物流节点企业的整体反应能力。此外，还有些企业由于订货费用高，降低了订货频率，无形中加大了产品的平均库存水平，从而降低其订货成本。这些都说明了整条供应链的各节点之间都存在利益冲突，仅仅以某一阶段的利润最大化为基础制定相应的经营决策，势必会影响到整条供应链总体的利润最大化。

从短期行为来看，各个物流节点的库存控制有利于维护自身的经济利益，但没有体现出供应链管理的理念。零售商制定关于采购和库存的决策，均以实现公司经济利益的最大化为出发点，而不是以整条供应链的经济利益最大化为目标。从长远来看，整条供应链的效率降低，信息传递失真，损害每个物流节点企业的经济利益，未能考虑到企业的长远发展规划，许多企业采用订货满足率来权衡用户的服务水平，忽视了总订货周转期、平均延迟时间等指标，导致用户服务水平产生差异，无法正确衡量供应链管理绩效的好坏。

(二)解决供应链中库存管理问题的措施

供应链条件下的库存管理目标应服从于整条供应链的目标，其关注的重点不仅包括传统库存管理中需要解决的订货时间、订货数量的问题，还增加了存货地点、存货种类、仓库设计以及搭配运输路线等新内容，其根本目的是谋求通过适量的库存达到合理供给，加速库存周转，保证企业物料的供应和产品分配的顺畅。由于市场经济的快速发展，针对库存管理中存在的普遍问题，应采取如下措施加以应对。

1. 建立健全供应链管理库存绩效评估机制

供应链管理库存绩效评估是供应链管理研究的重要内容，同时也可以看作企业计划与控制的有机组成部分。建立供应链管理库存绩效评估机制可以准确衡量节点企业库存绩效与整条供应链管理库存的绩效，它是合理分配供应链利益的标尺，同时也能对供应链管理的实施进行严格的核算和评估，从而指导管理者进行有效的决策。总的来说，全面科学地分析和评价供应链管理库存绩效就成为当前一项重要的管理工作，在物流节点企业管理库存过程中，尽可能地调动员工的主动性和积极性，建立相应的奖惩制度。为供应链库存管理的不断优化提供激励机制和持久动力，激励节点企业创造高水平的库存管理绩效。此外，在供应链库存管理中，一方面需要存储过程中涉及的供应链内节点企业之间的合作，另一方面还需要与该供应链外的同类企业以及全社会合作，实现经济效益与社会效益共赢。

2. 利用先进的信息平台实现供应链管理库存信息实时共享

信息对供应链的成功运营起着至关重要的作用，因为它提供了供应链管理者赖以决策的事实依据。如果没有信息，决策者就无法正确了解顾客的需求、库存数量以及何时应当生产更多的产品并运送出去。因此，没有了信息，决策者就无法做出合理的决策，最终难以改善供应链的运营效率。通过加大基础设施建设，运用计算机网络通信和专家系统等信息技术，加快信息传递，可以实现供应链中库存信息的实时共享，通过安装供应链信息技术系统，企业可以进行数据的收集和处理，并根据系统的建议进行生产。有关数据表明，信息技术系统的使用使得公司减少了一半库存，通过对原材料和产成品在流动过程中的每一环节进行实时的跟踪记录，以便使最终用户与设计、采购、生产和销售等上游节点运营环节之间实现尽可能快速和直接的沟通，准确预测并快速判断用户需求，实现供需平衡，避免压货或缺货的大量出现。另外，对库存量需求进行预测的生产计划等信息的收集和处理加工及传递，能有效降低库存成本，对于供应链库存管理具有重要的意义。通过建立先进的网络技术平台和完整的客户数据库，使客户的需求能第一时间反馈到供应链中，便于企业及时响应。借助供应链信息技术系统，节点企业之间的信息交流与沟通更加便捷，不仅可以提高信息共享的程度，也可使节点企业之间的联系更加紧密，以便迅速应对各种不确定性，使整条供应链库存管理更加精准可行，协调调度供应链的库存。

此外，运用先进的技术，优化库存管理，可以在合作企业之间建立协调机制，加强计划的预见性，定期进行协商和调整，这可以看成是一种建立在贸易伙伴之间密切合作和标准业务流程基础上的经营理念，主要是指多个供应商对同一个制造商的存货补充进行的流程再造。引入先进的技术，有利于企业之间的合作管理，可维持低水平存货成本，进而促进供应链整体的优化。

3. 克服组织障碍，重新设计科学的库存组织结构

在信息化时代，如果传统企业的组织结构与企业业务流程不改变，即使采用了先进的IT技术，也不会对企业有根本性的帮助。信息沟通不畅和结构的协调障碍是导致过高的供应链库存成本的主要原因之一。因而，必须强调在打破原有职能分工的基础上，克服组织障碍，按作业流程和具体任务来重新组合，变职能管理为过程管理，减少不必要的活动，合并工作内容，简化过程，减少中间管理环节，使传统企业金字塔式的组织结构向扁平化的组织结构压缩，从而增强系统灵敏应变的能力。此外，利用信息技术对业务过程进行流程的彻底再造，增加系统的稳定性。也就是说，要实现制造商与供应商之间业务流程的变化，支持业务流程技术手段的变化、企业内部业务流程的变化以及物流管理组织形式的变化根据供应链运作的要求，来消除组织障碍，体现协作共赢的精神，设计科学的库存组织结构，从根本上解决供应链中库存管理的问题。那么如何实现库存管理现代化呢？

首先，应说明的是库存管理现代化不仅仅是有了计算机网络等先进的信息处理技术就可以实现的，即使我们现在把日本先进的设备全盘拿来也无法运作，因为在实施库存管理现代化之前还有许多准备工作需要我们去做，这些工作要比引进先进设备困难得多。

1. 人员素质的提高

这不仅是人员业务水平的提高，更重要的是对库存管理认识的提高。要使企业全体人员清晰地了解配送中心库存管理的重要性，并切实重视起来。

2. 供应链管理

这是实现库存管理现代化的重要前提条件。供应链是指将涉及产品或服务提供给最终消费者的过程和活动的上下游单位组织所构成的网络。对供应链进行管理，使供应链上的成员之间建立合作伙伴关系，各方以诚为本发展长期合作关系，互相依赖，然后各方保持自有特色，运用现代科技实现信息共享，信息沟通。每一方作为供应链的一部分，为客户提供最优服务。

3. 技术的推广使用

(1)条码：条码的使用贯穿于库存管理现代化的整个过程。但由于我国的条码普及

是近几年的事，有些商品还没有通用商品条码，包装箱标签和运输标签上几乎没有反映有关信息的条码标识，还有些商品的通用商品条码有误码、错码、重码甚至伪码等问题，给条码的使用带来了很多困难，为了使商品的流转业务流程能够方便、快捷、准确，当商品进入配送中心后，立即检验其通用商品条码和标贴内部条码就成了一项非常必要的工作。因此，条码还需进一步统一管理，推广使用，这将有利于库存管理现代化的实现。

(2)EDI：要使数据资料在 WAN 网上快速地传递，就必须统一各种单据格式，这样才能使订货、收货、储货、检货及出货作业顺畅进行。

总之，实现库存管理的现代化任重道远，硬件问题不是难题，软件问题才是最大的问题。改变供应商与客户的内部认知过程，即从敌对的态度转变为将其视为同盟的过程，以及条码的统一规范和推广使用，数据资料的统一格式，这些将比实现库存管理现代化的其他相关内容更困难，时间花费更长。

任务二　学会图书库存分类管理

任务思考

通过调查，了解本市某出版社是如何对图书库存进行分类的，思考图书库存有哪些分类方法。

任务分析

不同的库存图书的分类也是不同的，对不同类型图书确定库存分类管理办法可通过对库存图书进行细化分类，来进行分类管理。

库存管理首先是进行库存物资品种、数量的管理，这是基础工作。库存品种数量管理的基本内容，就是建立库存物资类别品种的体系结构，分成哪些大类、小类；各类的规格、性能、价值、特点、存放特性、保管要求是什么；存放在哪些库区、库位、架位；存放数量是多少。因此，品种数量管理，实际上包括了品质管理、大类管理、小类管理、ABC 分类和条形码管理等。这些是库存管理的基础工作，它为科学的重点管理法、货位规划、存放系列化、计算机信息管理以及库存成本控制管理等的实施提供必要的前提。

一、按学科分类

1. 中国图书馆图书分类法

《中国图书馆图书分类法》作为国家标准，在我国图书馆界得到推广应用，是一部对出版物进行科学分类的重要标准。它将图书分为 22 大类，按照知识逻辑体系逐层展开，划分为一级类目、二级类目、三级类目的层级分类体系，体现了严格的层次逻辑性。

中国通用的大型综合性文献分类法，简称《中图法》，由中国图书馆图书分类法编辑委员会编写，现在通用的是第四版。《中图法》除中文版外，还有维吾尔文及日文版。1981年被国家标准化局发文推荐为国家标准试用本。1985年获国家科技进步一等奖。《中图法》使用字母与数字相结合的混合号码，基本采用层累制编号法。

《中图法》主要供大型图书馆图书分类使用。另外为适应不同图书信息机构及不同类型文献分类的需要，它还有几个配套版本：《中国图书资料分类法》《中国图书馆图书分类法(简本)》和《〈中国图书馆图书分类法〉期刊分类表》等。

1984年书目文献出版社出版了《中图法》第二版和《资料法》第二版的联合类目索引。《中图法》已为中国多数图书馆和信息部门采用。自1988年起，中国出版图书的标准书号中采用《中图法》的大类号。

《中图法》包括马列主义、毛泽东思想、哲学、社会科学、自然科学、综合性图书五大部类，22个基本大类，具体如下：

A. 马克思主义、列宁主义、毛泽东思想、邓小平理论

B. 哲学

C. 社会科学总论

D. 政治、法律

E. 军事

F. 经济

G. 文化、科学、教育、体育

H. 语言、文字

I. 文学

J. 艺术

K. 历史、地理

N. 自然科学总论

O. 数理科学和化学

P. 天文学、地球科学

Q. 生物科学

R. 医药、卫生

S. 农业科学

T. 工业技术

U. 交通运输

V. 航空、航天

X. 环境科学、劳动保护科学(安全科学)

Z. 综合性图书

2. 图书、音像制品、电子出版物营销分类法

《图书、音像制品、电子出版物营销分类法》已于2008年12月29日起实施。这是我国图书发行业的第二项行业标准。

该标准规定了图书、音像制品及电子出版物营销分类的类目体系和类目代码，主要由分类表组成。分类表由主类表(包括基本大类表、简表、主表)和复分表组成。主类表由三个基本部类、340 个二级类目、503 个三级类目、68 个四级类目组成，其中：图书部类分 27 个大类，音像制品部类分 12 个大类，电子出版物部类分 4 个大类。复分表由 7 个通用复分表组成，分别为《总论复分表》《出版物载体复分表》《世界国家和地区复分表》《中国行政区划复分表》《世界时代复分表》《中国时代复分表》《世界语种复分表》。其中《世界国家和地区复分表》系引用 GB/T 2659—2000《世界各国和地区名称代码》，并做了必要的补充；《中国行政区划复分表》系引用 GB/T 2260—2007《中华人民共和国行政区划代码》；《世界语种复分表》系引用 GB/T 4880.1—2005《语种名称代码第 1 部分：2 字母代码》。

该标准的发布实施是为了促进出版物营销分类工作的规范化与标准化，为出版发行单位提供出版物产、供、销、存业务的科学有效的分类和管理方法，为读者查询、购书提供规范、便捷的检索手段，为出版行业上、中、下游之间进行出版物信息传递与利用创造条件，推动我国出版业信息化建设和提高出版发行单位的管理水平。

二、ABC 重点管理法

(一)ABC 分类法(Activity Based Classification)及其分类步骤

ABC 分类法又称帕累托分析法或巴雷托分析法，平常我们也称之为“二八”规则。它是根据事物在技术或经济方面的主要特征，进行分类排队，分清重点和一般，从而有区别地确定管理方式的一种分析方法。由于它把被分析的对象分成 A、B、C 三类，所以又称为 ABC 分析法。

ABC 分类法是由意大利经济学家维尔弗雷多·帕累托首创的。1879 年，帕累托在研究个人收入的分布状态时，发现少数人的收入占全部人收入的大部分，而多数人的收入却只占一小部分，他将这一关系用图表示出来，就是著名的帕累托图。该分析方法的核心思想是在一个事物的众多因素中分清主次，识别出少数的但对事物起决定作用的关键因素和多数的但对事物影响较少的次要因素。后来，帕累托法被不断应用于管理的各个方面。1951 年，管理学家戴克(H. F. Dickie)将其应用于库存管理，命名为 ABC 法。1951 年至 1956 年，约瑟夫·朱兰将 ABC 法引入质量管理，用于质量问题的分析，被称为排列图。1963 年，彼得·德鲁克(P. F. Drucker)将这一方法应用到全部社会现象的研究，使 ABC 法成为企业提高效益的普遍应用的管理方法。

此规则通过对同一类问题或项目进行排序，来认明其中少数争议较大的。帕雷托通过长期的观察发现：美国 80%的人只掌握了全国 20%的财产，而另外 20%的人却掌握了全国 80%的财产，而且很多事情都符合该规律，于是他把此规律应用到分析生产上。他的主要观点是：通过合理分配时间和力量到 A 类——总数中的少数部分，你将会得到更好的结果。当然忽视 B 类和 C 类也是危险的，在帕雷托规则中，它们只是得到此 A 类相对少得多的注意。

ABC 分类控制法是美国管理学家艾伦·莱舍在《如何控制你的时间和生命》一书中

提出的。他提倡管理者要编制每天的工作时间表。他认为，任何一位管理者每天都有许多事情要做，但不是每件事都能办完。领导者要按照每件工作的重要程度，把每天要做的事情分为A、B、C三类。A类事情是影响全局而又急办的工作，因而是最重要的工作。B类次之，C类则可以放一放。

ABC重点管理法的基本原理是：把物资按品种和占用资金的大小分类，再按各类物资重要程度分别控制，抓住重点，分清主次。库存与资金占用之间有帕雷托这种规律，即少数库存价值昂贵，占用大部分的库存资金；相反，大多数库存价格便宜，仅占用很少一部分的库存资金。因此，可根据库存种类数量与所占用资金比重之间的关系，将库存分为ABC三类，并根据其特点分别采取不同的管理方法。

A类物资，即库存品种数占总数的10%～20%，占用资金70%～85%；B类物资，即库存品种数占总数的20%～30%，占用资金10%～20%；C类物资，即库存品种数占总数的50%～70%，占用资金5%～10%。A、B、C三类物资划分以后，因其重要程度不同，对重点的A类物资，应投入最多的精力和资源进行重点严格的控制，尽可能降低订购量，减少库存储备，一般采用定期库存控制法进行管理。对B类物资的管理可适当放宽一些，可选择补充库存进行控制。对C类物资的管理，可适当加大订购批量、提高保险储备量、采用定量库存进行简单控制，以减少日常的管理工作。

ABC分类控制法的目的在于使企业分清主次，突出重点，以提高存货资金管理的整体效果。

ABC分类步骤如下。

(1)为确定ABC分类，先要进行统计分析，要选定一个合适的统计期。①比较靠近当前时期；②销售比较正常(处于正常情况)时期。

(2)分别统计所有出版物在该统计期中的销售量、单价和销售额，并为每种物资制作一张ABC分析卡，填上品名、编号、单价、销售数量和销售金额。

(3)制作ABC分析表。ABC分析表栏目构成如下：第一栏物品名称；第二栏品目数累计，即每一种物品皆为一个品目数，品目数累计实际就是序号；第三栏品目数累计百分数，即累计品目数占总品目数的百分比；第四栏物品单价；第五栏平均库存；第六栏是第四栏单价乘以第五栏平均库存，为各种物品平均资金占用额；第七栏为平均资金占用额累计；第八栏为平均资金占用额累计百分数；第九栏为分类结果。

制表按下述步骤进行：将第2步已求出的平均资金占用额，以大排队方式，由高至低填入表中第六栏。以此栏为准，将相应物品名称填入第一栏、物品单价填入第四栏、平均库存填入第五栏、在第二栏中按1、2、3、4……编号，则为品目累计。此后，计算品目数累计百分数、填入第三栏；计算平均资金占用额累计，填入第七栏；计算平均资金占用额累计百分数，填入第八栏。

(4)制作ABC分析图。以累计品目百分数为横坐标，以累计资金占用额百分数为纵坐标，按ABC分析表第三栏和第八栏所提供的数据，在坐标图上取点，并联结各点曲线，则绘成ABC曲线。

按ABC分析曲线对应的数据和ABC分析表确定A、B、C三个类别的方法，在图上标明A、B、C三类，则制成ABC分析图。

利用ABC分类法，可以将库存出版物进行分类，并进行重点管理。ABC分类法的基本程序：①收集数据。即确定构成某一管理问题的因素，收集相应的特征数据。以库存控制涉及的各种物资为例，如拟对库存物品的销售额进行分析，则应收集年销售量、物品单价等数据。②计算整理。即对收集的数据进行加工，并按要求进行计算，包括计算特征数值，特征数值占总计特征数值的百分数，累计百分数；因素数目及其占总因素数目的百分数，累计百分数。③根据一定分类标准，进行ABC分类，列出ABC分析表。各类因素的划分标准并无严格规定。习惯上常把主要特征值的累计百分数达70%～80%的若干因素称为A类，累计百分数在10%～20%区间的若干因素称为B类，累计百分数在10%左右的若干因素称为C类。④绘制ABC分析图。以累计因素百分数为横坐标，累计主要特征值百分数为纵坐标，按ABC分析表所列示的对应关系，在坐标图上取点，并联结各点成曲线，即绘制成ABC分析图。除利用直角坐标绘制曲线图外，也可绘制成直方图。⑤实施对策这是“分类管理”的过程。根据ABC分类结果，权衡管理力量和经济效果，制定ABC分类管理标准表，对三类对象进行有区别的管理。

(二)ABC分类管理法在库存管理各环节的应用

企业的物资管理是指对企业生产过程中所需生产资料的计划编制、采购、入库验收、保管保养、发放等一系列经济管理活动，进行计划、组织、指挥、协调和监督等活动的总称。下面就ABC分类管理法在物资采购、保管及发放环节中的应用做简要阐述。

1. 采购环节的应用

A类物资，由于在物资管理中起到牵一发而动全身的绝对作用，所以必须采取重点措施，严加控制，在采购时选择最优订货批量，尽量缩短进货间隔时间，每次进货均应严格核算。其中对于外部条件好、需求比较稳定和均衡的A类物资，一般采用定期储存管理法，一到订货日，就按固定数量——经济订货批量组织进货。对于需求量不稳定、不均衡且波动较大的A类物资，应采用定量储存管理法，在库存到达订货点时，重新计算经济订货批量。对于A类物资中外部供货条件不好的物资，一般也选用定量储存管理法，每次进货数量应尽量接近于经济订货批量。对于C类物资中的长、中线物资宜采用定量储存管理法，一到订货点(即最低储备定额)即按固定进货数量——最高储备定额组织进货，对于C类短线物资宜建立较大的保险储备量，以取得供应上的主动权，并可以简化管理。对于B类物资则可灵活选用A类或C类物资的进货方式，实行较严的控制，尽量做到进销平衡。

2. 库存环节的应用

库存环节是运用ABC分类管理法比较关键的环节，也是实际工作中运用最广泛的一个环节。对销量大、周转快的A类出版物或物资，一般控制在正常周转期限，周转量应占总库存的60%左右。对B类出版物或物资，周转期应适当缩短，周转量应占总库存的30%左右。对C类出版物或物资，为保证供应，原则上应逐个大类核定。在考核中，则采用平均综合库存定额予以控制，约占总库存的10%左右。

在实际工作中，许多物资企业已经运用储备定额作为物资储存量的控制限额，即运用最高储备定额和最低储备定额作为物资储备量的上下限。对于A类出版物或物资，其储备定额应尽可能划小核定单元，按最小类(三级类目)或专题丛书逐项下达储备定额，实行重点控制；对于B类出版物或物资，可实行大类(二级类目)控制，按大类下达储备定额，适度放宽；对于C类出版物或物资，可采用粗线条控制，按基本大类(一级类目)下达储备定额。做到主次分明，管理有序；突出重点，重拳出击。

3. 销售环节的应用

在销售过程中使用ABC分类管理法，为使ABC类别划分更加准确，还应重点考虑以下因素：第一，查证报告期某类资料的时间，时间越长越好，便于从中找出销售规律和减少误差。第二，因为销售趋势是可变的，故销售中的历史数据不能作为分类排队的唯一依据，还必须做好市场需求预测，掌握用户的需求愿望和要求，分析用户心理状态。对用户需求进行预测，仍按ABC分类原理对用户进行ABC分类。把那些少数用量大的单位划分为A类；把用量居中或虽用量较大但需求量不稳定的单位划分为B类；把用量零星、临时性强、需求量小的若干企业划分为C类。

4. 在库存管理中运用ABC分类管理法的好处

(1)在库存管理中运用ABC分类管理法，可以对各种物资或产品进行经济合理的分类，能较准确地确定订货批量和储备周期。克服不分主次盲目决定储备量的做法，使物资储备定额达到先进合理，进一步降低库存和储备资金定额。

(2)由于ABC分类管理法是以资金大小依次分类的，人们自觉形成了对资金的重视。物资计划员自觉运用ABC分类管理法，摸清所管物资，尤其是A类物资的用途和消耗情况，提高了物资计划的质量和计划准确率，同时，也使物资计划员了解到管好A类物资，就取得了用好资金的主动权。改变了物资管理人员过去“只管供，不管用；只管物，不管资金”的片面做法，使工业企业的物资管理从保管型逐步转向经营型，提高了企业的微观经济效益。

(3)由于C类物资占用资金不多(5%左右)，且品种繁多，可以采用最高储备量来保证供应，节省一定的时间集中精力抓主要矛盾，管好A类和B类物资，克服“胡子眉毛一把抓”的混乱现象。在一定程度上克服了以往物资工作被动忙乱的现象，使物资管理工作逐步走向科学管理的轨道，同时也使各级领导从繁杂的事务工作中解脱出来，注重对A类物资的审核和管理。

(4)节省了资金占用，加快了物资流通和周转速度。重点A类物资划出后，可组织多渠道、少环节的进货，使A类物资严格控制在核定的范围内，降低了A类物资的储备。由于资金是有偿使用的，即按银行同期贷款利息交纳资金占用费，如资金占用较大，势必影响本单位的经济效益。

(5)增强了执行合同的严肃性。过去由于库存量较大，即使合同延期执行也不会影响内部生产和对外销售。有些单位或个人订完合同后等货上门，合同执行与否也无人过问。ABC分类管理法不仅使物资分类清楚，对合同管理要求也较严格，由于储备有限，绝大部分A、B类物资甚至没有存货，合同到期不执行就会反映出企业内部工序矛盾。

(三)"二八定律"在图书馆馆藏方面的应用

"二八定律"是意大利经济学家帕累托1897年对19世纪英国社会各阶层的财富和收益统计分析时发现的，即80%的社会财富集中在20%的人手里，而80%的人只拥有社会财富的20%。后来约瑟夫·朱兰把它概括为"二八定律"。

"二八定律"反映了一种不平衡现象，但却贯穿于人们的整个生活和商业社会。多年来人们一直在用其界定主流，计算投入与产出效率。"二八定律"在社会各行业的应用，被引申为多重含义：20%的客户带来80%的销售额；20%的产品创造80%的利润；20%的努力产生80%的结果；20%的工作体现80%的价值……"二八定律"的管理学意义在于：在管理中不能"胡子眉毛一把抓"，而要抓关键人员、关键环节、关键用户、关键项目、关键岗位。图书馆活动中典型的"二八定律"是图书流通中的图书借阅规律，它是由美国人特鲁斯威尔(R. W. Trueswell)经过大量的统计分析后得出的结论，即图书馆全部馆藏中大约20%是常用书，能够满足读者80%的需求，其余不常用的馆藏只能满足读者20%的需求。根据这一规律，图书馆在馆藏建设方面提出并实施了三线典藏制。

1. 运用"二八定律"加强资源建设

在图书馆馆藏管理中要抓住20%有特色的馆藏资源进行重点建设。如果一个图书馆没有自身的藏书特色，没有个性，那只会被共性所淹没；图书馆馆藏应在强调共性的同时兼顾个性的发展。

(1)规划图书馆信息资源，重点收藏利用率高的核心文献资源

新的信息技术的发展，促成了以计算机的普遍使用、通信技术的快速发展、密集存储技术的出现、电子出版及多媒体技术的应用和国际网络的扩展等为主要特征的电子环境的形成。在这种环境下，图书馆信息资源的建设随之发生了巨大的变革并面临新的抉择。图书馆的信息资源采访策略、选书原则、复本标准、购书经费的分配方法、文献获取的具体方式等等都需要进行科学合理的规划，制定明确的政策和规范，必须改变过去那种单凭经验办事的做法，避免信息资源建设中的盲目性和随意性。应当根据"二八定律"来规划图书馆的信息资源建设，有计划地将利用率高的核心文献资源收藏进馆。在传统图书馆馆藏中，往往是20%的信息资源能满足读者80%的需求。因此，在馆藏中，就要以足够的经费来保证这20%的重要资源的采购，其余利用率不太高的文献可以用馆际互借或其他方式获取。这种策略也为解决困扰图书馆多年的购书经费短缺难题提供了有效的解决途径。

(2)抓住骨干力量进行信息资源的采访工作

在图书馆信息资源优化建设过程中，采访人员是工作的关键。图书馆应把主要精力放在20%采访业务骨干的挑选与管理上。在挑选采访骨干人员时，应注意其思想素质、业务素质乃至体能素质。采访骨干人员必须具有强烈的全局意识和责任感、事业心，较强的公关能力、协调能力和广博的知识，对新的信息环境下出版业的发展变化、新型文献载体具有敏锐的洞察力，且好学上进，努力掌握和钻研与信息资源建设有关的知识与技术，熟悉信息资源，了解馆藏，及时掌握读者需求动态和阅读倾向，所购置的信息资源才能发挥最大的效用，最大限度地满足读者需求。抓住了骨干力量来进

行信息资源的采访工作，也就抓住信息资源优化建设80%的效果，提高图书馆运作的整体效率，把好图书馆工作的第一关。在日常工作中，运用“二八定律”把主要精力放在搞好采访人员的管理上，引导和督促采访骨干人员做好信息资源建设的主要或重要工作，也就做好了每年80%的工作。

(3)建立有学科特色的馆藏

在互联网时代，常规的文献信息并不会受到用户的青睐，大家更愿意访问那些具有馆藏特色的数据库群。现代化的图书馆，除传统文献保障外，还应该运用“二八定律”，把主要的人、财、物力用于建立馆藏特色数据库，形成特色优势，成为受欢迎的网上图书馆。特色馆藏建设应该是实体特色馆藏建设和虚拟特色馆藏建设的结合。虚拟特色馆藏建设比实体特色馆藏建设更重要，难度更大。我们一方面应努力去发掘网上的特色资源，建立自己的特色馆藏，另一方面还需努力开发自己的特藏数据库。充分理解和领会“二八定律”，并运用于图书馆的特色馆藏建设，逐步形成“你无我有，你有我全，你全我精”的特色，将有特色的信息产品推向网络，推向市场，才能在信息市场占有一席之地，才能更好地为读者服务，收到良好的经济效益和社会效益。

2. 运用“二八定律”指导并搞好服务工作

图书馆是知识的殿堂，是为读者提供信息服务的地方，每个人在图书馆都享有平等受教育的权利，这是图书馆信息服务工作的准则。但是，事实上读者的需求是无限的，而图书馆的人力、财力、物力都是有限的。既然存在这样一对矛盾，图书馆对于特殊群体的读者(高价值用户)要实行重点服务。图书馆应建立重点用户、重点学科专栏，为他们获取信息提供更宽松的环境，最大限度地满足他们的信息需求，为他们提供更快捷及时的服务，让他们更多地占有和利用信息，多出科研成果，从而影响和带动其他80%的读者。这样图书馆的整体社会效益就更多地体现出来。当然不能因此就忽视一般用户，而应在保证重点的同时，搞好对广大普通读者的服务。

(1)重点读者与个性化服务

对图书馆而言，不同读者群体的价值是不同的。图书馆应对读者进行细分，不能“胡子眉毛一把抓”，平均用力。与改革发展目标相适应，具有较高学术水平、研究能力和发展潜力，能为社会发展做出较大贡献的学术带头人、教授等科研人员，是图书馆的重点读者，是图书馆个性化服务的主要对象。图书馆为重点读者提供服务的过程，是一个人际交往的过程。图书馆要不断创新服务方式，提供网上服务、电话服务、上门服务等，美化馆舍环境，提高服务质量和效率，使这些读者在获取图书馆高价值知识信息的同时，让其感受到充分的人文关怀和精神享受，让其充分感受到图书馆的价值理念和文化底蕴。通过图书馆的服务，一个重点读者创造的价值，可能会高出其他读者几倍、几十倍。当然，强调为重点读者提供个性化服务并不意味着要弱化对其他读者的服务，而是遵循“分类指导，突出重点”的原则为重点读者提供更优化的服务。

(2)以重点读者的需求为导向，优化图书馆资源配置

为重点读者提供个性化服务，就要把其需求作为图书馆工作的重要导向，把满足其需求作为图书馆工作的重要目标。要客观准确地把握重点读者的需求，就要吸引他们积极参与图书馆的建设工作。图书馆应充分发挥信息优势，在综合分析外部信息渠

道、馆内书刊现状和资金规模的基础上，适时对馆藏书刊结构进行调整，以满足重点读者的现实需求。图书馆还应密切关注重点读者的潜在需求，即客观上对读者学习、研究意义重大或能产生积极影响，而读者不知道其存在或暂时未意识到其价值的知识信息。通过满足重点读者的潜在需求，可以提高图书馆服务的附加值。按照"二八定律"原理，做好了占读者20%的重点读者的工作，往往可以取得图书馆80%的效益。

(3)积极开展主动资讯服务，提高信息知识的附加值

在网络环境下，信息知识迅速增长，质量参差不齐，并且散见于多种文献书刊，缺乏条理性，读者对信息甄别的难度和选择的成本大大提高，信息知识的高效利用受到严重影响。图书馆员应跟踪相关学科的研究进展、研究热点和发展方向，根据读者的需求，对有价值的文献信息进行深层次的加工整合，主动提供服务。这种创造性服务应以读者的潜在需求为出发点，为读者提供全景式、多角度、多层次的高价值服务。一般应包括下列内容：目前最新的观点是什么、产生这种观点的原因、所能解决的问题、同以前观点的差异、使用的研究方法，研究者是谁、当前还存在的其他观点、今后的发展方向预测、权威机构的有关反应等。通过图书馆员的创造性劳动将科研的新动态、新观点以二次信息的形式提供给读者，使读者能方便快捷地利用信息知识，使信息资源利用效益最大化，图书馆服务价值最大化。

三、长尾管理

1. 长尾理论

长尾理论是美国《连线》杂志主编克里斯·安德森在2004年首次提出的，其核心观点是：只要存储和流通的渠道足够大，需求不旺或销售不佳的产品所共同占据的市场份额可以和那些少数热销产品所占据的市场份额相匹敌。长尾理论产生的重要条件是发达的网络技术和产品的数字化。长尾理论很好地解释了Google公司的广告投放、亚马逊公司的网上图书经营、百度的企业竞价排名机制等成功的商业运作规律，从而受到了各行业的追捧，成为互联网经济下经营管理和商业运作的客观存在和一般规律。随着现代信息技术在图书馆的广泛应用以及信息服务产品的日益数字化，长尾理论与图书馆结下了不解之缘：在理论方面，长尾理论对图书馆学五定律的完美诠释体现了两者思想的一致性；在实践中，众多的统计分析表明，数字资源利用存在长尾现象。长尾管理的重点是尾巴，而不是龙头。除了畅销书，更多的是市场上的滞销书。

2. 长尾图与实现条件

长尾管理的条件是计算机网络技术，核心价值是满足个性化的需求，库存品种极大。

网络书店有两类库存，一是虚拟库存品种，就是计算机在版书目数据，当然这些书目提供的出版物是市场上随时可获得的。根据顾客的需求，及时从出版社或其他渠道予以补购或调拨，有的已达300万种。二是实际仓库的实物库存，就是通过进货，已将出版物实实在在地存储于仓库的货架上，有的已达80万种。

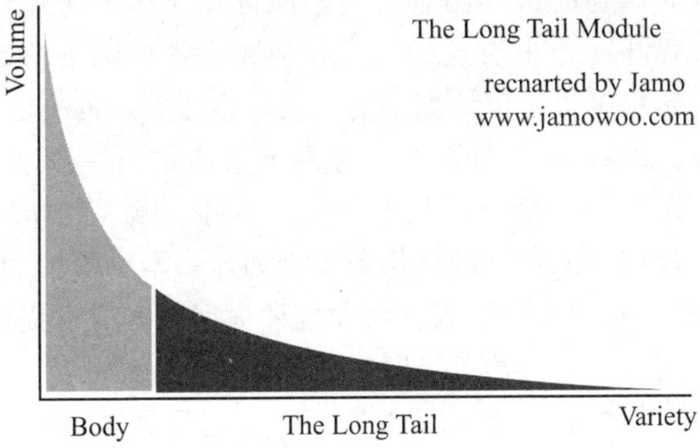

图 5-1　长尾图

3. 长尾理论的应用实例分析

【实例 1：亚马逊】

亚马逊通过为小众群体提供个性化的选择机会，对需求量小的商品进行了精细划分，从而延展了渠道，使渠道延伸到消费者的办公室和家里。这种“无物不销，无时不售”的模式为消费者提供了无限制的多样性选择，真正实现了使每件事成为可能。相对于传统的人为界定的有限选择，这种无限制性的选择更侧重于从客户的需求出发，注重客户的体验。当然，在亚马逊的模式中，所有商品的最终交易还是要靠为它提供配送服务的第三方物流企业来实现。作为一个网络书店，亚马逊并没有陈列面积和服务地理范围的限制，因而亚马逊可以尽可能多地汇集货源，形成一个 380 万种图书的库存，其中包括大量的非畅销书籍。

作为一个网络书店，亚马逊也同时汇集了读者需求信息，可以为全球任何地方的读者提供服务，从而增加其巨大库存里的冷门图书与读者见面的机会。网络影碟租赁公司耐特弗莱克斯是另一个长尾理论商业典型。安德森指出，美国商业影院无法吸引足够多的本地观众看印度电影，耐特弗莱克斯却能够通过互联网吸引大量分散在美国各地的印度观众，每月租赁近 10 万部印度电影。

一项由麻省理工学院、普渡大学和卡内基·梅隆大学的学者合作的研究比较了亚马逊销售曲线的“头”和“尾”，结果显示，亚马逊 47.9％的图书销售来自销售排名第 4 万种以后的图书(美国最大的独立书店的陈列品种是 4 万，这意味着亚马逊 48％的销售来自那些在独立书店见不到的图书)；39.2％的销售来自销售排名第 10 万种以后的图书，即那些传统书店通常不进货的“长尾图书”。一位亚马逊员工对长尾经营模式描述如下：“我们现在销售的过去卖不掉的书超过了我们现在销售的过去卖得掉的书。”据安德森估计，亚马逊的长尾图书(即销售排行第 10 万名以后的图书)的销售额占总销售的 25％左右。

亚马逊的创建是一种创新，它的许多决策，往往具有很强的创新意识，并且能够给公司带来良好效益。亚马逊的新招迭出，目的是为了留住自己的顾客，增加新顾客群体，给顾客更好的购物体验，从而扩大市场，让企业不断完善。

第一，提供免费试读。图书是一种特殊商品，真正的价值在于图书的内容。因此读者在网上书店购物时遇到的最大困难就是不能像在实体书店那样，事先浏览感兴趣的图书。亚马逊为了弥补网上书店这一缺点，为顾客提供图书的部分章节，让读者免费试读，让读者在一定程度上了解该图书的大致内容之后，再决定是否购买。

第二，页购服务。2006 年 3 月，亚马逊网上书店推出一项名为“页购”的新服务，允许顾客购买网络版图书的一部分，甚至一页。另外，顾客购印刷版书籍后支付一笔额外费用，便有权阅读该书的亚马逊网络版。例如，一本书价值 20 美元，购书者只需再支付 1.99 美元便有权阅读其网络版。页购这种根据顾客需求提供的个性化服务，不仅满足了读者的个性需求，而且给予了顾客一种新的购物感受。

第三，读者论坛。给顾客一个说话的空间，在这里顾客可以自由地发表看法，可以批评、赞美、提建议。对于顾客的批评，公司都虚心接受，不足之处立即改善；对于顾客的赞美，公司大力宣扬，网络的传播特性，使这些赞美之词很快传遍全球。顾客赞美的宣传效果很好，至少为亚马逊增加了近 40 万顾客。

从另一角度看，亚马逊这么做不光起到了宣传的作用，对于顾客来说，他们可以在这个平台上分享购物的体验，这种口碑相传会带来更多的顾客以及更多产品的销售。

现在，随着网络购物的发展，亚马逊这些营销手段与技术在各个网络商店都得到了广泛应用。透过亚马逊的成功案例，我们可以看到，体验型长尾在网络书店得到了更好的发挥。取胜之道就在于满足顾客的需求，将顾客的需求放在首位，设身处地为顾客提供个性化服务，让顾客在体验中得到满意，从而达到企业的目的。

【实例 2：eBay】

除了亚马逊之外，采取这种“小钱赚大钱”商业模式的还有 eBay。作为一家线上拍卖网站，eBay 开创了一种买主同时也是卖主的史无前例的商业模式，让数量众多的小企业和个人通过它的平台进行小件商品的销售互动，从而创造了惊人的交易量和利润。它的成功让人们看到，只要将尾巴拖得足够长，就会聚沙成塔，产生意想不到的惊人效果。

【实例 3：China-Pub 网上书店】

China-Pub 网上书店模式也是一个典型的开发图书市场中的长尾市场的范例，它通过在网上为读者提供在常规书店不容易找到的图书(绝大多数是已经过期或在常规书店里排不上销售名次的图书)，以一套完整的服务流程和强大的支持网络做到了常规书店很难做到的事情，其中它的支持网络中就包括遍布全国六百个城市的庞大的物流配送网络，为它提供配送服务的既有专做同城配送的物流公司，又有邮政系统。

总之，不论是亚马逊、eBay，还是 China-Pub 网上书店，在实践长尾理论过程中，都有如下特征：通过互联网的技术支持实现了“帮助用户发现它”；通过现代物流行业的支持实现了“使每件事都成为可能”；在互联网的技术支持下和完善的物流配送体系的服务支持下，实现了长尾理论在众多领域的实践。

4. 小众图书的长尾战略

随着改革开放的进程，我国出版社从 1998 年的 530 家发展至 2007 年的 544 家，而年出书品种却翻了一番，达到出版业的高产期。此期间出书品种处于平稳增长状态，未有大的起伏，年均品种增幅为 7.57%。10 年间，出版社数量微量增长，而累计出书品种却达1844720种，比上一个10年几近翻番，占30年累计出书总品种的59%。毫无疑问，图书市场跟其他市场一样，在这个市场内部，那些不够受关注的小众图书的数量远远多于热门产品。随着出版业生产力和生产技术的推动，这些小众图书的比重在以指数级的速度提高。随着数字传播、搜索技术和互联网形成的强大力量，网络经济的发展改写了零售经济的局面，我们获得这些利基产品(有获取利益的基础的产品)的成本在显著下降。网络书店可以提供给我们空前丰富的图书商品，但是仅仅供应更多的图书品种并不能改变读者的需求，读者必须找到适合他们特殊需求和兴趣的图书。从自动推荐到产品排名，一系列工具和技术的运用能有效地帮助读者找到所需，这些"过滤器"将需求推到了长尾的后端。无限的选择与帮助选择的过滤器，让需求曲线趋于扁平化，热门产品的流行度就会相对下降，反之，利基产品的流行度则会相对上升。而无数利基产品的聚合将形成与大热门市场抗衡的大市场。这样需求曲线的天然形状将显现出来，不受供给瓶颈、信息匮乏和有限货架空间的扭曲。也就是说，长尾现象的形成将改变现有的需求方式。

下面，我们就来讨论长尾改变现有需求方式凭借的三种力量。

(1)生产工具的普及

第一种力量就是生产工具的普及。最好的例子就是个人电脑，电脑可以将印刷、电影制作、音乐创作和其他任何事情置于任何人的掌握之中，这就意味着任何人都能参与到生产者的行列中来。从留美作家少君的《奋斗与和平》到榕树下的原创文学，从个人公开化的网络日志——博客，到接连涌现出来的"维客""播客""威客""晒客"，写小说、搞文学创作，编写百科全书，发布音频、视频作品，为人们解决互联网上的难题再也不是那些少数精英的专利，借助网络的力量，草根文化得以发扬光大。现在，有数百万人有能力制作图书、音乐、电影或者把他们的想法发布到全世界。因此，我们的选择空间正在以前所未有的速度扩张。这会让长尾向右延伸，扩大我们的选择。让消费者变成主动参与生产的人，维基百科就是这方面最好的例子。维基百科创建于2001年1月15日，创始人是吉米·威尔士(Jimmy Wales)、拉里·桑格(Larry Sanger)以及几个热情的参与者。在2004年3月，已经有大约6000名活跃的参与者编写了50种语言的600000条条目。每天都有许多来自世界各地的参与者进行数千次的编辑和创建新条目。中文维基百科正式开通于2002年10月，目前已经有371230条条目。维基百科是一个自由、免费、内容开放的百科全书协作计划，参与者来自世界各地。这个站点使用Wiki——一种超文本系统。这种超文本系统支持面向社群的协作式写作，同时也包括一组支持这种写作的辅助工具，这意味着任何人都可以编辑维基百科中的任何文章及条目。这种开放式的集思广益，正是利用了群体的力量、大众的智慧，让平民大众参与到百科全书的编撰之中，并向所有人免费开放。这种集体生产，是互联网创造的非凡现象。

(2)长尾集合器的力量

第二种力量就是通过普及传播工具降低消费者的成本。电脑将每个人都变成了生产者，但是把每个人都变成传播者的是互联网。现在的读者可以坐在电脑前，登录当当网，就可以享受"鼠标轻轻一点，好书尽在眼前"。从另一个角度来说，网上书店可以接触到数以万计的读者，这种营销方式大大突破了过去零售经济的限制，不受地域和有限的货架限制。互联网降低了接触更多人的成本，有效地提高了长尾市场的流动性，将新产品介绍给读者，推动需求沿曲线向右移动。在这里，网络书店发挥的就是集合器的作用。“集合器是将数之不尽的各类产品集合起来，使他们变成易于寻找、唾手可得的公司或服务”。当当网将全国各大小出版社的出版书目集中起来，建立一个动态的可供查询的书目数据库。到目前为止，当当网正式经营着全国 500 多家出版社出版的 20 万种图书、1 万多种音像制品、游戏软件等商品，图书品种涵盖中国在销图书的 90%。

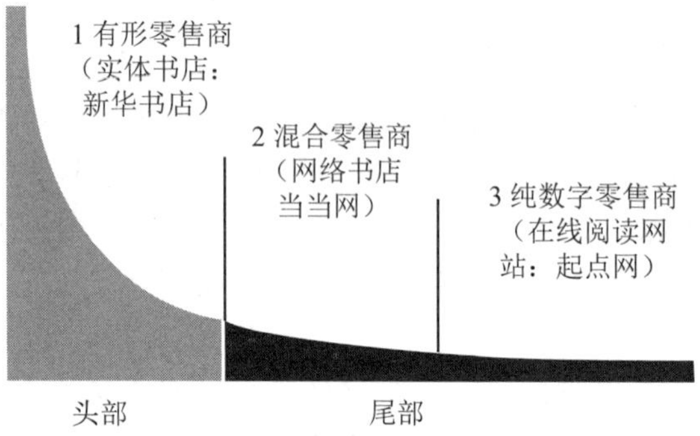

图 5-2　图书长尾图

传统实体书店的货架受到物理空间限制，往往面临“0”和“1”的选择，即每增加一本书，都会带来相应的成本，而在当当网每上传一本书的信息成本几乎为零，销售成本越低，销量就可能越大。集合器的作用在于，降低市场进入的门槛，允许越来越多的产品跨过障碍，找到属于自己的顾客。当当网提供给喜爱图书的读者一个无限长的书目清单。在起点中文网，一批立志于原创小说创作的网络写手，找到了发布自己作品的平台。据悉，起点中文网目前发布的各类文学作品(小说)达到 14000 部，超过 12 亿字，起点网还拥有其中最受欢迎的 300 多部作品的独家电子版权和游戏改编权；目前授权起点网进行文学发布的作者达到 10000 名，其中市场上非常活跃的原创作家大部分都是起点网的签约作家；与此同时，起点网站的影响力也在不断扩大并持续增长，目前该网站每天的网页浏览量接近 3000 万次，并在 Alex 根据中国网站访问量的排名中名列第 35 位。从某种意义上说，网络书店这种集合器并不能完全体现长尾无成本的优势，因为网络书店销售的是有形产品——图书。像当当网这类集合器是邮购经济学与网络经济学的混合体，产品通过邮件或者快递运送，效率是一方面，集中化的仓储方式降低供应链成本。另一方面，利用网站的搜索功能和信息优势提供无限的产品选择。在当当网，读者无论是购物还是查询，都不受时间和地域的限制。在读者享受“鼠标轻轻一点，好书尽在眼前”的背后，是当当网耗时近 6 年打造的庞大的物流体系，近 2 万平方米的仓库分布在北京、华东和华南，员工使用当当网自行开发的基于网络架构和无线技术的物流、客户管理、财务等各种软件，把大量货物通过空运、铁路、公路等不同运输手段发往全国和世界各地。比起传统实体书店，当当网具有相当大的优势。

在纯数字的模式下，每一种产品都只是数据库中的一个条目，没有任何存储成本。

传输成本也只是宽带字节，而宽带字节可以大量购买，并且价格正在迅速下降。百度、Google、iTunes2. iFilm3 等就是纯数字集合器。纯数字集合器的最大优势在于其利用宽带运送货物，运输成本几乎为零。因此我们可以想象，有形产品的数字目录可以降低其销售成本，令长尾大大延伸，剩下的尾部都留给了更有效的纯数字模式，可以说后者长尾更长。

(3)长尾过滤器的力量

长尾的第三种力量就是连接供给与需求，将新产品介绍给读者，推动需求沿曲线向右移动。过滤器顾名思义，就是帮助消费者找到需要的商品，过滤掉无用的信息。因为集合器为消费者提供了无限选择的产品，如何在纷繁复杂的商品信息中找到自己的所需，就成为连接供给与需求的关键。实现这一目标的过滤器形式多样，主要有以下三种：

第一，利用网络传播效应的博客。博客最初是作为一种发表个人日记和言论的网站，如今这种新兴的网络工具已成为精明的出版商人应用于图书营销的锐利武器，他们把书籍和博客相结合，创造出新的出版营销方式。与读者沟通、图书品牌打造、新书预热、图书市场前期调查、新书测试、媒体关系处理和公关辅助等逐渐成为博客在图书营销上侧重应用的主要方面。另外，以博客为基础的社会交际网络(SNS)对图书营销效果的影响更加明显。

第二，搜索引擎。一些搜索引擎公司以自身的核心技术“超链分析”为基础，为用户提供搜索服务体验。“超链分析”就是通过分析链接网站的多少来评价被链接的网站质量，这保证了用户在搜索时，越受用户欢迎的内容排名越靠前。这些搜索引擎公司还为各类企业提供软件、竞价排名以及关联广告等服务，为企业提供了一个获得潜在消费者的营销平台，并为大型企业和政府机构提供海量信息检索与管理方案。

第三，Tag 标签检索服务。Tag 标签检索服务使用的是与传统搜索不同的技术。在传统网站搜索引擎中起到关键性作用的指标是网站的级别、网页的链接数量和关键词的相关度。但是 Tag 标签检索引擎则不同，Tag 标签检索打破一维化的搜集结果列表，提供较智能化的搜索结果，通过“内容分类＋兴趣爱好”给予网民更好的用户体验。用户可以从门户上看到各个社区的精华，同时也能按照自己的喜好去搜索内容。通过这两种方式的结合来实现社区搜索的多维化展示方式。Tag 标签检索服务让读者可以参与图书分类，而这种公众参与的分类是一种“开放分类”或“大众分类”，更贴近大众，更通俗易懂。传统书目中的数据库如书名、作者、索引书号和主题关键词等专业性数据，仍由图书馆专业人员输入。从检索角度看，读者既可以进行传统的书目查询又可以进行贴近大众的概括、理解 Tag 的词语搜索。总之，引入 Tag 分类标签的检索，将更能体现用户的参与、体验和检索服务的开放性。

除以上三种之外，像网络书店与在线阅读网站首页提供的好书推荐，当读者点击阅读相关图书信息时，系统会根据顾客浏览图书的偏好给予相关图书的推荐，以及给予购买过此书的读者以开放式的评论空间，这些都是充分利用过滤器的作用，引导读者做出消费选择。

四、条形码管理

1. 条形码的概念

条形码是指由一组规则排列的条、空及对应的字符组成的标记，这些条、空组成的数据表达一定的信息，并能够用特定的设备识读，转换成与计算机兼容的二进制和十进制信息。

2. 条形码的原理

对于每一品种的出版物，它的编码是唯一的，当条形码的数据传到计算机上时，从计算机系统的数据库中提取相应的信息。因此，条形码只作为识别信息。

要将按照一定规则编译出来的条形码转换成有意义的信息，需要经历扫描和译码两个过程。物体的颜色是由其反射光的类型决定的，白色物体能反射各种波长的可见光，黑色物体则吸收各种波长的可见光，所以当条形码扫描器光源发出的光在条形码上反射后，反射光照射到条码扫描器内部的光电转换器上，光电转换器根据强弱不同的反射光信号，转换成相应的电信号。根据工作原理的差异，扫描器可以分为光笔、CCD、激光三种。电信号输出到条码扫描器的放大电路增强信号之后，再送到整形电路将模拟信号转换成数字信号。白条、黑条的宽度不同，相应的电信号持续时间长短也不同。然后译码器通过测量脉冲数字电信号 0、1 的数目来判别条和空的数目。通过测量 0、1 信号持续的时间来判别条和空的宽度。此时所得到的数据仍然是杂乱无章的，要知道条形码所包含的信息，则需根据对应的编码规则(例如：EAN-8 码)，将条形符号转换成相应的数字、字符信息。最后，由计算机系统进行数据处理与管理，物品的详细信息便被识别了。

3. 条形码阅读器

条形码阅读器由光源、接收装置、光电转换部件、译码电路、计算机接口等组成。原理是由光源发出的光线照射到条形码符号上，产生的信号经译码器转换为计算机可以直接接受的数字信号。条形码阅读器也称为条形码扫描枪、条形码扫描器，是用于读取条形码所包含信息的一种设备。在电脑输入输出设备中，它和键盘都属于输入设备。条形码阅读器分以下几种：

条形码阅读器按光源不同可以分为虹光条形码阅读器(也称为 CCD 扫描枪)和激光条形码阅读器。激光条形码阅读器的扫描速度、扫描距离、扫描灵敏度等都优于虹光条形码阅读器，目前市场上主要应用的是激光条形码阅读器。激光条形码阅读器是利用激光二极管作为光源的单线式扫描器，它主要有转镜式和颤镜式两种。转镜式是采用高速马达带动一个棱镜组旋转，使二极管发出的单点激光变成一线。颤镜式的制作成本低于转镜式，但这种原理的激光枪不易提高扫描速度，一般为 33 次/秒，最高可以达到 100 次/秒。CCD 虹光条形码阅读器是利用光电耦合(CCD)原理，对条形码印刷图案进行成像，然后再译码。它的优势是：无转轴、无马达，使用寿命长，价格便宜。

条形码阅读器按应用的不同和条形码的类型可分为有线式条码扫描器(一维、二维)、无线条码扫描器(一维、二维)、扫描平台。

4. 条形码的分类

条形码的技术得到广泛应用，如商业、邮政、图书管理、仓储和生产过程控制等。EAN 码是国际物品编码协会制定的一种商品用条码，通用于全世界。EAN 码符号有标准版(EAN-13)和缩短版(EAN-8)两种，我国的通用商品条码与其一致。我们日常购买的商品包装上所印的条码一般就是 EAN 码。库德巴码(CodeBar)出现于 1972 年，是一种长度可变的连续型自校验数字式码制。其字符集为数字 0～9 和 6 个特殊字符(- ：/ 。＋ ￥)，共 16 个字符，常应用于仓库、血库和航空快递、邮政和图书馆条形码的编制。39 码和 128 码(可以是数字，也可以包含数字和字母)应用于图书管理、仓储和生产过程控制等。39 码是一种可表示数字、字母等信息的条码，主要用于工业、图书及票证的自动化管理，目前使用极为广泛。条形码在物流中的应用：

(1)销售信息系统(POS 系统)。利用出版物上的条形码和计算机技术，能够快速地进行销售和配送管理，以及处理进、销、存的账务数据。

(2)库存系统。包装规格、集装箱、托盘上使用条形码。入库时，自动扫描并输入计算机，由计算机处理后形成库存信息，输出入库区位、货架和货位的指令。出库时，与 POS 系统条形码应用一样。

(3)分货拣选系统。

5. 条形码的优点

(1)可靠准确。据统计，键盘平均每输入 300 个字符会出现一个错误，而通过扫描条形码录入资料，平均每 15000 个字符会出现一个错误。如果加上校验位，出错率是千万分之一。

(2)数据输入速度快。键盘输入，一个每分钟打 90 个字的打字员 1.6 秒可输入 12 个字符，而使用条形码，做同样的工作只需 0.3 秒，速度提高了 5 倍。

(3)经济实惠。与其他自动化识别技术相比较，推广应用条形码技术所需费用较低。

(4)设备简单。条形码符号识别设备的结构简单，操作容易，无需专门训练。

(5)应用灵活。

(6)自由度大。

任务三　学会库存成本管理

任务思考

在市场竞争越来越激烈的今天，库存成本控制受到越来越多的企业的重视，如果你是企业的管理者，你会采取哪些策略来控制库存成本？

任务分析

对于企业内部控制而言，库存管理是其中的一个重要环节，采用科学合理的方法能够加强企业的存货成本控制，从而降低企业的经营风险。

一、库存成本的构成

(1)订货费：指订货过程中发生的与订货有关的全部费用，包括差旅费、订货手续费、通信费、招待费以及订货人员的其他费用。

(2)保管费：在保管过程中为物资保管所花费的全部费用，包括入、出库时装卸、搬运、堆码、检验费用，保管用具用料费用，仓库房租水电费，保管人员有关费用，保管过程中的货损货差，保管物资占用资金的银行利息等。

(3)缺损费：缺损会造成缺货损失，也就是缺货费用。原因与缺货量有关，与缺货次数有关，与缺货时间有关。

(4)补货费：为了实现补货，往往会发生补货费用，原因与补货量有关，与补货时间有关，与补货次数有关。

(5)购买费：购买货物的原价。

(6)进货费：是指进货途中为进货所花的全部费用，即运杂费，包括运费、包装费、装卸费、租赁费、延时费和货损货差等。

二、库存成本管理的思想

(一)库存总费用最小

库存总费用最小意味着每一个单项费用应当在自己的具体业务情况下，实现全局优化，取最小的费用。只有每一个单项费用都取最小费用，总费用也才能够最小，库存系统才能够达到最优化。

(二)零库存

库存是物流运动中的一个不可缺少的环节，没有库存，就不会有商品流通。库存有调节生产和消费的功能。但是，和从事其他物流活动一样，设置库存和开展库存活动，也必须占用和耗费一定数量的社会劳动(包括人力、物力、财力)。因此，库存会冲减流动资金，也会冲减利润。使库存趋于合理化，一直是从事物流工作的人们努力追求的目标。而零库存则是实现库存合理化的一种重要形态。零库存的出现是由于企业追求利润最大化，解决产品过分积压的结果。现在企业实现零库存已不再是神话，日本部分企业已经做到了这一点。零库存是经济发展的一种必然规律，也是企业发展到一定阶段的产物。实现零库存有两层涵义：一是使生产和消费达到均衡，供需基本实现一致；二是实际生产数额较少，形成供小于求的局面。而企业追求的往往是第一层涵义，也就是通过调研分析对市场作出准确的预测，从而制定与需求相吻合的生产方案，避免造成不必要的资源浪费或产品积压。网络时代渐渐缩短了商人与商人间的距离，也就减少了繁琐的中间环节，直接实现交易，因而由定购约束生产的经营模式将日渐成型，避免盲目生产，从而为零库存的实现做了有效的衔接，从一个市场到N个细分市场，再从N个细分市场走向统一。

1. 零库存的含义

零库存(Zero Inventory)是一种特殊的库存概念，其含义是“以仓库储存形式的某种或某些物品的储存数量为‘零’，即不保持库存。”不以库存形式存在就可以免去仓库存货的一系列问题，如仓库建设、管理费用，存货维护、保管、装卸、搬运等费用，存货占用流动资金及库存物品的老化、损失、变质等问题。零库存是在物流运动合理化的背景下提出并着手解决的一个理论和实际问题，实现零库存的目的是为了减少社会劳动占用量(主要是资金占用量)和提高物流运动的经济效益(即投入产出比)。如果我们把零库存仅仅看成是仓库中存储物的数量变化(数量减少)或数量变化趋势而忽视其他物质要素的变化，那么，上述目的很难实现。因为在库存结构、库存布局不尽合理的状态下，即便某些经营实体的库存数量趋于零或等于零(即不存在库存物资)也达不到上述目的。从全社会来看，由于仓储重复存在，用于设置仓库和维护仓库的资金占用量并没有减少。换言之，节约社会劳动的目的并没有全面实现。所以，从物流运动合理化的角度来研究问题，零库存概念应当包含以下两层含义：

①库存对象物的数量趋于零或等于零(即近乎于无库存物资)；

②库存设施、设备的数量及库存劳动耗费同时趋于零或等于零(即不存在库存活动)。

某些经营实体(如生产企业)不单独设立仓库和不库存货物，但并不等于取消其他形式的储存。实际上，生产企业和商业企业为了应付各种意外情况(如运输时间延误、到货不及时、生产和消费发生变化等)，常常要储备一定数量的原材料、半成品和成品，只不过这种储备是采取库存或自行库存的形式。从理论上讲，经营实体储存一定数量的产品，并由此形成“保险贪图”也是一种合理的行动，它与实现零库存的愿望并不矛盾。零库存是针对微观经济领域内经营实体(企业)的库存状况而言的一种库存变化趋势，它属于微观经济范畴。从全社会来看，不可能、也不应该实现零库存。为了应对可能发生的各种自然灾害和其他各种意外事件，为了调控生产和需求，国家通常都要以各种形式(包括库存)储备一些重要物资(如粮食、石油等战略物资、抢险救灾物资等)。因此，在微观领域内，一些经营可以进行零库存式的生产和进行无库存式的销售。

2. 零库存的优势

实现零库存的好处在于：

(1)受托方(营业仓库)可以充分发挥其专业化水平高的优势开展规模化经营活动，从而能够做到以较低费用的库存管理提供较高水平的后勤服务。

(2)委托方可以减少大量的后勤工作，能够集中精力从事生产经营活动。专业流通组织大都拥有配套的物流设施和先进的物流设备，也拥有大量的资金和物资资源，依靠它们去准时而均衡地向需求者供货，实际上就是利用企业的物力(库存物资)、财力去支持社会上的生产流动和经营活动，以集中库存的形式来保障生产经营活动的正常运转。从需求者的角度来看，依靠专业性流通组织准时而均衡地供货，等于是把某些后勤服务工作交给了企业。在这样的供应体制下，作为需求者的生产企业和商业企业，没有必要再保留过多的库存物资，相反，会自动地缩减以致取消自己的库存，从而实现零库存。

(3)配送和配送制之所以能够使社会上的库存结构发生变化，使某些经营实体的库存近似于零，一个重要原因是，这种先进的、现代化的物流运动或物流体系可以集中库存的优势为众多的客户提供全方位的后勤服务、能够有效地适应生产节奏变化和市场形势变化。在这种情况下，作为行为主体的企业，自然无需再设仓库储存货物和过多地库存货物。

3. 配送制

配送制实现零库存的形式：

（1）以“多批次、少批量”的方式向客户配送货物，通常配送都是面向社会、面向众多客户配送货物的。由于配送的服务对象众多，所以它能够集中各个客户的需求，统筹安排送货活动。在整车运输，提高运输效率的基础上，配送主体可以做到大幅度地降低每个客户、每个批次的送货量，同时增加送货的次数，即开展“多批次、少批量”式的配送。

（2）用集中库存和增强调节功能的办法，有保障地向客户配送货物。在实践中适当集中库存，增加库存物资的品种和数量，以此形式加强调节能力和服务功能，在此基础上去开展配送活动，客观上将会大大提高配送服务的保险系数，由此也自然打消用户的顾虑。显然，这种有保障的配送服务体系的支持会日趋弱化客户的库存。

（3）为了满足客户的特殊需要，配送常常以“即时配送”和“准时配送”方式进行供货和送货。由于“即时配送”和“准时配送”具有供货时间灵活、稳定、供货弹性系数大等特点，客观上能够紧密衔接供求及保障需要。因此，作为生产者和经营者，因其库存压力大大减轻，必然会缩减自己的库存，甚至取消自己的库存。

配送的优势不仅在于保证供应，同时也表现为可以向客户提供系列化的后勤服务，满足客户的多方面需要。此外，由于配送的运行方式灵活多样，能兼容其他生产方式的特点。因此，完善和加强配送制，实现零库存，这在物流业中是非常重要的。

“零库存”是综合管理实力的体现。在物流方面要有充分的时空观念，以严密的计划、科学的采购，达到生产资料的最佳组合；要求资金高效运转，生产成本能在标准时间内发挥较好的作用与效益，达到库存最少的目的。要做到“零库存”，就得重视市场，把市场需求摸透。要以销定产、以产定购，做到产得出、销得掉，发运及时。任何企业都必须明白“市场是产品的最后归宿”，仓库不过是产品的休息室，只有产品快速投向市场，才会顺利完成生产至销售的惊人一跳，达到“零库存”的目标。

4. 准时化

“零库存”的实现形式包括准时化生产、采购、销售和配送。准时化的思想，是指在需要的时候，把所需保质保量地精准送达。这样做可以最大限度地减少浪费，实现零库存，实现生产过程中基本上没有积压的原材料和半成品，这不仅大大降低了生产过程中的库存及资金的占用，还提高了相关生产活动的管理效率。

（1）准时化配送的优点

优点：在物流和运输中做到一体化协调运作；减少中间仓储和搬运等环节，可将物流成本控制在最低水平。

限制：在物流和运输中做到一体化协调运作，需要在各协作厂商间建立信息交换平台以及物流和配送实际网络的配套和建设。

（2）准时化销售的优缺点

优点：按“真实的”订单生产，“消灭”成品库存；销售预测准确，尽量降低成品库存甚至为零，从而减少其占用资金和优化应收账款回款；规避成品因市场变化和产品升级换代而产生的降价风险；降低库存管理成本(包括仓库与人员费用、呆滞库存等)。

缺点：①按订单式生产的销售模式，会造成客户等待、交货时间延后，丧失某些商业机会；其中直销式模式需建立强大的订单处理和客户服务系统。②按预测式生产的销售模式，对销售终端的数据采集和分析要求极高，以求预测数据尽量接近实际，而这方面的技术和管理成本是巨大的。③通过小批量、多频率的销售，会造成极高的运输或配送等物流成本。

三、库存成本控制的措施

在谈到所谓"库存控制"的时候，很多人将其理解为"仓储管理"，这实际上是个很大的误解。

传统的狭义观点认为，库存控制主要是针对仓库的物料进行盘点、数据处理、保管、发放等，通过执行防腐、温湿度控制等手段，达到使保管的实物库存保持最佳状态的目的。这只是库存控制的一种表现形式，或者可以定义为实物库存控制。那么，如何从广义的角度去理解库存控制呢？库存控制应该是为了达到公司的财务运营目标，特别是现金流运作，通过优化整个需求与供应链管理流程(Demand and Supply Chain Management Processes，DSCMP)，合理设置 ERP 控制策略，并辅之以相应的信息处理手段、工具，从而实现在保证及时交货的前提下，尽可能降低库存水平，减少库存积压报废与贬值的风险。从这个意义上讲，实物库存控制仅仅是实现公司财务目标的一种手段，或者仅仅是整个库存控制的一个必要环节；从组织功能的角度讲，实物库存控制主要是仓储管理部门的责任，而广义的库存控制应该是整个需求与供应链管理部门，乃至整个公司的责任。

为什么直到现在还有很多人对库存控制的理解仅仅局限于实物库存控制呢？以下两方面的原因是不可忽视的：

第一，我们的企业不重视库存控制，特别是那些效益比较好的企业，只要有钱赚，就很少有人去考虑库存周转的问题。库存控制被简单地理解为仓储管理，除非到了没钱花的时候，才可能有人去检查库存问题，而检查的结果往往也很简单：采购多了，或者是仓储部门的工作没有做好。

第二，ERP 的误导，特别是一些所谓的国产 ERP 的误导。一些简单的进销存软件就被称之为 ERP，企业似乎上了 ERP 就可以降低库存，库存控制靠小软件就可以搞定了。即使像 SAP、BAAN 这些世界 ERP 领域的巨头，也在这些小软件的功能模块里面把简单的仓储管理功能定义为"库存管理"或者"库存控制"。这样就使得本来就不太明白什么叫库存控制的用户，更搞不清楚什么叫库存控制了。

其实，从广义的角度理解库存控制，应该包括以下几点：

第一，库存控制的根本目的。世界级制造的两个关键考核指标(KPI)就是客户满意度以及库存周转率，而这个库存周转率实际上就是库存控制的根本目的所在。

第二，库存控制的手段。库存周转率的提高，单靠所谓的实物库存控制是远远不够的，它应该是整个需求与供应链管理这个大流程的输出，而这个大流程除了包括仓储管理这个环节之外，更重要的部分还包括：预测与订单处理、生产计划与控制、物料计划与采购控制、库存计划与预测本身，以及成品、原材料的配送与发货的策略，甚至包括海关管理流程。而伴随着需求与供应链管理流程的整个过程，则是信息流与资金流的管理。也就是说，库存本身是贯穿于整个需求与供应链管理流程的各个环节，要想达到库存控制的根本目的，就必须控制好各个环节上的库存，而不是仅仅管理好已经到手的实物库存。

第三，库存控制的组织结构与考核。既然库存控制是整个需求与供应链管理流程的输出，要实现库存控制的根本目的就必须要有一个与这个流程相适应的合理的组织结构。很多企业只有一个采购部，采购部负责管仓库，这是远不能适应库存控制要求的。从需求与供应链的管理流程分析可知，采购与仓储管理都是典型的执行部门，而库存的控制应该以预防为主，执行部门是很难去"预防库存"的，原因很简单，他们的考核指标在很大程度上是为了保证供应(生产、客户)。如何根据企业的实际情况，建立合理的需求与供应链管理流程，从而设置与之相应的合理的组织结构，是一个值得很多企业探讨的问题。具体来说，可以采取的必要措施有以下几点。

1. 确定库存产品的数量和种类

对一般的企业来说，其所经营的产品少则几十种，多则成千上万种，并且在大多数的情况下，不需要也不可能对所有的产品都准备库存。所以首要任务就是确定库存和非库存产品的数量和种类。

2. 减少不可用库存

虽然大多数情况下库存是必需的，但并不是所有的库存都能随时发挥作用来满足生产或交货的需要。或者说，这些库存在一定时间内是不能用的。降低库存成本的一个重要方面，就是要尽可能地降低这些不可用库存的数量。对于一个企业而言，在途库存、淤滞(滞销)库存、预留库存(可交货的订单因其他方面的原因而不能交货)、在制品或者是待检品都是不可用的库存。库存管理的目标之一，就是要提高可用库存占库存总量的比例。减少不可用库存的途径包括降低在途库存、预留库存、淤滞库存。

3. 缩短交货运输时间

从供应商到企业的运输距离、运输时间应尽可能地缩短，需要根据产品的特性(价格、体积、重量等)选择合适的运输方式。交货运输时间的管理会大大影响企业的在途库存量。一般来说，价格高而且体积和重量较小的产品会优先选择空运，反之则选择海运或陆运。合适的运输方式要通过仔细比较，根据运输时间的缩短对库存乃至库存成本的影响以及运输费用的影响而做出选择。否则，将不能达到整体优化的目的。

4. 选择合适的交货和付款方式

合适的交货和付款方式可以降低库存成本。从货物离开供应商的工厂到实际到达企业的仓库，需要经过较长的时间和不同的场所。在这个过程中，货物的所有权转移至企业越晚，付款的期限越长，则企业所需承担的风险和费用也就越小。

5. 缩短运距

企业与供应商或者客户之间的距离会影响其库存的水平。距离越短，交货时间越短，库存量可以相应降低。这也是为什么通用汽车的供应商会随着通用公司在上海设厂而纷纷将其工厂移至上海的原因，其目的就是为了缩短运输距离，减少供应时间，降低库存。

6. 控制整批交货的订单

整批交货的订单对客户来说，可以大大降低其库存水平，但是对供货方来说却是不小的压力。所以，企业对此类订单必须要严格控制，在确实需要的情况下，才能向客户提供整批交货。销售部、财务部与客户之间要加强沟通，尽可能地消除因付款、客户项目延期等原因造成的预留库存。

另外，通过优化生产线的管理，制定合理的生产节拍；缩短货物在生产过程中的运输路线以降低在制品的库存；通过加快产品检测来降低待检品的库存；通过合理的商务政策来减少淤滞库存的产生等，都是很好的措施。

四、库存控制方法

1. 定量订货法

定量订货法是指当库存量下降到预定的最低库存数量(订货点)时，按规定数量(一般以经济批量 EOQ 为标准)进行订货补充的一种库存管理方式。先确定一个订货点和订货批量，随时检查库存，当下降到订货点时就发出订货，订货批量取经济订货批量。

(1)订货点(发出订货时的实际库存量)的大小取决于两个因素：①销售速率，销售的速率高，订货点就大；②订货提前期(从发出订货到出版物资运回并入库的时间长度)越长，订货点就越大。

在需求和订货提前期确定的情况下，不需设置安全库存：

订货点＝订货提前期(天)×全年需求量/360

即

$$R=LT\times D/360$$

在需求和订货提前期都不确定的情况下需要设置安全库存：

订货点＝(平均需求量×最大订货提前期)＋安全库存

安全库存＝安全系数×最大订货提前期×需求变动值

(2)订货批量：一次订货所订的物资数量。订货批量的确定要审慎，因为它直接影响库存量。它由两个因素决定：需求速率越高，批量越大；经营费用越高，要求总费用最省。

(3)实施办法：先确定一个订货点和订货批量，随时检查库存，当下降到订货点时就发出订货。

(4)实施条件：①它只适用于订货不受限制的情况，也就是说它只适用于物资供应充足、供大于求、自由流通的市场。②它的直接应用只适用于单一品种的情况；如果要实行几个品种联合订购，则还要进行灵活处理才行。③应用于确定型或随机型需求。④一般多用于 C 类出版物或物资(即库存品种数分总数的 50%～70%，占用资金 5%～10%)。

2. 定期订货法

(1)定期订货法是按预先确定的订货时间间隔进行订货补充库存的一种管理方法。

定期订货法的原理是预先确定一个订货周期和最高库存量，周期性地检查库存，根据最高库存量、实际库存、在途订货量和待出库商品数量，计算出每次订货量，发出订货指令，组织订货。

订货周期：它是指决定订货的时机，就是定量订货法的订货点，也是订货的间隔期。订货周期取决于订货费用、保管费用和需求量。

订货周期 T 的确定公式：

$$T^* = 2S/CiR$$

T^* 为经济订货周期；S 为单次订货成本；Ci 为单位商品年储存成本；R 为单位时间内库存商品需求量(销售量)。

(2)最高库存量：定期订货法的最高库存以满足市场需求为依据。

最高库存量 Q 的确定公式：

$$Q\text{max} = (T+k) + Q\text{s}$$

Qmax 为最高库存量；为 $T+k$ 期间的库存需求量平均值；T 为订货周期；k 为平均订货提前期；Qs 为安全库存量。

(4)订货量：由当时的实际库存量的大小决定，用最高库存量减去实际库存。订货量的确定公式：

$$Qi = Q\text{max} + Q\text{n}i - Q\text{k}i - Q\text{m}i$$

Qi 为第 i 次订货的订货量；Qmax 为最高库存量；$Q\text{n}i$ 为第 i 次订货点的在途到货量；$Q\text{k}i$ 为第 i 次订货点的实际库存量；$Q\text{m}i$ 为第 i 次订货点的待出库货量。

(5)实施条件

①它的直接运用只适用于单一品种的情况。

②它不但适用于随机型需求，也适用于确定型需求。

③多应用于 A 类出版物(即库存品种数占总数的 10%～20%，占用资金 70%～85%)或物资，即品种少而价值高，比较重要的出版物资。

五、评价库存控制的主要指标

(1)吞吐量：指报告期内经由水路进、出港区范围并经过装卸的货物数量，包括邮件、办理托运手续的行李、包裹以及补给运输船舶的燃料、物料和淡水。

(2)库存量：即库存物资的数量。凡是处在储存状态的物资，都可以称作库存物资。

(3)库存图书周转率：库存周转率等于销售的物料成本除以平均库存。在这里，销售的物料成本是指公司完成的最终产品销售所包含的物料的总成本，而平均库存则是指所有原材料、在制品、成品以及所有在手的呆滞物料的平均库存。

六、库存成本控制过程中需要注意的方面

虽然库存成本的控制对企业的整体运作有着至关重要的影响，但是一味地强调库存成本的控制不但不能给企业带来积极的作用，甚至会造成负面的影响。所以在具体工作中，还需要注意库存成本控制的两个前提条件：服务水平与物流总成本。

成本和服务相对来讲是一对相互制约的因素：服务越好，成本越高；反之亦然。成本管理在任何时候都不能离开服务水平去单独追求成本的降低。目前的市场为买方市场，且各个行业的竞争非常激烈。对企业来说，首先要考虑的是产品的销量和市场的占有份额。而作为企业核心竞争力的四种因素(产品质量、产品价格、交货、服务和市场推广)中，产品质量和价格随着科技的进步、信息的透明化和快速传播，在同一行业的不同企业中的差异越来越小，客户越来越多地将企业的交货时间和服务水平作为衡量和选择的重要因素，而且企业的交货和服务作为软性的管理内容也很难在短时间内被其他竞争对手模仿。

企业的首要任务是制定一个合理的服务水平。这一服务水平既要符合行业的整体现况及客户的期望要求，以控制企业的成本开支，又要略高于企业的主要竞争对手，以保持企业的竞争力，扩大市场占有份额。随后企业还需要在满足这一服务水平的前提下，通过优化内部管理，尤其是对成本的控制来压缩企业的运营成本，提高企业的利润率，为企业下一步提高服务水平创造条件。库存成本仅仅是物流总成本的一个方面，而物流总成本是指输入端到输出端物料流的整体成本。物流总成本优化的目的是为了消除单方面的优化，如单纯地降低仓储成本、减少库存成本、优化运输成本等。所以对库存成本的控制还应在追求物流总成本最低的前提下，平衡各个物流的运作功能。

任务四　探讨出版社图书库存控制

任务思考

利润是每个企业追求的重要目标，企业能够通过科学合理的控制库存成本能来节约企业的成本支出，最终增加企业利润。思考：假如一味追求库存成本控制，对企业会造成什么影响；谈一谈出版社主要部门或环节做好库存控制应该注意些什么。

任务分析

企业如果一味追求库存成本控制，不仅不会给企业带来积极影响，甚至会带来严重的负面影响。在库存成本控制过程中，企业需注意服务水平与物流总成本这两个前提条件。

一、出版社图书库存控制现状

在计划经济年代，图书是按计划生产、销售库存被作为资产，不存在销不出去的问题，因此一般不考虑库存控制。随着出版业的改革和发展，特别是图书市场由过去的卖方市场转变为买方市场，读者需求更加个性化、多样化，而出版生产经营方式还未完全转到多品种、小批量、多频次的“以销定产、按需生产”的市场经济模式，致使整个出版业库存量高、报废量大。出版社虽然规模越来越大，产品销售和资金回笼也很好，但还是频繁出现资金周转困难等问题，其主要原因是库存没有控制好。虽然每年都有大批滞销图书被处理，但库存积压和资金周转慢的问题还是很严重，导致出版社不良资产和经营风险增大。如何对库存进行控制、有多少库存才算合理等问题已提到了出版社的议事日程。库存控制更多地体现在对信息流和资金流的控制，真正实现库存控制需要整个企业或需求链上各环节或流程的共同努力才能完成。努力兼顾、协调"良好的客户服务、高效的生产作业与最小限度的库存投资"三者之间的关系是库存控制的目标。库存控制实质上就是在保证客户需求的前提下，优化作业流程，努力降低总成本，提高库存周转率和资金利用率。

二、出版社主要部门或环节对库存控制水平的影响

(1)编辑部门应加强选题策划和市场调研力度，加强选题论证的系统性和科学性，努力开发出适合市场需求的图书商品。编辑部门就相当于企业的市场调查、研发部门，是出版社图书生产的源头，如果编辑策划的图书能满足读者需求，销售良好，当然库存周转就快，因此编辑的选题策划、市场调研是控制库存的重要环节。

(2)加强制作、生产环节的柔性制造能力，满足小批量、多品种、多频次的生产要求。一是要在现有工艺水平基础上，努力保质、准时、足额地生产出图书，对时效性较强的图书更是如此；二是大力发展即时印刷和数码印刷等技术，努力达到按需印刷、即时印刷的要求。要大胆创新，不断改进生产流程和方式，努力提高生产技术水平。

(3)加强市场营销管理，努力创新宣传推广方式，优化、配置好销售渠道，严格按销售计划执行，把市场尽力扩大、做深、做细。及时掌握市场信息，做好市场变化趋势预测，及时调整营销策略，消化库存，同时也为图书的修订、重印及印刷时间、数量等提供决策依据。

(4)加强流通渠道和终端客户库存的控制。现在的市场竞争已从过去的单个企业间的竞争变为供应链的竞争，库存控制已不再只是企业自身的库存控制。流通渠道和终端客户库存过大，既给客户增加了一定的库存持有和退货成本，同时在无条件退货的情况下也给出版社带来了更大风险，这是双方都不愿看到的局面。

(5)加强编辑部和营销部的合作，努力提高市场调查、预测和订单的准确性。在"以销定产，按需生产"的时代，市场调查和销售计划是出版、采购、生产、库存、资金计划的基础。直接面对市场和客户的营销部门和编辑部门必须共同做好市场需求预测计划，在图书出版前，需共同做好销售时间、渠道、网点、数量预测以及适当的库存储备等销售计划，而后根据销售计划来确定其首印数或修订、重印图书的时间和数量等。

(6)加强仓储、运输管理。这是库存控制的基础性工作。如果仓库和在途运输的实物状况不清楚、不准确，那还谈什么库存控制呢？在保证基本工作任务的基础上，还须努力从传统储运的被动"储存""运输"观念向现代物流的主动"流通""服务"观念转变，要充分运用库存动态信息做好库存分析和需求预测，为企业库存控制决策提供支持，当好参谋。

(7)加强财务部门的会计管理职能。随着市场竞争的加剧，生产、经营、管理更加灵活、复杂，必须加强以提高经济效益为中心的会计管理职能，利用现代信息技术手段和各种数学、统计方法，为企业的经营、管理、决策服务，为增强市场竞争力和应变能力，降低成本和库存，提高资金利用效率和效果服务。

三、出版社库存控制还必须抓好以下几个方面的工作

(1)提升出版社全体人员库存控制的思想和意识。观念的转变是基础，对于出版社来说，库存控制是所有部门和全体人员的事，库存的高低直接影响企业的发展，库存过多意味着高风险。而对于整个供应链来说，对库存的理解，则不应是企业自己内部各环节的库存，而应该是整个需求链上各流程、合作伙伴的库存。要有效益共享、共赢意识，努力达到整个需求链上总库存最优化。

(2)加强相关人员对库存控制技能、知识的培训和学习。现代物流管理技术在国内是近几年才发展起来的，积累的历史数据和经验都较少，要善于学习国际和国内先进行业、企业的经验，尽快熟悉、掌握先进的库存控制技术和方法。要研究、掌握图书成本构成，逐渐探索出图书的市场属性与生产能力、批印次、印数、库存数量和时间等因素之间的关系和内在规律。

(3)严格控制库存结构。随着市场竞争的加剧，读者需求个性化和多样化，多品种、小批量、高频度的经营模式是大势所趋，库存结构也越来越复杂。如库存结构控制得差，整个库存量虽很高，但还经常出现缺货现象，该来的没来，不该来的挤满了库房，进而出现“缺货—增加库存(占用资源和资金)—再缺货—再增加库存”这样的恶性循环。

(4)管理加技术是解决库存问题的根本之道。库存控制不仅仅是个技术问题，更多地涉及组织管理的问题。出版社最关心库存的人是社长及财务负责人，在组织结构、绩效考核和业务流程设置方面，可参照先进的制造行业经验，设置专门的岗位或人员对库存进行合理的控制。

(5)进一步加强出版社信息系统的建设。只有用现代信息技术改造我们的工作流程和组织结构，才能使各环节、部门形成一个有机的整体，才能完整地提供相关基础数据和记录，并进行相应的计算、分析和统计，为科学决策提供有力保障，才能保证信息的透明、共享，提高工作效率。

(6)积极推动企业文化建设。做好库存控制需要培养团队、合作、敬业精神，共创双赢、多赢局面。库存控制是一项复杂的系统工程，是企业综合管理水平和实力的体现。库存控制的合理、恰到好处，需要领导的高度重视，需要大家共同坚持不懈、脚踏实地、精益求精地工作，需要企业努力修炼好自身内功，逐渐打造成敏捷、精干、高效的企业团队。

实践训练

一、实训项目

调查比较出版集团的图书库存的分类管理。

二、实训内容

选择本地出版发行集团为对象，对其图书库存的分类管理进行调查，然后进行分析与比较，撰写分析比较报告。

三、实训形式

1. 以小组为单位，合作完成。

2. 各小组派代表汇报分析比较报告，各小组进行交流讨论。

四、注意事项

1. 小组成员团结合作。

2. 注意文明调查。

五、评价标准

“出版集团图书库存分类管理调查比较”实训项目评价表

项目	分值	表现描述	得分
分析报告内容完整	20		
文字简洁　表达准确　逻辑严谨	20		
小组成员参与度高，合作意识强	20		
分析透彻全面	40		
总计	100		

项目六　出版业运输与配送管理

学习目标

【知识目标】

1. 了解出版运输的概念；
2. 了解出版运输方式；
3. 了解图书配送流程；
4. 了解国内外图书配送实例；
5. 了解网上书店基本运输流程。

【能力目标】

1. 学会出版运输方式的定量分析；
2. 学会图书配送模式分类。

【素质目标】

1. 训练图书配送流程各个环节的处理；
2. 养成图书配送模式各个环节设计的能力。

我国地域辽阔，各个地区的生产和消费有着密切的经济联系，商业网点遍布全国各地，要依靠运输来联结。做好出版物的运输和配送管理工作，把大量的出版物按各地需求及时运送到不同的消费地点，才能促进出版物的流通和增值，最大限度地促进出版物价值的实现，促进国民经济的发展。出版运输和配送是完成出版物流通的基本作业方式，也是构成出版物流网络的基本要素。

任务一　运输的概念、功能、原理

任务思考

结合生活实际，谈一谈对运输的认识，试想，在生活中运输行为有哪些功能。

任务分析

在图书购销行为中，运输是十分重要的环节，没有运输行为，就无法完成购销行为，了解运输的概念、功能、原理是掌握出版物流管理的重要环节之一。

运输作为物流最重要的环节，在现代物流中发挥着极其重要的作用。可以说，没有运输就没有物流，就没有物流功能的实现，更没有物流增值功能的实现。运输费用在全部物流费用中占的比例最高，是企业取得市场竞争优势的重要手段。因此，加强现代出版物流运输活动的研究，实现出版业运输合理化，无论对物流系统整体功能的发挥，还是对促进国民经济持续、稳定、协调发展，以及对出版企业自身竞争实力的增强都有非常重要的意义。

一、概念

运输是用设备和工具，将物品从一地点向另一地点运送的物流活动。其中包括集货、分配、搬运、中转、装入、卸下和分散等一系列操作。运输是人和物的载运及输送。本书中专指“出版物”的载运及输送。运输是运用运输工具和运输基础设施，实现长距离空间位置转移的活动，即：它是在不同地域范围间（如两个城市、两个工厂之间，或一个大企业内相距较远的两车间之间）对“物”进行空间位移，以改变“物”的空间位置为目的的活动。运输和搬运的区别在于，运输是较大范围的活动，而搬运是在同一地域之内的活动。

货物运输是社会再生产过程的一个生产过程，是商品生产在流通领域内的继续。运输是联系社会生产、分配、交换和消费的纽带。它一头连着商品从生产领域进入流通领域的收购环节，另一头连着商品从流通领域转入消费领域的销售环节。同时，在流通范围内，又把商品的购销和调存紧紧地连接起来，以实现商品流通的基本职能。如果没有运输，就不可能完成商品流通的全过程，也不可能实现商业的基本职能。

二、功能

物流空间位移的实现，主要靠运输来完成，运输在搬运的配合下，完成了物流的大部分功能。运输可以创造“空间效用”，同一“物”在不同的场所，其使用价值的实现程度不同，效益也不同。通过运输将“物”运到能够发挥其最高效用的地方，实际上也就是在更大程度上提高“物”的使用价值。运输的功能主要体现在以下几方面。

(一)运输的空间效用

空间效用是指通过运输活动，实现物品远距离的位置移动，以满足用户的需求。一般来说，商品生产与消费的位置是不一致的，即存在位置背离。只有消除这种背离，商品的使用价值才能实现，这就需要运输。另外，物品在不同的位置，其使用价值实现的程度是不同的，即效用价值是不同的。通过运输活动，将物品从效用价值低的地方转移到效用价值高的地方，使物品的使用价值得到更好的实现，即创造物品的最佳效用价值。具体体现在出版物流中，就是促进出版物的流通和增值，满足各地读者市场的需求，实现出版物的价值。

(二)运输的时间效用

时间效用是指物品处在不同的时刻，其效用价值是不一样的，通过储存保管，将物品从效用价值低的时刻延迟到价值高的时刻再进行销售，使物品的使用价值得到更好的实现。根据消费市场需求，运输方通过安排货物运输，使产品在规定时间内到达目的地。

(三)运输的存储功能

因为运输货物需要时间，在这个过程中货物实际是储存在运输工具内，为避免物品损坏或丢失，还要为运输工具内的货物储存创造一定的条件，这在客观上形成了运输的存储功能。在中转供货系统中，物品经过运输节点(车站、码头)时，有时需要短时间的停留，这时利用运载工具作为临时仓库进行短时间的储存也是合理的。

三、原理

规模经济原理和距离经济原理对运输效率都有着较大的影响。

(一)规模经济

所谓规模经济，在运输中就是指每重量单位的成本随着运输货量的增加而下降。整车运输每重量单位的成本就低于零担运输的单位成本。一般来说，运载量大的运输工具，如铁路或者是水运，每重量单位的成本要低于公路运输或者是空运。这主要是由于固定成本被分摊在更多的运输货物上。固定成本一般包括管理成本、设备成本等等。之所以被看成固定成本，是因为它们一般不随运量的多少而变化。也就是说，对于100千克的货物，其管理成本和1000千克货物的管理成本是一样的。

(二)距离经济

距离经济就是指单位重量运输成本随着运距的增加而下降。比如说，一批货走800

千米比两批同样重量的货各走400千米的单位重量成本要低。运输的距离经济通常被叫作以远递减原理。距离经济原理和规模经济原理类似。尤其是，更长运距的固定成本分摊在更长的距离，因此每千米的成本更低。在评估运输选择时，这两个原则是非常重要的。从运输的角度来看，运输的目标就是在满足客户服务期望的前提下，使运载规模和运输距离最大化。

在评估各种运输决策方案或者营运业务时，这些原理是重点考虑的因素。其目的是要使装运的批量和距离最大化，同时满足客户的服务期望。

任务二　运输方式

任务思考

在生活中你见过哪些运输方式，其中有哪些适合图书运输，或者你认为有哪些运输方式不适合运输图书？

任务分析

运输在图书购销行为中的重要性毋庸置疑，了解各种运输方式的特点、在不同情况下对运输方式进行定量分析是做好图书运输工作的关键一步。

运输在物流系统中是最为重要的构成要素，选择何种运输方式对于物流效率的提高是十分重要的。在决定运输方式时，必须权衡运输系统要求的运输服务和运输成本，可以将运输工具的服务特性作为判断的基准：运费、运输时间、频度、运输能力、货物的安全性、时间的准确性、适用性、伸缩性、网络性和信息化等。

一、基本运输方式

(一)公路运输

公路运输是出版运输中最常见的一种运输方式。公路运输主要是使用汽车进行客、货运输的一种方式。公路运输主要承担近距离、小批量的货运，或水运、铁路运输难以到达地区的长途、大批量货运，以及铁路、水运优势难以发挥的短途运输。

在综合运输体系中，公路运输最显著的特点是灵活性，主要表现在以下几个方面：一是空间上的灵活性，可以实现“门到门运输”；二是时间上的灵活性，公路运输通常可以实现即时运输，即根据货运的需求随时起运；三是批量上的灵活性，公路运输的启动批量最小；四是运行条件的灵活性，由于普通货物的装卸对场地、设备没有专门的要求，因此公路货运站点设置灵活，有的只设置一个停靠点即可，此外公路运输的服务范围不仅在等级内公路上，还可延伸至等级外的公路，甚至辐射到许多乡村便道；五是服务上的灵活性，公路运输能够根据货主的具体要求提供有针对性的服务，最大程度地满足不同性质的货物运送要求。公路运输方式的灵活性，决定了其运输生产点多、面广的特点。

公路货运货损、货差率小，安全性高，灵活性强，能保证运输质量，及时送达。随着公路网的建设和发展，公路的等级不断提高，汽车的技术性能不断改善，汽车运输的货损、货差率不断降低，安全水平不断提高。

汽车车辆原始投资少，资金周转快，技术改造容易。汽车车辆购置费较低，原始投资回收快。汽车运输的历史不到百年，但载货吨位、车辆种类等方面都有很大的改进和提高。

汽车运输适合中短途运输，不适合长途运输。汽车运输在负担长途运输中费用过高，是其难以弥补的缺陷。尽管公路维修费比铁路低，但总的来说，汽车运费率是火车的 3 倍，是水运的 12 倍。公路运输与铁路运输不同，其服务对象主要是半成品和成品，是出版物流中最常采用的一种运输方式。

(二)铁路运输

在没有水运条件的地区，几乎所有的大批量货物都是依靠铁路来进行运送。铁路运输是在运输中起主力运输作用的运输方式。

铁路运输的优势如下：

(1)适应性强。依靠现代科学技术，铁路可以在任何需要的地方修建，可以实现全天候运营，很少受地理和气候条件的限制。

(2)铁路运输具有较高的连续性和可靠性，而且适合长短途各类不同重量和体积货物的双向运输。

(3)运输能力大，铁路是大宗、通用的运输方式，能承担大量的货物运输。铁路运输能力取决于列车载重量(列车载运吨数)和昼夜线路通过的列车对数。

(4)安全程度高。随着先进技术的发展及其在铁路运输中的应用，铁路运输的安全程度越来越高。

(5)运送速度较快。常规铁路的列车运行速度一般为每小时 60～80 千米，少数常规铁路时速可高达 140～160 千米，高速铁路运行时速可达 210～260 千米。

(6)能耗小。铁路运输轮轨之间的摩擦阻力小于汽车和地面之间的摩擦力。铁路机车单位功率所能牵引的重量约是汽车的 10 倍，铁路单位运量的能耗也就比汽车运输少得多。

(7)运输成本低。铁路运输成本没有原料支出，固定资产折旧费所占比例较大且与运输距离长短、运量的大小密切相关。运距越长、运量越大，单位成本越低。一般来说，铁路的单位运输成本比公路运输和航空运输要低得多，有的甚至低于内河航运。

铁路运输建设投入大，只能在固定线路上行驶，灵活性差，需要与其他运输方式配合与衔接。长距离运输分摊到单位运输的成本费用较低，而短距离运输成本却很高。所以，铁路一般运送运输距离长、运输速度慢的原材料(煤、原木和化工品)和价值低的制成品(食品、纸张和木制品)，且一般运输批量货物。铁路运费较高，且没有伸缩性，货车途中作业需要时间。铁路运输不能实现“门到门”运输，车站固定，不能随意停车，且货物滞留时间长，不适宜紧急运输。

(三)水路运输

水路运输是使用船舶运送货物的一种运输方式。水运主要是承担大批量、长距离的运输，是在运输中起主力作用的运输形式。在内河及沿海，也常有小型水运运输工具使用，担任补充及衔接大批量运输的任务。

水路运输的特点如下：

(1)运输能力大。在海洋运输中，目前世界上最大的超巨型油轮的载重量达56.3万吨，矿石船载重量已达40万吨，集装箱船已超过10万吨。海上运输利用天然航道，不像内河运输受航道限制较大，如果条件许可，可随时改道最有利的航线，因此，海上运输的通过能力比较大。内河运输中，在运输条件良好的航道，通过能力几乎不受限制。

(2)运输成本低。水运成本之所以能低于其他运输方式主要是因为船舶的运载量大，运输里程远，路途运行费用低。

(3)投资少。水上运输利用天然航道，投资少。海上运输航道的开发几乎不需要支付费用。内河虽然有时要花费一定的开支疏浚河流，但比修筑铁路的费用小得多。

(4)劳动生产率高。水路因运载量大，其劳动生产率较高。一艘运载量20万吨的油轮需配备40名船员，平均人均运送货物达5000吨。在内河运输中采用顶推分节船队运输，也提高了劳动生产率。

(5)航速较低。船舶体积较大，水流阻力高，所以航速较低。低速航行需要克服的阻力小，能节约燃料；反之，如果航速提高，所要克服的阻力则直线上升。

(四)航空运输

航空运输是使用飞机或者其他航空器进行运输的一种方式。航空运输的单位成本很高，因此主要适合运载两类货物：一类是价值高、运费承担能力很强的货物，如贵重设备的零部件、高档产品等；另一类是紧急需要的物资，如救灾抢险物资等。航空运输的特点如下：

(1)航空运输的速度快。与其他运输方式相比，高速度无疑是航空运输最明显的特征。航空运输的高速度特征在物流中具有无可比拟的优势。

(2)航空运输的灵活性。即航空运输不受地形、地貌、山川、河流的障碍，只要有机场，有航空设施保证，即可开辟航线。如果用直升机运输，机动性更强。对于自然灾害的紧急救援、对于各种运输方式不可到达的地方，均可采用飞机空投方式，以满足特殊条件下特殊物流的要求。

(3)航空运输的安全性。航空运输平稳、安全，货物在物流中受到的震动、撞击等均小于其他运输方式，尤其当飞机在1万米以上的高空飞行时，不受低空气流的影响，更能保证航空运输的安全性。

(4)航空运输的国际性。严格来说，任何运输方式都有国际性，都有可能在不同国家间完成运输任务。这里所要体现的国际性是指航空运输在国际交往中的特殊地位。

(5)航空运输建设周期短，回收快。航空运输建设主要包括飞机、机场和其他辅助保障设施。一般来说，修建机场比修建铁路周期短，投资回收快。航空运输与其他运输方式相比运输量少。所以，运输成本高，一般的货物使用此方式经济上不合算。因此，航空运输适合贵重货物、精密仪器、计算机、高档服饰、鲜活产品、季节性强的货物及时间性强的邮件包裹等的运输。

二、多式联运

按运输的协作方式可分为一般运输及联合运输两类。孤立地采用不同运输工具或同类运输工具，而没有形成有机协作关系的为一般运输，如汽车运输、火车运输等。联合运输简称联运，是使用同一运送凭证，由不同运输方式或不同运输企业进行有机协作来接运货物，利用每种运输手段的优势，充分发挥不同运输工具效率的一种运输形式。采用联运，可以方便、简化用户托运手续，加速运输速度，节省运费。经常采用的联运形式有铁海联运、公铁联运等。

多式联运是联合运输的一种现代形式，是指按照多式联运合同，由至少两种不同运输方式的整合，经多式联运经营人将货物从起运地运至目的地的独立的运输形态。这种设法把不同运输方式综合起来的方式，也称作“一站式”运输。

根据以上定义，与一般单式运输相比，多式联运具有如下特征。

(一)使用至少两种运输方式进行运输

使用两种或两种以上运输方式进行运输，是多式联运与一般单式运输方式的主要区别。因此，某一运输是否构成联运，主要取决于其是否使用了两种以上的运输方式。区别不同运输方式的标准有两个：一是运输所使用的交通工具或运载器的种类；二是交通工具进行空间位移所依赖的媒介，如铁路、公路、河流、海洋等。这两个标准中起决定作用的是交通工具，如连接海洋与内陆河流的运输，尽管运输所依赖的媒介发生了变化，但由于运载工具并未变化，仍应认为属于海运。在另一些情况下，运输媒介则起决定性作用，如同样利用公路进行运输，尽管其所利用的运载工具不一，如汽车、拖拉机和非机动三轮车等，人们仍然将这些不同运载工具所进行的运输统称为公路运输。

(二)多式联运是两种以上不同运输方式的有机组合，是一种独立的运输形态

尽管多式联运利用至少两种以上的运输方式，但利用两种以上运输方式所进行的运输并不都是多式联运。多式联运不仅要依赖两种以上运输方式，而且所依赖的运输方式还要经过有机的整合，形成对每一种运输方式最佳优点的利用，从而使多式联运较之两种以上不同运输方式共同完成的运输更加方便、简洁、安全、高效。多式联运并不是不同运输方式的简单叠加，从本质上讲，多式联运是一种区别于现存的几种单式运输方式的新型的、独立的运输方式。

(三)多式联运必须以多式联运合同为根据

多式联运必须以多式运输合同为根据，缺乏多式运输合同，就不存在多式联运。多式联运的这一特点，使得多式联运区别于通过两种不同运输方式进行的非多式联运。多式联运的这一特征被包括我国《合同法》在内的各国立法及相关国际公约所重视。我国《合同法》尽管未明定多式联运合同，但却在第317条规定：“多式联运经营人负责履

行或者组织履行多式联运合同，对全程运输享有承运人的权利，承担承运人的义务”，其隐含之意即是多式联运经营人必然与托运人之间有一项多式联运合同。我国《海商法》第102条则直接将多式联运合同界定为：“多式联运经营人以两种以上的不同运输方式，其中一种是海上运输方式，负责将货物从接收地运至目的地交付收货人，并收取全程运费的合同。”1980年《海牙公约》第一条规定：“国际多式联运是指按照多式联运合同，以至少两种不同的运输方式，由多式联运经营人将货物从一国境内接管货物的地点运至另一国境内指定交付货物的地点。为履行单一运输方式运输合同而进行的该合同所规定的货物接运业务，不应视为国际多式联运。”

现在，人们越来越强烈地意识到多式联运将成为一种重要的运输手段，以提供高效的运输服务。从技术上讲，在所有基本的运输方式之间都能够实现多式联运。对于每一种多式联运的组合，其目的都是要综合各种运输方式的优点，以实现绩效最优化。在实际运输中，最常见的几种多式联运形式有：

(1)公路和铁路联运，即公铁联运，又称驼背式运输。这种形式的运输就是将卡车拖车或集装箱装在铁路平板车上进行长距离运输，是目前最著名的和使用最广泛的多式联运方式。

(2)公路或铁路与水路联运，也称作鱼背运输，是指将卡车拖车、火车车厢或集装箱转载驳船上或是大型船舶上进行的长距离运输。这种运输方式最大的优势是运量大、运费低，所以在国际多式联运中比较常见。

(3)公路与航空联运也是被广泛采用的运输方式，这种将航空运输的快捷、公路运输的灵活方便的多种优势融合在一起的运输服务，能以最快的方式实现长距离“门到门”的货物运输。

三、运输方式的定量分析

运输方式的定量分析是指运输方式各个指标的绩效乘以物流部门对各个指标的权重分值。运输方式选择的定量方法有综合评价法、成本比较法、考虑竞争因素的方法等多种方法，应用时可根据实际情况选择其中的一种进行定量分析。但由于影响运输问题的因素复杂，很难用一种计算结果来决定一切，计算结果可以作为决策的重要参考依据。

(一)综合评价法

运输方式的选择应满足运输的基本要求，即经济性、迅速性、安全性和便利性。由于运输对象、运输距离和货主对运输时限要求不同，对经济性、迅速性、安全性和便利性的要求程度也不同，因此可采取综合评价的方法进行运输方式的确定。

设置评价运输方式的重要程度为：

(1)经济性。它主要表现为费用(运输费、装卸费、包装费、管理费等)的节省；在运输过程中，总费用支出越少，则经济性越好。

(2)迅速性。它指货物从发货地到收货地所需要的时间，即货物在途时间，其时间越少，迅速性越好。

(3)安全性。安全程度通常指货物的完整程度，以货物的破损率表示；破损率越小，安全性越好。

(4)便利性。各种运输方式的便利性的定量计算比较困难，实际因素很多，如换装次数、办理手续的程序与时间等。为简便计算，在一般情况下，可以利用近似发货人所在地至装车(船、飞机)地之间的距离来表示。距离越近，便利性越好。

(二)成本比较法

如果不考虑将运输服务作为竞争手段，那么能使该运输服务的成本与该运输服务水平导致的相关间接库存成本之间达到平衡的运输服务就是最佳的服务方案。因为，运输的速度和可靠性会影响托运人和买方的库存水平(周转库存和安全库存)以及他们之间的在途库存水平。如果选择速度慢、可靠性差的运输服务，物流渠道中就需要有更多的库存。

由于需要考虑库存持有成本可能升高，而出现抵消运输服务成本降低的情况。因此方案中最合理的应该是，既能满足顾客需求又使总成本降到最低的服务。

(三)考虑竞争因素的方法

运输方式的选择如果直接涉及竞争优势，则应该考虑用竞争因素法。竞争可以促使购买方将更大的订单转向能提供较好的运输服务的提供商，这样供应商可以从这些订单中获取更多利润，从而弥补为了选取更好的运输方式而增加的成本。好的运输方式意味着好的物流服务和更多的利润，因此物流供应商之间就有了竞争的激励。当一个供应商为了争取买方而选择最佳运输方式时，参与竞争的其他供应商也会做出相应的反应。

在存在竞争的环境下，我们不能只考虑直接成本，还要考虑运输方式对库存成本以及运输绩效对物流渠道成员购买选择的影响。运用竞争因素法，要注意以下几点。

(1)如果买方和卖方对彼此的成本都有一定的了解，将促进双方的有效合作；卖方将自己的成本信息部分反馈给买方对自己有利。

(2)在竞争激烈的环境中，买方和供应商都应该采取合理的行动来平衡运输成本和运输服务，以获得最佳收益。

(3)注意价格影响，假如供应商提供的运输服务优于竞争方，他很可能会提高产品的价格来补偿(至少部分补偿)增加的成本。所以，作为运输服务的买方要衡量产品价格和运输绩效。

(4)运费率、产品种类、库存成本的变化和竞争对手的反应增加了问题的难度，涉及多方博弈。

总之，竞争因素法更接近实际情况，更实用；但与成本法相比，操作性较差。在竞争激烈的环境中，我们最好用竞争因素法；反之，则采用成本比较法。

任务三　识别图书配送的概念、作用与流程

任务思考

图书配送是什么？除了将书籍送达消费者手中，图书配送是否还有其他的作用？

任务分析

图书配送是一种经济活动，是一种比其他行业物流更复杂的物流行为，弄清图书配送的概念与流程，是设计图书配送路线的前提。

与其他行业的物流相比，出版物流更复杂，主要体现在品种多、批量少。据统计，我国每年新书品种超过 10 万种，加上常备品种，一个出版物流中心要处理的品种至少达到 20 万种，这是其他行业物流不能比拟的。而图书配送是一个复杂的物流过程，在很多方面与服装行业相同。新书上市时往往供不应求，但在几个月内就可能变成“明日黄花”，人们又将目光投向更新的书籍。零售商在图书热销的同时要保证备有一定新书存货。这就是说，作为出版业生命线的新书必须在热销前几天甚至前几个星期进行交付处理，从而保证不同的过渡时间退货能有较为高效的处理。因此，在整个出版物流过程中，图书配送环节就显得尤为重要。

一、图书配送的概念

图书配送是随市场而诞生的一种经济活动，是现代出版企业经营战略的一个重要组成部分。

(一)图书配送的两个基本条件

图书配送是市场经济发展到一定程度的产物，也就是说只有市场经济发展到一定程度才可能形成不仅需要而且可以容纳配送的社会经济环境。市场经济与现代信息技术为实施图书配送提供了现实可能性。

(1)在市场经济条件下，我国图书市场环境和供求关系已发生重大变化，市场竞争进一步加剧，图书买方市场环境的形成为图书配送提供了环境条件。在产品短缺的卖方市场条件下，一种商品在流通领域经过的时间和损耗不足以影响其价值的实现，流通领域的矛盾被忽略，配送所应体现的贴近用户、保障供应和价格优势都不能实现。在买方市场条件下，供大于求，配送用户可以通过市场竞争来选择贴近自己的优良服务、合适的价格和供应保障。因而，买方市场环境是配送赖以发展的根基。

1982 年实施的“一主三多一少”和 1988 年实施的“三放一联”出版发行体制改革举措，打破了国营新华书店独家垄断的经营局面，多种形式的集体、个体图书经营实体迅速增加，多种经营主体的竞争，启动并发展了图书市场。在日益激烈的图书销售竞争中，图书上市的速度、供应品种的数量与图书供应的成本等因素也已成为重要的竞争砝码，用户的这种选择促使以“用户第一、质量第一”为服务宗旨的配送得以孕育与

发展。随着出版物发行市场化进程的不断深化，以及发行体制改革的不断深入，中国出版物市场的供求关系也发生了根本变化，过去出版物供不应求的市场格局(个别品种除外)已经打破，市场需求呈现出多品种、小批量、多批次的特征，形成了供求平衡或供过于求的买方市场格局。这样出版物的供应速度和范围就成为出版发行单位竞争的焦点，现代物流配送必然成为出版发行单位在市场竞争中不可或缺的重要手段之一。

2. 现代信息技术和现代商品物流技术的进步为现代出版物物流和配送的快速发展提供了坚实的技术基础和先进的技术手段。社会生产力的发展为图书配送的实现提供了物质条件。现代物流管理和配送技术中大量使用先进的信息技术和商品物流技术，这些技术在西方发达国家已日趋完善，如条形码技术、计算机支持的信息管理技术、网络化技术、电子数据交换技术、无纸贸易、电子结算技术、电子订货系统、物资需求计划、全球卫星定位系统、现代化物流设备，甚至包括企业资源规划等。这些技术的成熟与发展，已经达到相当高的水准。现代图书配送要实现自身的经济效益，如果没有物流管理的机械化、自动化，没有信息系统的现代化，就不可能实现配送应有的效率与效益。目前已有相当多的物流和配送技术开始进入中国，并在企业中得到越来越广泛的应用。由于物流技术和计算机信息管理的支持，商品从供应商到用户的全部信息及其商品流动过程，包括接受订单、查询库存、配送等，都在信息管理系统当中，物流部门可根据信息系统所提供的各种信息，来满足包括 B2B、B2C 在内的用户个性化需求。运用这些技术不仅提高了物流与配送的速度和准确性，也降低了费用。先进的信息技术将现代物流与配送带上了高速公路，也为现代图书配送的发展奠定了一定的物质基础。

(二)图书配送的定义

我国发布的国家标准“物流术语”中关于配送的定义为：在经济合理区域范围内，根据用户的要求，对物品进行拣选、加工、包装、分割、组配等作业，并按时送达指定地点的物流活动。

图书配送是指按用户订货要求，在图书配送中心或其他物流结点进行集货、分货和配货，并以最合理最经济的方式送交用户，它是一种对区域范围内的客户进行的多客户、多品种的按时、按路线的联合送货活动。就实施形态而言，图书配送最终是将图书送达用户，这一点与一般送货或发货没有差别；但在经营思想和运作环境、机制和效益上，图书配送与以往的送货或发货有着本质的差异，这些差异也正是图书配送的主要特征。

(1)配与送的结合，是一种以用户需求为出发点的市场行为配送是运输的一种特殊具体形式，是“配”和“送”的有机结合。“配”是指配用户、配时间、配货品、配车辆、配路线。“送”是指送货运输。它主动根据用户需求组织业务，进而实现“用户需求什么送什么”的服务宗旨。而传统的储运发货则是一种计划经济行为，难以适时满足多变的市场需求，因而往往表现为“有什么送什么”的被动状态。

(2)现代送书，不是传统送书。图书配送的实质是现代送书，它和传统送书的区别在于：①一般送书可以是一种偶然行为，而图书配送却是一种体制行为，是一种现代物流形式；②一般送书是完全被动的服务行为，而图书配送则是一种有组织、有计划、高效率、优质服务的行为；③传统送书依靠自发意识，而图书配送依靠现代生产力和现代物流科技。

(3)图书配送能降低物流成本，节省运输车次，提高效益图书配送是一种对区域范围内的客户进行的多客户、多品种的按时、按路线的联合送货活动，是一种有着自身经济效益的经济活动。图书配送的服务性不是无限的，而应套上成本的框架，追求其合理性。它通过有效的“配”，实施多用户的“巡回配送”“定时配送”等多种形式的计划配送，在满足用户需求的同时，降低成本，节省运输车次，提高效益。传统的储运部门不是相对独立的经营实体，没有自身的经济效益问题，其发货也是被动地根据业务部门下来的订单行事，表现为业务的附属环节，是一种生产性服务而不是一种经营性服务。

(4)图书配送是商流、物流与信息流一体化经营的代表图书配送已不是如传统发货仅限于物流范畴，它同时也是一个商流概念，是“商物合一”的产物。也就是说，图书配送的成功很大程度上有赖于商流、物流与信息流的紧密结合。它不仅触及物流管理问题，还对商流业务管理模式改革提出了新的要求，并且要以现代化的信息系统为基础，将进、销、调、存及财务等各业务环节有机的联系起来。从这个意义上说，图书配送是一种全新的图书商品流通组织形式。

二、图书配送的作用

随着物流的迅速发展，配送在许多国家和地区广为实行，也逐步成为各个领域企业经营活动的重要组织部分，对优化经济结构、节约社会劳动及充分发挥物流功能起了巨大的作用。具体表现如下。

(1)图书配送与运输仓储、装卸搬运、流通加工和物流信息融为一体，是出版物流系统的功能体系组成部分和出版物流服务的直接体现。配送对现代物流的意义，不仅在于保障货物的及时送达，还在于其调动了其他物流环节的合理布局和优化配置。随着现代出版物流的不断发展和配送效率的不断提高，体现在出版物流资源配置这一方面的科学化和合理化发展对整个经济形势以及流通格局发展的影响已经越来越大。

(2)通过集中库存使企业实现低库存或零库存。实现了高水平配送之后，尤其是采取准时制配送方式之后，图书生产企业可以完全依靠配送中心的准时制配送而不需要保持自己的库存。或者，图书生产企业只需保持少量保险储备而不必留有经常储备，就可以实现生产企业多年追求的“零库存”，将企业从库存的包袱中解脱出来，同时解放出大量储备资金，从而改善企业的财务状况。实行集中库存，集中库存总量远低于不实行集中库存时各企业分散库存之总量。同时，增加了调节能力，也提高了社会经济效益。此外，采用集中库存可利用规模经济的优势，降低单位存货成本。

(3)图书配送提高了物流服务水平。配送能够按时按量、品种配套齐全地送货上门，一方面使用户免除了出门采购运输等劳役之苦，简化了手续，节省了成本，提高了效率；另一方面保障了图书品种、数量的供应和图书生产、流通的正常进行，满足了人们学习生活的需要和服务享受。

(4)配送提高了图书物资利用率和库存周转率。图书配送大多采用配送中心集中库存，可以利用有限仓库、有限库存为更大范围、更多客户服务，需求大、市场面广，物资利用率和库存周转率必然大大提高，还可以使仓储与配送环节建立联系和运用规模经济优势，使单位存货、配送和管理的总成本下降。

(5)出版物流的配送环节对于整个社会和生态环境来说起着重要的作用。它可以节省运输车辆，缓解交通紧张状况，减少噪声、尾气排放等运输污染，为保护生态平衡、创造美好家园做贡献。

三、图书配送的流程

(一)图书配送的一般流程

图书配送活动一般主要有备货、储存、订单处理、理货(分拣、配货、加工)、送货(配装、送达服务、车辆回程)等基本功能要素组成。

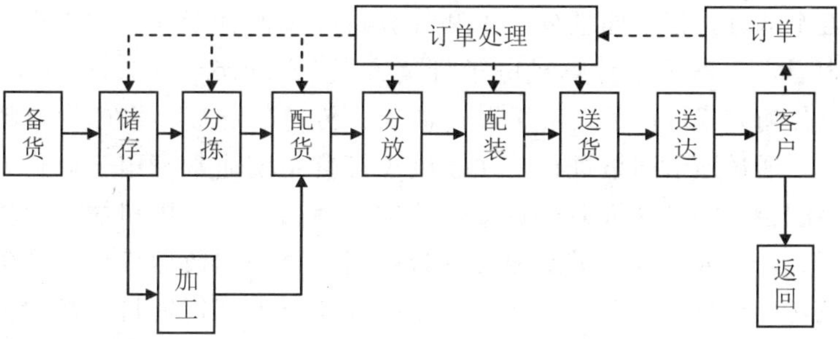

图 6-1　图书配送的一般流程

1. 备货

备货也称进货，指准备货物的系列活动。它是配送的基础环节，完成的是配送的集货功能。

在出版企业的销售配送中心，备货工作一般由出版企业的销售部门或企业的配销中心负责，在专业的物流配送企业中则由配送中心完成备货职能。一般备货工作包括用户需求测定、筹集货源、订货或购货、集货、进货及有关货物的数量检查、结算交接等。特别在第三方物流配送企业，其备货需求预测与采购进货管理非常重要，可以说是配送业务成功与否的关键。

2. 储存

配送中的储存有储备和暂存两种形态。配送储备是按照一定时期的配送活动要求和根据货源的到货情况(到货周期)有计划地确定的，它是使配送持续运作的资源保证。一般来说，储备数量较大，储备结构也较完善。视货源及到货情况，可以有计划地确定周转储备及保险储备的结构及数量。

配送暂存是按照分拣、配货工序要求，在理货场地储存少量货物。这种形态的货物储存是为了适应“日配”“即时配送”的需要而设置的，其数量多少对下一个环节的顺利进行会产生很大影响，但不会影响储存活动的总体效益。

3. 订单处理

订单处理是指从接到客户订单到着手准备分拣之间的作业阶段。

配送业务活动是以客户订单发出的订货信息作为其驱动源的。整个配送作业过程中，有关订单信息的工作处理具体包括：在配送活动开始前，配送中心接受用户订货或配送要求，审查订货单证，核对库存情况，根据订单信息，对客户的分布，所订图书商品的名称、特性，订货数量，送货频率和要求等资料进行汇总和分析，以此确定所要配送的图书种类、规格、数量和配送时间，最后由调度部门发出配送信息(如拣货单、出货单等)，登记账簿，回应或通知用户，办理结算、退货处理等一系列与订单密切相关的活动。订单处理是调度、组织配送活动的前提和依据，是其他各项工作的基础。

订单处理是配送服务的第一个环节，也是配送服务质量得以保证的根本。一般的图书订单处理过程主要包括订单准备、订单传递、订单登录、按订单供货、订单处理状态追踪等五个部分。订单处理分人工和计算机处理两种形式。对于机械化程度较高的图书配送中心，一般采用计算机电子订货方式(Electronic Order System)来处理订单。这种电子传输方式取代了人工手写、输入、传送的麻烦，将订货资料由书面资料转为电子资料，通过通信网络进行传送。电子订货系统通常可用于订货人员携带订货簿或货架标签配合手持终端机巡视货架，若发现商品缺货则用扫描器扫描订货簿或货架上的商品标签，输入订货数量及相关订货资料，再利用数据机将订货资料传给供应商或总部。或者，当货物库存不足时，系统将自动产生订货资料，经过工作人员确认后将其传给供应商或总部。

4. 理货

理货是配送的一项重要内容，也是配送区别于一般送货的重要标志。理货包括货物分拣、配货、配送加工和包装等活动。

(1)分拣、配货

分拣是将物品按品种、出入库的先后顺序进行分门别类堆放的作业。分拣一般有人工目视处理和采用自动分拣系统处理两种方式。采用自动分拣系统可以连续大批量分拣货物，分拣误差率极低，实现了分拣作业无人化。北京图书配送中心就配置了自动化配送流水线和滑块式自动分拣机，用于图书连锁店、卖场、展厅和网上书店物流配送，具有快速流通配货与多品种小批量拣货、发货的特点，具有很强的退货处理能力，成功地解决了图书发行中的历史性难题。北京图书配送中心建筑面积5万平方米，是目前全国规模最大、现代化信息水平最高的图书配送体系之一。它采用了自动化流水线传输系统、自动分拣系统、电子标签自动识别系统和信息化管理系统。库存图书达50万余种、1500万册，设计年发货能力80亿元(码洋)，可实现24小时不间断配送。主要为遍布北京的零售书店和机关团体采购客户提供物流配送服务，并逐步实现向周边地区乃至全国的大型书城、网上书店配送图书。代储代发服务中心主要是为各出版社和图书发行公司的出版物提供仓储和配送服务。北京出版发行物流中心还依托国内外图书和音像制品的全品种资源优势，专门在国际图书城内设置了版权贸易厅，为国外优秀作品进入中国和我国优秀出版物走向世界，提供了一个版权贸易平台。目前已与300余家国内外出版社达成了版权贸易合作意向。

配货是用各种拣选设备和传输装备，将存放的物品按客户的要求分拣出来，配备齐全，送入指定的发货地点。配货作业有两种基本形式：一是摘取方式(拣选方式)，是在配送中心分别为每个用户拣选出其所需货物，此方法的特点是配送中心的每种货物的位置是固定的，对于货物类型多、数量少的情况，这种配货方式便于管理和实现自动化；二是播种方式(分货方式)，是将需配送的同一种货物，从配送中心集中搬运到发货场地，然后再根据各用户对该种货物的需求量进行二次分配，就像播种一样，这种方式适用于货物易于集中移动且对同一种货物需求量较大的情况。对于图书配送来说，由于图书商品种类繁多、批量少且各种图书销售数量不等，配送中心图书库存采用图书种类多，单类数量少的库存模式，在配送中一般采用摘取(拣选)方式进行配货。

拣货作业开始前，指示拣货作业的单据或信息必须先行处理完成。拣货信息的来源包括传票、电子标签、条形码等，也可利用EOS(Embeded Operation System，嵌入式操作系统)、POT(Portable Ordering Terminal)直接将订货信息通过电脑快速及时地转换成拣货单或电子信号。一般配送中心会利用电子标签拣货系统来实现包括品种、库位指示，出库数量显示和完成信息确认，最终帮助拣货员完成拣货。对于库存不足的图书商品，配送中心则要及时联系供货商或者总部进行补货。

在图书配送中，由于DPS(Digital Picking System)系统要求每一货物品种均配置电子标签，投资成本较大，一般图书配送中心都采用“DPS＋人工拣货”的方式，对出库频率最高的部分产品采用DPS方式以提高拣货效率；对其他产品采取纸张拣货单。这两种方式有效地提高了拣货准确率和效率，也节约了投资成本。在图书配送拣取过程中，一般对小体积、小批量、搬运重量在人力范围内且出货频率不高的货品，采用手工方式拣取，如个人客户提交的几本不同种类的图书订单；对体积大、重量大、数量多的货品采用升降叉车等搬运机械辅助作业，如某连锁书店需要的各种批量图书；对于出货频率很高的货品则采用自动分拣系统进行拣货，如学校需要的辅导教材等。配送中心根据多个客户订单，分类拣取完毕后，再根据客户或送货路线分类集中，按一定方式分类出货。

分拣和配货是配送不同于其他物流形式特点的功能要素，也是配送成败的一项重要支持性工作，它是完善送货、支持送货的准备性工作。分拣和配货是同一个工艺流程中的两项有着紧密关系的经济活动，一般采用机械化或半机械化方式去操作。随着一些高新技术的广泛应用，自动化的分拣和配货系统已在很多国家的配送中心建立起来，并发挥了重要作用。

(2)配送加工

在配送中，配送加工这一功能要素不具有普遍性，但是往往是具有重要作用。主要原因是，通过配送加工，可以大大提高用户的满意度。配送加工是流通加工的一种，但配送加工有它不同于一般流通加工的特点。

图书配送中心的流通加工，主要包括到货后核对书目和数量，拆包、分类编目、数据录入，出货前简单的装帧、套书壳、拴书签、核对数目、打包分配，处理退货图书封皮，书绳、条签的拆除和更换以及图书的包装打捆、贴标签等。其中对图书的分类编目管理和书目数据录入更新直接影响到图书配送管理的准确性和时效性，是图书配送加工与其他物品配送加工的重要区别。

配送加工中的打包分配也包含对图书商品的包装加工。对于经过分拣的每个客户所需的图书商品，为保持在运送过程中完好无损和便于识别，需要根据各个不同客户的要求进行重新包装和集装。这种包装要记载货物的品种、类型、数量、收货人地址、姓名、联系方式以及送货时间等。

配送中心所进行的加工不同于一般的生产加工，它在整个物流配送作业系统中处于一种具有可选择性的附带货物作业，是一项可提高服务水平、增加附加价值的作业。配送加工是指与流通加工相结合的配送，即在配送据点中设置流通加工环节，或是流通加工中心与配送中心建立在一起，是按照配送客户的品种要求所进行的流通加工活动。而流通加工是流通中的一种特殊形式，在配送过程中，根据用户要求或配送对象(产品)的特点，需要在未配货之前先对货物进行加工，以求提高配送质量，更好地满足用户需求。配送中心里的流通加工作业主要是贴标签、换价签、改换包装等简单作业。从满足顾客需要和有利于配送的角度来看，出版物流流通加工主要体现在配送加工环节上。

配送加工是出版流通加工的主要方式，也是实现配送作业合理化的基本途径之一。

①配送加工与图书生产加工的区别：

配送加工一方面是按配送的需要进行加工；另一方面又是配送业务流程中分货、拣货、配货环节之一，加工后的产品直接投入配货作业，这就无需单独设置一个加工的中间环节，使流通加工有别于独立的生产，而使流通加工与中转流通巧妙地结合在一起。同时，图书加工后再配送，也可以扩大配送品种的实用度，提高客户的满意度和服务水平，最终提高配送的吸引力。

虽然图书的配送加工和一般的图书生产加工在加工组织、生产管理方面并无显著区别，但在加工对象、加工内容和加工目的等方面，图书的配送加工和一般的生产型加工有着较大的区别。

图书的配送加工和一般的图书生产加工的区别：

一是对象不同。图书配送加工的对象是具有商品属性，进入流通过程的图书商品；而就图书生产中不同阶段的产品形态而言，其生产加工的对象都不是最终的图书商品；在编辑工作阶段，生产加工对象是符合出版要求的样稿，是编辑对样稿进行编辑加工、修改润色的过程；而在图书物质产品生产过程中，是以纸张为载体的图书印刷装订的制作过程，是图书商品生产的过程，其加工对象是修改好的、准备出版印刷的图书稿件。

二是内容难易程度不同。图书配送加工大多是简单加工，而不是复杂加工；图书生产加工则是为生产人们所需的图书商品而进行的复杂加工。对复杂加工而言专门设有生产加工的过程，但图书配送加工则是对图书生产加工所进行的一种辅助性或补充性加工。从配送加工的性质看，图书配送加工绝不是对图书生产加工的取消或替代。

三是目的不同。从价值实现来看，图书生产加工的最终目的是实现社会效益与经济效益的并重，是为了创造使用价值和价值；而图书配送加工的最终目的则在于完善图书的使用价值并在不作大的改变情况下提高图书商品的价值。

②图书商品流通中配送加工的具体内容：

一是分类编目。对图书进行分类编目管理，是图书配送环节中的基础性工作，是配送中心对所库存的图书资料进行归类和整理不可缺少的重要工作环节。除此以外，编目的意义还在于，根据不同书目的特点对书目信息的分析和整理，依一定的规则录入数据库，并与计算机网络连接，使读者通过网站查阅书目，从记载描述中能详尽了解该书目的内容主题、学科性质、著者版次等相关信息。

图书的分类编目一般按照中国图书馆图书分类法和中国出版物营销分类法两种方式进行图书分类。配送中心一般对到货的图书分编时会按图书供应商提供的《图书传票单》对比新到图书货品的 ISBN 号进行清点接收，以保证和图书供应商提供的图书数据一致，同时装贴磁条。验收管理中对每种图书进行库存查重处理，查重时从 ISBN 号、题名、著者等多个途径分别进行。通过对库存查看，对于有库存记录的、本身存在预录数据的图书，只需将先前的编目数据核对修改一下就行了，再进行审校，贴条形码；对于新的图书品种，配送中心的数据库中没有相关书目信息的，要先进行书目数据录入的相关操作。配送中心的图书分类编目是依据中图图书馆图书分类法或者中国出版物营销分类法，利用出版物上的条形码和配送中心电子条形码系统对出版供应商提供的图书进行品种编码管理，入库的时候自动扫描图书信息并输入计算机，由计算机处理后形成相关图书书目库存信息，系统自动输出入库区位、货架、货位的指令。通过利用计算机库存处理系统，可以清楚地知道入库图书的种类和数量以及具体在库的位置。在收到订单后，配送中心工作人员可以在计算机上借助库存处理系统查到相关图书的库存数量和所在位置。

图书的在库数量和书目种类会随着图书配送的次数不断地改变。一般配送中心编目人员在做完一种数据后，都会检查校验，发现错误及时更正。编目工作的质量控制是一项长期而艰巨的任务。一个高质量的书目数据库将为读者网上查阅提供极大的方便，也为实现图书配送提供了准确便利的管理。

二是数据录入。图书分类编目的重点在于书目数据的著录。配送中心对于新到的图书货物进行分类编目时，就需要进行书目的数据录入。这主要包括对在图书查看环节中发现没有库存编目数据的新品种图书进行著录书目数据，对已有库存编目的图书进行数据补充或修改，对由于图书配送造成配送中心图书库存数量改变而进行核实和修改等。书目数据库的建立和使用不但为读者在网上查阅图书信息、更为全面了解配送中心的图书资源提供了方便，也为配送中心在业务处理和及时掌控、调整图书数据提供了便利。

在图书查看环节中发现库存中没有编目数据的新品种图书时，配送中心工作人员要对其进行著录书目数据并形成图书数据库。著录书目数据主要是要录入标引图书分类号、正(副)题名、著者、著者号、次要著者、版本著者的叙述、出版者、出版年(印制地、印制者、印制年)、数量(面、页、册数)、ISBN 号、定价、目录、内容简介等有关每种图书的详尽信息，以便读者查询和日后的配送管理工作。由于计算机网络的广泛应用，在图书数据录入的过程中，可以利用大量外来的标准数据来保证书目数据库质量，避免繁杂的手工著录过程，大大缩短图书建库时间。联机编目的空前发展和网络技术的普及使得书目资源共享成为可能，原有的图书采编数据成品可以通过购买、下载的方式在一些信息机构获得。有些图书供应商也会事先提供相关图书书目的数据，配送中心工作人员需要根据供应商提供的书目数据，通过计算机网络对图书信息进行下载和修改。

在数据的录入过程中，配送中心工作人员应保证数据质量，做到边录入边核对，做到录入数据与书目信息一致。如检索资料不全或者不准，都将会直接影响到图书的查准率与查全率，使图书无法正确归类上架，也不能正确统计库存书目等，既浪费了大量的人力、财力，也给整个配送管理工作造成了极大的麻烦。对于已有库存编目的图书，工作人员要将库存编目信息与新进图书进行核对，主要查看是否录入错字；著录内容是否符合标准格式的要求和编目规则；提供的检索目标是否充分和规范；多卷书的处理是否一致；主题词的选择是否准确和规范；内容相同的文献分类是否一致；是否做到一书一号等。对于不相符的部分，要及时进行数据补充或修改。对由于图书配送造成配送中心图书库存数量改变的，工作人员也要进行及时的核实和修改。要及时防止差错，提高编目质量。

5. 送货

送货是配送活动的核心，也是备货和理货工序的延伸。在送货流程中，包括配装、输送、送达服务和车辆回程。送货是配送的终结。

(1)配装：在单个用户配送数量不能达到车辆的有效载运负荷时，就存在如何集中不同用户的配送货物，进行搭配装载以充分利用运能、运力的问题，这就需要配装。通过配装送货可以大大提高送货水平并降低送货成本。因此，配装也是配送系统中有现代特点的功能要素，也是现代配送不同于以往送货的重要区别。

(2)输送：即配送运输，如何组合最佳路线，如果根据客户要求的运送方向和运送地点使车辆配装与运输路线进行有效搭配等，是配送运输需要解决的难度较大的工作。除此之外，图书的运输管理中还应注意，因图书的类型不同而导致的运输管理必须分对象进行。教学类等时节性图书季节性强、订书数量大、及时性要求高；畅销书具有很强的销售高峰期特征；还有常备书需要按时补货。同时由于图书逆向物流比例较大，故要采集 GPS 的信息，利用调度子系统传来的图书配送指令来合理整合图书的正向物流和逆向物流。

(3)送达服务：配好的货不仅要圆满地实现运到之货的移交，有效、方便地办理相关手续并完成结算，还要讲究卸货地点、卸货方式等送达服务工作。在市场经济环境下，强调配送业务的送达服务也是非常必要的，这也是配送与运输的主要区别之一。

(4)车辆回程：即执行完配送任务之后，车辆返回。在一般情况下，车辆回程往往是空驶，这是影响配送效益、增加配送成本的主要因素之一。为提高配送效率和效益，配送企业在规划配送路线时，回程路线应当尽量缩短，在进行稳定的计划配送时，回程车可将包装物、废弃物、次品运回集中处理，或将用户的产品运回配送中心，作为配送中心的配送货源，也可以在配送服务对象所在地设立返程货物联络点，顺路带回货物，尽量减少空车驶返，提高车辆利用率。

(二)配送方式

1. 定量配送

定量配送即按事先协议规定的数量进行配送。这种方式数量固定，备货工作有较强的计划性，容易管理。可以按托盘、集装箱及车辆的装载能力来有效地安排多用户的、不同数量的配送，这样能够有效地利用托盘、集装箱等集装方式，也可做到整车配送，配送的效率较高。定量配送不仅有利于配送服务供给企业的科学管理，对用户来讲，每次接货都是同等数量的货物，这有利于人力、装卸机具、储存设施的配备。定量配送适合在下述领域采用：(1)用户对于库存的控制不是很严格，有一定的仓储能力，不施行“零库存”；(2)从配送中心到用户的配送路线保证程度较低，难以实现准时的要求；(3)难以对多个用户实行共同配送。只有达到一定配送批量才能使配送成本降低到供需双方能接受的水平。

2. 定时配送

定时配送即按规定时间和时间间隔进行配送。定时配送的时间由配送的供给与需求双方通过协议确认，每次配送的品种及数量可预先在协议中确定，实行计划配送，也可以在配送之前以商定的联络方式(如电话、传真、计算机网络等)通知配送品种及数量。定时配送这种服务方式，由于时间确定，对用户而言，易于根据自己的经营情况，按照最理想的时间进货，也易于安排接货力量(如人员、设备等)。对于配送企业而言，这种服务方式易于安排工作计划，有利于对多个用户实行共同配送以减少成本的投入，易于计划使用车辆和规划路线。定时配送有以下几种具体形式。

(1)小时配方式：即接到配送订货要求之后，在1小时之内将货物送达。这种方式一般适用于消费者突发的个性化需求所产生的配送要求，也经常用作配送系统中应急的配送方式。

(2)日配方式：即接到订货要求之后，在24小时之内将货物送达。日配是定时配送中使用较为广泛的方式。一般而言，日配的时间要求是：上午的配送订货，下午可送达；下午的配送订货，次日早上送达。这样就可以使用户在实际需要的前半天得到送货服务。如果是企业用户，这可使企业的运行更加精准化。如日配方式广泛而稳定地开展，就可使用户基本上无须保持库存，也即实现用户的“零库存”。

日配方式对下述情况特别适合：①消费者由于工作和学习需要，对某种出版物品急需。如学生读者为了临近的考试需要，急需某种教材，在网上查阅后下的订单。②消费者由于消费冲动产生的突发需求，如电子词典、点读机、学习机等电子出版物和一些有纪念价值的出版物。③用户是许多小型商店、书店，追求周转快，随机随售，或是连锁型出版企业，需要采取日配形式，保证货物的更新程度和加速周转。④用户条件限制，不可能保持较长时期的库存，或者用户是采用“零库存”方式进行运作的企业。

(3)准时配送方式：即按照双方协议时间，准时将货物配送到用户的一种方式。这种方式和小时配、日配的主要区别在于：小时配、日配是向社会普遍承诺的配送服务方式，针对社会上不确定的、随机性的需求。准时配送方式则是根据用户的生产节奏，按指定的时间将货送达。这种方式比日配方式更为精准，可实现零库存。准时配送的服务方式，可以通过协议计划来确定，也可以通过看板方式来实现。准时配送方式要求由很高水平的配送系统来实施。由于用户的要求独特，因而不大可能对多个用户进行周密的共同配送。这种方式适用于装配型、重复、大量生产的企业用户，这种用户所需的配送物资是重复、大量而且没有太大变化的，因而往往是一对一的配送，如学校向出版社定期订购教材等。

(4)快递方式：是一种快速配送方式，一般而言快递服务覆盖地区较为广泛，所以，服务承诺期限按不同地域会有所变化，这种快递方式，综合利用“小时配”“日配”等在较短时间内实现送达的方式，但不明确送达的具体时间，所以一般用作向社会广泛服务的方式，而很少用作生产企业“零库存”的配送方式。快递配送面向整个社会企业型和个人用户。如日本的“宅急便”、美国的“联邦快递”、我国邮政系统的 EMS 快递都是运作得非常成功的快递配送企业。在淘宝网、当当网等网站上购买书籍等物品，客户大都采用快递的方式进行配送服务。

除以上几种配送方式外，还有定时定路线配送、即时应急配送、共同配送等。

3. 共同配送

按照日本工业标准的解释，共同配送是“为提高物流效率，对许多企业一起进行配送”。而我国物流术语国家标准(GB)为：由多个企业联合组织实施的配送活动。具体而言，共同配送是由多个企业为了实现运输规模经济而联合组织实施的配送活动。共同配送主要针对某一地区的客户所需物品数量较少而使用车辆不满载、配送车辆利用率不高等情况。

共同配送有以下两种运作形式：①由一个配送企业对多家用户进行配送。即由一个配送企业综合某一地区内多个用户的要求，优化统筹安排配送时间、次数、路线和货物数量，全面进行配送；②仅在送货环节上将多家用户待运送的货物混载于同一辆车上，然后按照用户的要求分别将货物运送到各个接货点，或者运到多家用户联合设立的配送货物接收点上。这种配送有利于节省运力和提高运输车辆的货物满载率。

共同配送的优势显而易见，其目的就在于降低物流成本，提高物流效率，提高物流服务水平。共同配送主要是货主(厂家、批发商和零售商)和运送者通过协同配送，解决运输过程中效率低下的问题。从事共同配送的主体可以是货主，也可以是第三方物流企业。对货主来说，共同配送可以在不增加物流费用的前提下，实现小批量、多批次配送；对第三方物流企业来说，可以提高配送效率，改善服务，提高竞争力。同时，共同配送可以节约社会运力，减少交通流量，减少空气污染，降低噪音，有利于居民健康。对于这种较为先进的配送方式，配送企业和用户都愿意接受。一般有比较固定的用户或配送服务时，货物多采用这种方式进行配送，如发行中盘或连锁经营总部的配送均是如此。

任务四　恰当运用图书配送模式

任务思考

试想一下，物流配送的发出端和接受端都有哪些，有哪些途径或者手段能承担配送的任务。

任务分析

了解各种图书配送模式、借鉴各种方式、各个国家的图书配送实例，才能对图书配送有较为全面的理解，便于接下来的学习。

一、按照配送对象分类

配送供给与需求的双方是由实行配送的一方（企业或者个人销售用户）和接受配送服务的用户（企业或消费者）所构成的，有以下几种情况：

（一）企业对企业的分销配送

企业对企业的分销配送是指企业与企业之间的配送，是属于社会开放系统的企业之间的配送。从实施的主体来看，组织配送活动的目的是为了实施营销策略。特别是在电子商务B2B(Business to Business)模式中，企业对企业的配送是国家大力推广的配送模式。其配送量大、渠道稳、物品标准化高，是电子商务发展的切入点。

作为配送需求方，基本上有两种情况：第一种是企业作为最终的需求方，如学校向出版社订购一定数量的教材和图书馆用书等；第二种是企业在接受配送服务之后，还要对产品进行销售，这种配送一般称为“分销配送”，如一些私营书店向出版机构订购一批图书用来进行销售。

（二）企业内部配送

企业内部配送大多发生在巨型企业之中。如果企业属于连锁型企业，各连锁店经营的物品、经营方式、服务水平、价格水平相同，配送的作用是支持连锁商店经营，这种配送称为连锁型配送。连锁配送的主要优势是：在一个封闭系统中运行，受随机因素的影响比较小，计划性比较强，因此容易实现低成本的、精细的配送。如江西省新华书店联合有限公司自从在全省各地实现加盟连锁店以来，建立了自己的连锁物流配送系统，实行统一的物流管理标准，使得江西省店完成了从粗放型管理到精细化管理的转变。

（三）企业对消费者配送

这是在社会（一个大的开放系统）中所运行的配送，虽然企业可以通过会员制、贵宾制等方式锁定一部分消费者，从而可以采用比较容易实施的近似于连锁配送的方式，但是在多数情况下，消费者是一个经常变换的群体，需求的随机性非常强，服务水平的要求又很高，所以这是配送供给与配送需求之间最难协调的一种类型。最典型的是

B2C(Business to Customers)型电子商务相配套的配送服务。它表示商业机构直接面向消费者销售产品和服务。最具有代表性的B2C电子商务模式就是零售网站，如国内最大的中文网上书店当当网(dangdang. com)就是一个B2C电子商务网站的典型，美国的亚马逊网上商店(Amazon. com)是全球最著名的B2C电子商务网站。B2C型出版业电子商务的物流配送主要表现为批量小、频次高、随机性强，而其用户分布广而散。相比之下，面向最终读者的出版业电子商务要比面向出版企业的电子商务要承担更大的物流压力，如图书库存由于出版社供货时滞、读者需求的随机性等因素引起的风险，以及配送环节中配送成本和服务两者难以协调等。

(四)个人销售用户对购买用户的配送

从客户到客户，买卖双方都是个人，就是个人与个人间的直接交易，像一些拍卖网站，如淘宝网、易趣网(eBay)、腾讯拍拍网等就属于这种C2C(Customer to Customer)电子商务模式。C2C商务平台通过为买卖双方提供一个在线交易平台，使卖方可以主动提供各种商品上网拍卖，而买方可以自行选择商品进行竞价。这种商务模式仍是当前网购主流。因为网络的虚拟化，买卖双方都是个人消费者，配送环节一般都是采取平邮、快递等方式。有一些私营书店老板同时通过在这些网站上注册自己的个人虚拟商铺，进行网上图书销售。以淘宝网为例，目前与其合作的快递公司包括邮政速递服务公司、申通E物流、圆通速递、中通速递、宅急送、风火天地(上海同城)等十余家国内外物流企业，覆盖了中国全部消费区域。同时，淘宝网采取了"推荐物流""网货物流推荐指数"等策略，使买卖双方可以在C2C平台上通过比较各个推荐快递公司的运费，选择价格最低的快递公司，也可以综合考虑快递公司的服务质量，视自己的快递业务量，通过参考网货物流推荐指数再做选择。但这种C2C模式下的配送也存在一些问题，如不合理运输大量存在，浪费社会资源；物流配送买卖双方地位不平等；货物配送过程中责任界限不明确、操作流程混乱；物流公司上门取货不及时，造成派送延误等。

二、按配送路径分类

(一)自营型图书配送模式

自营配送是指企业物流配送的各个环节由企业自身筹建并组织管理，实现对企业内部及外部货物配送的模式。这种模式有利于企业供应、生产和销售的一体化作业，系统化程度相对较高。出版企业自营物流的前提，一是要求有较大的业务规模支撑，二是要求企业有足够的资金和人力投入。具备这些条件的出版企业主要是：

(1)年发货码洋大约在1亿元以上的出版社；

(2)省级新华书店、大型图书批发商；

(3)超级书店、书城和大型连锁书店集团。

出版企业自营物流，可以利用规模效应节省物流费用，随时保证物流服务的持续改善和物流规划的实施。但是会大大增加在物流系统建设上的支出并要承担相应的运营风险。

从实践中看，规模大的出版企业基本上都倾向于投入资金以加强自己的物流阵地，但是很多中小出版企业已经或准备放弃自营物流，委托外包。出版集团、新华书店系统及其他连锁书店等均通过组建自己的配送中心来完成对内部各书店的统一采购、统一配送、统一结算。由于配送交易的频繁性，不可能也没有必要逐笔进行即时结算，因而，配送方和受配方都应具备较高的资信度。

（二）第三方外包型图书配送模式

第三方就是为交易双方提供部分或全部配送服务的一方。第三方外包型配送模式就是指交易双方把自己需要完成的配送业务委托给第三方来完成的配送模式。在图书配送中主要表现为：网上书店与以中国邮政为代表的专业物流机构合作，以第三方物流代理为主要形式，代理方不承担或者承担少量存货损失。

该配送模式的优势表现在：企业选择具有丰富专业经验、先进管理方法、现代化物流设备和强大物流配送网络的物流代理商，有助于提高出版业电子商务的物流服务水平，不必在物流系统上追加过多的投资，把有限的精力和财力专注于提高核心竞争力上。由第三方物流来整合资源、以规模效应来降低成本更容易实现一些，同时降低了企业自营物流配送的风险，还可以扩大出版业网站的服务范围，扩大企业的销售规模效益。第三方物流可以帮助出版企业熟悉和适应当地政府的有关法规，并与政府保持良好关系等。现在很多城市都对市区配送业务有所限制，有些第三方物流企业却可以利用同政府的关系开展相关的业务。

该配送模式的缺陷表现为：出版企业对物流配送的控制能力降低，企业战略的稳定性受到影响；我国目前成熟的专业性第三方物流组织还不多，很多第三方物流在时效、计费、代收款、处理退货与纠纷等方面不能满足网上书店的要求；目前从事此类业务的物流公司覆盖范围较小，可以覆盖全国的大多是各地的公司联盟，其关系松散，执行能力差；邮政和快递业作为目前网上书店最为倚重的配送力量，还有很多问题要解决，如资费过高，速度太慢，而且准确性经常得不到保障等。

（三）合作整合型出版电子商务物流模式

这种出版物流配送模式主要有两种存在形式。

传统业务的网上书店利用已有的渠道资源和店铺等扩充物流能力，让这些业务部门以附加方式来执行电子商务的配送。

中国最大的民营图书连锁店席殊书屋为其全国 500 多家连锁店逐一开通了网上书店，实现了当地配送、送书上门等服务。席殊书屋网上书店因此成为中国第一家在全国大多数城市实现当地配送的网上书店。贝塔斯曼则强调与书友会的互为补充，发展“线上和线下并进的媒体产品发行平台”。科利华在配送上也主要由读者所在区域加盟书店负责，即全国购书网负责监督和协调服务。

网上书店和其他（图书）零售组织合作，共同使用一个物流配送系统。具体方式可以是合资，也可以是代理。

巴颜喀拉出版在线公司曾计划通过新华书店把散布全国各地的物流资源连接起来，贝塔斯曼也希望通过和新华书店展开合作以解决物流配送的难题。大洋网上书店是广州日报报业集团下属的企业，该集团2000年时在广东省内就拥有145辆送报车、2800名对辖区地址了然于胸的投递员，这么发达的运输投递网络为它提供了得天独厚的物流条件。1999年日本的东贩和拥有8000家连锁超市、24小时营业的7-11连锁超市以及日本软件库公司合作经营网上售书。东贩收到读者的订单后，自动选定最近的连锁超市配送，读者最快可以两天收货。

这种模式曾被不少人看好，但仔细研究就会发现其中存在不少问题，最重要的是容易出现业务上的冲突。比如，连锁店的配送和网上书店的配送不能兼顾时，究竟以谁为重；网上书店的特点是备货品种多，那么各个店铺又如何保证合适的备货水平。还有，网上书店的价格通常都要比实体书店便宜，那么当分属不同主体的企业卖同一种书的时候矛盾自然就浮现出来。所以，这种模式也不是万能的，只能有限地使用，不具有普遍性。

(四)混合型出版电子商务物流解决方案

混合型就是出版电子商务企业根据不同的情况，把物流配送业务自营一部分、外包一部分。这种模式目前比较常见，因为它比较现实，符合目前国内配送业的基本状况。

国内最早的几家网上书店几乎都是采取这种模式。像早先的Book321、人民时空、当当等都是在北京拥有一支很小规模的配送队伍，外埠发货则靠邮寄等方式。亚马逊虽建有7座仓库，但其长处仍只限于接单后到出货前的作业流程，出货后则仰赖UPS等快递公司。2000年12月，贝塔斯曼在上海全额投资了一家为邮购市场提供包括采购、仓储管理以及在线订单跟踪和应收账款管理的物流服务公司——上海贝塔斯曼商业服务有限公司。贝塔斯曼虽然拥有自己的派送队伍，但是只能在上海四环之内进行定购图书的派送；四环以外的中国市场，还只能依靠中国邮政。目前卓越在二级城市也是采取自办物流和第三方物流相结合的方式逐渐扩展，但由于第三方物流的服务并不规范，卓越于2004年起开通自己的物流，并开展送货上门、货到付款业务。

三、国内外图书配送实例

(一)日本纪伊国屋的快速配送体系

纪伊国屋书店是日本最大的连锁书店，目前在日本拥有57家分店，并在国外开设23家分店，现有员工2800余人，资产达226亿日元。纪伊国屋图书快速配送体系是纪伊国屋书店的强大物流支撑。

配送是连锁书店物流体系中最重要的组成部分，配送的方式及效果将直接影响到连锁书店的物流成本及物流整合。纪伊国屋所采用的图书快速配送体系在实现高效快速的物流运转方面有比较好的效果，对连锁书店的物流操作有一定的借鉴作用。

纪伊国屋的物流配送体系建立在利用第三方物流的基础上，目前分为两种业务方式。

1. 利用网络电话，读者手机上网订货，东贩配送

这种模式，即利用手机上网购书的方式，读者可以通过手机登录图书销售专门网

站，从手机的屏幕菜单中直接调出某个书店的书目进行检索，并通过手机直接下订单。这种新兴的图书销售渠道的出现与发展，使无线网络与图书销售业的联系越来越紧密，也为纪伊国屋提供了一种全新的销售配送模式。1999年2月份，日本NTT公司推出这种手机订货方式，用以解决购书问题。纪伊国屋书店利用这个契机率先推出了手机购书服务。读者可以在日本的任何一个地方，利用手机登录到纪伊国屋的手机网站服务区，并可以看到日本全国的纪伊国屋连锁店位置及联系方式。纪伊国屋收到订单后，马上采取以下几个处理步骤：

(1)利用和东贩的联机出版信息系统与东贩自动取得数字联系。

(2)不论东贩有无库存都在当天和订货读者进行电话联系。如果读者所订书数量较多，不能一次供应，则每进一册通知读者一次，同时问清是一次集中送货还是分别送货。

(3)由东贩直接通过其配送网络将商品送到消费者手中。

这种图书配送的订单处理系统和信息交换平台，实现了资金流和信息流的全自动化管理，节省了大量的人力和资金成本，大大提高了效率。目前，纪伊国屋的这种订货配送模式是以网络作为信息载体，由总店管理全国网络的物流配送模式，由纪伊国屋总店和东贩在每周统一结算。由于该配送方式的快捷与时效性，该书店会员至今已经有近25万人，并仍以每天约2000人的速度增长着。

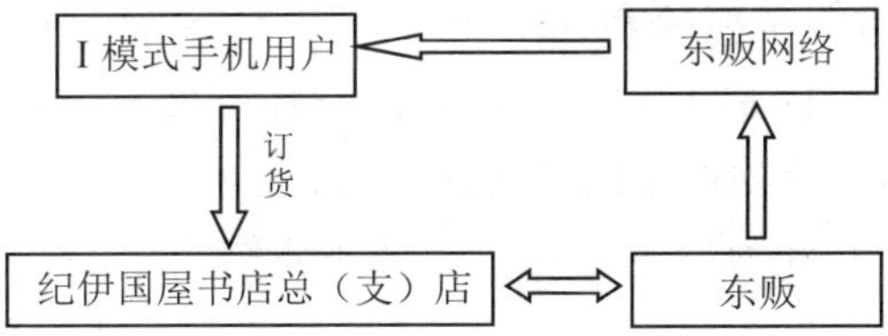

图6-2 读者手机上网订货、东贩配送

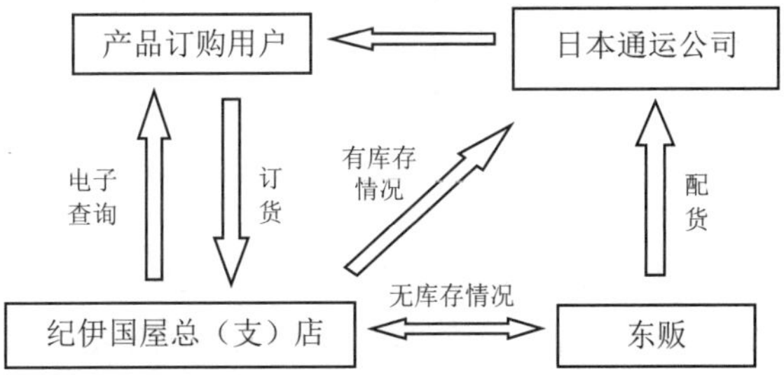

图6-3 传统配送方式

2. 普通的图书快速配送体系

该模式较之上一模式多了一个配送环节，即把图书通过代销业者——东贩，首先配送到日本通运公司，简称日通，然后通过第三方物流进行配送。总部向各分店的配送，均是由日通完成。

具体步骤如下：

(1)接受各种读者订货。

(2)门市有库存的当天发送。

(3)书店门市库存中没有的读者订货，立即用东贩的联机出版信息系统向东贩订货，同时将订货人的姓名、住址、电话号码和订货内容的联系单传送给东贩总社。

(4)东贩收到信息进行处理后，当天从仓库中将货物提出，仓库里没有的马上从出版社按常规取货。将订货装上定时来取货的日通"塘鹅送货上门车"。

(5)"塘鹅送货上门车"开往日通东京支店，在那里进行统一分区域分种类的处理工作。随后按照客户的要求进行包装，再由"塘鹅送货上门车"运往日本的各种营业所。

(6)日通各营业所给具体客户送货上门。

为了保证图书能够按时、准确地送到读者手中，纪伊国屋将自己与日通社的货物跟踪调查系统相连接，只需十几秒钟就可以查出东京店的装货时间、到店地方和配送到消费者手中的时间，纪伊国屋的各分店也可以用订货号码在终端机上进行跟踪调查。

同时，为了进一步加大物流配送的效率，日通应纪伊国屋的要求，扩大了对图书配送的营运时间，实行多种配送，提高了有效空间利用率。这些措施都保证了纪伊国屋在接受读者订单后，能够在很短的时间内将商品配送到客户手中。

纪伊国屋的这种配送方式能够使连锁店实现较好的存货控制、较快的商品订货，提高了商品的快速周转和毛利水平，这也不失为一种能够效仿的、比较成熟的配送模式。

(二)美国巴诺书店的物流体系

巴诺图书连锁店是美国最大的书店，它同时拥有实体与网络两种图书销售模式，其运作也是图书连锁店最成功的案例之一。

巴诺书店的物流中心分为两个层次，一是实体物流中心，二是作为各地区网络书店的配送单体。

1. 实体物流中心

巴诺的实体物流中心，为巴诺旗下的所有的需求体供应图书及其他产品。巴诺根据美国本土的地理位置对于物流中心的配置采取东西两侧向中部辐射的方式。美国的东西海岸相距较远，为使全美各地区都能够较快地得到配送，巴诺选择在美国东海岸和西海岸都建设物流中心：如美国内华达州雷诺市新开张的巴诺配送中心就是按照这个构想而建设的。

巴诺的物流配送中心对于提高物流服务质量，降低物流成本比较重视。这主要通过一些高新物流技术和先进管理方法来实现。巴诺的物流中心仓库里有可拆卸式货架、移动式商品条码扫描设备等，技术先进、方便实用。在配送管理中采用了商品条码和计算机管理系统，实现了商品入库、验收、分拣、出库等物流作业全过程的计算机管理与控制，提高了效率，加强了管理。同时，由于需要满足一些网络书店的配货要求，巴诺物流中心还比较注重对商品的增值加工服务。如按照消费者、客户或当地网络商店的需要，对商品进行分拣、包装、拼装，使图书或其他类商品更能适合客户和消费者的要求。这些中间加工作业一般都是在配送过程中的物流中心的仓库中进行。

2. 网络书店的物流配送功能

巴诺将实体书店与虚拟书店相结合，使每个连锁店为读者提供上网设备，读者可以通过网络书店购买社区或街区书店受店面有限无法上架的图书，同时使这些实体连锁店成为其网络书店的供货配送终端。

巴诺覆盖全美的近2000家书店正在开始测试网络购书24小时送达服务。目前这种服务仅限于纽约曼哈顿地区，送书员以骑自行车、徒步、搭地铁或开小货车等多种方式在24小时内送书。这种服务也对亚马逊造成了巨大的威胁。

对于没有巴诺实体书店覆盖的地区，巴诺网络书店通过与其合作的UPS进行配送，读者也可以自主选择巴诺提供的其他合作商APO或FPO进行配送。目前，巴诺承诺所有美国读者网上购买的物品都能够在三个工作日之内收到，海外读者可以在两周内收到。

(三)上海新华传媒的出版物流配送中心

2005年初，上海新华传媒股份有限公司决定建设新的出版物流配送中心，以满足不断增长的业务需求。上海新华传媒物流中心自2006年8月正式动工，到2007年10月建成并成功上线运行，仅用了14个月，成为国内建设周期最短的图书配送中心项目。新华传媒物流中心位于上海市闸北区沪太路和汉水路交汇处，紧邻中环线，地理位置十分优越。该项目总占地面积38亩，建筑面积36000平方米，其中物流中心30000平方米；总投资1.3亿元，其中物流系统及设备投资4000万元。系统设计能力年配送40亿元码洋，其中，一般图书26亿元码洋，一般图书退货4亿元码洋，教材4亿元码洋，音像制品3亿元码洋，文教用品3亿元码洋。物流系统采用高度信息化和适度自动化相结合的方式：一方面，集成化的图书供应链一体化管理系统和物流管理系统有机结合，实现了商流、物流、资金流的高度集成；另一方面，现代化的拣选、输送和分拣系统，使物流中心的各个作业环节和作业过程井然有序、高效流畅。由于该项目设计采用了多项创新技术，建成后的上海新华传媒物流中心创造了我国图书配送中心建设的多项新纪录，因此备受业界瞩目。

1. 系统构成与设计创新

上海新华传媒物流中心物流系统共由5个子系统构成，分别是：教材处理系统，负责处理教材的到货、储存和配发业务；一般图书处理系统，负责处理图书的接收、翻理、直配、储存、拣选、配送业务；一般图书销退处理系统，负责处理图书销退过程中的接收、分类、退社、上架各环节的业务；音像处理系统，负责处理音像制品的到货、储存和配发业务；文教用品处理系统，负责处理文教用品的到货、储存和配发业务。

新华传媒物流中心通过广泛应用电子标签和无线技术，结合自动分拣与自动输送系统，实现了无纸化作业与部分自动化作业，大大提高了作业效率与准确率。同时，物流中心特别强调了信息化建设，采用了世界著名的仓储管理系统INFOR SSA 40000，实现统一的库存管理，该系统与企业ERP系统共同构成了新华传媒的信息系统。值得一提的是，在物流中心信息系统建设的同时，新华传媒还进行了商流系统的建设。尽管难度很大，但实际运行结果表明，上海新华传媒信息化建设获得了巨大成功。位于物流中心的主机房拥有4台高端小型机服务器和大容量磁盘柜组成双机热备份系统，负责商流和物流业务，目前在国内还是不多见的。由于采用了多项先进的信息技术与物流技术，集成一体化成为该中心物流系统的突出特点，其中包括物流、信息流、资金流一体化，图书、教材、音像、文教用品退货一体化，图书到货、翻理、编目、入库一体化，图书添配、直配拣选和打包复核一体化，以及图书入库、直配、拣选、称重、分拣自动化。特别值得称道的是，新华传媒物流中心的建设始终以创新为主题，创新体现在系统设计的各个方面：

(1)教材采用全直配模式，采用优先分配终端算法，推行面向学校发货的一站式服务，全面解决教材配送中由于季节明显、中间环节多，导致占地大、浪费大的问题。

(2)图书收货、翻理，新书注册实现流水线作业，在节约到货翻理空间的同时，大大提高了作业效率，缩短了翻理时间。

(3)图书直配采用电子标签系统和技术相结合的方式，直配品种和直配能力没有限制，解决了图书直配难题。

(4)创造性地提出二段式上架策略，大大提高了系统能力，并使系统处理能力摆脱了过去与品种密切相关的约束。

(5)图书储存按照班组设计，高效率地实现了配送按班组进行货架设计的集成化设计思想，结合图书自身特点和图书存储特点，高效率地解决了储存和 ABC 移库问题。

(6)并包计算采用模糊成件算法，既考虑路线优化问题，又考虑拣选效率和最长路线问题，并从根本上消除了零包现象。此外，拣选与直配实现了自动并包。

(7)图书销退运用二次分类算法和电子标签辅助技术，彻底解决了长期困扰新华书店的退货难题。

(8)图书拣选复核采用重量复核技术，在对数以万计的图书进行分析的基础上，运用统计学原理，对图书误差进行了深入分析，找出了影响图书重量复核精度的关键因素，即图书重量的系统误差。提炼出重量复核的计算方法，从根本上解决了重量复核的关键问题。复核精度在判断正确拣选时保持在 90％以上，在判断错误拣选时保持在 99.9％以上，大大提高系统的处理能力。

(9)供应链管理与物流系统实现一体化，制定以市场需求为导向的采购决策提供技术支持。此举将深刻影响目前新华书店的采购模式，大幅度节约了物流成本和国家资源，并提高了配送服务水平与满意度。

基于以上诸多创新，建成后的新华传媒物流中心将创造我国出版物流建设的多项纪录：在不到 38 亩土地的基础上，完成每年高达 40 亿元码洋的图书配送，土地占用仅为目前国内已建成的出版物流中心的 20％～30％；整个项目从开工建设到一次上线运行，仅用了 14 个月时间，刷新了我国大型物流中心建设最短周期的记录；年图书流转次数将达到 10～12 次，比目前全国平均水平提高 2 倍以上，是一般省店的 4 倍以上；在一个项目中同时应用多项新技术，采用全新的设计理念，全面更新了收货、直配、储存、拣选、复核、销退等各个环节的设计思想，全面实现了供应链管理与物流配送管理一体化，将成为我国出版物流建设新的里程碑，引领我国出版物流建设进入新的阶段。

新华传媒物流中心在提升技术含量、优化作业流程、强化监控水平等方面呈现出“经济、快速、安全、准确”的特点，使其成为具有较为成熟的物流理念、符合出版物物流特点、引领我国出版物流发展方向的新一代出版物流中心的标杆，它的建成将为新华传媒的发展提供强有力的保障。

2. 技术亮点

新华传媒物流中心是目前国内采用新技术最多的出版物流配送中心，有效地解决了长期困扰我国图书配送领域的诸多问题。其技术创新点主要包括以下方面。

(1)到货翻理系统。到货翻理系统包括图书到货、图书整理、图书编目、图书分配等多项业务，是出版物流配送中心设计的重点和难点之一。新设计的到货翻理系统具有占地面积小、自动化程度高、翻理效率高、翻理时间短等优势。

(2)到货直配系统。图书直配与交叉转运(Cross-Docking)模式相类似，但又有不同。图书到货直配通常占新华传媒物流中心到货量的50%～65%，是出版物流配送系统设计的关键。由于品种太多，图书直配存在很大困难，主要是一书多店问题和一书一店问题的矛盾很难协调。

新华传媒物流中心要求一般图书未来每天到货品种达到6000种以上，到货码洋超过800万元。到货直配系统针对一书多店和一书单店的特点，分别采用摘果式配送和播种式配送技术，并综合运用RF技术和DPS电子标签技术，很好地解决了以往系统作业效率低的问题。

(3)高密度的货架系统。新华书店图书中心一般要求库存品种超过25万种，这是出版物流系统的显著特点，这对货架设计提出了很高的要求。新设计的图书储存系统采用阁楼式货架，大大提高了空间的利用率，并在货架设计上采用不同大小的货位设计，充分满足图书的高效储存要求。大宗图书采用托盘货位，充分体现了系统设计的灵活性。

(4)图书重量复核技术。应用对拣选出的图书进行复核是图书配送中的难题，采用扫描复核，不仅成本高，同时还难以保证准确性。因此，采用其他技术进行复核成为研究的重点，而重量复核就是其中一种技术。北京伍强科技公司运用统计学原理对图书的重量误差进行了深入分析，并找出了决定重量复核技术可行的关键因素，最终将重量复核技术应用到新华传媒物流中心，并取得了预期的效果。

(5)基于二次分类的图书退货系统。退货占一般省店发货量的25%～30%。一般图书的退货处理是一个比发货难度大很多的难题，长期以来没有得到很好的解决。

图书退货要解决部分图书从新华书店退回到出版社或供应商，其他部分上架再销售的问题。新华传媒物流中心采用的二次分类法是一种具有独创性的系统设计。

简单来说，二次分类就是先将图书按照出版社(供应商)和品种分为若干大类，然后再在大类中进行第二次分类，以实现图书到出版社(供应商)或到物流中心储存货位的目的。

(6)基于路线优化的模糊成件算法

由于新华传媒物流中心面积达3.6万平方米，如果不加分析和优化，一个包件最长拣选路线将超过600米，拣选时间和周转箱行走时间将超过30分钟，其他辅助时间也将达到30分钟，因此必须对拣选路线进行优化。

其实，对于一个周转箱、一件图书来说，其装箱容量本身就是一个区间。一般要求码洋在 800～1200 元之间，长宽高的尺寸大致在 200 mm×300 mm×400 mm 左右，重量在 15～20 千克。这是模糊成件的基本前提。

模糊成件为路线优化提供了良好的机会，在满足基本成件原则的基础上，选择较短的路线将会得到很好的总体效果。此外，模糊成件使成件效果非常好，可以在很大程度上消除零包。这是一般系统很难做到的。

(7)多楼层提升机系统的冗余设计。新华传媒物流中心输送系统特别是提升机系统的冗余设计，保障了整个物流系统的可靠性。

3. 作业流程

(1)一般图书配送。一般图书配送是出版物流中心工作的重点和难点。新华传媒物流中心一般图书配送分为入库翻理作业区、图书到货直接配送区、图书储存区、大宗图书储存区和图书分拣打包复核区。一般图书储存区设计各种规格货位 12.25 万个，可以满足 40 万个品种、共 2.5 亿元码洋的储存要求。

①入库翻理。每天到货量通常为 700 万～850 万元码洋(35 万～45 万册)，种次将达到 6000 个以上，其中新书约 600 种。最大的订单一次送货可达 400 个种次，约 30 万元码洋。

入库翻理就是将图书按类分开，对新书进行编目注册，完成上架、直配、拆分等工作，是出版物流的关键内容。而新书在线编目是本系统设计的关键技术之一，将整体翻理速度提高了一倍以上，使单本图书的翻理时间至少缩短了 3 个小时。

②直配。对于一书多店情形，采用电子标签辅助的摘果方式处理，大大提高了拣选速度。系统设计了 8 个区域共 1050 组电子标签，可以完成每天约 3000 件的直配任务。对于一书一店情形，采用 RF 辅助按门店和按班组播种方式，设计了 4 个区域共 480 个播种点，大大提高了播种的效率，取得了很好的效果。

③上架。上架区域包括：二段式货架区域、播种区域、摘果区域、一般图书储存区、大宗图书储存区。整个系统的上架操作均采用 RF 技术支持，使上架简单而准确。RF 操作要求扫描周转箱号获得目标地址系列，扫描书号获得对品种的确认，扫描货位号获得最后确认。

④拣选。系统的发货是按照批次进行的，这样可以更加有效地提高服务水平，并减少对资源(如暂存区域、分拣路线)的需求。拣选的主要操作是按区域拣货，全部储存区域设计了 23 个拣选区域。一次可以对多个周转箱进行拣选，并采用模糊成件算法，可以使拣选路径达到最短。

⑤分拣。分拣采用 POP UP 型自动分拣设备，设计了 13 个出口，对应 13 条路线。每小时最多可完成 1200 件图书的分拣。

⑥打包复核。打包复核是拣选作业的最后复核环节。采用重量复核技术解决拣选自动复核问题。重量复核分为图书标定、周转箱标定、动态测量和模糊判定等几个环节，最后系统根据实际测量结果完成对拣选正确性的判断。此外，系统还设计了人工复核程序，以满足特定情况下图书人工复核的需要。包装分为周转箱包装和纸包装两种情况，由系统自动确定。

⑦发货。拣选完成的订单经过检查无误后即可以进入发运程序。发运是按照路线

进行的。

(2)音像制品配送。新华传媒音像制品的库存品种仅为3万种，每天配送量也只有一般图书的1/8～1/10，所以在大部分情形下，以人工处理为主。音像制品的直配比例达到70%以上，这一点也降低了对库存的要求。

音像制品配送系统设在物流中心四楼，占地3200平方米，设计储存区8000个货位，可以满足库存24500件、约2500万元码洋的储存要求。系统设计采用音像制品与一般图书进行统一配送，所以输送线的设计覆盖了音像制品部分。

音像制品配送过程与一般图书基本类似，分为接收、翻理、直配、上架、拣选、复核、发送等环节，但是音像制品的品种、数量和配送方式与一般图书存在差异。在配送过程中，音像制品与图书的最大差异是标签的处理：①系统内的配送：要求在发货时打印标签，并逐一粘贴；②系统外的配送：一般不需要打印标签；③超市和大卖场：要求按照特种规格打印标签，如莲花、家乐福，每个店的标签纸都不一样，增加了配送难度。

(3)图书和音像制品退货。退货作为一个单独的系统，设在物流中心的四楼，面积约1500平方米，设计储存货位9500个，储存能力约900万元码洋，可以满足一般图书和音像制品的退货储存要求。

退货作业分为接收、翻理、一次分类、二次分类、退社和上架等主要环节。退货系统设计是新华传媒物流系统的主要内容之一，具有创新意义的二次分类系统为图书退货提供了一个全新的解决方案。

新华传媒物流中心退货作业的复杂性表现在每天需要完成约1000件图书(约100万元码洋)、高达8000～10000种的退货翻理任务。这些图书分别属于约1000个供应商(其中出版社约570家，主要代理商约400家)，其中，部分图书需要上架进行二次销售(比例约为50%～60%)，部分图书则由于污损严重，需要退回书店。完成如此大规模的工作，传统手工作业方式需要60～70人。由于操作时间长、效率低、信息不及时，导致退货商品很难再进行销售，并经常出现一边大量退货、一边又产生大量订单的奇怪现象，导致每年的退货成本达到数百万元。

为了解决这一难题，有关专家建议采用高速分拣系统完成退货分类工作，尽管在实际应用中可以大大减轻退货的劳动强度，但也带来了一些问题。

得益于分拣系统的启发，新华传媒物流中心采用二次分类技术解决了图书退货难题，可以大大减少人员数量(是传统操作方式的1/2，略多于高速分拣系统)，降低劳动强度，节约投资成本(仅为高速分拣系统的1/5)。

(4)中小学课本。课本配送是物流中心的重要业务。由于课本数量大，品种相对较少，有明显的季节性，所以一般以传统处理方式为主，不采用自动化设备进行辅助。上海新华传媒的课本业务每年仅为4亿元码洋，其中秋季为2.6亿元码洋，春季为1.4亿元码洋，在全国新华书店系统中是比较小的。

(5)课本配送有完整的征订单，所以操作相对比较简单。新华传媒的课本配送着重解决三方面问题：其一是针对季节性强的特点，要求减少库存及仓库占用空间；其二是针对地区仓库特点，有针对性地对具备库存条件的区县优先配送；其三是直接配送到学校，这是一个巨大的难题，但在上海却实现了对1600所学校的直接配送。

(6)为此，物流中心在设计时提出了“当前配送用户”的概念。所谓“当前用户”有两层含义：一是该用户是当前优先配送的对象；二是该用户具备优先配送的条件，如库存情况符合要求等。

课本配送中心设置在物流中心一楼，占地3000平方米，除设计平面堆放区域外，还配有少量货架，以完成部分货物的储存。

(7)文教用品。文教用品配送是上海新华传媒物流中心的特色之一，每年完成3亿元的配送业务，在全国并不多见。文教用品配送本身也比较简单，主要原因是品种少(约3000个)，退货也少(小于5%)。

文教用品作业区位于四楼，占地2000平方米，分为收货、一般储存、贵重品储存、大件货物储存和发货5个区域。

四、网络书店配送模式

(一)现行的网络书店配送模式

网络书店的概念最早出现在欧洲，世界第一家网络书店是1995年贝佐斯创建的亚马逊网上书店，经过二十多年的发展网络书店已经成为电子商务的重要组成部分。也发展出了四种现行常用的物流配送模式。

1. 邮政服务配送模式

物流配送的重要组成部分之一的邮政配送，在我国覆盖面积极广，几乎覆盖到每一个村庄甚至是海岛，不过平均送达周期较长，目前邮政配送主要有以下几种模式：(1)特殊化物流配送，针对用户特殊需求开发的适应新市场环境的物流配送模式，主要解决用户的限时、定时、实时投递的要求；(2)个性化物流配送：主要是针对国内、国际、城际快件业务；(3)大众物流配送：即我们熟知的平邮服务，是面向个人的物流配送服务。

各大网上书店如金书网、当当网、卓越亚马逊等均有采用邮政物流模式，这种模式配送范围极广，是其他物流方式无法做到的，而且邮政配送的配送周期长、服务质量差等问题都随着特殊化物流配送的发展在逐渐得到解决。

2. 自营配送模式

自营配送模式是一种顾客中心型的配送模式，从购买到送达全程没有第三方的参与，是很多企业对消费者(B2C)的电商常见的物流配送模式。在这种模式下，企业物流的各个配送环节均有企业自身组建并进行管理，是一种系统化较高的配送模式，企业对各个环节的控制力较强，能与企业进行良好的配合，很大程度上节省企业运营成本；对用户需求反应迅速能更大程度的满足用户需求。不过自建物流系统的一次性投入较大，规模较小的企业无法承担或者配送范围过小，再者，网络书店并非专营物流配送，除了金钱成本外，还要投入大量的时间成本摸索自营配送模式。

网络书店自营物流配送一般在本店用户较为集中的区域设置储货仓库以及物流配送点，借此为用户进行配送。

3. 第三方物流配送模式

这是一种将物流活动外包的配送模式，网络书店将全部或部分物流功能交由物流服务提供者完成，是一种物流专业化的形式，在这中配送模式下，网络书店只承担与用户沟通的责任，相较于自营模式下的配送方式金钱投入会降低，时间投入也会大大降低，网络书店能将更大精力投入到优化用户体验、提高服务质量上。但是作为 B2C 运营模式的网络书店，由于其用户分散程度较大、单笔交易订货量较少导致第三方配送的成本也偏高，现存的第三方物流尚不能为 B2C 模式的网络书店提供相适应的物流配送服务。

4. 网店＋实体店配送模式

在用户分散，需求多样的情况下，一种线上＋线下的物流配送模式进入了电商的视线，所谓线上＋线下即网络书店加实体连锁店的运营模式，利用网络之便利，结合实体连锁店从而达到完善物流配送体系的作用。(1)以实体店作为某一区域的配送中心，结合网络书店实现线上线下优势互补，加快物流配送，降低运营成本，提升用户体验；(2)网店＋实体店能在很大程度上实现多区域的同城快递，对于与网店仓储中心附近的用户自不必说，对于较远的用户由于网络书店与实体连锁店结合也能达到近似同城快递的效果。但是这种新的物流配送模式尚处于探索阶段，诸如如何选择合作伙伴、线上线下如何实现对接等问题有待解决。

(二)B2C 网上书店不同配送模式的配送服务策略

1. B2C 网上书店图书自营配送模式下配送服务策略

拥有实体连锁书店支撑的 B2C 网上书店可以利用实体连锁书店已有的渠道进行配送，这种自营物流配送模式依托分布广阔的传统商业渠道，可以整合线上、线下的优势，为消费者提供更加人性化的服务。

面对 B2C 网上书店的竞争态势，传统实体书店正在加大对电子商务的投入力度。传统实体书店开设网上书店具有明显的优势，主要体现在其上游已经建立起来的丰富供应链资源和线下实体店面累积的书店品牌和用户资源。不过，虽然 B2C 网上书店进入的门槛很低，但是传统实体书店开展 B2C 网上书店，还应该注意解决好以下问题：

(1)B2C 网上书店平台的完善和流程优化。相比已有的网上书店，传统实体书店发展网上零售业务首要需做好的就是网上购物平台的搭建，特别是站内搜索等基本功能和用户购物流程、步骤的优化。这是吸引并留住用户的前提条件。

(2)B2C 网上书店配套物流、支付等环节的构建。出版物流配送和支付等环节对网络购物平台非常重要，也是传统实体书店进入的门槛之一。已有的网上书店花费了很长时间和资金成本才构建起自己的物流系统，短期之内传统实体书店还无法完全复制。配套环节构建尚需传统实体书店在实践中不断摸索。

(3)线上线下书店资源整合、优势互补。传统实体书店拥有线下店铺累积的品牌和用户资源优势，如何把线下优势转化为线上优势仍有待解决。网上书店目标用户群和线下用户有较大的差异，网上书店的营销推广也完全不同于线下。传统实体书店除了要面临线上线下图书定价差异可能引起的问题之外，还需面临短期内网上书店的运营成本及线上用户物流配送覆盖区域问题。

(4)B2C网上书店特色品牌重新构建。传统实体书店的品牌在网络上仍需重新构建。在目前网上书店众多的情况下，必须找准自己的定位，可以考虑专注于细分某类图书市场，定位于某特定目标人群和某特定种类的图书销售，如考试类用书、学术期刊等，或者更加专业、精准的定位，如医学类考试用书、公务员考试用书等，有可能成为开设网上书店较好的切入点。

2.B2C网上书店图书外包配送模式下的配送服务策略

从思考企业自身优劣势和外部环境的危机到决定将物流配送外包是一个非常复杂的过程。外包需要与物流服务提供商建立一个无缝链接的合作系统，有赖于企业之间信赖机制的建立、企业之间畅通的信息渠道。物流外包对企业物流的供应链管理体系、经营管理体系、经营绩效和物流成本等方面将产生多重重大的影响。

在计划采用第三方物流服务的过程中，应该首先考虑以下方面的问题。

(1)外包前企业的准备工作

①积极进行企业内部流程及思想观念改革引进第三方物流服务是企业经营方式的重大改变，因此它也需要企业内部进行大量的改革，才能使第三方物流为企业带来预期的竞争优势。使用第三方物流有可能引起公司内部人员的排外和抵触情绪，促使物流部门人员削减，产生人员培训需要，增加人力资源部门工作，这就需要新的物流成本核算体系，要求整合双方的信息系统。因此企业高层领导必须参与外包物流过程，加强外包物流的宣传和动员工作，拟定富余人员安排方案和相关人员培训方案，制定物流成本的核算体系，加强企业信息系统建设，为与第三方物流提供者的合作做好准备。

②制定合理的选择第三方物流服务提供商的程序。我国第三方物流刚刚兴起，第三方物流企业服务理念不成熟，筛选第三方物流提供者的决策过程显得尤为重要。根据企业选择第三方物流决策的经验，要特别注重下列几点：首先，要明确外包物流的具体目的是为了提高服务水平，满足消费群体不断增长的期望，降低企业成本，提高经营效益。其次，要组织一个物流外包决策团队，包括物流、营销、财务、人力资源等部门的负责人以及企业高层领导，共同制定选择第三方物流企业的方案与流程。再次，要制定主要的评选方法，评选方法包括公开招标、内部议标、专项考察、试用评价等方法。要通过合理的筛选程序，经过调查、发函、评审等程序筛选出价格低、服务质量好、公司信誉高、有从业经验的第三方物流提供者。最后，制定主要的评选标准，根据企业外包的目的与阶段计划，制定评选标准，可以包括企业规模、企业信誉、服务理念、管理体系、物流操作水平以及价格等。特别需要注意的是第三方物流企业的服务意识、联盟意识和管理意识，同时也要注意考察企业的管理理念，这样才能形成稳固的联盟关系。

(2)外包之后对第三方物流的管理

①加强第三方物流合作关系管理选定第三方物流服务商后，需加强相互之间的合作关系管理，使双方合作关系朝健康的方向发展，使物流服务作为企业竞争优势得以保持。根据发达国家第三方物流合作的成功经验，需要特别注意加强以下几点：一是双方权限分工明确。企业在程序和系统的设计方面起主导作用，而物流服务提供者则在执行这些活动时起主导作用。二是紧密的合作关系。物流服务提供者提供客户化定

制服务，并在很大程度上将其资产投资致力于关键顾客的特别需求，双方在合作中不断加强交流，共同促进合作关系的发展。三是强有力的绩效管理。将企业物流活动外包给第三方物流提供者后，并不意味着企业对外包的物流活动可以不闻不问，相反必须定期或不定期地对第三方物流提供者进行绩效评估，确保外包物流的质量。所使用的物流绩效指标主要有及时运输、存货清单正确率、顾客满意度、运输差错等。可由外包决策团组成评审小组或聘请独立的外部人员对第三方物流提供者的绩效进行监控，发现问题及时进行改正，并可根据合同中的激励和惩罚条款进行适当的处理。

②整合多个第三方物流企业各自的优势。第三方物流供应商为企业提供所有的或一部分供应链物流服务，在实际的运作中，要使企业实现运作成本持续降低、区别于传统的外包业务，要依靠业内优秀的第三方物流供应商、技术供应商、管理咨询顾问和其他增值服务商，为企业提供独特和广泛的供应链解决方案。这是任何一家物流企业所不能单独提供的，充分利用和发挥各方优势，对公司内部和具有互补性的服务供应商所拥有的不同资源、能力和技术进行整合和管理，实现供应链的整体利益与企业自身利益的有机结合，最终形成企业的核心竞争力。

在拥有多个第三方物流服务提供商的外包模式下，物流配送环节越少越容易划清责任界限，具体可从以下方面操作。

引入竞争机制。多个物流公司的存在，可充分发挥不同公司的区域优势。横向的服务质量评估和排名，对各物流公司是一种很好的激励措施。

统一服务标准。保证多家物流公司的服务质量达到统一的标准对于客户而言是非常重要的，这就需要高度重视对物流公司的服务培训。必要时，可以针对每家公司参与业务的员工集中组织培训及安排考试，提升配送员工的整体服务意识，统一服务标准，提高重视程度。从企业运输、配送管理需求的角度，整理一本完整的操作考核手册，除了让物流公司知道该做什么外，还可以定期对考核手册进行修改，引导物流公司关注某阶段的重点工作，集中投入更多精力。

公正、公平的操作考核记录。这是对物流公司进行选择和淘汰的重要参考依据。否则，在这方面将会出现众多的人为判断，丧失公平性，被淘汰的物流公司会产生不满甚至产生其他负面的影响。

指定标准操作流程。日常运作中，有些物流公司容易不定期出现服务质量问题。如运输车辆的控制、运输信息的全程掌控、客户端服务质量的监控、POD的及时准确回收等，要通过有效的问题记录和积累，使用6西格玛等工具分析原因找到解决方法，汇总制定严格的操作流程规范。

与第三方物流企业携手共同发展。向第三方物流企业传递企业的管理文化和服务理念，协议只能在短期内将两个企业连在一起，而文化的认同，才能真正将双方长期绑定在一起。

(3)借用其他连锁渠道的配送策略

传统连锁经营在众多行业中经历了健康快速的发展，形成了以大型连锁企业为骨干，中小连锁企业为补充，包括超市、便利店、专卖店、货仓式商场等多种业态共同发展的网络化流通格局。连锁经营中各分店的这种面向区域市场，店面开到家门的特点，正好与B2C电子商务形成了优势互补，消费者通过B2C网上书店订购书籍，来到附近的连锁店取货或由连锁店送货上门，即可十分便利地完成购物过程。B2C网上书店通过连锁企业线下的配送网络，实现了货物的低成本配送，使自身与消费者之间缩短了距离。连锁企业与B2C网上书店合作，也可以为其带来大量的优质顾客。

通过连锁便利店为B2C电子商务提供物流配送这种新兴的B2C物流方式正在发达国家悄然流行。在日本，连锁商店成为电子商务必争之地。以索尼为代表的七家大公司与日本规模最大的连锁商店“7-11”合作成立了电子商务交易公司，此后各个连锁商店纷纷效仿。

“7-11”便利店已经成为部分B2C电子商务公司的交货地点，消费者在网上轻点鼠标后，就可以就近选择一家“7-11”便利店取走货物。很多日本专家认为，谁能尽早掌握有效销售渠道，谁就能在未来的电子商务市场上具有更大的竞争优势，因此，连锁店所具有的诸多优势使它能够成为担当B2C电子商务物流配送的主力军。

首先，由于连锁店一般全天候营业，它可以为网上消费者提供“7×24”小时服务，在一天中任何时候为顾客送货，又由于连锁店贴近居民区，可以缩短取货时间。这样有效地解决了B2C中送货时间长、成本高的问题。

其次，地域分布广阔的商业网络、优越的信息系统以及高效的配送系统使连锁经营店能够为B2C网上书店提供强大的支持。连锁店可以使电子商务生根，让电子商务落地。B2C网上书店一旦与连锁经营店整合起来，就可真正享受到连锁店巨大的商业网络和电子信息技术给它带来的好处。同时，如果连锁经营店与B2C网上书店实现对接，可为网站运营商在节省费用的情况下带来大量忠实顾客。

不过，虽然我国的连锁经营有所发展，但要担当起B2C物流配送的主力军还存在着相当多的问题，主要表现在：第一，连锁经营店连锁化程度低，未形成一个有效的连锁网络；第二，连锁经营店物流系统信息化程度低。

国内无论是连锁经营企业还是电子商务企业均缺乏合作的经验，成功实现对接的事例乏善可陈，因而在两者合作过程中可能会出现各种各样的问题，双方还需要不断摸索，积累经验，彼此协作，才能实现共同发展。

3. B2C网上书店图书自营加外包配送模式下的配送服务策略

这种物流配送模式适用于当企业的物流配送业务量达到自营物流业务规模效应的时候，通过控股，可以选择将核心的物流配送业务自营，将外围非核心的业务外包，这种方式可攻可守。

采取自营与外包相结合的配送模式，对于国内的B2C网上书店似乎更加实际。尤其适合那些拥有一部分物流资源，还不能满足商务扩展需要的公司。这种公司建立自己的配送体系投资太大，资金不足，对市场估计不足而害怕承担太大的风险，加之配送体系建设周期太长，不能满足自己的盈利期望等等。由于“最后一千米配送”覆盖面极广、运作繁琐，电子商务企业往往将其转给物流代理公司来完成。而出于对库存成本、信息的掌控，防止突发情况带来的缺货损失，企业战略发展等的考虑，电子商务企业往往会考虑建立和管理自己的仓库和配送中心。

以上背景促使企业采用与第三方物流共建来共同实现物流配送。在这种模式下，电子商务企业一般沿用或是通过建模与实证分析在适宜的地方自建大型的存储仓库和配送中心，不断调整和优化仓库、配送中心的布局，通过信息化平台和网络技术实现与物流代理公司的合作，将其后环节的物流配送业务交由专业物流公司来完成，共同实现对消费者的物流配送。此时，双方之间沟通、信任机制的构建，双向信息对接、整合等问题对电子商务企业提出了新的挑战。电子商务企业可通过灵活发挥自身和代理公司的双重优势来实现低成本、高效率的物流配送。

(三)B2C网上书店出版物流配送模式实证研究

1. B2C网上书店图书自营物流配送模式——卓越亚马逊

卓越亚马逊的前身卓越网成立于1999年，由金山软件公司投资，主要提供线上软件下载服务。2000年5月，卓越网从金山分拆，转型涉足电子商务领域，主营音像、图书、软件、游戏、礼品等流行时尚文化产品。2004年被亚马逊收购。

(1)基于体验的物流体系

一般，消费者所能看到的电子商务网站平台，通常只是“电子”部分，即网站展现给人们的一部分，这一部分其实只占全部工作的30%，只包括界面是否清晰、分类是否明了等环节。剩余70%的工作包含着物流、配送等消费者看不见的环节，其实这才是卓越亚马逊工作的中心。

卓越亚马逊秉承了亚马逊的一个理念。做任何决策的时候，都要首先从消费者的角度去考虑，然后从消费者的需求出发倒推企业内部的流程。在现阶段，消费者最关注的是物流配送的及时、准确、便捷。因此，卓越亚马逊也倒推回去改革企业的内部流程，从消费者体验出发重构物流体系。

在流程再造之前，卓越亚马逊产品摆放的标准是按产品分类、外形、购买频率等特性，将货品固定在某处，即通常所说的档案化管理。但现在，消费者需求的改变对其仓库利用率提出了更高需求。为了更快、更有效地满足消费者的配送需求，卓越亚马逊聘请专业公司对库房结构进行了重新设计。新思路改变了档案式的管理方法，而借助信息系统，以存放方便、节约空间为原则改变了库存轨道，以内部通道的流畅性为考核指标。以一个绒毛玩具为例，在产品入库时，库房管理员首先找到存放母婴产品的区域，但不必固定到某一个货架，而是找一个空档(譬如在婴儿车之间)将其摆放好，并用电子枪将其位置上的编码扫描。当有消费者选购一本幼儿画报和一个绒毛玩具时，配货员从一个入口进入，输入其想要的货品代码，计算机就会自动帮他找出一条最优的道路，带他找到幼儿画报和那个存放在婴儿车空档间的绒毛玩具。这样的改变，大大节约了库房空间，更重要的是，最快地满足了消费者的需求。

自建物流中心是卓越亚马逊一个基于消费者需求和体验出发的“非常规”举措。卓越亚马逊认为，这种直接物流配送模式对于B2C网站来说，虽然会增加成本，但对于增加消费者的体验来说却至关重要。由于购物没有地域限制是电子商务的一个重要竞争力，因此如何打破消费者网络购物的地域局限便是这类公司必须思考的问题。卓越亚马逊在继北京之后又分别在上海(后迁至苏州)、广州建立了仓库，这样的布局不仅满足了业务量较高的当地消费者的需求，更关键的是，有利于卓越亚马逊对全国市场的覆盖、布局与协调。目前，卓越亚马逊已完成了对全国30多个一、二、三线城市的覆盖，三地仓库的建立大大缩短了配送时间和配送成本。随着卓越亚马逊业务量的增加，以及消费者对配送速度提出的更高要求，如果说三线城市消费者对三五天的送货周期还可以接受的话，那么在北京、上海、广州等一线城市，消费者往往要求当天订货当天送到。譬如一本畅销书，能够先睹为快总是令人兴奋的。在电子商务发展初期，很难有第三方物流能够高质量地满足这种大量而快速的配送要求。2002年，卓越亚马逊成立了世纪卓越快递公司，开始自建配送队伍，最终，保障了对整个配送过程的质量控制。

同时，卓越亚马逊还不断根据形势，对仓库容量进行扩充。2006年11月和2007年5月，卓越亚马逊分别对广州和苏州的仓库进行了扩容，扩容后广州仓库总面积达11000平方米，苏州仓库总面积22000平方米。扩容后，卓越网提供的货品品种也因此增加了数十倍，从最初的上万种发展为现在的以百万计，卓越亚马逊在品种上又一次大大丰富了消费者的选择。扩容仓库、加大库存给企业带来的最直接的影响是加大了库存成本压力，但是，从消费者体验的角度看，却可为顾客提供更丰富的选择和更快捷的服务。卓越亚马逊认为，企业承担一定的成本压力与管理风险而去尽量满足消费者需求，在培育市场阶段，是值得的。

(2)以消费者满意度为考核指标

如今，卓越亚马逊的配送能力已基本满足了北京、上海、广州、天津四个城市的要求，业务量大时它还会将部分配送外包。在其他城市，卓越亚马逊则采用与第三方配送公司合作的模式。虽然现在还未出现一家能够覆盖全国的物流公司，但卓越亚马逊通过与各地第三方物流公司合作，实现了将分散在全国的配送公司整合起来、变成卓越亚马逊一个整体物流系统的目标。而与此同时，对于散布在各地配送公司的筛选和考评，也成为卓越亚马逊工作的关键环节之一。同样，在这方面，卓越亚马逊也是以客户感受为主要出发点和参考标准。到达率、准时率、投诉率、损坏率等，都是卓越亚马逊考评合作伙伴的重要指标。

卓越亚马逊在对第三方物流公司的管理方面，包括对物流供应商的选择、财务管理、质量管理等，以及实现订单分拆等新业务要求时，均采取了以消费者满意度为考核指标。这样做的意义在于，一方面企业实现了对消费者体验和需求的即时掌控和跟踪服务，另一方面，也有利于最大限度在满足消费者体验的同时有效地控制成本、提高运营管理效率。

比如，卓越亚马逊在选择第三方物流方时，就首先根据地区经济发展状况和订单量来选择在不同地区合作的第三方物流方的数量。同时，在确定合作方后，又根据地区差异确定绩效考核的具体标准，比如对经济落后地区的合作方，更重视考核物品的损坏程度。对发达地区，如北京的合作方，则关注考核消费者更在意的快速和准时指标。

在财务管理，如货到付款方面，卓越亚马逊首先与物流合作方制定了一个协议，主要是基于发单量的定期资金返回比例。此外，在质量控制方面，卓越亚马逊还确定了一个平均损坏产生率，即在确保了消费者从卓越亚马逊网站下单、库房打印、包装过程中质量保证的前提下，再重点监控物流服务提供商和当地物流配送公司的配送质量。比如，如果消费者预订了1单从北京送往成都的货物，订单损坏发生在从北京到成都的铁路运输环节，则责任由这一运输环节的物流服务提供商承担，但如果是发生在当地城市(成都)配送公司送至消费者的过程中，则由当地该公司承担。

2006年4月，卓越亚马逊推出了“订单拆分服务”，即消费者可一次购齐所需商品(包括预售和缺货商品)，并可自由选择“用最快方式拆分订单发货”的功能。之前，假设消费者想购买一本缺货的图书和一张有货的CD，他只有两个选择：要么这次他只买一张CD，等图书到货时再次购买，要么他只能一次购买，等到图书到货一并送来。但订单拆分功能的推出，使该消费者有了新的选择，他可以一次购买这本图书和CD并选择分拆送货，也就是说，他在收到CD后，再次收到图书。实现订单分拆，对信息系统来说没有太大困难，但对物流系统的考验却很大，卓越亚马逊必须准确知道自己的货物存放地点，以及怎样分拆最优。在解决后一问题上，卓越亚马逊实行了以消费者期望值为判断标准的方法，即由消费者自己决定，是分拆还是集齐配送。由于并非所有消费者都愿意等待，因此这种决定方式不仅避免了过去单一的配送模式，大大提高了顾客满意度，也为企业带来了方便。

2. B2C网上书店图书外包物流配送模式——全球最大的网上书店亚马逊

(1)亚马逊的配送系统世界上最大的B2C电子商务公司亚马逊(www. amazon. com)，总部位于美国西雅图。1995年7月创建，现在已经发展成为集图书、音像、服装等经营收入上亿美元以上的综合性电子商务公司。亚马逊的配送业务是将配和送分开操作，自己的配送中心完成配货任务，送货环节主要交由第三方配送企业完成，采取自营与第三方物流配送相结合的配送模式。

美国国内的业务是由亚马逊自己联合美国邮政进行配送。在配送中心的辐射区域内由自己组建的物流配送公司配送，在其他地区，特别是偏远地区通过美国邮政送货上门。在与美国邮政合作的过程中，亚马逊使用一种被称之为“邮政注入”的方法减少送货成本，即用自己的卡车或独立的承运人将整卡车的订购商品从亚马逊仓库送到当地邮局库房。这一程序免除了邮局的前期处理步骤，节省的资金相当于头等邮件普通价格的5%～17%。

亚马逊将美国以外的所有配送业务都委托给联邦快递(FedEx)完成。在与第三方物流企业FedEx合作过程中，亚马逊每天利用FedEx安排的近千名配送人员和100多架固定货航，从遍布全球的配送中心，为亚马逊上百万海外订单提供配送服务。如在《哈里·波特和火焰杯》的首发日，FedEx就动用了900名配送人员，从700多个发行点出发，通过100多架货航，为该书在亚马逊的16.9万份订单完成送货任务。

(2)亚马逊配送管理特点

第一，拥有完善的配送网络。亚马逊在美国(佐治亚、堪萨斯、内华达、俄勒冈、肯塔基等州)共建立了8个配送中心。在亚洲和欧洲也建立了8个配送中心。现在亚马逊的配送中心规模足以与一个大型的传统零售公司配送系统相媲美。因为有完善的配送中心网络，配送中心作业处理以及送货过程非常迅速，减少了向主要市场用户送货的标准时间，缺货也更少。亚马逊的管理人员自豪地宣布“配送中心将极大地增加我们可以存储的图书、CD、录像带及其他商品的数量，仓库里有现货，我们就可以立即将商品配送给消费者”。

第二，以全资子公司的形式经营和管理配送中心。亚马逊认为，配送中心是能够接触到客户订单的最后一环，无疑是实现销售的关键环节，他们不想因为配送环节失误而失去任何销售机会。因此，他们的配送中心属于他们的全资子公司，可以直接管理与控制。这一做法不一定可以推广，但也说明配送对整个电子商务系统具有决定性意义。

第三，配送高层管理人员经验丰富。为了加强配送系统的规划与管理，亚马逊1998年7月任命世界上最大的零售商沃尔玛的前任物流总裁怀特为亚马逊的副总裁，而怀特在沃尔玛时管理的配送中心有30个，总面积353万平方米，员工3.2万人。亚马逊配送中心的高层管理人员具有极高的素质和丰富的经验。

第四，亚马逊的送货方式。亚马逊提供了多种送货方式和送货期限供消费者选择，相应的送货费用也不相同。一是基本送货方式，即以陆运和海运为基本运输工具的标准送货。二是空运，如选择基本送货方式，在美国境内3～7个工作日到货。选择空运，美国国内用户等待1～3个工作日可以到货。交货时间的长短反映了配送系统的竞争力，亚马逊设计了比较灵活的送货方案，用户可以自由选择，受到用户的欢迎。

用户选择送货方式具有明显优势。一是能较好地控制成本。选择不同的配送方式必然是相比较择优而取，因而可以接受相应成本的服务，配送企业可以降低成本。二是可以更好地满足顾客的需要。按照用户选择的送货方式交货，用户不会因不同的交换地点与时间提出意见。

3. B2C网上书店图书自营加外包物流配送模式——当当网的物流配送系统

与国内许多著名的互联网公司一样，当当网（www.dangdang.com）创建于1999年。1999年11月当当网正式投入运营。近年来，当当网致力于打造自身的物流中心，有力地提高了运转能力。2007年5月当当网占地面积达4万平方米的新物流中心在北京投入运营。

2007年8月当当网新的ERP系统上线，同时推出新的购物车和结算功能。2008年7月当当网针对北京、上海、广州、深圳四地进行物流大提速。2008年10月当当网推出全场免运费的优惠运费政策。2009年5月当当网成都物流中心启用，全国库房总面积达到8万平方米，成为国内电子商务公司中库房面积最大、物流配送网络最广泛和最发达的公司。互联网为商品提供了可以无限延伸的展示空间。在当当网，消费者无论是购物还是查询，都不受时间和地域的限制。在消费者享受“鼠标轻轻一点，精品尽在眼前”的背后，是当当网耗时9年修建的“水泥支持”——庞大的物流体系，仓库中心分布在北京、华东和华南，覆盖全国范围。员工使用当当网自行开发、基于网络架构和无线技术的物流、客户管理、财务等各种软件支持，每天把大量货物通过空运、铁路、公路等不同运输手段发往全国和世界各地。在全国超过700个城市里，大量本地快递公司为当当网的顾客提供“送货上门，货到付款”的服务。

(1)当当网的配送系统以外包为主，同时也自建了配送中心

①当当网模仿亚马逊的模式建立了自己的配送中心。当当网在全国设有北京、上

海、广州三大配送中心，每个配送中心的规模图书存量均在 8 万册以上。第一家配送中心自从当当网创办以来就开始运营，上海和广州两家配送中心从 2004 年起投入运营。配送中心接到订单后快速备货，通过快递公司或邮政系统在全国范围内进行配送，港澳台及海外地区由国际配送公司或 EMS 进行配送。

②在各个主要的城市将配送业务委托给快递公司。当当网同众多城市的快递公司签约，结成战略同盟关系。各快递公司在自己所在城市组织配送队伍。对于货到付款的业务，由配送人员将货款收上来交由快递公司，然后由快递公司交由当当网。一般而言，加入当当网快递业务的快递公司须缴纳一定的保证金，以免快递公司内部人员携带货物或货款私逃，给其带来损失，保证金额通常为快递公司 3 天的营业收入。与发达国家相比，由于我国用工成本低，为当当网提供配送服务的快递公司在很多城市组织自行车进行配送，这样也能维持较低的配送成本。随着当当网业务规模的扩大，配送业务形成了规模效应，快递公司在保持原有自行车配送队伍的同时增加了小型配送车的队伍，这样配送成本不但未有上升，反而有所下降。

③为各地快递公司制定了明确的配送目标。国内众多快递公司规模小，经营不规范，所以其配送服务还没有达到当当网期望的及时性配送。但是，当当网与多家快递公司携手共进，努力提升快递服务，配送时间已经大幅度缩短。

(2)当当网配送系统目标中的费用和时间分析

配送的及时性与经济性是配送系统的两项核心指标。为了了解当当网配送系统运营效果，可以分析当当网不同地域范围的收费标准和承诺的配送时间。

当当网的配送系统在其网站上为用户查询在各个地区承诺的送货时间、运费、运费优惠策略是否支持上门退货和货到付款方面提供了非常人性化的查询渠道。

当当网的配送系统已经越来越完善，但是在以下几个方面还有待提升。

第一，在普通快递和普通邮寄方面，运费没有和运距结合起来，没有考虑不同地区配送的便利程度和当地消费者的消费能力、生活水平等等。第二，在普通快递和普通邮寄方面，运费没有和配送时间紧密的联系起来。第三，港澳台、海外地区的配送费用过高，有时配送费用已经远远超过图书本身的价格。

(3)当当网配送系统创新

①在收费模式上面的创新。国内消费者的消费习惯是“一手交钱一手交货”，当当网推出的货到付款服务给消费者提供了更加灵活的交易形式。货到付款，由快递投递员先将货款收上来再交由快递公司，再由快递公司交由当当网。

②配送环节的创新。由于国内快递公司普遍存在配送网络覆盖面不够广的问题，所以如何将配送业务外包给多个物流公司，如何有效地管理他们、对接他们的系统是比较复杂的。当当网的做法是将航空、铁路、城际快递、当地快递公司的资源进行整合，有效地管理协调，实现了最短时间内送货上门。

③促销手段的创新。当当网将配送费用的调整作为对图书等商品的重要促销手段。类似“满 30 元，免运费”或“全场免运费”等促销策略。

(4)当当网配送系统的管理控制措施

①培训配送人员；

②改善配送系统流程；

③控制配送成本；

④在学习中创新。

(5)当当网配送系统存在的不足及改进措施

①存在的不足：第一，前期投入太大；第二，配送方式不灵活；第三，配送速度依然不够快；第四，配送过程中货物难以追踪。

②配送系统存在不足的原因：第一，第三方物流配送不够发达；第二，配送观念不先进；第三，物流环境有待改善。

③配送系统改进措施：第一，拓宽配送网络；第二，与上游大型供应商建立战略联盟关系；第三，与综合性第三方物流企业建立战略联盟关系；第四，从供应链一体化的角度来管理配送；第五，增加经营品种。

4. 未来 B2C 网上书店出版物流配送方面的趋势

(1)根据长尾理论，B2C 网上书店图书市场个性化需求越来越大，网上书店图书市场扩大为传统的 1.5 倍；

(2)图书电子出版物市场份额越来越大；

(3)物流配送体系日益完善，专注于 B2C 电子商务的物流快递公司出现；

(4)B2C 物流配送依然是自营、外包模式共存的现状。

国内 B2C 网上书店应该努力借鉴发达国家的经验，根据自身资源掌控情况，选择适合自己的物流配送模式，进行差异化定位，构造核心竞争力，打造属于自己的蓝海。

在配送策略方面，应该革新传统的理念，学习新经济下的经营理念，学会从传统的“打固定靶”到现在的“打飞靶”的过渡，学会以服务卖产品，以产品卖服务。

实践训练

一、实训项目

设计图书配送模式。

二、实训内容

选择本地一家书店为对象，进行调研了解其图书来源以及配送方式，尝试为其设计新的图书配送模式。

三、实训形式

1. 以 3—5 人为小组进行调研；

2. 调研结果以报告的形式呈现给教师指导；

3. 制作 PPT 进行全班交流。

四、注意事项

1. 调研注意合作完成；

2. 配送模式设计以自主创新为原则。

五、评价标准

图书配送模式设计实训项目评价表

项目	分值	表现描述	得分	备注
调研结果的合理性	20			
配送模式的合理性	40			
表述呈现的流畅度	40			
合计	100			

项目七　出版业供应链管理

学习目标

【知识目标】

1. 认识、了解供应链理论的产生背景、概念、特点以及物流供应链管理的相关知识点。

2. 了解联合库存管理、供应商管理库存、连续补充货物以及快速有效的响应系统四种物流供应链管理方法。

3. 认识、了解我国出版业物流供应链的现状与特征以及我国出版物流进入供应链管理的各种路径。

【能力目标】

1. 掌握供应链理论、物流供应链管理的概念与内涵。

2. 能区分联合库存管理、供应商管理库存、连续补充货物以及快速有效的响应系统四种物流供应链管理方法。

3. 能区分我国出版业物流供应链不同时期的具体特征，掌握我国出版业的主要特点，能结合实际选择适合我国的供应链管理路径。

【素质目标】

1. 培养学生客观、全面地看待问题，养成实事求是、精益求精的职业精神。

2. 训练学生具体问题具体分析的能力，养成良好的学习态度。

任务一　识别供应链管理

任务思考

通过对单个企业的分销物流的分析与理解，思考物流供应链理论是在什么背景下产生的、它有什么特点、企业又该如何进行管理。

任务分析

供应链理论是企业之间实现资源配置和信息共享的重要理论，认识、理解供应链是进一步了解物流供应链管理的内涵以及学习各种管理方法的基础。

前面讲的是企业的分销物流，或者是单个企业的物流，现在转入多个企业的物流整合和协调。因此前面讲的是微观层面，现在进入中观、宏观层面。

一、产生背景

供应链理论产生于20世纪80年代初的美国。产生背景有两个：

第一，市场竞争激烈。企业急需增强竞争能力，才能够占有和扩大市场份额。当时美国受国外纺织品进口急剧增长的冲击，国内纺织业受到很大压力，市场在急剧收缩。为了纺织、服装企业自身的生存和发展，企业急需寻找解决问题的办法。通过调查发现，每个纺织、服装企业自身的实力都还不算差，问题就出在企业与供应商之间、企业与分销渠道之间的协调上。因此人们开始着眼于研究企业之间的协调，于是出现了供应链理论。

第二，信息技术的发展。企业协调关键在企业沟通，而企业沟通的关键在信息沟通。信息沟通，不能只是打电话、发传真，最主要的是商务数据的沟通，例如销售数据、库存数据、发票、合同、订单等。企业之间有距离，这些数据的传送量和传送频次又高，靠人传送是不行的，需要由计算机网络传输。正好20世纪80年代出现了电子数据交换技术(EDI)，人们利用EDI技术传送数据。电子信息技术的出现，不但加强了企业之间在业务上的协调和效率，而且也加深了企业之间相互信任、相互支持的友好关系，促进了供应链理论和技术的形成和发展。

供应链理论的形成和发展大大提高了供应链的效率，让企业尝到了甜头，越来越受到企业的广泛接受，因此，20世纪80年代中期以后，供应链理论逐渐普及开来。

二、供应链的定义和特点

(一)定义

在企业和供应商联合的实际探索中，形成了一套供应链的概念、理论和方法体系。

美国学者史迪文斯(Stevens)："通过增值过程和分销渠道控制从供应商的供应商，到用户的用户的物料流就是供应链，它开始于供应的源点，结束于消费的终点。"

美国咨询师伊文思(Evens)："供应链管理是通过前馈的信息流和反馈的物料流及信息流，将供应商、制造商、分销商、零售商，直到用户连接成一个整体的模式。"

英国物流学家哈里森(Harrison)："供应链是执行采购原材料，将它们转换为中间产品和成品，并将成品销售到用户的功能网链。"

华中科技大学马士华教授："供应链是围绕核心企业，通过信息流、物流、资金流的控制，从采购原材料开始，制成中间产品以及最终产品，最后由销售网络把产品送到消费者手中。将供应商、制造商、分销商、零售商，直到最终用户连成一个整体的功能网链结构模式。"

综合上面学者的观点，我们可以简单概括为：供应链就是由一个企业牵头，多个利益相关企业组成的战略联合体。

(二)特点

1. 供应链以物资为核心

整个供应链可以看成是一种产品的运作链。供应链根本目的是为了满足需求，其中最主要的是满足物资产品需求，而且是为了满足最终的物资产品需求，也就是人对于最终产品的需求。因此供应链也就是为满足人对最终产品需求的产品运作链，故供应链是以物资为核心的。

以物资为核心并没有否定信息的作用。信息是在物资的运作过程中产生并为物资的运作服务的。为了实现以物资为核心，关键就是要发挥信息的作用，包括反映作用、服务作用、指导作用和控制作用。

2. 供应链由多个企业组成

供应链是一个联合体，应该由多个不同的企业构成。如出版业供应链应由图书策划、编辑、排版、印刷、发行、销售等各个功能单元组成，各自在图书产品运作中发挥着自己的作用。并且只有相互关联的企业协调配合，才能实现利益的最大化。

3. 供应链只有一个核心企业

任何一个供应链都必然有一个核心企业，供应链的管理主要靠核心企业运作。供应链的功能是由核心企业的性质来决定的，核心企业是供应链中产品运作的领导者。根据性质可以分为：

(1)生产企业，一般是特定产成品的装配加工企业。它能够组织领导这种产品的制造装、配和分销，构造出这种产品的供、产、销的供应链系统。这种供应链一般是一种加工供应链。

(2)流通企业，一般是多种产品的批发和零售企业。它能够组织领导这种产品的生产和销售，从制造商、供应商处购进它们的产品，储存在仓库或卖场，然后再组织分销，构造出多种产品的进、存、销的供应链系统。这种供应链一般是一种流通供应链。

(3)物流企业，一般是产品的储运、配送企业。它能够组织领导产品的储运、配送等物流活动，构造出产品的集、存、分的供应链系统。这种供应链一般是一种物流供应链。

(4)供应链包含上游供应链和下游供应链。任何供应链都由三个部分构成：核心企业、上游供应链和下游供应链。上游供应链与下游供应链的性质不同，上游供应链一般承担产成品的制造支持或者供应支持工作，下游供应链一般承担产成品的分销支持工作。上游供应链的结构一般是收集型结构，下游供应链的结构一般是发散型结构。整个供应链就像一个哑铃，上游和下游供应链分别是哑铃的两端，而核心企业就是其把手。

(5)供应链都有一个整体目标。任何一个供应链都有一个共同的目标或宗旨，就是要以更低的成本、更多更好地满足人们对于某种产品的需求。所谓更低的成本，就意味着要提高产品运作的综合效率，提高产品的市场竞争能力。更多，就意味着进一步开拓市场、提高市场占有率。更好，就意味着提高用户服务水平，扩大产品在用户群中的满意度，从而有助于进一步开拓市场。供应链是产品运作的一个整体系统，每个单元、每个企业都只在其中承担一部分工作，有些企业，特别是上游供应链企业，远离最终产成品的最终用户，很容易对整个供应链的目的或宗旨表现出不关心的态度，因而对自己在供应链中应承担的责任和义务认识不够。强化各个企业、各个单元的供应链意识、加强对供应链宗旨的认识，是核心企业供应链管理的一个重要任务。

三、物流供应链管理

所谓物流供应链管理，是指供应链中的核心企业，确立企业之间相互信任、相互支持、共生共荣、利益相关的紧密伙伴关系，可以有效地组织企业之间的物资供应、仓储、配送、销售和信息共享，实现整体效益的最优。

物流供应链管理的原理，就是要注重协调配合，既保障供应链企业的运行需要，又降低企业之间的物流总费用，以提高供应链整体的效益。这里所谓供应链整体的效益，最主要的代表就是核心企业的效益。因为只有核心企业才真正知道它的供应链物流管理应当怎样做，才能够真正代表它的利益。所以，核心企业的利益最大化可以带来相关利益的最大化。

核心企业并不一定要自建物流，也可以利用第三方物流。由于物流供应链管理比较复杂，任何一个生产企业，集中精力管好生产的同时还要把物流管理起来，都是很困难的。所以，一般物流供应链管理可以由核心企业委托或外包给第三方物流公司来承担。自己只提出管理目标和任务，监督第三方物流公司的执行效果。由于第三方物流公司具有专业化的物流管理经验和能力，由它们根据核心企业的要求来组织管理供应链物流，可能会收到比核心企业亲自组织管理更好的效果。

任务二　恰当运用物流供应链管理方法

任务思考

结合对物流供应链管理的理解，分析与思考企业该如何整合与协调各部分的关系才能既保障供应链企业的运行需要，又降低企业之间的物流总费用。

任务分析

掌握联合库存管理、供应商管理库存、连续补充货物以及快速有效的响应系统等物流供应链管理方法有助于进一步学习出版业的物流供应链管理。

物流供应链管理方法，也要用到一般物流管理的方法。这里主要讨论结合供应链的特点所采用的一些特色方法。

一、联合库存管理

物流供应链管理一个最重要的方面，就是联合库存管理。所谓联合库存管理，是指建立起整个供应链以核心企业为核心的库存系统。具体来说，一是要建立起合理分布的库存点体系，二是要建立起一个联合库存控制系统。主要有两种模式。

(一)集中库存模式

核心企业集中库存，即将所有产品放在核心企业之中，供应商、分销商不要库存。这样做有很多好处：

(1)减少了库存点，省去了一些仓库设立的费用和相应的仓储作业费用，减少了物流环节，降低了系统总的库存费用；

(2)减少了物流环节，在降低物流成本的同时，还提高了工作效率；

(3)供应商的库存直接存放在核心企业的仓库中，不但保障核心企业的物资供应、取用方便，而且使核心企业可以统一调度、统一使用管理、统一进行库存控制，为核心企业方便高效地生产运作提供了保障条件；

(4)这种方式也为科学的供应链物流管理如供应商管理库存(VMI)、连续补充货物(CRP)、快速响应(QR)、配送(DC)、准时化供货(JIT)等创造了条件。

实际上，在这种模式下，供应商的运作方式是：按核心企业的订单或者订货看板，组织生产所需要的数量，产成品一下线，一般就是用配送方式实行小批量、多频次的送货，用汽车直接装运到核心企业的仓库中心补充库存，或者直接装运到核心企业生产线上的需求点直接投入生产。

(二)无库存模式

同步生产、同步供货，零库存。不管是核心企业、供应商还是分销商都无库存，这种准时化供货模式，由于完全取消了库存，所以效率最高成本最低。但是，对供应商和核心企业的运作标准化、配合程度、协作精神则也要求越高，操作过程也要求越严格，一般二者的距离不能太远。

这两种联合库存模式，不但适用于各个供应商和核心企业，原理上也适用于核心企业与分销企业。在运用于核心企业与分销商的情况下，核心企业要站在供应商的立场，对各个分销企业实行分布库存，将货物直接存于各个分销仓库，并且直接掌握各个分销库存，采用配送等方式实行小批量、多频次送货。

二、供应商管理库存

供应商管理库存(Vendor Managed Inventory，VMI)，是供应链管理理论出现以后提出来的一种新的库存管理方式。它是供应商掌握核心企业库存的一种库存管理模式，是对传统的由核心企业自己从供应商购进物资、自己管理、自己消耗、自负盈亏的模式的一种革命性变动。

三、连续补充货物

连续补充货物(Continuous Replenishment Process，CRP)，就是供应链连续地、多频次地、少量地向供应点补充货物。它基本上是与生产节拍相适应的运输蓝图模式，主要包括配送和准时化供货方式。配送供货一般用汽车将供应商下了线的产品按核心企业所需要的批量(日需要量，或者半天需要量)进行频次批量送货(一天一次或两次)。准时化供货，一般用汽车、叉车，或者传输带进行更短距离、更高频次的小批量、多频次供货(按生产线的节拍，一小时一次或两次)，或者用传输带进行连续同步供应。

四、快速有效的响应系统——沃尔玛

快速响应系统(Quick Response，QR)是20世纪80年代由美国赛尔蒙公司提出并流行开来的一种供应链管理系统，主要的思想就是依靠供应链系统，而不是只依靠企业自身来提高市场响应速度和速率。一个有效率的供应链系统通过加强企业间沟通和信息共享、供应商掌握库存、连续补充货物等多种手段进行运作能够达到更高效率，能够以更高速度灵敏地响应市场需求的变动。

从20世纪70年代后期开始，美国进口的纺织、服装急剧增加，到20世纪80年代初期，进口商品大约占服装行业总销售量的40%。针对这种情况，美国纺织服装企业一方面要求政府和国会采取措施阻止纺织品的大量进口，另一方面进行设备更新来提高企业的生产率。但是，即使这样，价廉进口纺织品的市场占有率仍在不断上升，而本地生产的纺织品市场占有率却在不断下降。为此，委托零售业咨询公司塞尔蒙(Kurt Salmon)从事提高竞争力的调查。Kurt Salmon在经过了大量充分的调查后指出，虽然纺织品产业供应链各环节的企业都十分注重提高各自的经营效率，但是整个供应链整体的效率却并不高。为此，塞尔蒙公司建议零售业者和纺织服装生产厂家合作，共享信息资源，建立一个快速响应系统来实现销售额增长。1985年以后，QR概念开始在纺织、服装等行业广泛地普及、应用。

在这种背景下，沃尔玛公司着力建立自己的有效率的供应链快速响应系统。为此，它做了以下几件工作。

沃尔玛公司1983年开始采用销售时点信息系统(POS)，把自己的销售业务信息化，每一笔销售业务都通过POS系统变成一笔笔的销售信息记录存放到计算机中。各个柜台的销售信息可以集中统一处理。

沃尔玛公司1985年开始建立起电子数据交换系统(Electronic data interchange，简称 EDI)，能够通过专用通信网络系统传送自己的商业信息。1986 年用于与瑟米洛尔公司和密里肯公司在服装商品方面的合作，开始建立垂直型的快速响应系统(QR)。当时合作的领域是订货业务和付款通知业务，通过电子数据交换系统发出订货明细清单和受理付款通知，提高订货速度和准确性，以及节约相关事务的作业成本。

为了促进行业内电子化商务的发展，沃尔玛与行业内的其他商家一起成立 VICS 委员会(Voluntory Interindustry Commerce Solutions Association)来协商确定行业统一的 EDI 标准和商品识别标准。VICS 委员会制定了行业统一的 EDI 标准并确定商品识别标准采用 UPC 商品识别码。沃尔玛公司基于行业统一标准设计出 POS 数据的传输格式，通过 EDI 系统向供应方传送 POS 数据。

供应方根据沃尔玛传送来的 POS 信息，可及时了解沃尔玛的商品销售状况，把握商品的需求动向，并及时调整生产计划和材料采购计划。供应方利用 EDI 系统在发货之前向沃尔玛传送预先发货清单(Advanced Shipping Notice，ASN)。这样，沃尔玛事前可以做好进货准备工作，同时可以省去货物数据的输入作业，使商品检验作业效率化。沃尔玛在接收货物时，用扫描读取器读取的信息与预先储存在计算机内的进货清单 ASN 进行核对，判断到货和发货清单是否一致，从而简化了检验作业。

在此基础上，利用电子支付系统 EFT(Electronic Funds Transfer，电子资金转账)向供应方支付货款。同时只要把 ASN 数据与 POS 数据进行比较，就能迅速知道商品库存的信息。这样做的结果是不仅节约了大量事务性作业成本，而且还能压缩库存，提高商品周转率。

这样，沃尔玛公司开始把 QR 的应用范围扩大至其他商品的供应商。

沃尔玛把零售店商品的进货和库存管理的职能转移给供应方(生产厂家)，由生产厂家对沃尔玛的流通库存进行管理和控制，即采用对于供应商管理的库存(Vendor Managed Inventories，VMI)。沃尔玛让供应方与之共同管理运营沃尔玛的流通中心。在流通中心保管的商品所有权属于供应方。供应方对 POS 信息和 ASN 信息进行分析，把握商品的销售和沃尔玛的库存动向。在此基础上，决定什么时间、把什么类型的商品、以什么方式向什么店铺发货。发货的信息与预先以 ASN 形式传送给沃尔玛，以多频次、小数量进行连续库存补充，即采用连续补充库存方式(Continuous Replenishment Program，CRP)。由于采用 VMI 和 CRP，供应方不仅能减少本企业的库存，还能减少沃尔玛的库存，实现整个供应链的库存水平最小化。另外，对沃尔玛来说，省去了商品进货的业务，节约了成本，同时能集中精力于销售活动。并且事先能得知供应方的商品促销计划和商品生产计划，能够以较低的价格进货，这些为沃尔玛进行价格竞争提供了条件。

从沃尔玛的实践来看，QR 是一个零售商和生产厂家建立的(战略)伙伴关系，利用 EDI 等信息技术，进行销售时点的信息交换以及订货补充等其他经营信息的交换，用多频次、小数量配送方式连续补充商品，以实现缩短交易周期、减少库存、提高顾客服务水平和企业竞争力为目的的供应链管理。QR 是及时方式 JIT(Just-in-Time)在零售行业中的一种应用。

沃尔玛公司在应用 QR 系统后，销售额大幅度增加，商品周转率大幅度提高，需求预测误差大幅度下降。其休闲裤的销售额提高了31%，商品周转率提高了30%；衬衫的销售额增加了59%，商品周转率提高了90%，需求预测误差减少了50%。应用QR系统后之所以有这样的效果，其原因是：①可以降低经营成本，从而降低销售价格，增加销售量；②伴随着商品库存风险的减少，商品以降低定价，增加销售量；③能避免缺货现象，从而避免销售的机会损失；④易于确定畅销商品，能保证畅销品的品种齐全，连续供应，增加销售量。

另外，沃尔玛的业务之所以能够迅速增长，并且成为现在非常著名的公司之一，这是因为沃尔玛在节省成本以及在物流配送系统与供应链管理方面取得了巨大的成就。

采用低成本战略使物流成本始终保持低位，是沃尔玛这种廉价商品零售商的看家本领。在物流运营过程中尽可能降低成本，把节省后的成本让利于消费者，这是沃尔玛一贯的经营宗旨。

沃尔玛的整个物流过程当中，最昂贵的就是运输部分，所以沃尔玛在设置新卖场时，尽量以其现有配送中心为出发点，卖场一般都设在配送中心周围，以缩短送货时间，降低送货成本。沃尔玛在物流方面的投资，也非常集中地用于物流配送中心建设。

(一)快速高效的物流配送中心

沃尔玛各分店的订单信息通过公司的高速通信网络传递到配送中心，配送中心整合后正式向供应商订货。供应商可以把商品直接送到订货的商店，也可以送到配送中心。

在配送中心，计算机掌管着一切。供应商将商品送到配送中心后，先经过核对采购计划、商品检验等程序，分别送到货架的不同位置存放。当一样商品储存进去的时候，计算机会把它的方位和数量一一记录下来；一旦商店提出订货计划，计算机就会查找出这些货物的存放位置，并打印出印有商店代号的标签，以供贴到商品上。整包装的商品将被直接送上传送带，零散的商品由工作人员取出后，也会被送上传送带。商品在长达几千米的传送带上进进出出，通过激光辨别上面的条形码，把他们送到该送的地方去，传送带上一天输出的货物可达20万箱。

沃尔玛配送中心采用的作业方式。配送中心的一端是装货的月台，另外一端是卸货的月台，两项作业分开。看似与装卸一起的方式没有什么区别，但是运作效率由此提高很多。配送中心就是一个大型的仓库，但是概念上与仓库有所区别。交叉配送(Cross Docking)。交叉配送的作业方式非常独特，而且效率极高，进货时直接装车出货，没有入库储存与分拣作业，降低了成本，加速了流通。

(二)建立全球第一个物流数据的处理中心

沃尔玛之所以成功，很大程度上是因为它至少提前10年(较竞争对手)将尖端科技和物流系统进行了巧妙搭配。早在20世纪70年代，沃尔玛就开始使用计算机进行管理；20世纪80年代初，他们又花费4亿美元购买了商业卫星，实现了全球联网；20世纪90年代，采用了全球领先的卫星定位系统(GPS)控制公司的物流，提高配送效率，以速度和质量赢得用户的满意和忠诚。

20世纪70年代沃尔玛建立了物流的管理信息系统(Management Information System，MIS)，负责处理系统报表，加快运作速度。20世纪80年代初，沃尔玛与休斯公司合作发射物流通信卫星，物流通信卫星使得沃尔玛取得了跨越性的发展；1983 年采用了 POS 机，全称 Point Of Sale，就是销售时点数据系统。1985 年建立了 EDI，即电子数据交换系统，进行无纸化作业，所有信息全部在电脑上运作。1986 年的时候沃尔玛又建立了 QR，即快速反应机制，快速拉动市场需求。

沃尔玛在全球第一个实现集团内部 24 小时计算机物流网络化监控，使采购库存、订货、配送和销售一体化。例如，顾客到沃尔玛店里购物，然后通过 POS 机打印发票，与此同时负责生产计划、采购计划的人员以及供应商的电脑上就会同时显示信息，各个环节就会通过信息及时完成本职工作，从而减少了很多不必要的时间浪费，加快了物流的循环。

(三)沃尔玛物流应用的信息技术

射频技术(Radio Frequency)，在日常的运作过程中可以跟条形码结合起来应用。便携式数据终端设备 PDF 可以直接查询货物情况，传统的方式到货以后要打电话、发 E-mail 或者发报表。物流条形码 BC，利用物流条码技术，能及时有效地对企业物流信息进行采集跟踪。

射频标识技术(RFID)，是一种非接触式的自动识别技术，它通过射频信号自动识别目标对象并获取相关数据，识别工作无需人工干预，可在各种恶劣环境中工作。

2004 年，全球最大的零售商沃尔玛公司要求其前 100 家供应商，在 2005 年 1 月之前向其配送中心发送货盘和包装箱时使用无线射频识别技术(RFID)，2006 年 1 月前在单件商品中投入使用。专家预测，2005 年到 2007 年，沃尔玛供应商每年将使用 50 亿张电子标签，沃尔玛公司每年可节省 83.5 亿美元。目前全世界已安装了约 5000 个 RFID 系统，实际年销售额约为 9.64 亿美元。凭借这些信息技术，沃尔玛如虎添翼，取得了长足的发展。

(四)“无缝”供应链的运用

物流的含义不仅包括了物资流动和存储，还包含了上下游企业的配合程度。沃尔玛之所以能够取得成功，很大程度上在于沃尔玛采取了“无缝点对点”的物流系统。“无缝”的意思是指使整个供应链达到一种非常顺畅的连接。沃尔玛所指的供应链是说产品从工厂到商店的货架，这个过程应尽可能平滑，就像一件外衣一样是没有缝的。在供应链中，每一个供应者都是这个链当中的一个环节，沃尔玛使整个供应链成为一个非常平稳、顺畅的过程。这样，沃尔玛的运输、配送以及对于订单与购买的处理等所有的过程，都是一个完整网络当中的一部分，大大降低了物流成本。

在衔接上游客户上，沃尔玛有一个非常好的系统，可以使供货商们直接进入到沃尔玛的系统，沃尔玛称之为“零售链接”。通过零售链接，供货商们就可以随时了解销售情况，对将来货物的需求量进行预测，以决定生产情况，这样他们的产品成本也可以降低，从而使整个流程成为一个“无缝”的过程。

沃尔玛的成功既可以说是优秀的商业模式与先进的信息技术应用的有机结合，也可以说是沃尔玛对自身的“商业零售企业”身份的超越。

通过以上对沃尔玛的分析研究可以发现，沃尔玛给人们留下印象最深刻的，是它的一整套先进、高效的物流和供应链管理系统。沃尔玛在全球各地的配送中心、连锁店、仓储库房和货物运输车辆以及合作伙伴(如供应商等)，都被这一系统集中、有效地管理和优化，形成了一个灵活、高效的产品生产、配送和销售网络。为此，沃尔玛甚至不惜重金，专门购置物流卫星来保证这一网络的信息传递。

沃尔玛的成功经验可能让我国相当多的企业有点“望洋兴叹”，且不说沃尔玛拥有自己的卫星和遍布全球的大型服务器，仅仅是沃尔玛的每一台货物运输车辆上都拥有卫星移动计算机系统这一点，我国企业就难以企及。同样，维持这一庞大网络的IT投入和升级管理费用也并不是多数企业可以承受的。

任务三　探讨出版业供应链的实现途径

任务思考

结合我国出版业具体实际思考不同时期出版物流供应链的特征，总结我国出版业的主要特点，思考我国出版业物流进入供应链管理的具体路径是什么。

任务分析

我国出版业物流要进入供应链管理阶段，还有许多障碍需要清扫。立足我国出版业的具体实际，吸取国外出版物流供应链管理的先进经验有助于我国自身的发展。

一、出版业供应链管理的基本概念

(一)出版业供应链管理的主要特性

出版业供应链管理主要是指通过采用交流沟通的方式，对构成出版业供应链的出版单位、批发商、零售商、消费者等经济主体间的关系实施管理，从而在出版业供应商和客户之间建立起协作、良性和有效的关系，使出版业供应链得以顺利运行。在进行供应链管理时，要全面处理好各个管理对象之间的相互关系，不能厚此薄彼。出版企业一般比较重视出版单位和销售商之间的相互关系，对其与消费者的关系关注不够，买书难的现象在出版图书品种如此丰富的情况下依然存在，其主要原因就在于有的销售商偏重于畅销图书的进货，致使一部分读者的个性化需求难以得到满足，这不能不说是供应链管理上的一个失误，因此重视供销关系和消费者需求是出版企业实施供应链管理的必要目标和对象。具体来讲，出版业供应链管理的主要特性表现为：

1. 出版业供应链关系管理的全局性

出版业供应链是连接出版单位、批发商、零售商、消费者等主体的网链，形成了产、供、销在内的一个整体，链上的各个节点是其必不可少的组成部分，任何一个环节改变必将影响整个链条的正常运行。所以，出版业供应链管理要着眼于整个链条的全局管理，具有战略性特点。在出版业大力推行集团化发展的情形下，一体化经营的趋势成为出版业改革发展的主要形式，内涵式和外延式是出版业集团化发展的两种实践形式，这将形成更加错综复杂的供应链关系，对其管理更要具有全局的眼光，以实现出版业供应链管理的效益最大化目标。

2. 出版业供应链管理的协作性

供应链管理从直线型发展到网络型阶段，出版业供应链管理也呈现出协作性的特点。在出版业供应链管理系统中，企业内部各部门之间，以及出版企业相互之间的合作关系密切，才能保证整个供应链的低成本、高效率运行。出版企业内部各部门间的协作是自身正常运营的必要保证，现代出版企业所倡导的建立相互间新型的竞争合作关系，正是供应链管理协作性的一种具体体现。这种出版企业管理的协作性有利于促进相互竞争的差异化和有效性，减少同类选题的重复出版和资源浪费，从而创造出最优的社会效益和经济效益。

3. 出版业供应链管理的不易控性

由于出版业供应链关系构成主体特征各异，且相互之间关系复杂，并具有多变性和不稳定的特点，这使得供应链管理表现出不易控性。出版业供应链管理中出现的失败情形就是这种特性的体现。如少数个体图书零售商开始进货时回款及时，后来进货因故不付款，直至本人杳无踪迹。对于出版业供应链管理所表现出的脆弱性特点，除了依靠法律手段来防止和控制外，出版企业也应立足长远利益，加强行业自律，树立诚信守法的经营理念，只有这样，才能形成恒久的关系，带来长久的利益。

(二)出版业供应链管理的模式

针对上述出版业供应链关系管理的特征和出版企业之间关系的层次性与差异性，在对出版业供应链进行管理时应该有针对性地采取不同的管理模式，才有可能取得比较好的管理绩效。一般而言，出版业供应链关系管理模式主要有以下几种。

1. 集中型出版业供应链管理

这是出版企业构建的包括产供销、编印发在内的综合性、集团化的供应链体系，是一种垂直型供应链。它是适应现代出版业集团化发展而出现的供应链形式，其供应链关系具有集中性和统一化的特性，对其管理比较易于实施。但其管理重在宏观层次和主要方面，在此基础上注重发挥供应链成员企业的自主性和独立性，才能形成良性的供应链关系系统。

2. 分散型出版业供应链管理

这是出版企业构建的比较分散独立的供应链体系，这种供应链体系重视供应链成员企业的自主性和个体性，一般相互之间不形成紧密的利益性联盟关系。这种供应链模式又可分为协调型、合作型、共存型等类别。

(1)协调型要求考虑出版业供应链体系子系统之间的交互作用，上级子系统下达目标给下级子系统，并考虑到下级子系统间的交互作用。

(2)合作型的出版业供应链体系各子系统间是一种平等关系，各子系统的决策者都同意通过信息共享和策略联盟合同使整个供应链达到动态优化的共同目标，这一合同是双方共同遵守的法则。用这种方法可以使出版业供应链动态性能显著改善。

(3)共存型是出版业供应链体系子系统之间交互作用比较薄弱的方式。每一个子系统只考虑自身利益，不太关心是否对其他子系统造成影响。

分散型的书业供应链体系应避免形成各自为政的松散形式，它不利于供应链的整体性和一体化的发展要求。因此，这种供应链模式应不断改进和协调，以提高出版业供应链的整体运作水平和效率。

3. 对抗型出版业供应链管理。此出版业供应链体系上的各系统不但相互独立，而且子系统间还积极主动地相互抵制，每个子系统都想尽可能战胜有联系的其他子系统而使自己成功。传统的出版业供应链上企业之间的关系往往表现为这种“竞争性”的不合作状态，这不仅对整个行业发展不利，而且对每个企业的壮大和发展也是非常不利的。因此，在当前出版业供应链管理中，要增强合作与共赢意识，努力消除形成对抗型供应链的各种因素，构建良性的出版业供应链体系。

(三)出版业供应链管理实施过程中的关键点

由上述可见，出版业供应链及其管理模式都具有多样性和复杂性，因此在具体实施出版业供应链管理过程中，要注意针对不同性质的供应链采用相应的管理模式和具体方法，以下几个具有共性的关键性问题应引起重视。

1. 出版业供应链管理是一种双向关系管理

为了保证出版业供应链从源头到最终消费者的顺畅流动，供应链管理必须实行双向关系管理，主要包括从出版企业到上游供货商和从自身到下游客户这两个方向。出版企业必须着眼于供应链整体的运作水平。这种双向关系管理是实施供应链管理的主要内容和必要范围。实际上，出版业供应链管理不仅仅是一种双向关系管理，有时甚至是多向关系管理，其关系管理的复杂性要求考虑周全，实现整体供应链关系的和谐。客户关系管理是供应链双向关系管理中面向下游客户的组成部分。出版企业应提高对客户关系管理的重视程度，设立客户关系管理部门，以建立良好的客户关系，为实施双向关系管理打下基础。IT 巨人惠普 1999 年 4 月实行“以客户为中心”的改革，建立“全面客户体验服务模式”，现在其销售部门分为大区全球客户部、商用客户部、大客户部、新经济客户部和电子销售部等五个部门，主要是以客户为中心实施供应链管理。

2. 出版业供应链管理应加强信息的充分交流，以促进相互关系的协调和改善

在出版业供应链管理系统中，供应链关系通过充分交流沟通的方式获得改善，变得顺利和密切。在供应链各方许可的商业安全范围内，数据信息实现有效共享。整个供应链产品使用统一的条码以供识别。在传统出版经营中，供应商的大批量、长周期生产容易出现库存过剩的情况，零售商在促销的推动下成为一部分库存分担者，这导致了整个供应链中库存的大量存在和整体无效率。而出版企业通过实行供应链关系管理，借助各种信息渠道“倾听”零售商、客户的意见，并对其需求做出迅速反应。上海世纪出版集团的秋雨文化物流公司引进先进的物流识别系统和快速自动化仓储及理货设备，实现查询、交易和送货一条龙服务及商流、物流和信息流的一体化。这为供应链关系的交流沟通提供了快捷通道，有助于供应链管理的有效实施。

3. 出版业供应链进行重组和整合，实现供应链的优化管理

通过对出版业供应链上、中、下游及各企业功能的重组和整合，供应链关系将得到优化和改进，其供应链管理将更集中有效，作用更明显。湖南出版集团在组建物流中心的过程中首先明确该物流中心是整合性物流中心，并规定集团内部物流必须纳入

中心，原有各单位物流业务一律取消，整合的内容包括“作业层次”“作业管理层次”“管理决策支持层次”等内容，通过重组和整合的方式，其供应链管理对象明确，有的放矢。出版业供应链进行重组和整合的另一种表现形式是将出版企业的核心能力和业务内容确定下来，将一些其他的职能外包出去，交给更能胜任的企业去完成。一部分出版单位将封面设计、装帧等交由社会图书工作室完成，集中精力进行图书的选题策划和编辑，以保证图书产品的质量。通过业务的外包和整合，出版企业的供应链关系变得简洁高效，其管理更具力度和实效。

4. 建立出版业供应链战略联盟，拓展管理空间

随着出版产业集团化的发展，出版业供应链逐渐向战略联盟方向推进，从而形成战略联盟关系和规模效益，降低经营总成本。零售业巨头沃尔玛与5000多家供应商建立伙伴关系，依靠先进的电子数据交换系统与供应商建立即时信息链接。在这种战略性长期合作的供应链系统协作下，不仅沃尔玛自己内部有效地降低了生产和物流成本，供应商也将节省成本所获收益以最优惠的价格传递给了沃尔玛。同理，出版企业应选择有能力的企业建立各种合作关系，建立出版业供应链战略联盟，拓宽关系管理空间，获得快速反应能力，以确保图书产品和信息供应链流动的低成本和高效益。

5. 出版业供应链管理应立足于长远合作关系，实现利益共享，互惠双赢

出版业供应链是通过参与方之间的长期协议连接起来的，其协议不拘形式，双方认同即可，目的是建立长期的合作关系，实现长远的最大化效益。这决定了供应链管理要着眼于长期协作关系的建立。有的社店之间在进货供应上总是为了折扣的大小而出现相持不下的情形，从某种意义上而言，这就是忽视了供应链管理的长期合作性特点，难以实现长久合作的双赢目标。也即是说，出版业供应链管理不能只图一时的利益得失，要有具体的规划，有系统、有计划地实施。

二、我国出版业供应链管理的主要特点

未来企业与企业的竞争，就是供应链与供应链的竞争，出版业必须从环球产业供应链的角度来认识供应链管理的重要性，加强自身的信息化建设，以满足全球竞争的需要。我国出版业物流供应链管理的主要特点有以下几方面。

(一)“牛鞭效应”严重

“牛鞭效应(Bullwhip Effect)”是供应链上的一种需求变异放大现象，是信息流从最终客户端向原始供应商端传递时，无法有效地实现信息的共享，使得信息扭曲而逐级放大，导致了需求信息出现越来越大的波动。这种信息扭曲的放大作用在图形显示上很像一根甩起的赶牛鞭，因此被形象地称为“牛鞭效应”。最下游的客户端相当于鞭子的根部，而最上游的供应商端相当于鞭子的梢部，在根部的一端只要有一个轻微的抖动，传递到末梢端就会出现很大的波动。在供应链上，这种效应越往上游，变化就越大；距终端客户越远，影响就越大。这种信息扭曲如果和企业生产过程中的不确定因素叠加在一起，将会导致巨大的经济损失。

受图书市场竞争的不断加剧以及近几年来图书市场持续低迷的影响，“牛鞭效应”

已经成为图书供应链中最核心的问题之一，已经严重影响到出版社的发展和创新。全面实现图书供应链的供求信息的共享，进一步提高和优化整个图书供应链的增值能力和服务能力，是出版社控制和减弱图书供应链中“牛鞭效应”的有效对策。

1.“牛鞭效应”产生的原因

(1)习惯性的需求信息预测。在图书供应链中，出版社对市场的需求信息预测主要以各分销商为其提供的需求信息为依据，出版社一般采用指数平滑法或移动平均法来对需求信息加以分析和研究，并习惯性地根据历史信息和经验对图书的未来需求作出相应的预测。分销商一般情况下是根据零售书店的订货数量以及自身的安全库存点来预测本地区读者的需求，而零售书店也是根据终端读者的需求和自身的安全库存点来预测数量。这些需求的多重预测经过各分销商和零售商习惯性的层层加码和放大，其结果是需求的预测数逐步被潜意识放大，使预测的需求量比实际大得多，最后导致出版社的需求预测比较大。这种习惯性的需求信息预测和夸大订货量会把整个供应链卷入到“牛鞭效应”的漩涡之中。

(2)潜意识批量订货的影响。目前，我国的图书营销模式是寄销制，即出版社先发货到分销商销售，销不完的办理退货再陆续结款，所有的风险几乎都由出版社承担，这就使分销商潜意识加大批量订货，他们既不用承担图书销售中的风险又可以掌握其主动权。“退货没商量”早已成为出版社不得不接受的现实。在图书供应链中，虽然分销商一般都会采取一系列的方法和手段来控制其安全库存，但是，分销商为了降低订货频率和避免断货，普遍都会批量订货。如目前高校教材就是比较典型的批量订货，教材科为了应对高校教材课前到书的要求，对所需的教材基本上实行安全库存管理。但是，目前大学生获得教材的途径比较多，如购买旧书、图书馆借阅、复印等，总是有相当一部分要退回出版社，使出版社受到一定的损失。供应链中分销商安全库存量的累加，就会产生一定的“牛鞭效应”和“时滞”波动。这种“牛鞭效应”和“时滞”越长，其供应链中各环节的需求波动就越剧烈。因此，读者的需求信息与经过分销商的层层传递反馈到出版社的需求量之间的差别是比较大的。

(3)折扣波动带来的影响。图书供应链中的折扣波动是指出版社根据图书市场的现实需要和分销商的需求以及自身目标的要求，而进行的一系列刺激读者的折扣促销手段所造成的折扣波动。分销商为了更低的进货折扣而增加订货数量，是不确定的预先购买行为，往往会使其订货数量大于实际的需求数量，最后导致大量的退货和库存积压。另外，折扣率已成为分销商进货或陈列售卖的主要衡量标准，当出版社折扣率高时，分销商受利益的驱使，就会大批量订货，而无视市场的实际需求量，加剧了“牛鞭效应”的形成。

(4)缺货博弈行为的影响。图书出版的特殊性决定了出版社对图书市场缺货博弈的控制有着非常深远的意义。图书缺货博弈一般发生在出版社确定图书修订或重印的数量和时间的决策中。这是因为目前图书还是一定批量生产的产品，只有批量印刷才能有效降低成本。如果某种图书供应不能满足图书市场的需求，分销商一般会加大订货量，以期待出版社能发更多的货。这种人为的故意夸大需求和扭曲的博弈行为，经常会导致出版社被分销商的订单所迷惑，图书市场一旦发生变化或需求降温，容易造成这边出版社重印图书刚到库，那边分销商的退货也就回来了的现象。这一系列的“牛鞭效应”，使出版社损失惨重。

(5)供应链的层次过多。供应链一般由多层次的物流和信息流组成，供应链中每一层的参与者为了避免缺货带来的损失，都有意识地设有一定的安全库存以及需求预测。这种多层次安全库存和需求预测一般被逐级放大和累计，使出版社很难及时对各层次安全库存以及实际需求作充分了解，做出正确的判别。因此，图书供应链越长，层次越多，“牛鞭效应”就越显著。

2.“牛鞭效应”的危害

(1)“牛鞭效应”会导致出版经营风险加大。出版社通常以分销商的订单对其产品进行预测，这主要包括重印书印数的确定、新书印数的确定和印刷时间的把握，由于“牛鞭效应”的存在，出版社面临的订单波动比较大，这就给印数的确定带来一定的困难，如果印数把握不好就会造成成本的增加。另外，“牛鞭效应”容易给人造成需求增加的错觉，使出版社投入的生产力大于实际需求，从微观角度看，使出版社的经营风险加大；从宏观角度看，是对社会有限资源的无情浪费。

(2)“牛鞭效应”会导致库存量增加。出版社收到分销商的订单，一般都要经过不同程度的额外波动，即使最终的读者群需求是比较稳定的，这种波动幅度也会逐层向上游出版社增大。供应链中各层为了应对需求的波动和不确定性，都会增大自己的库存，进而使图书在整个供应链中的库存增加，使出版社面临巨大的库存压力和经营风险。另外，高额的库存容易使供应链的稳定性和竞争力下降，进而影响出版社的进一步发展与创新的竞争力。

(二)均衡链式型

从组织特征看，供应链一般分为三种类型。一是核心企业型。整条供应链围绕一个在经济实力、产品特色等方面具备垄断地位的核心企业构筑，该企业是整条供应链获得竞争优势和利润的核心。二是寡头垄断型。在供应链上至少有两个节点企业具备相当实力，它们相互合作，共同主导供应链的管理。三是均衡链式型。在供应链中各节点企业实力相对比较均衡，供应链与供应链之间相互交错与融合，形成竞争与合作始终并存的动态网络体系。

国内的出版业供应链基本上属于第三种类型，且特征明显。

(1)出版、中盘、零售各环节实力相当，出版业链中没有强势地位的企业。

(2)每一个出版社、批发商和规模稍大一些的零售店都同时参与几条供应链，使得整个出版业链错综复杂。

(3)企业间的合作行为大多出于自身利益的考虑和市场竞争的需要，上下游企业之间缺乏约束机制，企业可以很容易地在不同的链中迁移，出版业链稳定性较差。

各企业实力相对比较均衡，缺乏强有力的中盘，缺乏对供应链上中下游企业的整合和领导，导致国内出版业供应链的不稳定性。

纵观全球产业发展的历程，以一家企业为核心或由两家企业合作所构建的供应链，往往具有较高的运行效率，如以大型汽车制造企业为核心形成的供应链，以及由大型彩管生产企业和家电生产企业合作形成的彩电供应链。在图书出版发行业中，虽然没有制造业中那些被奉为经典的供应链构造模型，但也不乏围绕强势企业构建供应链的范例，如日本出版业中以“东贩”和“日贩”两家中盘为核心形成的供应链，美国出版业中以大型连锁零售商为主导组建的供应链等。相比之下，国内出版业链中各环节的实力相对均衡，环节之间的维系力不强，并由此引发整条供应链效率损耗高、信息非共享以及分散决策等诸多方面的问题。

进入 20 世纪 90 年代，国内出版企业规模较小，分散经营的状况开始有所改变。特别是 1995 年以后，围绕“建立强大中盘”“组建集团公司”“实行连锁经营”等三个方向进行的体制改革，对出版业链中各环节强势企业的形成起到了巨大的推动作用。在这一过程中，不少出版企业以培育和提升企业的核心竞争力为目标，围绕企业的核心产品和核心业务进行资源整合，形成优势项目，在供应链中占据了有利的位置，为进一步主导供应链推动出版业链从均衡链式向核心企业型转变，奠定了坚实的基础。

(三)信息共享技术和水平的落后，使得出版物流信息不畅

在供应链管理中，信息流占有异常重要的地位，包括前馈的信息流(从需方向供方流动，如读者需求、征订数字、进货单等)和反馈的信息流(从供方向需方流动，如供货目录、发货单等)。这两个方向的信息流带动了供应链上资金流和物流的运转，将作者、出版商、中盘、零售店直到读者连成一个整体。

传统出版供应链上各企业之间的信息共享机制和业务协作机制不到位，供应链上各节点企业信息的相对闭塞，使得一些关键的管理信息无法迅速、准确地传递；而业务协作机制的缺失也使得各节点企业很难对顾客需求做出同步反应，从而影响了出版供应链的整体运作效率。

以供应链中的批发商和书店为例，如果书店对批发商隐瞒需求信息，就会造成批发商的库存积压；而批发商对自身的流通能力和流通进度等企业信息的保密，则会影响到书店的图书到货和质量等。也就是说，对出版供应链中的下游节点各企业来说，每个企业都不愿意让对方共享自己的信息；但对上游节点企业来说，其提供共享的知识量越多，利润越大，因此，上游企业有动力让供应链上的下游企业共享自己的信息。显然，这种信息的博弈会影响信息传递机制的有效性。

从目前国内出版业链的现状看，已有相当多的企业建立了管理信息系统(MIS)，但这些系统大多用于企业内部管理，在出版业链上没有形成有效的信息流。以书目信息为例，出版商做一遍，代理商和批发商在自己的数据库里再做一遍，而零售店进货后还得再做一遍。信息的分段存储和单独使用，不仅造成链中的功能重叠、效率低下，而且使已建成的信息系统成为一座座信息孤岛。至于那些本应用来推动出版业链运转的读者需求信息，则更是流转不畅。出版社想要了解读者需求，只能依靠发行员“跑片”时所收集的一些零星信息，或滞后期限很长的销售统计数据。而对需求分析至关重要的每日(周)POS 机销售数据，零售店往往将其作为商业秘密，限制流动。因此，在现有的出版业链中，信息流的滞塞使其无法发挥连接需求和生产的功能，更谈不上对整条供应链运转的推动。

为此，需要疏通链内的信息流通渠道，建立统一的信息平台，采用标准的数据格式和规范的文档传输方式，使参与供应链的企业能够共享信息，并最终将信息优势转为竞争优势。

三、国内出版物流进入供应链管理的路径选择

出版物流要进入供应链管理阶段，还有许多障碍需要扫清。必经的路径是：消除对供应链管理的误解，正确理解供应链管理思想的实质，加强多个出版企业之间的协调配合；改变单一产权结构，建立跨地区跨所有制经营的具有多元产权的物流中心；实施反馈制度，提示和警醒不良出版企业的选题策划和营销库存；消灭“信息孤岛”，统一信息标准，加强出版商、批发商和零售商的信息采集与共享。

发达国家物流管理发展的历史，大致经历了五个阶段：物流功能个别管理阶段、物流功能系统化管理阶段、物流管理领域扩大化阶段、企业内物流一体化管理阶段和供应链管理阶段。而发达国家的出版物流管理，其水平也已进入供应链管理阶段，重要标志是1997年英国出版商与书商联合会(PBA)组成“图书供应链指导小组”(Book Industry Supply Chain Steering Group)，研究出版业的物流及其管理。国内出版物流近年来发展迅猛，由于发展的层次性差异，出版物流分别处于企业内部的系统化、扩大化、一体化管理阶段。即使是企业内物流一体化管理，它的范围仍局限在单个企业，管理者根据商品的市场动向来决定生产和采购，从而保证企业内生产、采购和销售的一致性。但是，在这一阶段，出版商只能根据批发商的订货变化来掌握市场的动向，对批发环节之后的零售和消费动向仍然一无所知，而发达国家的选题、生产、物流、利润分配甚至版权贸易都是以终端销售数据为依据的。这是国内出版业发展中面临的主要问题之一。解决这个问题的思路就是供应链管理。出版物流要进入供应链管理，有许多障碍要扫清，但是至少要建立和完善以下几种机制。

(一)建立供应链管理思想的实质解读机制，消除对供应链管理的误解

出版业在理论形态上是一个完整的产业链。国内出版业发展到今天，已经完全形成三个环节的完整产业链企业群，如印刷集团、出版集团、发行集团以及庞大的零售终端。然而，是否就以此认为出版业物流就进入了供应链管理阶段呢？答案是否定的，因为这种理论形态的产业链还未转化为实在形态的供应链。供应链最大的特点和优点，就在于各个单元的协调和配合。出版企业内部的各个单元配合还算不上特点，供应链协调配合的特点，主要是指多个出版企业之间协调配合。供应链管理从直线型发展到网络型阶段，出版业供应链中企业关系呈现出协作性的特点，只有企业内部各部门之间以及出版企业相互之间的合作关系密切，才能保证整个供应链的低成本、高效率运行。竞争合作关系是供应链协作性的一种具体体现，有利于促进相互竞争的差异化和有效性，减少同类选题的重复出版和资源浪费，从而创造出最优的社会效益和经济效益。

国内出版企业之间的协调配合乏善可陈，如各省出版业的地方保护主义依然存在；出版环节的企业与发行环节的企业脱节；摩擦不断，互不买账；出版信息不能共享等

等。单以物流企业来讲，浙江新华发行集团物流中心每年要做10万条书目数据，那么辽宁、江西的物流中心也要做这个数据，还有更多的出版社同样要做数据，其中的成本浪费还是“冰山一角”。这些数据还没有一个能实施覆盖全国范围的市场监测。因此，出版企业的协作仍然是绕不过的坎。

出于供应链管理的需要，核心企业的客户资源和商业机密就有可能暴露给其他企业，但这个整体需要建立在互信、依赖、紧密联系的基础上，那么核心企业就要“风物长宜放眼量”，从整体的物流成本和企业综合效益来权衡。沃尔玛就是让供应商掌握客户资源、库存和实时销售信息才实现供应链管理的。这就需要出版企业拿出勇气和胆识，正确处理好龙头龙尾的关系，解决好上下游的关系，要讲究诚信，讲究职业道德。出版商多为市场提供好书，发行商更好地为出版商服务，二者建立起和谐关系，“和谐出版”的实质不过如此。出版业供应商管理库存的第一个例子出现在1990年前后。浙江省店在代理浙版图书品种后，买断深圳市店浙版图书库存，实现了在销售信息对接基础上的浙版图书全品种配送。此后，不少书店向出版社开放库存查询，如江西省店、当当网上书店、巴颜喀拉书店等。可是，这些还不是大面积的企业行为。供应链的物流管理可以在更大范围内、更多出版发行商之间实现无缝对接，是物流管理水平的更高阶段。因此，运用供应链管理思想整合出版物流不失为出版业的发展战略之一，与和谐出版实质一致。

（二）建立跨地区、跨所有制的多元产权结构机制，改变现代物流中心的单一产权结构

供应链管理的物流是一种大系统物流，涉及供应链这个大系统的各个企业应该是不同类型、不同层次的企业，有上、中、下游企业，有国有、民营和外资企业。供应链管理在更广泛的范围内进行资源配置，充分利用供应链各个企业的各种资源，实现供应链物流更加优化。目前，出版物流中心还未构成这样的大系统。现代化物流不过是现代化储运、物流设备设施与物流管理形成的互不相干的体系。出版业主要采取自办物流方式，形成“大而全”和“小而全”的经营模式。这样无论正向物流，还是逆向物流都未获得根本改观。

国有物流中心的闲置与民营出版物流设施的匮乏是当前我国出版物流的一个基本事实。目前全国已经建成的和正在建设的出版物流中心不下20余处，这些出版物流中心规模都比较大，占地面积一般在2万～8万平方米，现代化的程度也比较高，因而资金投入非常大。但很多已经建成的出版物流中心大都感到“吃不饱”。虽然目前全国有十几个发行集团的物流中心，但是基本上是对原来发行体制框架的“克隆”，物流被限制在某一行政区域范围内。像辽宁北方图书配送中心对内蒙的配送、浙江新华物流对外省连锁店的配送等，实在是凤毛麟角。如果不实现跨地区经营，就可能导致进一步的平均用力和重复建设。各地的物流系统各成体系，各地方的物流体系与标准又各不相同，每个省都建有自己的运输配送体系，全国性的运输网尚未建立起来，要在全国范围内实现有效的物流配送存在很大的阻碍。这样不仅不利于解决区域垄断和地方保护问题，而且可能进一步加剧和巩固这种局面。新闻出版总署早就指出，出版业物流目前存在的主要问题是以自营为主，缺乏社会化合作，表现为成本居高不下、服务单一。

与此同时，取得总批发权的民营图书公司的物流基地严重不足，他们正在积极调研，准备自建物流中心，如山东世纪天鸿公司正在规划建设预计投资一亿元人民币的现代物流基地。其实，民营图书公司已经在销售渠道上与国有公司进行了广泛的合作，如2005年世纪天鸿通过各省新华书店渠道的销售码洋达到1.6亿元。在物流中心的建设上，国有企业和民营企业也可以实行股份制，共建物流中心。这种类型的物流中心有利于降低成本、提高资源的利用率，扭转当前物流中心的单一所有制局面。外资已全面进入图书分销领域，短时间内，他们不会立即自建物流基地，但是有可能投资股份制物流企业，国内政策也允许，吸收外资入股也是可能和可行的。这种共建物流还可以考虑与多个出版社、批发商合股建设经营，可以克服国内物流中心类型单一的弊端，可以突破自营物流、充实壮大第三方物流。在产权上的合作既顺应潮流，抓住了商机，更重要的是，它是企业间合作的最高层次，是目前出版物流实施供应链管理的产权制度基础。

(三)实施选题策划和库存的监控预警机制，实时监控出版市场

当前国内出版业存在严重的品种泡沫、库存泡沫和卖场泡沫，这些都会转化为逆向物流。出版业逆向物流高于其他行业，除了产业特点外，主要还在于下游营销企业的销售状况对上游出版企业的选题策划的反馈监控不力。“问渠哪得清如许，为有源头活水来”，大量的逆向物流还是源于出版选题不当和品种、库存、卖场的过度扩张，表现了出版转型的浮躁和非理性特点。开卷市场研究所的“全国图书零售市场监测系统”及其观测报告，真实地提取了全国零售书店的销售数据，可以对全国图书市场发展的各项经济指标进行深入的比较和分析，可以反馈各出版社的选题及品种的销售和退货数据，反馈各发行商和销售商的销售额和库存额。这些数据应当作为下一年度新闻出版总署选题审读、批准书号的重要参考指标，依据一些退货或库存数据可以一票否决，给予停止选题或限制选题的警告。同时将选题资源进一步集中到优秀出版社，真正发挥市场的调节功能，建设和谐出版市场环境。因此有必要发展这类信息中介企业，并且重视利用它们的数据调节出版选题。只有这样，才能真正建立起关系密切的供应链，即开放、竞争、有序和统一的出版大市场。当然，目前国内这类机构数量偏少，这些信息采集系统和利用机制与国外同类水平有较大差距，也满足不了国内出版企业的需要，尚有很大的发展空间。

(四)加强信息标准化和信息的采集共享机制，实现供书与退书多方的信息对接和对称

信息标准化建设是实现供应链管理的重中之重，只有建立起先进的信息系统，促进信息的快速流通和共享，减少信息不对称，才能解决供应链管理的障碍，提高物流效率，减轻逆向物流问题带来的严重后果。建立完善的信息系统，以信息流代替物流，对物流进行监控，减少信息失真、停滞所带来的“牛鞭效应”，从而避免败德行为和逆向选择，已成为物流管理的必然趋势。亚马逊网上书店创办之初，仅利用13平方米的店面加上一份全美可查书目就开业，可谓用信息流代替部分物流的完美演绎，从而避免了退货的发生。

国内出版物流处于企业内部的系统化、扩大化、一体化管理阶段。出版业在理论形态上是一个完整的产业链，这种理论形态的产业链还未转化为实在形态的供应链。

日本出版物流供应链管理的特点可归纳为：(1)建立股份公司，融合上游出版社和下游零售书店等各方面的资金，建立稳定的产权关系。(2)与上下游出版企业建立严格的供货关系。在进货方面，根据出版物内容、出版单位的名气以及资源等来决定进货数量和种类；在配货方面，根据零售商过去的销售业绩来配货；在退货方面，有严格的退货程序。(3)拥有发达的电子订货信息系统(如纪伊国屋的快速配送系统)。总的形成哑铃形供应链结构(图7-1)极大地节约了社会物流总成本和企业成本。

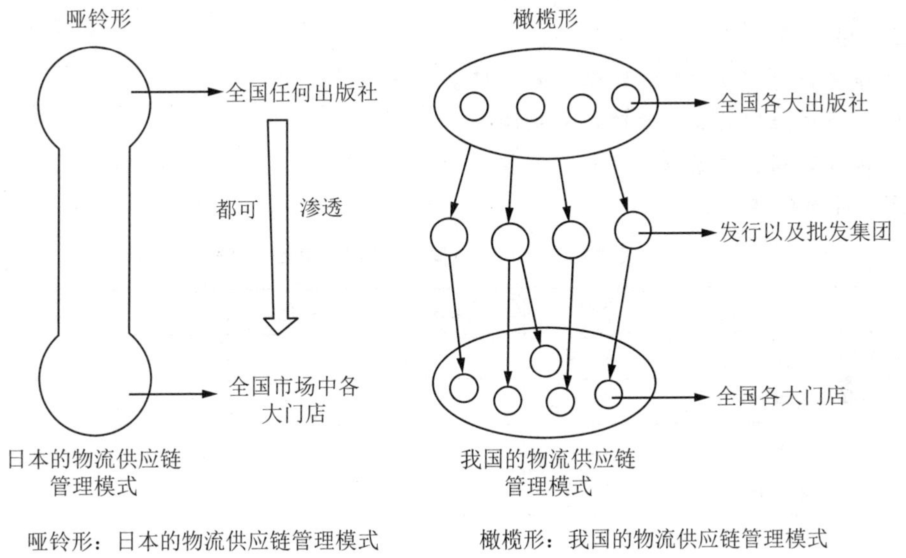

图7-1　橄榄形的供应链与哑铃形的供应链

我国出版业总体形态呈橄榄形(图7-1)表现为任何一个出版物要到消费者手中，都会付出极大的物流成本：任何一个出版社的产品都只能到达一个有限地区，与所有用户接触的机会不多；发行、批发等集团调配效率不高，中盘渠道过多而导致分散。

中间大，两头小，是我国出版业上下游的基本结构。因此，我国应该从中盘下手，均衡并强化中盘力量。进行出版业信息系统平台的构建，发行中盘的示范辐射；发行中盘在进货、配送、退货流程中对上下游企业要有严格的规范程序；发行集团之间，或者与上游的出版集团，或者与连锁书店、书城等独立书店之间进行自愿的、市场行为的产权重组，甚至可以吸收社会资本来扩大规模，从而并购其他发行集团。

实践训练

一、实训项目

调查某个发行集团对其下属门店卖场的出版货物补充计划和方案。

二、实训内容

选择本地某发行集团的门店卖场，包括大(中)型书城、小型门市、综合性书店、专业书店等为对象，进行实地调研并撰写调查报告，提出合理化建议。

三、实训形式

1. 以小组为单位，4～6人为一组，分组进行实地调查，整理相关资料信息制成PPT，组员推荐小组代表交流经验成果。

2. 由小组代表将小组调研结果在全班展示，并相互提问、参与评分、提出建议。

3. 梳理资料整合意见，评选优秀小组。

四、注意事项

1. 事先征得调查对象的同意，避免产生矛盾。

2. 调查过程中的安全管理，文明调查。

3. 调查数据、方案确保真实、可靠。

五、评价标准

“出版货物补充计划和方案调查”实训项目评价表

项目	分值	表现描述	得分	备注
调研内容完整	40			
获取信息准确	20			
特点分析深入	20			
语言表达流畅	10			
PPT演示文稿简洁美观	10			层次分明、信息丰富，包含图像、动画、文字、音像等信息。
总计	100			

项目八　出版业逆向物流与控制

学习目标

【知识目标】

1. 认识、了解出版业逆向物流的含义以及我国出版业逆向物流的现状。

2. 了解我国出版业逆向物流产生的原因。

3. 了解我国出版业逆向物流的控制对策以及英国、日本等国家处理图书退货的先进技术。

【能力目标】

1. 掌握出版业逆向物流的概念与内涵，理解我国出版业逆向物流的现状。

2. 能从不同角度分析、掌握我国出版业逆向物流的成因。

3. 学会从制度层面、经营管理以及供应链管理等方面控制逆向物流。

4. 学会吸取英国、日本等发达国家处理图书退货的流程与技术。

【素质目标】

1. 培养学生系统有序地看待问题，养成脚踏实地、循序渐进的职业精神。

2. 培养学生谦虚谨慎的学习态度，养成取其精华、去其糟粕的良好习惯。

任务一　识别出版业逆向物流

任务思考

结合自己的实际经历，思考对已经废弃或者过期的图书该怎样进行管理以及如何回收再利用。

任务分析

我国出版业逆向物流的现象由来已久，理清对其的基本认识有助于依据现状做出合乎实际的判断与决策。

一、出版业逆向物流的含义

逆向物流是指产品从消费点返回至原产地的过程，包含有资金流、信息流和商流的逆向流动。逆向物流有广义和狭义之分。狭义的逆向物流是指对那些由于环境问题或产品已过时的原因而将产品、零部件或物料回收的过程。它是将排泄物中有再利用价值的部分加以分拣、加工、分解，使其成为有用的资源重新进入生产和消费领域。广义的逆向物流除了包含狭义的逆向物流的定义之外，还包括废弃物物流的内容，其最终目标是减少资源使用，并通过减少使用资源达到减少废弃物的目标，同时使正向以及回收的物流更有效率。

所谓出版业逆向物流，顾名思义，是指对已经废弃或过期的图书进行再循环、再制造、再使用的过程。其含义还包括减少资源的使用以及有效的退书管理系统等。我国出版业逆向物流包含两项主要工作：一是图书的逆向退回，二是部分退回图书的二次配送。退书由零售商、批发商(中盘)逐级退回出版社。发行中盘可根据基层店的销售情况，将有市场的图书进行二次配送，没有市场的图书退回出版社。出版社作为退书供应链的最上游，对退回的大批量图书根据各地销售情况，进行二次配送或送纸浆厂化为纸浆。

二、我国出版业逆向物流的现状

在我国，出版业物流的发展大致经历了三个阶段：20 世纪 90 年代以前，这个时期图书品种少，都是采用新华书店的简单小规模仓储运输，主要是教材发运，几乎无库存问题；20 世纪 90 年代中后期，图书品种逐渐增多，于是开始建立批销中心，实行进销发运一体的运作形式，并且引入计算机管理，此时图书库存逐渐增加；2000 年以后，出现了现代化物流基地，图书品种的规模也相应变得庞大，高退货率，连锁经营，要求高效的供应链管理。

进入新世纪以来，随着科学技术的进步和人们生活水平的提高，消费者对产品多样化和个性化的要求越来越高，由此导致产品生命周期日渐缩短，更新换代速度加快，被人们淘汰和废弃的物品也越来越多。在出版领域，由于我国出版业物流仍然缺乏真正有效的供应链合作，加上新书泡沫，发行水平低，导致了严重的逆向物流问题，而且在我国，出版业逆向物流大部分是退货物流。出版业逆向物流问题严重，主要表现在以下几个方面。

(一)库存与退货率居高不下

近年来，我国图书库存庞大，退货率也持续攀升。而高库存的背后其实就是居高不下的退货率，在我国，许多出版社的退货率达到了30%～40%，而诸如计算机这类实效性较强的书，以及一些畅销书等，退货率更是高达50%～60%。库存与退货的问题不仅仅存在于我国的出版业，世界许多出版大国都有类似的烦恼。

(二)逆向物流程序繁琐、周期长

我国出版企业逆向物流的流程是：书店向出版社批销中心提交退书单(书店退书须附退书单，退书单必须详细写明退书名称、数量等)，提出退书申请，批销中心接受退货，出版社批销中心查收、核实退货后，进行分拣(国内目前以人工分拣为主)，没有破损的继续二次配送，破损的卖给纸浆厂。失去市场销售力的退书，一般是先堆积在库房，由出版社请示上级部门审批后集中处理。图8-1就粗略地勾画出了目前我国出版业逆向物流的一般流程。

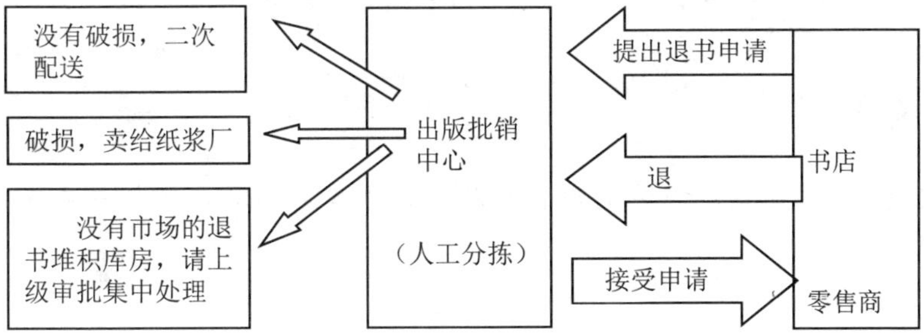

图8-1　我国图书业逆向物流的一般流程

从图书的逆向物流的流程来看，整个退书的流程是非常繁琐的，而且周期很长，这样也严重影响了图书二次配送的效率，使得在实际操作中，能够实现二次流通的退书比例也非常低，这样的流程使得大部分图书只能堆积在库房。

(三)供应链不稳定，上下游企业缺乏紧密协作

目前，我国出版业供应链主要由出版社、批发书店和零售书店组成：出版社根据以往的出版和销售经验，结合国内市场和有限的数据进行选题出书；批发书店大批量进货代销，再对零售书店发货；零售书店从批发书店或出版社进货，销售给读者后，再向上游的供应商付款。在理论形态上，应该是一个完整的供应链，但每一个出版社、批发商和规模稍大的零售点都同时参与几条供应链，使整个图书链错综复杂，未形成稳定的关系。同时，我国的图书供应链上各节点大多各自为政，以自身利益为重，企业的管理活动大多数局限在内部，企业间虽有一定的联系，但关系非常松散。如出版企业就选题问题做市场调研时，批发商、零售商仅给予方向性的建议与意见，而很少将自己的销售数据反馈，为选题提供确切的市场数据。图书供应链企业间联系不够，链状关系需要稳固和加强。

(四)逆向物流成本高，收益低，经营风险完全由出版社承担

良好的逆向物流管理不仅可以降低成本，还有可能成为新的利润增长点。而我国的出版业逆向物流的程序是极其复杂和繁琐的、而且采用的是人工处理方法，库存率高，需要花费大量人力成本、库存成本和其他成本。与此同时，由于退书处理效率低下，大部分退书实际上都未能进入二次流通，而是作为废纸处理掉，使其收益几乎可以忽略不计。

目前我国图书的销售形式基本上是实行寄销制。寄销制是出版社或大的图书批发机构，向零售书店提供图书，可不立即付款而按实际销售数定期结算的一种购销形式。实行寄销，出版物的印数可按照出版社的意图自行决定，并可较为普遍地发到零售书店，直接和读者见面，便于扩大销路。出版社对它的寄销书销售情况将给予更多的关注，而零售书店因不承担经济风险，愿意大胆进货。从寄销制的特点来看，出版社主动给经销商配货，经销商售出的图书按销售协议与出版社结款，对未售出的图书，经销商全部退回给出版社，经营风险完全由出版社承担。

任务二　分析我国出版业逆向物流的成因

任务思考

通过对我国出版业逆向物流的现状分析，结合其主要特点思考出版业逆向物流问题病灶的根源在哪里?

任务分析

要想有效地管理与控制出版业逆向物流，首先要调查清楚我国出版业逆向物流严重的原因，这样才能对症下药。

造成我国出版业逆向物流问题严重的原因是多方面的，其中既有发行市场结构问题，也有图书供应链中常见的“牛鞭效应”，还有过高的图书定价抑制了图书销售等。

一、我国发行市场的橄榄形结构

(一)大型发行中盘的建立和连锁经营对促进出版业供应链的畅通非常重要

大型发行中盘也就是我们常说的批发商，是专门从事图书批发活动的组织和个人。图书批发商是图书发行活动的中心，组织、引导、控制着图书发行活动，是整个图书发行活动的压力阀，可促进也可以限制图书发行活动，调节着图书商品的生产和需求。世界出版流通体系先进的国家无一不是建立了大型发行中盘和先进的经营连锁模式。日贩和东贩是日本两个最大的出版中盘，它们出版物的商流、物流量约占日本出版物流通量的80%。日贩与日本几乎所有的出版社、11000家书店和22000家便利店有着紧密的业务联系，平均每天上市的书刊量达1000万册；英国图书批发市场75%的生意为4家全国性批发商控制——THE、希思考特(Heathcote)、博特拉姆斯(Bertrams)和加德纳斯(Gardners)，它们构成了英国图书批发业的中坚力量；而在美国，最大的三家图书连锁机构巴恩斯与诺布尔书店、鲍德斯集团以及百万书店的连锁书店数量多、覆盖面广、销量大，现已成为美国出版界中的生力军。

发行环节中的批发业务处于供应链的中端，上下各与出版社和零售商相联系。由于其特殊的位置，决定了它对图书销售乃至整个出版业供应链的关键作用。大型发行中盘有能力建立先进的信息技术系统和自动化设备，提高工作效率，实现信息实时监控和有效处理；能够根据实际需要建立不同的功能物流中心，整合物流资源，如在退书处理上，可以迅速进行分类，集中再配送。这样，一方面节约了物流成本，同时也降低了库存积压，能够为出版社和零售商提供专业物流服务，实现供应链上的有效合作。而零售业务中的连锁经营有利于实现信息共享、管理一体化和业务流程的统一。

(二)我国图书发行业中盘规模较小、实力较弱

大型发行中盘存在着以下几问题方面。

1. 信息技术水平落后

尽管在某些企业内部已经达到了较高水平，但整体行业发展不平衡，且没有一家中盘有能力在整个出版业链中甚至只是跨区域范围内实现信息共享。因此存在大量信息盲点，无法做到各类图书市场信息的及时反馈，必然对图书出版和销售产生不良影响；另一方面，缺乏快速信息交换系统，不能和出版社以及零售点保持信息畅通。

2. 缺乏自动化分拣设备

工作效率低下，影响退书的再流通。

3. 物流专业化水平不高

很难建立随市场变化及时调整进货、库存、发货以及退货的运行程序，使得现代供应链管理在出版业的应用举步维艰。

二、“牛鞭效应”

图书是一种文化产品，也是一种特殊的商品，其社会效益和经济效益的实现都必须经过市场流通，因此，图书市场也不可避免地要受到“牛鞭效应”的影响。受图书市场竞争的不断加剧以及近几年来图书市场持续低迷的影响，“牛鞭效应”已经成为图书供应链中最核心的问题之一，已经严重影响到出版社的发展和创新。当前我国出版供应链中的“牛鞭效应”给出版经济带来的损失已经不可小视。正如历经书海沉浮且深受“牛鞭效应”之累的，有着“中国民营出版第一人”之称的席殊先生所说，图书供应链中的“牛鞭效应”比任何行业都要严重。

“牛鞭效应”使得整个供应链的库存加大，出版社的库存水平和库存成本要高于批发商，而批发商的库存又要远远高于书店。由于各节点企业为了在顾客心中树立良好的形象，提高服务水平，最常见的策略就是保存一定量的库存，但库存会占用大量的

资金成本、设备成本和人力资本，使产品积压以致滞销，造成企业周转不灵，反应迟缓，从而影响企业的发展规模和发展速度。个体企业的这种危机，最终导致供应链的断裂、破坏。由于出版社、批发商并不直接接触最终消费者——读者，所以他们的生产或订货预算往往都基于其直接订购商的订单信息。而这些被放大扭曲的信息往往与市场实际需求相距甚远，误导出版社和批发商做出错误的决策，影响其未来战略规划的制定和发展，破坏供应链的稳定。另外，“牛鞭效应”造成的高额库存，很容易使销售商与供应商之间造成退货与延期退货或调配货物的矛盾，销售商与供应商之间产生争执和摩擦就在所难免。

下面就以图书供应链：出版社→批发商→零售书店→读者为例来剖析“牛鞭效应”在其中产生的影响。

(一)需求预测的扭曲

出版社为了规避风险、加速资金流的周转速度、控制库存，在图书印制之前都要对印本数量进行大致的预测和估算，出版社预测的基础除了根据图书的内容所作的读者调查之外，其实最主要的还是根据其下游批发商的定购历史及订购数量。当零售书店负责人看到样书决定订购时，为了应付市场的不时之需以达到最大的效益，他往往要设定一个“安全库存”，也就是说他的定购数量实际上就是预测需求量与安全库存之和。当图书的订购信息传到批发商那里时，他会把这条信息当做将来产品需求的信号来处理，同样，他出于最小风险、最大效益的考虑，也会扩大定购量，而当这些订购信息到达出版社那里时，就已经成为各级供应链预测销售量与安全库存之和的层层叠加。相信任何出版社对自己精心策划出来的选题而生产的图书的市场前景十分看好，基于批发商的定购信号和自己本身的乐观态度，再加上还要考虑图书损坏、赠送样本等情况，出版社就会更改预测，扩大图书印制数量，可是出版社显然还不知道，它的印刷量已经远远大于销售量，一层一层夸大的订货量已把整个供应链卷入到“牛鞭效应”的漩涡之中。

(二)图书发行体制的不完善

大多数图书发行体制实行“完全退货制”，没有卖出的图书全部退回给出版社。为了减少订货频率和规避断货风险，销售商和书店往往会按照最佳订购数量再加量订购。而我国目前图书发行中靠门道、走关系的情况还很普遍，一些经销商碍于情面不得不向上游供应商大量订货，这样很多销售商多订的部分加到一起数量就会很惊人。同时，出版社为了减少工作量、提高发行效率、降低运输成本，也往往要求销售商在一定数量或一定周期内订货，这样，订货率的“泡沫”假象给出版社造成一种错误的判断，使之增加印刷量甚至是重印、再印，但市场已经饱和，这就是有很多书第一次印刷出版销量很好，而重印之后却卖不动的重要原因，这种订货策略和发货策略也加剧了“牛鞭效应”，导致退货率上升，库存量增加。

(三)库存责任的失衡

出版业供应链在代销制的运营体制下，图书的发货运输费用，退货、滞货的损失几乎都由图书的生产商——出版社承担，每个批发商、零售商都有一定比例(10%～

20%不等)的退货权利，而生产商与销售商之间的资金结算往往在发货后的3个月进行，这导致出版社承担了巨大的库存积压、生产资金周转不灵的风险。为了确保收益，出版社在制订图书价格时就已经考虑到上述风险的存在，将图书价格定得偏高，试图将风险转移到读者身上。而读者会认为图书价格过高而减少了对图书的购买量，甚至购买盗版图书，导致图书需求量减少，也反过来导致出版社的图书库存增加。事实上就是出版业供应链中的头尾节点承担着库存风险，而作为中间节点的批发商、销售商没有库存风险意识。这样，无须承担库存风险的中间书商占有绝对有利位置，其为满足读者的需求波动和市场的不时之需，往往倾向于加大订货量以掌握主动权，无形中放大了"牛鞭效应"。

(四)供应链的不稳定性产生"牛鞭效应"

目前，我国出版业尚未形成稳定的供应链，图书供应链错综复杂。每一个出版社、批发商和规模稍大一些的零售店都同时参与几条供应链，使得整个出版业链错综复杂；同时企业间的合作行为大多出于自身利益的考虑和市场竞争的需要，各节点企业没有形成统一的协调、约束机制，企业可以很容易地在不同的链中迁移，出版业链稳定性较差，读者的需求信息反馈速度慢而且不全，经过零售店、中盘到出版社时已经滞后，造成"牛鞭效应"。由于"牛鞭效应"不能反映真实的市场需求，误导了出版社的生产行为，加剧了库存增大和逆向物流。

(五)信息技术落后放大了"牛鞭效应"

在日本，各地书店都使用销售点终端系统统计数据，对每本书的销量进行实时监控，书店将退货信息以电子文档的方式发给中盘物流中心，中盘物流中心利用自动分货线进行分类，将可以销售的退货图书进行二次配送。这一运作方式减少了物流运作环节，简化了退货业务流程，从而使物流上游能尽快掌握商品信息，弱化"牛鞭效应"。

目前，我国出版业信息化发展不均衡，许多地区基础设施薄弱，信息技术在出版业流通中还未得到充分应用。虽然许多出版社拥有了自己的图书管理信息系统。但遗憾的是，由于企业内部的信息系统大多自主开发，开发年代不同(有的是20世纪90年代开发的，有的才刚刚开始)、所采用的计算机及网络软硬件系统高低档次不　、没有形成全国统一的图书信息格式标准，以及受图书供应链所属地区地方保护主义影响等，导致同一供应链中节点企业的信息系统之间难以对接，即形成了所谓的"信息孤岛"现象。"信息孤岛"现象的普遍存在，导致无法在整个图书链上实现信息共享，增加了逆向物流的滞留时间，放大了"牛鞭效应"。

三、高价抑制图书销售

(一)影响图书定价的因素

图书价格的制定要受一系列因素的影响和制约。影响图书定价的主要因素有成本与利润、图书印数、市场需求、同类图书的价格状况及市场竞争、读者的消费心理、品牌等。

1. 成本与利润

作为一种商品，图书的销售价格应该高于其成本，否则出版社就无法维持再生产和持续发展，因此，出版社制定价格时必须估算成本。

图书定价必须首先使总成本得到补偿，这就要求价格不能低于平均成本。成本是影响图书定价的一个重要因素，图书的价格一般以成本为最低界限，定价高于成本是图书和一切商品定价的基本规律。但是，在实际操作中，价格可以低于成本，从而极大地扩大市场占有率，实现扩张目标。从图书的固定成本和变动成本的区分来看，图书定价只要满足变动成本的要求，就可以实现自身的价值，因而就可以出版面市。

利润取决于价格、平均成本和销售量。就每册图书而言，如果成本费用不变，则价格越高，利润越大。其公式是：

图书利润＝图书销售收入－图书成本＝图书销售数量×每册图书利润

每册图书利润＝每册图书价格－每册图书成本费用或平均成本费用

可见，出版社盈利是每册图书实现的盈利与销售数量两者的乘积。由于价格对需求存在反向作用，价格过高可能会导致需求量及销售量的缩减，进而减少出版社收入及赢利水平。因此，在其他条件既定的前提下，出版社赢利状况最终取决于价格与销售数量之间的不同组合。

2. 图书印数

图书印数是通过对成本的影响进而影响定价的。图书品种的印数越大，单位成本越低，就越能给定价带来方便。图书品种的印数越小，单位成本越高，会给定价带来困难。印数或发行量是图书利润的关键，因为图书是低价商品，难以通过其价格的大幅度上涨来提高利润水平。印数是决定图书利润的重要因素，印数的增加会带来图书利润的递增。

3. 市场需求

市场需求有潜在需求和现实需求两种。潜在需求是读者主观上的某种需求，现实需求是有相应购买能力的需求。图书定价要适应市场的现实需求，同时也要尽量把一些潜在需求转化为现实需求。供求是一对矛盾，供大于求，定价要低一些；供小于求，定价可适当高一些。

4. 同类图书的价格状况及市场竞争

理论上讲，图书价格的上限取决于该类图书的市场需求，图书价格的下限取决于该类图书的成本费用。在价格的上下限之间，出版社把图书价格定多高，取决于其他出版社同类图书的价格水平以及出版社的整体竞争策略。因此，出版社必须采用适当方式了解其他出版社所提供的图书质量和价格，以便通过这方面的信息分析，与竞争图书比质比价，更准确地制定出版社的图书价格。

如果本出版社的图书与其他出版社同类图书相比，质量大体一致，其价格水平也应大体一致，过高的定价可能使图书根本卖不出去。图书定价应当反映图书内容的创新，作者的知名度和印制、装帧质量。如果出版社图书质量较高，则图书价格可以定得高一些；如果出版社图书质量较低，那么图书价格就应定得低一些。

5. 读者的消费心理

读者的消费心理也是影响图书定价的重要因素，目标读者对价格的敏感程度是图书定价的重要参数。比如少儿读者对价格的反应就不太敏感，少儿图书的价格可以定得高一些；中年读者对图书的价格较为敏感，相关的图书价格可以定得低一些。出版社要把握不同的读者心理，区分他们对价格的敏感度，科学地制定图书价格，既满足和迎合读者的心态，又充分挖掘价格空间，实现最大的利润。

6．品牌

具有品牌价值的图书，其价格可以定得高一些；具有品牌价值的出版社的图书价格，也可以定得高一些。当然，要把握一个“度”，即以不损伤读者对品牌的忠诚为限。

(二)中外图书定价比较

1．图书定价方法比较

我国比较流行的图书定价的方法主要是按印张定价、按成本定价。其中，按印张定价是我国大部分出版社长期以来沿袭的传统定价方法，这种定价方法的优点是便于计算，尤其便于计划经济条件下的生产管理。目前，除中小学课本要受物价部门批准外，出版社对一般图书普遍采用按成本定价法，此方法以图书的单位成本为基础，加上一定比例的预期收益来确定图书定价。其公式为：

单位图书商品价格＝单位图书商品成本×(1＋利润率)

此外，出版社流行的另一种定价方法是目标收益定价法，其计算公式为：

单位图书商品价格＝(总成本＋目标收益额)/预期销量

目标收益定价法要求我们对于发行量有精确的估计，这有赖于编辑的实际工作经验。

西方出版业发达的国家的图书定价一般是按成本定价。中外不同之处在于如何确定生产成本、出版社管理费用和发行商折扣的不同比重。由于西方各国员工工资较高，出版社管理费用分摊的比例也就比较大。此外，西方出版业比较流行的定价方法还有需求导向定价法。这种定价方法的定价基础是读者对出版物价值的感受和需求弹性系数，而不是出版成本。譬如，美国高校教材价格不菲(部分经济学教科书定价高达上百美元)，就是因为大学教材出版社利用这类图书需求弹性系数较小的缘故。日本出版社图书市场单价通常是由直接定价法与间接定价法确定的。日本图书直接定价法是以直接成本为基础，同时伴之以印数确定图书成本单价，其市场单价一般为单位图书成本的3倍，这种较为便捷的方法为日本出版界所常用。此外，日本的某些出版社，如美铃书房，仍在沿用2.5倍直接定价法，即：(成本费用＋版税)×2.5。

2．图书定价水平比较

图书定价水平是一定时期、一定区域内图书价格的总体态势。我们可以用每册图书的平均定价占国民平均收入的比重来衡量图书的定价水平，并对各国图书定价水平做一粗略比较。

3．图书定价构成比较

首先，发达国家的图书定价与图书生产成本的倍数比我国要高。美国初版书的图书定价通常是直接生产成本的4～6倍，有时甚至高达7～8倍。德国一般图书的零售价格，至少应该是制作成本的6倍，才能保本不赔，科技图书因为印量较少倍数更高。其次，国内外图书定价中各项费用所占比重也存在显著的差异。美国图书定价的构成情况是：生产制作成本占10%，批发费用占8%，广告费用占7%，管理费用占8%，版税占10%，折扣占45%，利润占12%。贝塔斯曼集团出版的图书的定价构成情况如下：书商折扣占50%，印刷装订费占8%，仓储发货费占8%，市场销售费占6%，行政杂费占8%，作者所得占10%～15%，利润占5%～10%。目前我国一本图书的定价基本上包括5个部分：①直接生产成本(包括图书的材料、印刷工艺、包装、装帧、单本书的印张数等)，约占图书定价的25%～30%；②作者稿酬或版税，约占图书定价的8%；③预期利润，约占图书定价的10%～20%；④批发商折扣，约占图书定价的5%～10%；⑤零售商折扣，约占图书定价的25%～35%。通过分析可以发现，发达国家的直接成本在图书定价中的比例低于我国，其包括管理费用在内的间接成本高于我国。此外，我国图书定价中存在宣传推广费低、作者报酬低的现象。西方发达国家的出版业对于图书广告普遍比较重视，其图书定价中用于宣传推广的费用在图书码洋中所占比重要远高于中国出版业。

近年来，图书定价过高一直是社会反映较强烈的一个问题，近5年来，中国图书定价总金额一直以较快速度增长，但总印数却有所下降。这说明，定价总金额的增长是由于单本图书定价上涨所致，过高定价使读者的购买力受到一定抑制，影响销售。

任务三　控制出版业逆向物流

任务思考

结合我国出版业逆向物流产生的原因，思考如何把逆向物流降低到一个适当的规模同时提高其运作效率、降低运作成本。

任务分析

管理与控制出版业的逆向物流是当前我国出版业的一项重要任务，探索研究可能的解决之道以保证出版业的健康发展是非常必要的。

出版行业有其自身的特殊性，世界上各主要出版国家大多都实行图书销售委托制度，出版业退货率通常远远高于其他行业。普遍认为，出版业25%的退货率是正常的。因此，研究出版业逆向物流问题，使其不至于成为制约该行业发展的难以逾越的障碍并探索解决之道，是非常必要的，同样，对于转制中的中国出版业来说，也是非常必要的。但是需要强调的是，“解决”并不是要消除出版业的逆向物流，而是要达到两个目的：一是把逆向物流降低到一个适当的规模，另外就是要提高逆向物流的运作效率、降低其运作成本。因为出版业有其自身的行业特殊性，适当的逆向物流对于出版业的正常运行是必需的，消除它既不现实也没有必要。

一、制度层面的探讨

1. 出版业体制改革

新中国成立后，我国出版单位几乎都是清一色的事业单位，20世纪80年代以来，中国逐步进入社会主义市场经济时代，到目前为止，多数国有企业已经完成了从事业单位到企业的改制过程，并逐步向社会资本和外资开放，开始建立起现代股份制企业制度。然而，由于出版业强烈的意识形态特征，出版社仍实行比较严格的国有独资事业单位制度。但在中国已经基本建立起市场经济的今天，出版业作为一种“文化产业”，其产品——图书，作为一种商品必须进入市场流通销售。而市场有其内在的游戏规则，这就在客观上要求出版业遵循这种规则，实行体制改革，进入产业化轨道，建立适应市场经济的现代企业制度。

首先，要在企业内部建立起一整套比较完善的管理体制，使企业的发展具备稳定的制度性保障。

其次，需要引入先进的经营理念。出版业意识形态浓厚，在转变经营理念时可能遇到比其他行业更多的困惑和障碍，因此也显得更加重要。根据现代企业理论，企业战略目标应该追求以企业共享价值观为基础的社会价值最大化，这样才能实现企业的长远发展。所以出版业在利益目标的追求上应该注重“双效益”的统一，即社会效益和经济效益，不能从改革以前的一个极端——单纯追求“社会效益”，走到另一个极端——单纯追求“经济效益”。

再次，引入竞争机制。出版业在未来将逐步开放，这是由市场化改革和全球经济一体化所决定的不可逆转的趋势，激烈的市场竞争不可避免。所以企业必须要在内部树立起竞争意识，建立起竞争机制，否则就只能被淘汰。当然，也正是竞争才能带给企业活力，促使企业在体制、管理和产品上拥有不断创新的动力源泉。

总之，作为市场组成部分之一的出版业只有真正融入市场，遵循市场游戏规则，才能够随时掌握市场的需求变化，生产出满足消费者需求的图书产品，降低图书退货率。在图书发行体制上，我国20世纪80年代就开始引入社会资本。根据2003年7月24日新闻出版总署颁布的《出版物市场管理规定》，对从事图书发行业的市场准入条件大为放松，2004年9月1日起，图书分销业务不论批发还是零售都面向国内所有性质的资本开放。另外，我国在2003年颁布的《外商投资图书、报纸、期刊分销企业管理办法》中规定，2003年5月1日起对外资开放图书零售业，2004年12月1日起开放批发业务。发行业的市场开放还包括对各种出版物发行资格的开放，新华书店以前专营的教材教科书、重要文献等，现在其他资本的发行单位也可经营。

2. 行业制度

销售制度和价格制度是出版业典型的行业制度。

通常情况下，出版业在销售制度上都实行完全退货制，即发行领域没有销售完的图书全部退回给出版社，而退货风险则完全由出版社来承担，如日本的“委托销售制”和我国“寄销制”都属于这种制度。这种销售制度下的风险机制显然对出版社来说是不公平的，由于对书店和批发商方面风险约束机制的缺位，一方面导致零售和批发商缺乏足够的动力采取各种措施提高销售业绩，在进货时却出于安全考虑订购数量偏高的图书；另一方面，作为直接面对消费者，能获得最真实市场信息的信息链下游，发行和零售业却依然缺乏动力收集整理信息并及时反馈给出版社。这两种状况都极大地放大了出版业的“牛鞭效应”，这正是世界出版业整体退货率居高不下的深层次制度性原因。所以，要改变这种状况，必须改变世界出版业盛行的这种销售制度。

鉴于出版业特殊的行业特征，实行一种风险共担的机制应该是一个明智之举，例如“部分买断制”或者“买断制”与低折扣相结合的销售制度。

“部分买断制”就是退货风险由出版社、批发商和零售商共同承担。按照事先签订的协议，三方各承担一个比较合理的退货责任比例。这样，不仅可以直接促使发行商和零售商促进销售，降低退货率，从供应链的角度来说，共同责任机制的建立也将促进供应链的友好协作、信息流的通畅，既直接提高了物流体系的效率，降低了逆向物流成本，又降低了“牛鞭效应”的影响。

“买断制”和低折扣相结合的制度就是出版社根据成本效益分析，给予实行完全买断制的批发商更低的折扣作为对批发商承担退货风险的一种补偿，批发商也可对零售商采用相同的政策。这种销售制度也属于供应链上责任共担机制的一种形式，可以实现与“部分买断制”相当的效果。实行这两种销售制度要求各出版社形成行业协作，以行业名义与批发商和零售商协商，否则，各自为政很难改变目前通行的制度。可以通过成立行业协会的方式来推动三方之间的谈判。

日本出版业向来实行在一定期间内自由退货的委托销售制，最近日本小学馆、讲谈社、筑摩书房等10家大型及中坚出版社联手推出全新的“责任销售”模式，此举将出版社与书店的利益捆绑在一起，有利于改善多年来高达40%的退货率，被《朝日新闻》称为日本出版业的“流通革命”。

居高不下的退货率，其背景源自日本出版业长期以来采用的“委托销售”模式，卖不掉的图书退货时，书店可以从出版社那里取回与进货价等额的退款。出版社为了规避退货损失，只能不断增加新书品种，导致图书生命周期缩短、书店沦为“新书走马灯”而无利可图的恶性循环。

采用责任销售制后，为了避免退货，书店在征得出版社同意后，可以进行降价销售。一旦退货成本减少，书的价格水平就有可能下降，读者将能得到真正的实惠。另一方面，也存在书店备货过于集中，反而为库存所累的可能性。

在价格制度上，各国的做法不同，日本实行固定价格制，称为“再销售价格制度或再销售价格维持制度”；美国实行自由价格制度；欧洲多实行再销售制度，但英国1997年后价格制度向着自由化方向发展。在我国，新华书店等国有书店一般实行固定价格制，而其他书店多数会实行打折销售，折扣比例不一。既然图书作为商品在市场上流通，价格自然应该由市场来决定，可能价格放开后一段时间内会进一步上涨，但从长远来看，价格将能够根据市场的需求进行调整，与消费者的消费水平和消费需求相适应，真实反映图书的销售状况，使出版和发行界都能够真正掌握市场动向，反过来促进图书销售，形成良性循环。

二、经营策略和产品战略

(一)经营策略：集团化和连锁化经营应该成为出版业未来发展的经营模式

把若干单体的组织或个体集而“团”之，使之发挥“团”的优势，即集团化。集团化也叫系列化，指某企业成为另一个企业的股东，结成资本关系或相互派遣人员，员工最终都成为一个集团的一员。

集团化的特点：①资源共享，节省成本和费用。统一采购可以降低采购成本、统一技术和研发平台可以承接高难度的课题、统一销售可以节约营销费用、统一结算可以节省财务费用和解决融资的难题等。②优势互补，提升了企业的运作和管理效率。集团化运作可以将某一企业的"长板"弥补其他企业的"短板"，使这一长项得到充分发挥，从而带动其他成员企业提高运作和管理的效率。比如，销售渠道的融通、人力资源管理经验的借鉴等等。③提高了企业创新能力和综合竞争能力。技术创新、营销创新以及成本和费用的降低等，使企业及集团综合竞争能力得到提升。

超大型出版集团将陆续出现。适应市场经济要求的超大型出版集团，不是通过行政手段，按行政隶属关系拼凑起来的"大船"，而是通过资产重组、竞争联合而构建起来的，按现代企业制度运作的超大型、综合性出版产业实体。

这种超大型出版集团应具有以下基本特点：一是以经济联系为纽带，通过资产重组实行自愿联合，不受行政隶属关系的控制；二是按现代企业制度运作，遵循市场经济规律要求开展经营活动；三是经营规模大，竞争实力强；四是实行综合化经营，出版资源配置合理。在一些出版业发达的国家，都有数个这样的出版集团支撑着本国的出版业市场，如德国的贝塔斯曼公司拥有 5 万职工，年度营业额达 160 多亿美元；美国的麦格劳-希尔图书公司拥有 1.3 万职工，年度营业额达 20 亿美元。我国出版界目前还没有此类货真价实的出版"大船"，但各种造"大船"的计划却在紧锣密鼓的筹划之中。中国出版集团、上海世纪出版集团、辽宁出版集团等的出现，可以算是向组建超大型出版集团的方向迈出了第一步。

连锁化经营是一种经营模式，是指经营同类商品或服务的若干个企业，以一定的形式组成一个联合体，在整体规划下进行专业化分工，并在分工基础上实施集中化管理，把独立的经营活动组合成整体的规模经营，从而实现规模效益，是一种商业组织形式和经营制度。连锁经营的特点即六个统一：统一采购、统一配送、统一标识、统一营销策略、统一价格、统一核算。连锁经营的特许锁化经营具有以下基本特征：①连锁经营是一种授权人与被授权人之间的合同关系，也就是说，授权人与被授权人的关系是依赖于双方合同而存在和维系的；②连锁经营中授权人与被授权人之间不存在有形资产关系，而是相互独立的法律主体，由各自独立对外承担法律责任；③授权人对双方合同涉及的授权事项拥有决定权及(或)专用权，而被授权人通过合同获得使用权(或利用权)及基于该使用权的收益权；④连锁经营中的授权是指包括知识产权在内的无形资产使用权(或利用权)，而非有形资产或其使用权；⑤被授权人有根据双方合同向授权人交纳费用的义务；⑥被授权人应维护授权人在合同中所要求的统一性。

连锁书店将会普遍发展。连锁书店是指经营同类出版物，使用同一商号的若干门店，在同一总部的管理下，采用统一进书或授予特许权等方式开展经营活动，实现规模效益的经营组织。作为出版零售业实现规模扩张的重要手段，由于连锁经营具有规模优势、信息优势、分工优势而必将成为我国出版业未来发展的一种普遍性倾向。

连锁书店按其连锁形式的不同又大体可以分为三类：一是正规连锁店。这类店资产归总部所有，经营管理完全由总部控制，呈现与总部的高度一体化；二是特许连锁店，也称加盟连锁店，此类店以自由加盟的形式参与连锁集团的经营活动，经营由总部统一组织，但是产权与管理独立；三是自由连锁店，这是以合同形式获得连锁总部的经营授权，自己独立经营的中小型店，此类店与总部的联系最为松散。在我国出版业未来的发展中，这三种不同类型的连锁书店都应该会有较大的发展。

集团化和连锁化经营应该成为出版业未来发展的经营模式，两者之间是一种互相促进的关系。集团化发展能使企业拥有实现现代供应链管理模式的规模和实力，如建立大型的现代出版物流中心和超大型出版集团。而连锁发展是一种能够很好地利用供应链管理的经营方式，由于连锁书店在标准化、信息化和管理模式上的一致性，使各连锁店之间能形成高效率的物流配送服务，供应链上的信息流也能更好的流通和达到共享的目的。近年来，国外出版业连锁和集团化已经发展得如火如荼，如美国的巴诺(Barners&Noble)书店和鲍得斯(Borders)书店、德国的贝塔斯曼书友会等。它们都是连锁书店形式的大规模图书零售集团。

我国出版业的连锁发展还处于刚刚起步阶段，最大的是国有新华书店，民营书店有席殊书屋等。即便是新华书店，许多区域书店的规模也很小，除了教材教辅书籍外，其他图书品种非常少；而席殊书屋规模更小。因此，我国应该借鉴国外出版业连锁经营的成功案例，建立起大型连锁集团，充分利用连锁经营的优势，实现高效供应链管理。

(二)产品战略：实行品牌策略，做精品图书

1. 品牌的概念

所谓品牌，就是图书商品的商业名称。它是由出版社独创的，具有显著特点的，用以识别出版社的图书品种的某一名词、术语、标记、符号、设计或它们的组合。品牌的基本功能就是把不同出版社之间的图书品种区别开来。品牌包括名称和标记两部分。品牌名称是指品牌中用语言表达的部分，如“布老虎”“金苹果”等。品牌标记是指品牌可以被识别、认识，但不用语言表达的部分，如独特的图案、符号、色彩或字体造型等。

品牌是随着市场竞争的发展而产生并发展起来的。没有竞争，也就没有必要在读者心目中形成对自己图书品种的信赖和忠诚，也就没有必要把自己的图书和其他出版社的图书区别开来，因而也就没有必要建立品牌。出版社要提升竞争力，就要充分重视品牌建设。

2. 品牌的分类

品牌是产品生产者给产品的一个商业名称。图书产品的品种是极其丰富的，所以图书品牌具有极大的复杂性。一般来讲，图书的品牌可以分为以下四类。

(1)出版社品牌

所谓出版社品牌，是指出版社为自己所有的图书品种都冠之于一个统一的名称或符号，以便使自己的图书产品与其他出版社的图书区别开来。所有的图书都是由不同的出版社出的，但并非所有的图书都有出版社品牌。出版社品牌具有三个方面的含义：第一，品牌是需要建设的，是出版社有意识的营销行为；第二，品牌是一种信息，是

通过图书品种和媒体传递给读者和公众的一种出版社的形象和观念；第三，品牌是需要认可的，只有被读者接受并认可的出版社形象，才可以称之为出版社品牌。

(2)图书产品项目品牌

所谓图书产品项目品牌，是指出版社为自己出版的某类图书品牌都冠之于一个统一的名称或符号，以便使该类图书产品与其他出版社出版的同类图书以及自己出版的同类图书区别开来。

图书产品项目品牌在图书产品组合上，可以是一套丛书，也可以是一套系列化的图书，如“布老虎丛书”。图书产品项目品牌是通过一组或一系列风格相同或相近的图书品种来传递其品牌信息，并进而树立品牌的。图书产品项目品牌一般都可以连续出版下去，直到这一品牌不再具有价值为止。

(3)图书品种品牌

所谓图书品种品牌，是指在读者心目中已经建立起品牌形象的图书品种。任何一种图书都会有一个书名，有一个外在的形象，但只有在读者心目中已经建立起品牌形象的图书品种，才具有品牌，如《谁动了我的奶酪》《哈利・波特》等。图书品种品牌也是需要出版社去营造的，但是从本质上讲，图书品种品牌主要是由市场或读者来确立的。

(4)作者品牌

图书不仅是出版社的产品，而且也是作者的产品。在某种意义上讲，作者对于读者的重要性要更为直接，出版社实际上是通过对作者的选择而间接地与读者发生联系的。

所谓作者品牌，是指在读者心目中已经建立起品牌形象的作者本身。作者品牌的个性化特征更明显，它是一种风格、一种倾向、一种魅力。作者品牌是所有品牌中最重要的品牌，是读者选择图书最重要的影响因素之一。特别是对品牌价值极大的作者的作品而言，作者品牌具有极大的诱惑。一个读者群实际上往往都是一个具有品牌价值的作者培育出来的。喜欢文化反思的人就会把余秋雨当成一个品牌，喜欢魔幻小说的人会把J. K. 罗琳当成一个品牌，而喜欢网络小说的人就会把蔡智恒当成一个品牌。作者的品牌价值越大，他(她)所培养的读者群就越大。作者是出版社最重要的资源，出版社的品牌建设首先是作者品牌的建设，要有意识地把作者建设成一个品牌。

在产品战略上，实行品牌策略，做精品图书。正如美国营销学家赖特所说，未来是品牌的竞争。在当今图书市场上，15％的名牌图书分割了85％的市场销售份额，而85％的普通图书却只占15％的市场份额。这一数据说明，在未来图书市场的激烈竞争中，要想提高市场份额和产品销售率，在产品、服务和企业形象上都必须实行品牌策略，做精品图书。这样，精品越多，销售状况就越好，图书库存积压自然大大减少。

三、供应链管理的应用

所谓供应链，就是围绕核心企业，通过对信息流、物流、资金流的控制，从采购原材料开始，制成中间产品，最后由销售网络把产品送到消费者手中的将供应商、制造商、分销商、零售商、直到最终用户联成一个整体的功能网链结构模式。供应链的概念在20世纪80年代末提出，近年来随着全球制造的出现，供应链在制造业管理中得到普遍应用，成为一种新的管理模式。受目前国际市场竞争激烈、经济发展及用户需求等不确定性因素的增加，技术的迅速革新等因素的影响，供应链管理提出的时间虽不长，但已引起人们的广泛关注，因为供应链管理能够提供智能决策支持信息，使企业能够评估供应链中的各个环节、事件和客户需求变化对企业的影响。国际上一些著名企业如惠普公司、IBM 公司、DELL 公司等在供应链实践中取得了巨大的成绩，使人更加坚信供应链是进入 21 世纪后企业适应全球竞争的一种有效途径，因而吸引了许多学者和企业界人士研究和实践供应链管理。

供应链管理则是对供应链中的信息流、物流和资金流进行设计、规划和控制，从而增强竞争实力，提高供应链中各成员的效率和效益。它是确保顾客满意的一个主要环节，即保证在正确的时间把正确的产品或服务送到正确的地方。它是在企业资源规划的基础上发展起来的，它把公司的制造过程、库存系统和供应商产生的数据合并在一起，从一个统一的视角展示产品制造过程中的各种影响因素，把企业活动与合作伙伴整合在一起，成为一个严密的有机体。供应链管理帮助管理人员有效分配资源，最大限度提高效率和减少工作周期。现代供应链管理在实践中已经显示出其无可比拟的优势，在为企业节省成本、促进效率、实现整个供应链上的有效合作，提高整体利润水平等方面做出了非常大的贡献。而对于像出版业这样需要较高的行业协作水平和广泛信息共享的产业来说，现代供应链管理在这里能够更好地发挥出其巨大的潜能，促进出版业的长远发展。在出版供应链管理中，由于图书退货率普遍远高于一般零售消费品的产品特性，逆向物流任务繁重，其完成的好坏对于整条供应链的畅通起到关键作用。但是，我国出版业远未形成真正的供应链管理。物流水平低，成本高，尤其是库存大、退货率高，严重束缚了企业的发展，成为出版业发展的一个瓶颈。因此，解决好逆向物流问题应该成为供应链管理中的工作重心，而有效的解决措施对供应链的成功运作也必将产生非凡的意义。

(一)供应商管理库存战略

供应商管理库存(Vender Managed Inventory，VMI)是 20 世纪 80 年代兴起的一种新型供应链库存管理方法，是指供应商负责对销售商的库存进行监控与协调，根据其销售情况实时做出补货决策。它是将涉及供应商、批发商、零售商的多级供应链库存管理转变成供应商单级管理库存。出版社首先从分销商处接收相关信息数据，这些数据包括分销商销售和库存的真实信息(如 POS、销售量和库存量的信息等)。然后出版社通过分析和处理这些信息得知分销商仓库里每一种图书的库存情况和市场需求，并根据分析结果为分销商制订和维护库存计划。什么时候补货、补多少货变成由出版社决定，出版物发到经销商手中，出版社仍保持对库存出版物的所有权，直到出版物被卖出，才由分销商按照约定抽取一定利润后，向出版社支付货款。

在传统的出版供应链中，供应链上各成员的库存都是各自为政，出版社、批发商、零售商都按照各自的库存控制目标和销售预测管理库存，彼此独占库存信息，相互之间缺乏必要的信息沟通，只能从自身角度出发进行预测，靠单方面增加库存应付需求的不确定性。一方面，由于出版行业普遍实行的退货和赊销制度，下游分销商可以放心地借由己方一时的销售数据甚至仅凭经验向出版社提出订数；而另一方面，饱受退货之苦的出版社，就算明明质疑这些订数的可靠性，但是面对竞争激烈的图书市场，还是不得不忐忑不安地按照略高于订数的库存备货。于是，这种貌似矛盾的两极现象便出现了。要么出版社被卷入到新一轮的退货漩涡中，要么出版社无法满足因突然增加的市场需求而导致的紧急订单追加造成的“书荒”现象。而供应商管理库存和传统模式的关键区别在于，出版社由原来努力将出版物推销给分销商转变为努力地帮助分销商销售，出版社和分销商共同关注如何维持合理的库存量，将双方库存费用降到最低，更有效地将更多的出版物卖给读者。因此不难看出，供应商管理库存与传统的模式比起来，是有着巨大的优势，这主要体现在以下几方面。

1. 有效缓解了供应链中的“牛鞭效应”

图书供应链中普遍存在着“牛鞭效应”，图书市场竞争激烈，读者需求变化多端，一旦发现库存不够，再向出版社订货其实已经来不及了。因为这些需求信息是逐级向上反馈的，等出版社拿到订单，安排发货或者紧急加印，再发到分销商手里时，已经是若干天以后的事情了，这时不仅错过了销售黄金期，出版社还可能遭遇因退货而导致的新一轮库存增加。供应商管理库存模式的信息是共享的，这就使得出版社供应链成员之间的库存管理实现同步化运作，压缩了信息传递的时间，缩短了订货提前期。出版社直接管理用户库存可以减少预测的不确定性带来的负面影响，能更好地协调出版物的生产和配送，有效缓解“牛鞭效应”。

2. 实现了出版社和分销商的利益双赢

VMI 的实现要求出版社和分销商之间高度信任、密切合作，出版社为分销商管理库存，使分销商不需要设立专门的库存管理部门，没有后顾之忧专心开展营销业务。而与分销商自己管理库存模式相比较，出版社更了解自己的产品，对自己的产品管理更有经验、更专业。他们非常清楚不同品种、不同类别出版物的销售变化曲线，出版社通过获取的一手销售和库存信息，提前安排生产和供应，做好销售服务工作，二者各取所需，有利于建立长期稳定的合作关系。出版社也可以通过提供包括库存软件、专业知识、后勤设备和人员培训等一系列服务，提高分销商的服务水平，分销商的库存管理成本也会随之降低。

(二)供应商管理库存的实施

1. 进行必要的成本分析

虽然供应商管理库存模式相对传统库存模式有着自身的优势，但这并不意味着它就具有普遍适用性，在出版供应链中首先要进行成本分析，然后再决定是否采用该模式，以及采用这种模式的程度。这类成本分析主要包括以下几个方面：一是时间成本。这里所说的时间主要是指出版社从获知分销商存货数量的变化，到制定补货决策，最后补货成功所需花费的时间。如果这个周转天数过长，以至于无法和出版物的市场生命周期相协调，甚至由此耽误销售，那么显然就不适合采用 VMI 模式。二是过期成本。每年出版社都会有大批的过期出版物被回收化为纸浆或贱卖，这类过期出版物大都是还没进入市场或者刚销售很短的时间就因为技术进步、读者喜好的变化等原因被市场淘汰，这在期刊、电子音像出版物市场表现得尤为突出。存货量越大，存货时间越长，过期成本就越大。三是资金成本。资金成本也可以叫做机会成本，就是资金投资于存货而损失的其他收入。这类资金成本主要考虑出版社是否真的存在存货问题，也就是出版社是否真的是因为存货模式问题而影响了销售。如果不是，那出版社完全可以把资金投入到宣传促销、物流储运等其他方面，不至于盲目投入，影响资金的利用率。四是短缺成本。库存出版物还可能会因为偷盗、受潮、失火等管理不善的原因造成损失。一般来说，库存的储量越多，存放的时间越长，短缺成本就可能越大。五是价格成本。出版物都是受其市场生命周期限制的，库存出版物的价格并不会随着时间的推移而上涨，反而会随着市场销售衰退期的到来，降价销售甚至亏本销售，一旦出版物被市场所淘汰而退出市场，那这部分存货的价值也就基本丧失了。

2. 组建多功能小组

为了更好地实施 VMI，出版社和分销商需要共同抽调人员组建多功能小组。既然是多功能，那这个小组不仅要分析存货成本，还需要进行做好加入 VMI 的分销商的资格把关工作。这两项工作并不是哪一方可以独立完成的，需要双方通力合作。出版社可以通过抽调编辑、策划、发行人员，甚至是技术人员参与小组活动，从而提高内部人员的协调能力。而通过共同工作，出版社和分销商也可以通过建立共同的营销体制，减少资源浪费。

3. 选择适合双方的社店信息对接系统

成功实施 VMI 必须有如下几个关键的信息系统支持：一是补货决策支持系统(RDSS)。该系统是出版社根据图书需求量及社内库存量并结合出版社生产、运输能力，对订货店、安全库存水平、补货的数量和时间、运输方式及线路进行决策。它是 VMI 的核心，对 VMI 的实施具有决定性作用。二是电子数据交换系统(EDI)。主要完成出版社和分销商之间电子数据的实时交换和共享。从这里可以看到 RDSS 的运行建立在对大量数据的掌握分析的基础上，需要 EDI 系统的持续支持。

4. 拟定合作协议

在出版社和分销商的合作过程中，无论是存货成本的分析，还是加入 VMI 的分销商资格的确定，都需要有个明确的约束标准，这就需要拟定双方都认可的合作协议。

(三)建立核心企业型供应链

从组织特征看，供应链分三种类型：核心企业型、寡头垄断型和均衡链式型。通常，以一家企业为核心形成的核心企业型供应链具有较高的运行效率。如以汽车制造企业为核心的汽车供应链。目前，我国出版业链属于第三种类型，出版、中盘和零售各环节实力相当，没有强势地位的企业；同一家企业参与几条供应链，出版业链错综复杂；上下游企业之间缺乏约束机制，企业经常在不同出版业链中迁移，供应链稳定性差。因此，应该建立像日贩、东贩那样的大型中盘，从供应链理论来分析，中盘在供应链中是联系上下游企业的节点，做大中盘，对稳定供应链、加强供应链协作、提高供应链效率和促进信息共享非常有益。另外，从物流体系硬件建设来看，实力雄厚的中盘才有能力建设现代物流体系，如信息网络建设、开展改装业务、自动化作业、兴建物流中心、为客户提供具有战略意义的指导性方案。

(四)提高供应链硬件和软件建设

1. 加快信息标准化建设，实现信息资源共享。信息体系是实现现代供应链管理的基础，也是供应链上的神经系统，缺乏有效信息流的供应链必然是低效率的供应链，而信息的交流是以标准化为基础的，但我国图书标准化依然落后，造成信息交流困难，影响供应链效率。

实现图书信息标准化一般可采用以下几种先进物流设备：

(1)条码设备。一维条码应用是目前其他设备应用的基础，二维条码和电子标签作为自动识别技术在出版物流中有着广泛的应用前景。二维条码在出版业的应用，可以解决网络间数据交换标准化问题、图书产品信息标准化问题、图书营销分类标准化问题、出版发行业务流转单据格式标准化问题等。在出版发行业亟待解决的若干关键性问题中，最直接受益者和受益面最大的就是出版业电子商务和网络书店。因其防伪性能，使猖獗的盗版活动得到遏制。

(2)输送带及周转箱。输送带和周转箱是构成分拣系统、撒播式主配线及库房电子标签系统等必备的基础设施。

(3)分拣系统。自动分拣设备的主要功能是：按照供应商类别进行清点与分拣。它能提高效率、减少差错，占用空间小，适用于发货、调退及退货业务的分拣环节。

(4)电子标签。电子标签应用于库房架位管理，是目前可行的物流库房精细化管理的方案之一，主要应用于货品下架、货品上架、盘点。

(5)无线扫描技术。无线解决方案是由手持式终端、射频接收器和数据处理服务器三部分组成，具有方便、灵活、移动性强等优点。手持式扫描设备通过射频接收器连接数据处理服务器，数据处理服务器通过网络实时与书店管理系统中央服务器连接在一起，操作人员对实物的所有扫描动作都直接反映到中央数据库，使其他业务子系统可以实时获取调退数据，使调退信息透明化。

2. 退书处理系统设计。退书是出版逆向物流的主要内容，目前的退书系统落后、成本高、效率低，而新的退书处理系统采用电子化退货流程和模块化设计。

所谓电子化退货流程，就是在行业内或整条供应链上设定一系列的标准参数，并通过电子化的退货申请、审批、执行流程，使退货方在退货时间、退货品种、数量、退货出库和退货指令上达到规范化；同时实现退货方与逆向物流具体执行部门之间的衔接，提高整体逆向物流的作业效率。模块化设计通常包括三个主要模块：日常处理、统计查询和系统管理。这种以电子化流程和模块化设计为特征的退书系统克服了传统退书系统烦琐的程序，在网上就可以完成退书，信息通过网络传输方便快捷，而且为整个供应链上的信息集成和处理提供了基础。

任务四　借鉴发达国家图书退货流程和技术

任务思考

结合自己的图书退货经历，思考发达国家的图书退货流程与技术有哪些特点，与我国相比又有哪些不同。

任务分析

图书行业的退书问题是我国乃至全世界图书出版业不可回避的一个重要问题，相比我国，英国、日本等发达国家的技术更加先进，值得我们深入地了解与学习。

图书行业的退书问题已经成为全球图书出版行业难以解决的顽症，美国、日本、英国、加拿大等出版大国的平均退货率均超过30%，中国的平均退货率也在30%以上。图书退货涉及出版企业价值链中的各个环节，同时退货又是出版企业经营中不可避免的经营风险。各国都在采取各种措施控制大量退货的发生。先进的图书退货流程和技术，是高效处理图书退货的关键，目前世界上一些发达国家如英国和日本的图书退货处理流程和技术比较先进，在本节中，主要介绍世界上一些发达国家的图书退货流程和技术。

一、英国图书行业退货现状及解决办法

英国是一个出版历史悠久的国家。1996年英国图书行业排名在日本之后，位于世界第四位，年销售总量约50亿美元，而每年的退货率平均都在30%以上。据英国出版商与书商联合会的统计显示，英国目前每年的退货率上升幅度在15%～30%之间。目前业内共同关心的问题是如何提高图书发行效率，而解决这一问题的关键就是解决图书退货这一顽症。根据隶属于英国出版商协会和书商协会的图书连锁供货指导委员会(KPMG)的统计报告显示，退货每年给英国出版业造成的损失在1亿英镑左右。

面对多年的退货顽症，以英国出版商和书商联合会为龙头的整个英国出版业都在努力解决这个问题。

早在1999年夏天，英国就发布了《图书退货新流程草案》，并向社会公开征求意见。一年之后，英国出版业采取了图书退货新流程。英国出版业《图书退货新流程草案》的具体内容如下：

(一)退货新程序

1. 新流程有哪些变化

(1)零售商和发行商之间的退货使用电子手段进行。

(2)出版商、销售代表、销售单位或个人都不再直接管理退货各环节，电子程序将自动处理。

(3)退货将由设定在发行商的发行系统内的变量来确认，这些变量涉及供应时间、数量、货源及保值情况等。

(4)从订货、退货到最终的处理程序都将大大简化，使各方都能节省操作费用。

(5)退货的处理——退回会员发行商或化浆，也由电子程序自动分配。其最直接的优点是提高了发行商的工作效率和对退货的把握能力。

2. 新流程的运行方式

(1)书商制定一份要求退货的电子申请书，将其发送给发行商。

(2)申请由一个自动的电子审批系统处理后，产生一个回复：或者告诉申请者申请被拒绝及其理由；或者确认退货。其中包括以下内容：一个给定的序列号，一个可以由申请者打印出来的条形码，一个退货图书的单价，同时表明出版商是希望退货图书被退回，还是化浆。

(3)书商根据答复分拣允许退货的图书。

(4)需要退回的图书被贴上条形码发送到发行商那里。发行中心收到后，对其进行清点确认并制定贷方票据。

(5)需要交由化浆中心处理的图书，书商必须向发行中心送一个电子销毁报告，再由发行商制定贷方票据。

(二)退货新程序实行的条件

业内人士认为，图书供应的所有环节都应与退货新程序保持一致。任何相关的协议都应包括以下三个方面：申请退货的方式、退货的变量条件和财务单据流程。此外，还应厘清出版商、发行商和书商之间的关系。

1. 申请退货的方式

为了使申请行为尽量经济有效，退货申请将通过许可的电子传输方式进行。对不能使用电子方式传输的书商，可以填写标准的书面申请表。无论是什么原因引发的退货，如书籍损坏、错误送货等，都需首先提出退货申请。

2. 退货的变量条件

(1)时间。为了在出版商的要求(图书上架销售的时间)和零售商的要求(库存和上架图书流转周期)之间达成平衡，退货只有在规定的时间内进行才属有效。退货确认系统将拒绝不符合时间要求的退货申请。只有在图书正式出版三个月后才能申请退货。残损图书、错误发送的图书以及时效性极强的图书除外。根据规则，在最后一次发货的图书数量小于已售出的数量，可全部退货。

批发商的情况有些特殊，他们既要接受书商的退货，又要退货给发行商。因此，从批发商那里进货的书商在最后一次发货的十二个月后即可退货，以便批发商能在十五个月后退货给发行商。

(2)数量。为避免批发商未将图书推向零售市场就直接退回给发行商，新程序规定，批发商的退货数量必须小于从发行商那里购买的数量。否则，退货申请不予接受。

(3)价值封顶。部分出版商设定了退货最高值这一变量(根据销售额的变化而变化)，它主要针对个人图书销售者。以十二个月为一个周期，每个周期的退货值超过了出版商预先规定的数目，退货系统将不接受退货申请。

(4)特殊情况。预先达成不退货协议的图书购销行为将不能进入退货确认系统。

3. 财务程序

(1)考虑到折扣的因素，在最后一批货物送到后的十二个月内，贷方支付给借方的价钱按借方购买某种图书的平均实洋数计算。

(2)由于实际退货数量与确认退货数量之间可能会出现差异，在制定收货单之前，还是需要人工清点。为公平起见，接受退货方应在收到退货的十个工作日内完成退货的实际操作。相应的，尽管书商希望制定自己内部的借方单据，但人们建议不要把它交到发行商那里，或者在自己应付给发行商的款项中擅自扣除退货款。新程序的高效与透明将会尽量减少财务上的争议。

4. 发行商的角色

尽管大部分协议都发生在出版商和书商之间，新流程却要求发行商以第三方委托人的身份来具体管理整个退货程序。过去被迫对不同客户实行不同的退货规则的发行商，终于可以采用统一的退货标准了。

传统的退货管理是由采购人员根据商品在书店整体的经营情况及与供货单位的退货协议来制订退货计划，卖场按退货计划的内容进行货品下架调退回仓，物流对调退货品进行验收后再按退货计划集中向供货商退货。从长期的实践经验得出，目前的这种退货流程缺乏合理性、计划性及协调性。从英国图书退货新流程来看，零售商和发行商之间的退货采用的是电子手段进行；出版商、销售代表、销售单位或个人都不直接管理各退货环节，电子程序将自动处理；退货是由设定在发行商的发行系统内的变量来确认的，这些变量涉及供应时间、数量、货源及保值情况等；从订货、退货到最终的处理程序都大大地得到简化，各方都节省了操作费用；退货的处理也由电子程序自动分配。

据估计，采用新的退货流程，英国出版业原有退货流程从每年所消耗的100万英镑减少到了现在的20万英镑。因此，我国出版企业应充分借鉴英国控制退货的做法，建立一套完整的电子退货流程，在行业内或整条供应链上设定一系列的标准参数，达到整个流程通畅的目的。

二、日本图书行业退货现状及解决办法

(一)日本图书行业退货现状

从第二次世界大战后一直到20世纪70年代，日本出版业一直处于增长期。20世纪80年代，日本出版业处于低增长期。到了20世纪90年代，尤其是1997年以后，出版业的销售额呈现完全下降的曲线，整个出版业危机重重。尽管日本人口只是美国的一半，但每年出版的新书并不比美国少。

据日本相关研究报道，之所以产生上述危机，主要是自20世纪90年代以来，出版社、图书批发公司、书店三者共同走扩张之路的后果：即出版社大量增加新书品种和图书印数；大型连锁书店快速发展；图书批发公司在两端泡沫路线的挤压下，也不得不走上追求市场占有率的泡沫路线。因此，造成高退货率的后果是完全可以想象的。

(二)日本对于图书退货采取的措施

居高不下的退货率已经对日本出版业产生了严重的影响，因此，日本整个出版行业也一直都在探索有效解决图书退货的途径。

(1)日本出版业追求物流和信息的共有化。据日本最大的中盘公司——日本东贩公司有关人士介绍，日本书籍代销商不仅要求书店加快建立销售点管理系统(POS)，而且还与书籍协会共同出资成立一家统一收集信息的公司，该公司将主要负责提供所有产销数据。此外，日本的出版商与书商还成立了共同仓库，以大量流通解决单店库存压力。

(2)书店建立了一套"责任销售制"，跨出店堂销售，接受客户外售的服务。这样，书店就减轻了来自零售店和便利店的威胁，充分发挥了自身的专业实力。

(3)扩大销路，降低退货率。在这方面东贩进行了有益的尝试。如，东贩在互联网上接受读者订书，但不直接处理，而是将订单信息转交书店，由后者负责送书、服务，代理商从中提供出版信息，协助书店掌握更多的潜在客户。

(4)出版业流通方式也朝更有效的方向发展。东贩共有 10 个仓库，其中 7 个用于杂志、图书的发货和退货，其 TLC 物流中心占地面积 5 万平方米，投资 300 亿日元，是世界上现代化程度最高、规模最大的物流系统之一，有 56 台现代化的电脑分拣机械。主要用于处理杂志图书退货，能够当天向出版社提供退货的各种信息，以帮助出版社及时调整杂志的内容和重新确定下一期的印数和发放地区。尽管日本的退货率高达 38%，但通过各方面的努力，真正化浆处理的仅占 10%，许多图书退货后又进入了流通领域。

(5)图书发行代理公司。在日本有 20%人口居住的地区没有书店或图书馆，出版社发书至少要 2 至 3 周才能到货，于是图书发行代理公司就应运而生，该公司负责承担这些地区的发书任务。读者可用明信片、电话、传真机、计算机订书，订单输入计算机后自动传到 2500 个出版公司，读者订书后在一周之内即可收到书。目前该公司年处理出版物约一百万册，较好地满足了读者需求。

总之，日本出版行业包括每一个出版社、中盘公司和每一家书店都没有停止过探索降低退货率的努力，而且在局部也取得了一些成就。

目前，我国出版业正处于转制阶段，出版企业发展面临巨大的机遇与挑战。采用发展成熟的信息技术，借鉴国外先进的运作模式、结合国内的实际情况为我所用，出版业才能在竞争中立于不败之地。

实践训练

一、实训项目

调查某个发行集团下属门店卖场的退货量和退货流程。

二、实训内容

选择本地某发行集团的门店卖场，包括大(中)型书城、小型门市、综合性书店、专业书店为对象进行调研，收集整理相关资料并参与设计新的退货方案。

三、实训形式

1. 以小组为单位展开调研，4～6 人为一组，要求团队成员分工明确、共同参与。
2. 整理调查信息，推荐代表展示调研结果，互相交流。
3. 评选优秀策划方案小组和优秀组员。

四、注意事项

1. 退货方案流程设计应力求科学、务实、创新。
2. 认真调查卖场经营特色、布局设置、规模以及流量大小，注意方案的可行性。
3. 可进行拍摄或采集卖场图片，以 PPT 文稿形式进行演示。

五、评价标准

“退货量和退货流程调查”实训项目评价表

项目	分值	表现描述	得分	备注
调研内容完整	40			
方案可行性高	20			科学务实、执行力强、安排紧凑。
方案评估报告	20			包含主要框架、内容、流程、绩效评估、整体评价等内容。
语言表达流畅	10			
PPT 汇报展示	10			
总计	100			

项目九　出版业市场监测

学习目标

【知识目标】

1. 了解出版市场监测平台的现状。
2. 领会建立出版市场监测平台的实际意义。
3. 了解出版市场监测的困难障碍以及其构建的关键核心。

【能力目标】

1. 学会并掌握出版市场监测的一般流程。
2. 能够运用所学知识对出版物流网络发展提出对策。

【素质目标】

1. 培养对基于供应链管理的出版市场监测的宏观认识。
2. 培养针对进一步改善我国出版业市场监测现状的思维模式。

任务一　了解出版市场监测的现状

任务思考

想一想，你能说出几种我国目前的零售出版市场监测系统，它们各有什么特点？结合中外案例分析思考，为什么说现代出版物流中心的兴起是出版市场监测的基石？如何改造和完善监测流程，以推动出版物流中心发展为出版信息共享和监测中心？

任务分析

目前国外出版市场监测有着多重价值，在于其核心企业组织了强而有力的供应链。同样的，国内出版业也强烈呼吁这样的供应链，将全国发行行业上中下游进行汇聚，搭建共同发展平台，促进传统产业升级换代，这样出版物流中心完全有可能发展成为出版信息共享和监测中心。

出版监测是市场运作的重要组成部分和宏观调控的杠杆，国内三大监测系统存在先天不足；基于出版发行集团出版物流中心的信息系统的监测，可以修正现有监测的内容、范围和层次，并且符合国际出版监测的运作惯例和发展轨迹；应当适应出版业流程再造的需要，积极推进现代出版物流中心的监测功能，推进三大监测系统的改造升级；整合出版巨头的出版物流信息系统，提高监测质量，高质量的监测结果可以有助于实施退出机制、预警进口、推行版税制和预测销售等。

一、国内三大零售出版市场监测系统的比较

成熟市场竞争的一个重要标志是市场主体能够获得及时而充分的市场信息，即连续不断地运用对各市场所获得的监测数据来调整微观运行。出版市场信息共享与监测既是出版运作的重要资源，也是当前国内出版业改革与发展的重要内容，它标志着一国出版市场化的成熟程度。改革开放以来，我国政府和企业逐步认识到信息共享与监测的价值。有效的政府改革必然加强对出版市场的监测，企业的决策一刻也不能离开供应链中的信息交换和基于此所获得的预测结果。

首先，确立了一个出版监测的基本框架。1997 年 6 月 26 日，新闻出版总署发布《图书质量保障体系》，包括编辑出版责任机制、出版管理宏观调控机制和社会监督机制等；2001 年 12 月 25 日，国务院发布《出版管理条例》；2004 年 7 月 1 日施行新的《出版物市场管理规定》；2004 年 12 月 24 日新闻出版总署发布《图书质量管理规定》；为规范新闻出版统计工作，加强新闻出版统计管理，保障新闻出版统计资料的准确性、及时性和完整性，2005 年 2 月 7 日，新闻出版总署、国家统计局发布《新闻出版统计管理办法》，自 2005 年 4 月 20 日起施行；2006 年 4 月 1 日实施《图书流通信息交换规则》，它为改进我国图书发行行业的信息流通，减少交易成本，降低经营风险，提供了一个

现实平台。这些为引导和促进出版供应链信息化创造了极好的制度环境。

其次，建立了三个立足市场、面向市场的共享与监测系统。北京开卷信息技术有限公司"开卷全国图书零售市场观测系统"，系统涵盖了全国绝大多数大中型书店，具有很强的权威性、代表性、完整性和中立性。

"中国出版物流通监测系统"是上海东方出版交易中心独立开发，面向图书出版、发行和零售领域专业客户的在线实时图书零售数据查询系统。该系统旨在为图书行业用户提供最及时、最全面的数据和信息服务。目前已监测23个省、直辖市700多家门店的零售信息，年监测图书零售码洋近30亿元。系统数据来源于各监测图书零售门店每个单品每天销售的计算机原始数据记录，没有任何人为修饰，并且保持每周更新数据，方便及时查询。

新闻出版署信息中心是我国新闻出版业的政府直属机构。它按国家标准完成出版单位在版编目数据的生成与管理；定期完成在版编目数据的网上发布与数据维护；推进图书出版行业的标准化、规范化进程；为政府管理部门和行业提供数据服务；接受行业和社会的专题资讯服务；同时为出版社和广大读者提供数据分析、选题指导、畅销书策划和新书资讯服务；负责全行业统计数据的采集、审核和汇总工作。

三者比较，新闻出版署信息中心的监测具有标准性、全面性和权威性特点，但深度不够；而前两者监测的市场性、及时性和客观性突出，因而更能较为真实地捕捉市场脉搏。出版监测不再停留在出版质量和文化安全层面，而需要进入产业层面、选题层面乃至定价方面，政府管理部门应该从市场动态信息分析中发现产品供求状况、市场结构变化、产业发展趋势和行业运行格局，出版单位可以依据不断的跟踪监测结果来调整目标市场和细分市场、优化选题以及实施新的定价营销策略等等。这样就对我们的信息系统提出了新的要求，现在代表国内较高水平的三大系统还不具备这样的能力。主要问题就是当前信息的收集依然是靠传统的静止片面统计方法，即对零售环节的抽样统计和局部统计，忽视了某一出版物的再版、在途和在库的环节状态，尽管应用了网络通信技术和POS技术，但是关于某一图书的完整数据信息就自然失真失范，基于此的信息共享和监测结果的可信度就值得怀疑了。那么，问题解决的关键就是找到谁能控制某一出版物的全程信息跟踪，显然，从国内出版业格局来看，现代出版物流中心具有这样的角色功能，而且无可替代。

二、基于供应链核心企业信息系统的国外监测

国外发达国家出版业的信息化水平和监测机制的完善有目共睹，但是最有价值、最有核心竞争力的并不是因为它们采用了高性能的系统，而在于出版供应链中的核心企业整合上下游企业的能力。

日本出版业监测平台是以讲谈集团和小学馆集团为核心，结合东贩和日贩两大中盘商进行运作。小学馆将日本18家较大的出版社的在库图书全部放入网上订货系统，并与4000家特约零售店POS系统进行销售信息的传递和转换，其中做到了600家较大的零售店每天的信息上传一次。这4000家的销售额占日本全国销售总数的30%左右，而信息传递是通过一家数据处理中介公司进行的。这就标志着一套包括了出版社、零

售店的供应链系统正式建成，也标志着信息共享和监测能力的整体提升，因为它可以及时跟踪某一图书的再版、在库、在架、退货和销售数据，大大提高了整个行业的效率并降低了库存。出版商据此可以对图书印数作出准确的、有依据的预测。如一种图书出版的最低盈利点是3万册，那么第一次图书印刷数量实际只有1万册，再根据此次印数的配发退货率来决定第二次的印数。

英格拉姆图书公司是美国大型图书批发商之一，促成了美国图书行业供应链的整合，它以自己的技术为主来承包相关的上下游企业的信息集成。第一，英格拉姆与超过13000个出版商建立了长期的业务往来关系，现有仓储品种已经达到65万种，从而在品种资源上取得绝对优势，为其在市场上确立和稳固地位提供了保障。第二，信息技术的应用，使英格拉姆在物流配送以及供应链信息管理上实现了跨时代的飞跃，先进信息管理系统的使用为客户服务能力的最终提升创造了成熟的条件。第三，英格拉姆的四个配送中心采取与大型出版商和分销商合作的方式经营，以先进的网络系统运作为支持，使得其物流管理既高效又准确。多赢的合作方式，使得英格拉姆能掌握所有经手出版物的在库、退货、销售以及客户信息，也顺应了出版商和经销商把握市场变化的趋势。由于英格拉姆公司经销的图书发行量占美国一半以上，通过英格拉姆公司库房自动语音设置告诉你每本书的备货、上一年销售量、今年的销售量，就可以从中得到一个销售概率的概念。出版社预测销售的常见方式是浏览英格拉姆批发公司的自动备货与销售系统，核查同类书的销售率，参照其他出版社的同类书来决定印数。如果没有特别确定的依据，则初印数量定在3000册左右。再对一本书的销售进行跟踪直至它的流通期结束，根据需求再进行修订和重印。

因此，发达国家的出版监测是以物流中心信息为基础，全面整合上下游出版信息资源，实现单品种出版物的全程跟踪，从而使得出版社确定新书印数建立在科学、精确的数据分析基础上，不是主观臆断。

三、供应链信息共享基础上的出版监测机制再造

目前国内出版业的选题策划、库存、销售和退货之间由于信息阻隔或重复，所以信息共享范围和监测有效性大打折扣。由于企业间缺乏合作，各个出版社或者总经销单位只能管理自身环节的信息，对上下游环节的真实信息掌握能力都非常弱。在这种情况下，一方面，无法形成对单品种出版物的全程跟踪，因而对该出版物的市场状态和业绩无从知晓；另一方面，处于供应链上游的出版社缺乏对真实库存和销售速率信息的掌握，不得不承担大量的库存风险。出版社无法控制图书产品的流动，不能准确了解图书的销售情况，只能根据下游企业的订单来预测销售信息，各节点企业处于信息缺失的地位，承受着“牛鞭效应”的风险。

如前所述，国外出版市场监测之所以具有多重价值，在于核心企业组织了强有力的供应链，确保细到单品种出版物在途信息的完整。国内出版业呼唤这样的供应链，而且已经具备产生这样供应链的条件。现代出版物流中心所依托的国内大型出版发行集团均有组织书业供应链的实力。北京发行集团、上海新华传媒集团、辽宁发行集团、浙江新华发行集团、江苏发行集团、四川发行集团等都实现了跨地区、跨所有制经营，

甚至上市融资，这些集团已经具备走向全国市场、构建出版供应链的基本业态。这些集团的现代出版物流中心既是物流基地，同时又是各个供应链的信息交流中心。它们把全国出版发行业上中下游企业汇聚到一起，搭建了一个共同发展的平台，促进了传统产业升级换代，这样出版物流中心完全有可能发展为出版信息共享和监测中心。

出版物流中心发展为监测中心具有独特优势，可以从五个方面改造和完善监测流程。

1. 进一步扩展信息共享的范围，提升共享层次，提高监测的全面性

目前，北京开卷和上海东方的监测运行模式是：供应链成员可以通过共享来源于各大型书城和书店的销售点数据(POS)来分析销售趋势、顾客偏好和顾客分布等，实现对客户的个性化、差异化服务，最大限度地满足不同类型读者和客户的图书需求。由于供应链一体化程度较低，上述两大系统仅仅基于产品品种、价格、销售点数据以及其他有关订单处理等作业信息的共享来监测读者需求。供应链信息共享的理想内容范围，从业务过程看，具体包括读者需求信息、图书订货信息、图书编辑出版信息、图书库存信息、出版物流信息等几个主要方面；从目标功能看，包括作业信息、管理信息、战略信息共三个层次的信息。出版物流中心将拥有的图书库存信息、出版物流信息等贡献于供应链，就可以修正监测结果。

2. 最经济的激励措施是上下游企业联盟，减少预测层级，提高预测的精准和响应速度

根据波特的竞争战略理论，企业在与其他企业进行商务往来时为了在谈判中取得优势，通常会保留某些私人信息，如产品质量、企业生产能力等。供应链成员信息共享的障碍有许多，包括成本、分配不均、泄密、信息不对称等，但归根结底还是信任问题。出版发行集团最有优势解决上下游信任问题，通过与出版社的博弈建立契约型信任，如四川新华文轩与上海世纪出版集团的战略联盟；发行企业集团拥有的得天独厚的渠道优势资源可以使之有充分能力整合出版社和零售商，建立能力型和信誉型信任，如深圳发行集团整合海天出版社建立深圳出版发行集团；出版物流中心占有市场信息的核心资源，出版社渴求共享这些资源。基于这些信任及有效的激励措施，紧密型的供应链得以建立，信息系统由复杂网状结构改造为简单的层级控制，监测的精准度和响应度得到质的提高。

3. 出版物流中心的信息管理系统进一步发展为监测平台

出版物流配送中心设计和建设的基本模式是：“完善的信息系统，适当的设备配置，合理的运营成本”。信息管理系统一直作为重中之重予以重点建设，出版物流中心的系统因此而成为业界的标杆。美国出版信息的流动途径主要有两个：一个是推行行业信息标准，将不同供应商的软件通过计算机技术集成到同一个信息链条中，关键是保证内部各类信息的编码标准化、营业数据的标准化、文件格式的标准化；另一个是公司以自己的技术为主来承包相关的上下游企业，实现“无缝集成”。在美国，由于各节点均有巨头企业，第二种途径实施方便，因此比较普遍。国内目前基本与美国相似，也需要两种途径，但是重要的是还是要发展像英格拉姆那样的少数巨头企业的信息管理系统，要进一步扶持和鼓励出版发行集团的现代物流中心信息管理系统的建设和升级。

4. 进一步完善开卷等市场监测系统

开卷零售观测系统如若直接实现与若干出版发行集团物流信息系统的对接和共享，既可以减少交易成本，又可以迅速拓展监测范围、提升监测质量，真正成为企业经营不可缺少的市场专家。监测系统主要精力用于市场信息源头的整合，避免重复和多头建设，因为这些出版巨头的物流中心的信息系统已经涵盖到市场的终端。

5. 进一步打造国家级信息监测平台

新闻出版署信息中心应该作为公益性监测机构，加大投入建设，加快升级。发挥宏观协调优势，整合5个全国性现代出版物流中心。商业秘密是出版市场信息共享的最大障碍。作为公益性机构的总署信息中心，克服企业的功利主义倾向所产生的戒备和不合作，可以单方面与多个企业建立保密联盟。

四、监测的应用领域

1. 预警进口

加入世界贸易组织后，随着外资的到来，从国外进口或版权引进的出版物更多地充斥国内市场，如何掌握这些出版物的增长情况，以及因此而带来的国内市场、产业的变化，均需要有及时、准确的统计跟踪，一旦发现新情况则要迅速及时地预警。中国出版集团物流中心的信息系统在这方面的监测预警职责和优势是不能替代的。

2. 调控出版资源

观测报告可以对全国图书市场发展的各项经济指标进行深入的比较和分析，反馈各出版社的选题及品种的销售和退货数据，反馈各发行商和销售商的销售额和库存量。这些数据应当作为下一年度新闻出版总署选题审读、批准书号的重要参考指标，对一些退货或库存大的数据可以一票否决，给予停止选题或限制选题的警告。同时将选题资源进一步集中到优秀出版社，真正发挥市场的调节功能，净化出版市场环境。

3. 推行版税制

销售信息的缺失和失真是国内版税制实施的最大障碍，这也极大地削弱了版权引进的竞争力，导致引进谈判的盲从和不确定性，这也正是西方出版商所忌讳的。供应链的强大功能，实现了归口单位惟一化、跟踪对象单品化和跟踪监测全程化，可以准确、及时、可信地掌握单一出版物的真实状态。因此，可以从根本上改善作者与出版社、国内外出版商之间的谈判环境，自觉推行版税制，有利于保护作者权益，维护知识产权。

4. 销售预测和经济核算

国外每本书在经过编辑会议通过之后都必须制定图书损益表，销售数字是基础。编辑必须综合大型批发商的相关图书销售数字和市场销售人员的咨询建议，对概述的市场前景进行准确评估，以确定一个市场销售部门认为恰当的销售数字。“在对待利润这一问题上唯一有意义的途径就是保证销售数字现实而有所保留”。图书损益表又是大多数预算工作开展的基础，损益表中的栏目与公司收益表上的内容相匹配。这样一来，来自于图书损益表中的数据，以累计形式最后转入收益表中，并作为公司收益表的基础。同时，销售数字也是预付版税的重要依据。

5. 库存控制和退出机制

由于出版泡沫和流通体制不畅，国内出版业库存持续增长、高居不下，对库存成本管理和品种管理的监测可实现全行业库存的动态监控。今后，在市场上长期亏损、靠买卖刊号书号生存的报刊社和出版社将会退出市场，即以市场监测为基准，综合运用市场、法律和行政手段，实施优胜劣汰，将退出的企业调整划转、兼并重组。

6. 监测公益性出版

公益性出版单位、公益性出版工程、公益性出版物等公共产品的供给全部由政府买单，属于非营利性出版。国家正在加大投入，也急需加强管理。非营利性出版需要坚持社会效益优先、秉承文化使命，但同样要市场化运作，使国家投资收益最大化。公益性出版单位同样要做市场分析和预测。那么，读者对出版物的阅读评价、专家对出版工程的绩效评估、政府职能部门对出版单位的经济审计等构成的多级监督，应当是一种最有效的管理机制。出版监测为出版业必需，国内三大监测系统存在先天不足。基于出版发行集团出版物流中心的信息系统的监测，可以极大地修正现有监测的内容、范围和层次，并且符合国际出版监测的运作惯例和发展轨迹。应当适应出版业流程再造的需要，积极推进现代出版物流中心的监测功能，推进三大监测系统的改造升级，整合出版巨头的出版物流信息系统，提高监测质量，高质量的监测结果可以帮助实施退出机制、预警进口、推行版税制和预测销售等。

任务二　识别出版市场监测的功能

任务思考

结合自己的认识，思考我国目前的出版业现状存在什么问题，而出版市场监测的完善可以起到怎样的针对性效果。

任务分析

我国目前的出版业在体制改革、逆向物流、资本合作等方面都存在着或多或少的问题，出版市场监测在一定程度上对该类问题的解决起到促进作用，宏观上促进我国出版体制改革，同时有助于促进解决逆向物流相关症结、国有与民营资本的运作等具体问题。了解并掌握市场监管的功能作用，可在一定程度上理解其在宏观微观上带来的各种积极作用。

一、改变出版体制改革的路径选择

采用市场监测的方式，通过引导出版企业的行为，实施对出版业的宏观调控，将改革进一步推向深入，实现以自下而上的变革方式为主导的模式，从而使得出版体制现实保持充分的活力。应尝试在若干省市搞区域性的出版改革开放试验，加强诱致性改革举措，对克服改革的惯性与惰性有现实意义。在开放经济中，不同制度安排，效率差异会得到鲜明对比，从而产生改善不合理制度的强大动力。而且由于政府在制度比较中，对新制度的预期性收益更加明确，对实现制度变迁的有效途径的认识更加清楚，因而也会促进政府推动强制性制度变迁，消除既得利益集团的阻挠。开放经济中的制度创新不再只是一个国家内部的制度变迁，其制度创新的动力不仅来自于国家内部经济基础与上层建筑的矛盾运动，而且还来自于全球经济发展趋势的影响，受到国际经济竞争与合作的影响。为了适应国际竞争和合作的需要，发展中国家制度安排也逐渐向国际通行的制度靠拢，经济全球化使各国制度趋同的倾向越来越明显。

我国国有出版企业基于其企业性质的特殊性而在改革的时间表上落后于其他国有企业。产权制度改革模式，包括对国有资产流失等的及时纠错等，为出版体制改革所借鉴，从而少走弯路，降低改革成本。如要实现国有出版资产保值增值，主要有三点应引起重视：一是构建有效的国有资本运营模式，将国有资本从一般性竞争行业和企业中逐渐退出，将过高的企业资本形态转化为其他公共产品形态、货币形态和资源形态的资产；同时，对于某些具有导向性、战略性、对国家经济发展有重大意义但前景不明朗、风险较大、投资巨大、投资回收期长、民营资本不愿或没有能力进入的产业或行业，需要国有资本适时进入。二是利用其他国有资本进入相对优势的出版领域，退出一般性的营销行业。三是国有资产管理的对象要从国有企业变为国有股权，通过调整国有企业股权结构，吸收社会资本和民营资本，降低国有资产在整个社会资产中的比重和风险，做到资本相对集中，可以尝试职工持股、社会参股、民营入股。

西方出版管理体制的最大特点是运用市场规则而不是政府机构来管理出版，这些规则包括法律体系、经济政策、行业协会章程等。除了法国文化部有一个图书司外，英、美、德均找不到专门机构。其共同点就是，政府只提供法规和政策等公共产品，行业协会按章程履行着政府机构授予的职能，如制定规划、开展研究、组织对外交流及维护出版者利益等重大事项，均由行业协会组织承担。而我国的全国书市或国际书市则动用和耗费了各级政府和大量出版企业的巨大成本，分别参与主办、承办和协办。提高规则对出版产业的作用比例和扩大其市场运行空间是出版业改革的重要课题。

公共选择理论提出了一个非常重要的观点就是，优先选择经济规则来解决公共问题，也就是优先选择市场规则，能达到效率的最大化。即使那些必须由政府来提供的公共服务，如中小学教材的出版发行也要尽量引入市场机制，这方面已做了一些尝试。

要建立与社会主义市场经济体制相适应的出版体制，首先必须重新调整政府出版管理与出版市场之间的关系，发挥和利用出版市场机制，最大限度地界定政府职能，政府只承担那些由市场经济、非政府组织难以承担的核心职能；其次，推行公共服务的市场化，推进政府出版管理部门的绩效管理，推行电子政府，加大公民对出版管理政府行为的监督力度；再次，对于那些必须由政府提供的、不能转制的公共出版事业单位，也要大量引入市场机制，对其业务进行分类，可以尝试采用招标或企业外包的改革形式。

用现代企业制度改造出版企业，包括国有和民营出版企业，使之成为独立健全的市场竞争主体。政府要研究出版市场中的经济规则，及时发现问题予以疏导解决。对于涉及国计民生、国家安全的基础产业（如物流基础设施、信息基础设施、咨询统计）

和出版输出产业等，应由国家从资金投入、税收等方面予以倾斜。制定法律、宏观政策和中长期规划以规范出版企业行为，形成以现代企业制度为基础的现代出版市场规则与制度。

出版业改革的出发点和落脚点是出版市场规则与制度，它由出版市场进出规则、出版竞争规则和出版市场交易规则的作用来发挥功能。我国出版制度存在缺陷，只进不出、恶意竞争、规则失衡等问题大量存在，应逐步改善。如在产权明晰、市场竞争的背景下，针对效益低下、连续亏损的企业，应鼓励或强制其破产退出市场。同时，为防止国有出版企业资产流失，须规范出版主体破产退出市场的行为，退出市场的企业要符合市场退出规则的要求，不得随意进行。作为维护市场公平竞争的出版市场竞争规则，就是要把超经济制约的行政权力的干预、垄断和市场分割造成的封锁，以及拉关系和"走后门"等各种干扰，作为主要规制目标。在这个意义上，我国出版行业的区域保护和行政壁垒是出版市场竞争规则所必须禁止的，这也是出版体制改革的鸿沟和出版集团发展的软肋。

二、降低"牛鞭效应"，疏导出版业逆向物流

出版业逆向物流问题已成为当今国际出版业的共同热点。我国出版业处于转型时期，出版物流处于企业内部一体化阶段，出版企业内部和企业间的供应链管理刚刚起步，使得我国出版业逆向物流问题极为突出。如果不能在现有阶段积极应对，逆向物流必将在长期内愈演愈烈，并影响和制约整个出版业市场的健康发展。

供应链管理的基础是核心企业，并由其牵头、组织一批供应商、零售商形成紧密的战略伙伴关系，从而产生基于这些核心企业的协调合作。国内出版业的协调合作多停于口头或文件上。单纯从出版物流来看，我国的出版业现代物流设施和技术的引进步伐很快，但是由于未形成较成熟的供应链，因而无法应用供应链管理思想来整合出版物流，现代化物流不过是现代化储运，物流设备设施与供应链物流管理形成了互不相干的"两张皮"。这样无论正向物流，还是逆向物流都未获得根本改观。

用供应链管理思想控制出版业的逆向物流的对策如下：

1. 建立跨地区跨所有制的多元产权物流企业

供应链管理的物流是一种大系统物流，可以充分利用上、中、下游企业的各种资源，实现供应链物流优化，降低出版物退货。目前，国内出版物流中心还未构成这样的大系统，都是自居一隅，各守一亩三分地，这样的病态体制已经埋下逆向物流的祸根，必须改变体制。我国出版发行的产业集中度低，严格意义的市场竞争刚刚起步，核心出版企业还未出现，目前政府应制定鼓励竞争的宏观调控政策，促使全国性或区域性核心企业早日面世。

从共建物流着手，在产权制度、股份公司、兼并收购或区域合作上考虑不同所有制、不同类型的多个出版社、批发商、零售商的合股经营。这种产权上的合作是企业间关系的最高层次，真正加强供应链上下游节点之间的联系，建立一种出版社、批发商与书店权利责任平衡的风险分担的库存管理模式。

2. 实施选题策划和库存的监控警报制

日本的出版泡沫严重，以至引起“出版大崩溃”。当前国内出版业存在严重的品种泡沫、库存泡沫和卖场泡沫，这些都可能转化为逆向物流。“问渠那得清如许，为有源头活水来”，大量的逆向物流是源于出版选题不当和品种、库存、卖场的过度扩张，表现了出版转型期的浮躁和非理性特点。开卷市场研究所的全国图书零售市场监测系统及其观测报告真实地提取了全国零售书店的销售数据，可以对全国图书市场发展的各项经济指标进行深入的比较和分析，可以反馈各出版社的选题及品种的销售和退货数据，反馈各发行商和销售商的销售额和库存额。这些数据应当作为下一年度新闻出版总署选题审读、批准书号的重要参考指标，对一些退货或库存数据可以作一票否决，给予停止选题或限制选题的警告。同时将选题资源进一步集中到优秀出版社，真正发挥市场的调节功能，建设和谐的出版市场环境。

3. 规范和推广电子化退书流程

退书流程是出版业逆向物流的主要内容，英国出版商协会(PBA)在理清出版商、发行商和零售商之间的关系的基础上，寻求技术解决方案以使电子退货的交互功能成为现实，并能在发行商的电脑系统中置入各种退货规则。我国虽然是以计划管理见长，但对出版企业之间的协调乏力，从宏观调控出发，参照英国的做法，制定类似的适合我国销售制度的退货流程是完全可能的，从流程上降低10%的物流成本，对整个行业无疑有巨大的利益驱动，因此也是可行的。目前的退书系统落后、成本高、效率低，所以要建立一套完整的电子化退货流程和模块化设计。这种以电子化流程和模块化设计为特征的退书系统克服了传统退书系统繁琐的程序，退书在网上就可以完成，信息通过网络传输方便快捷，而且为整个供应链上的信息集成和处理提供基础。

4. 积极推广应用网络出版技术

目前，出版业退货的发生和逆向物流的产生，绝大部分是纸质出版物所引起的，随着按需印刷(POD)、电子书(E-book)等高科技媒介的广泛使用，新技术将会在图书销售和物流领域引发一场变革，图书库存积压问题有望得以缓解。

5. 减少中间环节和库存

供应商管理库存(VMI)、连续补充货物(CRP)是零售业的发展趋势，也是供应链物流管理的重要方法。沃尔玛通过供应商管理库存，有效地提高了库存周转水平，使得逆向物流为零。出版社通过管理重点客户的库存，可以及时补货、有效补货，同时双方的合作和信用关系更好，借助各种信息渠道倾听零售商、客户的意见，并对其需求做出迅速反应，减少了大量库存积压和逆向物流。上海世纪出版集团的秋雨文化物流公司引进先进的物流识别系统和快速自动化仓储及理货设备，实现查询、交易和送货一条龙服务及商流、物流和信息流的一体化。这为供应链关系的交流沟通提供了快捷通道，有助于有效克服不良逆向物流。

出版业逆向物流有合理与不合理之分，要减少或消灭其中的不合理部分，使当前出版物流得以有效降低，不能仅仅盯住出版物流本身，应该放眼整个出版供应链的各环节。从制度上实现跨地区、跨所有制经营、监控选题策划和营销库存、供书方与退书方的信息对接，在流程和技术上，规范和推广电子化退书系统，广泛应用网络出版技术，推行出版社管理库存、连续补充货物方法，减少不必要的物流中间环节和库存。制度重于技术，应当把重点放在制度层面，当前特别要试行出版选题反馈监控制度和信息对接共享制度。

三、推进国有与民营资本的合作

改革开放以来，民营出版业得到发展。经过了 30 年，国有出版与民营资本的合作又成为一种新趋势，这种趋势如今开始显现。两者的合作有多种形式，以资产为纽带的资本合作是合作的最高级形态。湖北长江出版传媒集团作为探索者，在与非公有制经济的资本合作方面走得比较靠前。现在全国各地都在寻找这种合作，如湖南出版集团正在与一家大型民营动漫企业进行合作商谈。从某种意义上说，国有出版与民营资本的合作是思想解放的结果，是体制创新的体现，也是出版资本运作的一种形式。因此，有必要对于它们的资本运作实施监测和跟进。

民营出版业对国有出版业的贡献方式可以总结为：

(1)提供国有出版业在产权关系及产权制度上的参照和蓝本。与国有图书发行业相比，民营出版业最大的优势是体制方面的优点。这种体制的优点为国有出版业的改革提供了制度创新的蓝本。无论是原始积累时期的家族式企业还是扩张时期的股份制企业，其产权关系明晰的新型产权制度是最显著的特点。而这一点一直是困扰着国有出版业(新华书店)发展的体制桎梏。从新制度经济学的观点来看，产权制度是经济运行的基础，有什么样的产权制度就会有什么样的组织、什么样的技术、什么样的效率。产权是一个组织建立的制度基础，产权安排决定组织形式的选择及内在治理结构。

(2)形成市场投资主体，激发国有出版业活力。民营出版业已占民族出版业的半壁江山，成为与国有新华书店平起平坐的市场主体。这个迅速崛起的市场主体从表面上看似乎是国有企业的竞争对手，但从深层次分析，民营出版业是国有出版业焕发青春的催化剂，国有企业的发展需要有一个强有力的、敢于挑战的、长期性的对手，由于对手的存在与发展，才使得国有企业保持必要的张力和持续的动力以及足够的压力。民营出版业的崛起与发展打破了出版发行产业单一传统所有制格局，为出版发行产业引入了竞争机制，从这个角度上来说给国有出版业带来了挑战与机遇。

(3)减少出版市场信息的非对称性，降低了交易费用。民营出版业产生之时即将决策重点放在重视图书出版市场信息，争夺畅销书的市场份额上，它们对畅销书市场信息非常灵敏，将触角遍布市场的每一个角落。一旦一本书可能带来可观的销售额和利润，就会不惜一切代价快速跟进，快速上市供应，并在进货的足量、准确和促销上创造奇迹。这些扭转了出版决定发行，出版信息引导发行市场信息的局面，使出版市场信息与先行市场信息趋于对等，从而降低了整个出版市场的费用，稳定了出版市场秩序。

(4)减缓了外资对国有出版业的冲击，提高其核心竞争力。2006 年 12 月，我国允许境外资本全面进入中国图书发行市场，以抓紧完成新华书店的股份制改造，增强民营出版业与国有出版业的联合，特别是资本上的参股、交叉持股，从而增强民族出版业的综合竞争力。

有一定规模和基础的民营企业借助自己在网点、经营机制和已有品牌效应及资金方面的优势，向国有出版业融入资本、技术、信息和人才是国有出版业提高核心竞争力的重要促进。

民营出版业进入国有出版业的可行模式可以预测为：

(1)股份制进入模式。仅有以国有股为单一股权结构的国有出版业也不可能走得太远，应吸引民营出版业和职工持股，增加法人股的比重，如浙江宋诚集团对浙江新华发行集团的股份投资。

(2)品牌、理念和精神进入模式。一些民营出版业的先行者在市场搏击中逐渐建立起自己的品牌，如北京万圣书园、风入松书店、广州学而优书店、上海季风书园等。有些民营出版业正加盟新华书店建立加盟店，以自己连锁经营理念改造新华书店，借其形传其神，如席殊公司与湖北省十堰市新华书店合作成立加盟店，标志着民营书店的经营理念和精神开始融入强大的国字号图书流通网。

(3)政策建议和信息咨询进入模式。有必要建立一个包括民营出版业在内的统一的国家出版业信息平台。制定出版业指标体系和出版产业的发展规划时，应给民营出版业留有充分位置，要准确及时地反映民营出版业的相关指标数据，并定期进行分析和公布，解决其知情权和信息发布权问题。

任务三　构建出版市场监测平台

任务思考

我国要想建立出版市场监测平台，在内容上、形式上等方面对该平台的建立有着怎样的要求？应遵循怎样的原则？

任务分析

出版市场监测平台的构建一旦付诸实施又会面临诸多现实问题，针对这些具体问题与障碍，我们要有目标按步骤，遵循一定的规律与原则逐一解决与完善，才能达到最终的理想的效果，因此要求全面了解平台构建的具体要求和过程原则。

按照构建的主体及其提供信息的性质的不同，我国现有的书业信息平台主要可分为三类。

一是以上游的出版集团为背景建立的书业信息平台。中国出版集团所属的中版通数据信息技术有限公司以《中国可供书目》月刊为基础搭建的“书业公共数据交换中心”(http：//www.cbip.cn)即属此类，每年向社会报道超过10万品种的中文新书信息。

二是民营企业的第三方信息中介机构建立的书业信息平台。目前较有代表性的是由北京开卷信息技术有限公司始建于1998年的“开卷全国图书零售市场观测系统”，其监测的零售终端销售数据和发布的图书销售排行榜在业界具有较好的声誉和认可度。

三是与传媒力量联手打造的书业信息平台。东方出版交易中心和中国出版传媒商报社联合开发的“中国出版物流通监测系统”(http：//reports. isbnok. com/)即属此类。该系统汇集了自2004年以来的图书零售信息，目前监测范围包括23个省、直辖市门市837个采样点，监测图书零售码洋每年约40亿元。这些平台的不足之处是：(1)发布的多是静态的在版书目信息；(2)采集的终端市场数据具有一定时滞性，所以对市场状况的反映不是即时的；(3)上下游供应链环节信息系统相互脱节，信息系统之间不能对接互联，上游出版社的选题策划、中下游分销商的采购和销售就会大打折扣。

一、监测平台的特点与主要信息内容

在竞争日益激烈的今天，企业的决策不能没有供应链中的商品流通信息交换的支持。因此，鉴于目前书业信息平台的现状和书业发展对流通信息的需求，建立一个全新的监测平台非常必要。

(一)监测平台的主要特点

监测平台应具备以下四个特点：

(1)它以互联网为平台，具有很好的开放性。充分利用没有地域限制和没有时间限制的互联网建立一个专门的网站为信息平台，运用统一的技术标准和规范，相关出版、发行和零售企业可以及时上传、整合、发布和共享图书流通信息。

(2)该平台是基于我国出版物流系统的，以发行集团近年来新建的大中型现代化出版物流中心的信息为基础。之所以选择发行集团的出版物流系统为基点，是因为它居于供应链的中游这一核心枢纽地位，图书在供应链中的流转状态和市场需求状况都能够在第一时间通过物流部门的进库、发货、退货和库存等数据得以及时地反映；同时，居于中游的物流中心具有在供应链中衔接上下游业务的地位优势，有利于向上下游延伸，逐步整合上、中、下游的图书流通数据，不断提高出版业供应链整体的图书流通信息采集的准确性、及时性和完整性。

(3)与书目信息的相对静态性不同，该平台旨在提供图书市场和流通中的动态信息，所提供的信息以动态性和及时性为重中之重，通过对图书单品种全流通过程信息的跟踪和反馈，为信息获得的实时性和精确性奠定了基础，进而为企业的科学决策提供有价值的信息保障。

(4)平台的构建将着眼于供应链整体，而不是某一个环节。该平台服务的对象是供应链全体；收集的信息首先立足于大中型物流中心的图书商品流转数据，然后逐步整合上下游业务数据；此外，参与平台信息提供的主体也将是涵盖供应链全体的。

(二)监测平台的主要信息内容

从提供的信息内容类型来看，拟构建的信息平台的信息内容主要可分为以下四个子系统。

(1)图书在版信息子系统。该子系统的信息一部分来源于图书进入物流中心仓库的时间、版本信息，另一部分更主要的来源，有赖于将来条件成熟后，更多的出版社加入到该平台进行信息的提供和共享，以服务众多的图书采购商。

(2)图书销售信息子系统。该子系统的信息主要是图书从物流中心发出进入销售环节的信息。相对来说，这个子系统目前比较容易操作，现在的大中型出版物流中心基本都已实现与全国绝大多数市场销售终端的信息网络连接，获得大量终端实时销售数据和图书在架数据是可行的。

(3)图书库存信息子系统。这里的库存包括企业安全库存和图书滞销回流形成的库存。该子系统的信息同样要以物流中心现有的图书库存信息为核心，逐步纳入相继加盟的上游出版社和下游零售店的库存信息。当然，将图书在库信息上网，这在实践中可能会涉及企业的一些商业秘密问题，应通过协商分步骤实现。事实上，日本小学馆在2000年对此进行了实践，并取得了良好的效果。

(4)图书在途信息子系统。这一子系统的信息是基于物流中心的业务信息，包括物流中心与主要大客户的图书送货在途和图书退货在途信息。这将方便出版社对本版图书流转状况和同类书市场需求情况的及时把握，对供应链上节点企业的业务结算、出版社的印数预测和重版决定、分销商采购等都有参考价值。鉴于互联网与手机等移动终端可以实时传递信息，这一子系统的另一个拓展目标就是将图书运输信息(如图书运输需求、运输车辆提供)加入其中，更多地利用互联网整合业内外运输资源，提高物流发运效率和效益，提高顾客服务水平。

二、监测平台构建的合理性和可行性

拟构建的监测平台应当以互联网为信息交流平台，以目前我国已有的物流系统为初期建设的内容基础。为什么要以物流系统为内容基础呢？首先，从理论上来讲，所有图书商品的市场信息都可以在物流系统的流转中得以集中而及时地反映。而相比上游出版社和下游零售店而言，位于供应链中游的大型批发商有着得天独厚的“承上启下”的优势地位，大中型物流中心品种多，覆盖面广，商品流转不息，因此它既是供应链中图书商品的集散地，也是供应链中图书商品信息的集散地。通过对这些信息实时的收集、存储、整理和传递能有效实现上下游的沟通和互动，为出版社选题和书店销售提供科学的信息保障。如中游的库存商品信息就可以为上下游双向使用，下游零售商可以把它作为采购依据，上游出版社则可以它作为加印、备货和发货的依据，并可通过它反映出的图书动销率及时准确地把握图书市场需求变化等。从实践中来看，近年来我国出版物流发展迅速，无论是国有书店还是民营书店，物流建设都如火如荼。尤其自2002年以来，全国各地新华书店集团纷纷进行现代化的出版物流中心建设，这为构建基于物流系统的全国书业流通信息平台提供了非常有利的物质基础。首先，目前物流中心的信息化建设已初见成效。以北京出版发行物流中心内北京国际图书城的信息中心为例，其在2007年年底就已经实现了与全国200多家主要出版社的信息对接，与北京100余个经营网点和上海、天津等地多家新华书店实现联网，能提供18种20亿条以上的业内信息。每天不间断地在其中心大厅的巨大显示屏上滚动播出多种行业信息。其次，大型出版物流中心备货品种丰富，市场覆盖面广，通过对单品种实现出版、销售、退货、库存的流通全过程状态信息的跟踪能较好地反映出图书市场的整体态势。

三、监测平台的构建与实施

(一)监测平台构建的基本原则

为了保证整个平台构建的现实性、功能的实用性和平台运转的有效性，需要对各种因素进行权衡，并遵照一定的基本原则进行建设。

1. 前瞻性与阶段性相结合的原则

首先将该信息平台打造成涵盖全国绝大部分图书的市场信息沟通、交流和共享的平台、的最终目的，因而要求其具有前瞻性和可扩展性，同时由于图书、图书市场需求和技术都在不断变化，也要求信息平台的搭建有适当的前瞻性，充分考虑到未来的需求变化和技术发展方向。而考虑到现实的可能性，建设初期主要是以某一个或几个大中型物流中心的信息为主，具有阶段性。每个阶段的建设实现一定的性能标准，满足一定的功能需求，并具有适度的超前性，然后投入试运行。如果试运行时系统能够稳定运行，就可以投入正式使用。在实际应用过程中，如果出现了新的技术和功能需求，可以逐步地加以补充和完善。

2. 先进性与安全性相结合的原则

为了保证信息平台的高效性，满足对图书市场信息、流通信息的及时捕捉与动态管理，就需要采用各种各样的新技术。但新技术往往有一个弱点，那就是安全性还没有完善。因此，既然信息平台直接服务于众多出版企业，必然要承载大量经济数据(包括不同级别会员企业的业务数据)，那么就要在采用先进技术的同时也要保证系统运行时的稳定与安全。

3. 经济性与可靠性相结合的原则

经济性是强调该项目建设中的投入产出效益，主要关注各资源投入和使用过程中成本节约及资源使用的合理性。企业为了追逐经济利益最大化，必然要求在各项投入中做到成本最低，实现最大收益。所以出版业流通信息平台的构建过程必然也会遵循这一原则。但需注意，信息平台运转的稳定性、提供数据的准确性是信息平台获得信任和认同的一个关键。也就是说，信息平台建设中投入要素的经济性选择要以平台的可靠性为基本前提，两者要相互结合，综合考虑。

(二)监测平台构建的实施

1. 主体：组织者与实施者

全国性出版业流通信息平台的搭建者的权威性非常重要。这就需要保证倡议者和组织协调方的权威地位和号召力，一般可以由新闻出版总署及一些相关的行业协会发起提议和编制方案。这样在贯彻实施和全面推广中就有了组织宣传保障。同时在搭建过程中，相关管理部门可以及时地对出现的问题帮助协调解决，保证平台建设和运转的顺利进行。具体实施主体，应该由供应链中具有实力的核心企业承担。建设初期可以选择具有相当规模且运转良好的一两个大型物流中心(如北京发行集团的北京出版发行物流中心、浙江省新华书店集团的出版物物流中心)来承担，同时寻求专业技术公司，以提供技术上的支持与协助。随着加盟信息平台上的出版社、发行商和书店的增多和平台运转模式日渐成熟，可以从中独立出一个实体，以第三方的身份专门从事该平台的建设和运营，以保证平台的质量与效率。

2. 过程：有步骤、分阶段地进行

整个构建过程要分步骤进行，由于受原有发行体制框架的行政区划限制，首先可以依托某一地区现有的新华书店物流中心为基础，构建区域性出版流通信息平台，如可以选择江苏、浙江、上海等几个地理位置靠近且出版物流发展得比较好的省市联合进行试点，也可以利用已有的、相似的平台进行调整，以节约资源。例如，2006 年 3 月浙江省新华书店集团就与上海世纪出版股份有限公司签订了“社店信息对接协议”，十二年历经信息交换、单据往来、收货回告和财务对账结算四个阶段，在图书交易业务的发布、采购、发货、退货、统计、对账和结算七个环节中信息实现了对接。同时，信息平台的顺利构建还必须先在局部进行信息对接试点工作，通常只有在 10 家以上的出版社及 5 到 10 家流通企业各个环节全面实现对接的基础上，才能进行推广。此外，在区域性书业流通信息平台构建成功的实践基础上，注意分析总结出一套比较切实可行的构建方案，包括构建中需要注意的问题及解决优化途径，并对平台的地域适应性进行分析比较，由此再向全国范围推广施行。

3. 盈利模式：会员制与增值性服务

在实际运营中，可引入会员制进行组织管理。初期的会员必须是出版业供应链中的、向信息平台提供自己企业相关数据和信息的出版企业，以此鼓励和实现成员企业间相互共享信息。平台建设资金来源多样化，但初期的资金有相当部分需要政府相关部门的支持。本信息平台不以营利为目的，但要能养活自己。“优质服务，成本价格”是其运行宗旨。除了一般信息共享外，对于额外定制的增值性服务，则可以按照市场价格进行收费，如特定产品、特定时期、特定区域的市场信息研究分析报告的提供；利用全球卫星定位系统(Global Positioning System，GPS)、地理信息系统(Geographic Information System，GIS)提供图书在途运输的实时跟踪查询服务等。

思考与练习

1. 出版市场监测研究的研究思路和研究方法是什么？
2. 针对国内出版业普遍存在的逆向物流问题应该如何疏导？
3. 如何进一步降低环节成本，提高出版物流行业相关的效率？
4. 供应链信息共享的建立将对出版监测机制的再造带来怎样新的优势？
5. 书中提到的出版市场监测平台建设，你认为重要的内容是哪些模块，为什么？

项目十　出版物流标准化与信息化

学习目标

【知识目标】

1. 了解领会出版物流标准化和信息化的概念。
2. 了解出版物流标准化和信息化过程中的相关技术应用。

【能力目标】

1. 学习并掌握我国目前出版物流标准化和信息化现状及背景。
2. 学习并掌握推动出版物流标准化和信息化进程的意义有哪些。
3. 能够运用所学知识针对出版标准化和信息化的现实问题提出意见和建议。

【素质目标】

1. 培养相关人员对整个出版业标准化和信息化的意识。
2. 训练出版物流行业多环节一体化产业模式构建的思维方式。

任务一　识别出版业标准化

任务思考

什么是出版业标准化？你了解多少我国出版业标准化的现状与进程？

任务分析

出版业标准化对实现出版业的最佳秩序，提高行业互通共享有着重要作用。伴随着电子出版物的兴起，出版业标准化工作变得更加重要，并适应形势出现了新的要求。

出版业是具有意识形态属性和文化产业属性的行业，是国民经济中重要的文化产业部门。该行业既有宣传导向功能，也有社会公益服务和商业功能。随着我国市场经济的发展，我国越来越重视其商业和产业功能的发挥。同时，随着信息、网络等技术的迅速发展，技术与内容不断融合，使得出版业领域也在发生着变化。出版业已从图书、报纸、期刊、音像等传统媒体，向电子、网络等新媒体扩展，形成了一些崭新的出版媒体和内容形式，如手机出版、网络出版等数字出版媒体，以及动漫出版、语音出版等内容形式，这使得出版业的技术性和信息化程度大大提高。

出版业标准化是出版业各个环节和相关行业，为了实现最佳秩序而对出版业发展中实际的或潜在的问题制定共同的和可重复使用的条款的活动。出版业标准化有利于出版链条上的参与各方实现利益均衡，分工合作，整体降低成本，增加效益，实现技术兼容、数字内容的互联互通和共享，增加科技对产业的整体贡献率。

一、中国新闻出版标准化现状

（一）标准化工作受到国家和各级政府的高度重视，标准化机构不断健全

出版业标准化工作一直都受到国家和各级政府的重视。1984 年国家成立了全国信息与文献标准化技术委员会出版物格式分技术委员会，1991 年成立了全国印刷技术标准化技术委员会。新闻出版业的主管机构——新闻出版总署对出版标准化工作高度重视，2001 年新闻出版总署发布了《新闻出版行业标准化管理办法》，对行业标准化工作的任务、地位、作用和内容都作了明确规定。《新闻出版总署“十一五”规划》更是将标准化工作作为新闻出版总署科技发展的重点工作之一，把大力发展新闻出版标准化列为“十一五”新闻出版业发展的战略重点。《新闻出版科技工作贯彻落实〈新闻出版业“十一五”发展规划〉实施意见》提出了“充分发挥科技是第一生产力的作用，以数字化为主线，以标准化为基础，以信息化为手段，以科技振兴出版为目标，走以政府为主导，企业为主体，产学研相结合的道路”的总体思路，并对新闻出版的标准化工作提出了具体目标。

在新闻出版总署的直接领导下，标准化机构不断健全。2004 年新闻出版总署将全国信息与文献标准化技术委员会出版物格式分技术委员会(简称出版物格式标委会)秘书处由新闻出版总署科技司移交中国出版科学研究所，2005 年成立全国出版物发行标委会，2007 年成立全国新闻出版信息标委会，加上 1991 年成立的全国印刷标委会，目前由新闻出版署领导的标委会一共有 4 个，这使新闻出版行业标准化的专业覆盖面更加完整。通过标委会的建立，一大批专家和技术人才被聚集在一起，为新闻出版行业标准化工作的开展奠定了坚实的基础。目前，这 4 个标委会分别负责新闻出版业的出版、发行、印刷和信息化领域的标准化工作。2013 年 12 月 27 日，国家新闻出版广电总局发布《新闻出版行业标准化管理办法》自 2014 年 2 月 1 日起施行。

(二)出版标准化工作取得丰硕成果

我国新闻出版领域的标准根据标准发布主体分为国家标准、行业标准和企业标准。根据新闻出版行业所涉及的产业环节来分有出版标准、印刷标准、发行标准和管理标准。根据标准的性质来分有基础标准、产品标准、方法标准、管理标准、安全标准和环境标准等。经过 20 多年的发展，我国出版标准化工作已经取得了丰硕的成果。不仅标准化机构不断健全，从事标准化的人员不断增加，标准制定工作也有了长足发展。

目前，我国传统出版领域的标准已经初具规模，同时也正在加紧对信息化和数字出版领域标准的研究和制定，在语音出版领域也迈出了我国标准国际化的第一步，向 ISO 提交了一项国际标准提案。在印刷领域我国标准化工作进步很快，甚至在某些领域已经有所突破，如印后技术标准方面，我国已经处于国际领先水平，在某些标准的制定如 ISO5776《文字校对符号》国际标准方面，我们也取得了一定的主动权。

(三)标准化工作积极采用国际标准和自主研发相结合

国际标准反映了国际先进水平，它具有先进性、完整性和实用性。它吸收了国外先进的科学技术，是提高产品质量和技术水平的重要手段。同时，由于国际标准是国际贸易的基本要素和共同依据，采用国际标准和国外先进标准有利于消除国际贸易上的技术壁垒，加快与国际标准接轨，开拓国际市场，扩大产品的出口。所以我国提倡积极采用国际标准和国外先进标准，新闻出版的标准化工作紧跟国际标准化的发展趋势，积极跟踪和采用 ISO 国际标准。

(四)行业的标准化意识有所增强

随着我国一系列出版标准化工作的开展，我国新闻出版行业对标准化的认识也不断增强，标准化意识不断深入。目前在整个出版产业链条中，数字技术提供商对参与制定行业标准和国家标准的积极性最高。他们积极加入各个相关标准化技术委员会成为各个标委会的成员，并积极参与各项标准化工作，如北京方正阿帕比技术有限公司、同方知网有限公司、北京万方数据有限公司和中文在线有限公司等。甚至有些数字技术提供商还自己出钱出力参与新闻出版标准的制定。相对于新闻出版技术提供商，传统出版单位对新闻出版标准化的认识和热情低一些。但随着数字出版的进一步发展和标准化工作的不断推进，出版社越来越意识到标准的重要性。一些在新闻出版方面起步较早的出版单位如中国大百科全书出版社、高等教育出版社等积极地投入到新闻出版标准化的行列中。发行行业、企业的积极性比较高，如浙江省新华书店集团有限公司、深圳出版发行集团、四川新华文轩股份有限公司、新华书店总店参与制定了全国出版物发行标准化技术委员会的多项标准。作者和读者对标准化的认识也在不断增强。现在大多数出版社和期刊社都要求作者按照标准格式投递文稿。读者尤其对于目前网络出版文本格式的不统一表示不满，并大声呼吁建立统一的网络出版文本格式的标准。

二、中国新闻出版标准化面临的问题

(一)信息化和数字出版领域标准严重缺乏

与国外发达国家相比，我国的信息化和数字出版领域标准比较缺乏。例如，泛欧书业 EDI 组织早在 1995 年就在推动 EDI 标准技术在书刊业电子贸易的发展。美国出版商协会也早在 1999 年就在开发在线信息数据交换(ONIX)标准，并于 2000 年出版了 ONIX 第 1 版——信息交换指南，之后与英国的 BIC 和法国、德国和拉丁美洲的用户组织一起开发了其他版本。这些标准都是基于出版业务的信息化和标准化的规范。近年来国际数字出版的广泛展开，领先的出版商都已经转向数字化出版、网络化传播的方式运营，并基本完成向数字内容服务商转型。国外发达国家的标准化工作也将重点转移到数字出版、数字图书馆标准的建设上来。美国 2000 年以后发布的国家标准，如 ANSI/NISO 239.84－2000《数字对象标识结构》，ANSI/NISO 239.87－2006《数据词典—数字静态图像的技术元数据》和 ANSI/NISO 239.85－2007《都柏林核心元数据元素集》等美国国家标准，都是有关数字出版的标准。美国出版商协会也开发了“电子图书开放标准”工程。英国书业通信委员会也专门建立一个数字出版产业链工作组负责起草数字内容的查找和贸易标准。与国外发达国家相比较，我国新闻出版业的信息化程度还比较低，信息化的标准化程度比较落后。

在我国的信息化和数字出版领域标准比较缺乏的情况下，我国的出版物信息不能及时传递到发行单位，造成发行单位花费大量时间人工录入信息，而消费者找不到需要的图书，出版社找不到消费者，发行单位的销售信息也不能及时反馈给出版社，形成出版业的“信息孤岛”现象。

在数字出版领域标准比较缺乏的情况下，我国一些大出版社和新闻出版技术提供商在新闻出版领域按照自己的标准建立了出版系统和出版格式。如高等教育出版社基于其内容管理平台，制定了科技类图书内容结构化标准 HEPBOOKDTD，中国大百科全书出版社按一定技术标准建立了百科术语数据库，上海世纪出版集团也按照一定的标准规范建立了易文网，并希望以此打造新闻出版的公共平台。这些按照企业标准花费巨资打造的“平台”或“系统”能否实现信息的互享互通成为业界担忧的重要问题。我国主要的数字期刊出版商如清华同方、万方数据、重庆维普都采用各自的唯一标识符标准标识自己的数字资源，方正阿帕比电子图书同样使用了唯一的标识符方案，但这些唯一标识符方案只在企业内使用，唯一标识符仅在各自资源范围内发挥作用，一旦脱离各自的数据库，唯一标识符便成为没有意义的字符串。由此可见，我国急需制定数字出版标准。

(二)我国标准水平普遍较低，市场适应性较弱

目前，在我国新闻出版标准中，还存在标准市场适应性较弱，水平比较低的现象。当然造成这种情况的原因是多方面的，这与我国标准制定市场调研不够，仓促上马，在标准制定过程中公开性不够，企业参与不够，标准发布后宣传不够有关。当然与我国标准的管理体制也有关系，如标准制定计划下放、标准制定经费不够、没有建立对标准的长效维护机制等。我国新闻出版领域已制定的 91 项标准中，许多标准已超标龄却仍未进行复审或修订，甚至有的标准超龄长达 14 年还未进行复审。一些标准发布后销售册数很少，执行范围很窄，或者执行有困难，甚至许多标准无人问津。而在国外发达国家，标准在 3～5 年就会组织复审，标准维护及时，更新较快，标准项目一般由行业协会组织制定，由企业提出。标准制定有严格的、科学公正的标准制定程序，标准制定过程要求广泛参与、协商一致、透明和公正，最大限度地满足标准有关各方的利益和要求。此外应建立标准体系与技术法规、合格评定相协调和配套的机制。

(三)我国标准体系结构不合理，专业划分过细，标准之间协调不够

通过与国外先进国家的标准体系相比较，可以发现我国的标准数量并不少，但整个体系比较零散，彼此间缺乏相互联系，不成体系，我国标准的市场竞争力和国际竞争力明显不足。目前，我国新闻出版标准体系按照不同的行业和流程，如出版、发行、印刷、信息、图书馆、档案馆、广电，对标准进行划分，在信息化和数字化的今天，出版流程、各种媒体形态已经被打破，这样导致的结果就是我国标准专业划分过细，不同专业之间缺少有效的衔接，致使标准的对象过于单一，往往产生重复、交叉与不协调。同一类型标准，国外只有一个，而我们有多个，甚至十几个，看似精细，实质上缺乏系统性，这样不利于我国出版行业标准做大做强。而国外比较注重标准之间的支撑和协调，往往一个标准就可以解决行业的大问题。例如，国外的 ONIX 标准，最初主要用于传统图书的在线信息交换，ONIX 图书在线信息交换标准由 XML Schemas、DTDs、code lists(代码表)和 User Documentation(用户指南)系列标准组成，而后又针对期刊和注册标识符(ISBN，ISSN，DOI)、图书馆开发了不同的在线信息交换体系，形成了整个出版产业链条的标准体系。国外的 DOI 系统标准，也是以编码规则、解析系统、元数据框架和管理体系等相关标准相互支撑构成的标准体系。

(四)我国在国际标准中的话语权不够，国际化视野不够

与国外发达国家相比，我国新闻出版领域的标准化水平还处于跟踪国际标准阶段，只是在个别领域，如中文文字标准方面有一些话语权，但在大多数标准中话语权不够，而且我国在制定标准的过程中，国际化视野不够。发达国家在标准的定位方面始终坚持“通过对标准的发言权，争取标准的制定权，通过标准的制定权，实现产业领域的领导权”的战略思想。主要表现在：极力追求对国际标准的控制权，极力提高国际标准采纳其本国标准的比率；对于高新技术产业，发达国家普遍实行标准化战略和知识产权战略相结合，大力促进科技成果专利化—专利标准化—标准国际化，通过技术垄断、标准垄断来达到国际市场的垄断。如日本积极争夺 ISO 3166《国家和地区代码》和 ISO 5776《文字校对符号》等信息领域的国际标准制定权，英国将其国家标准 BS 4755－1971

《翻译表示规范》、BS 4-1971 直接转化为国际标准，美国的 ANSI/NISOZ 39.84—2000《数字对象标识结构》努力转化为 ISO 标准。此外英美等国家还自己成立国际化组织，如泛欧书业 EDI 组织、国际数字出版论坛、美国国际数码企业联盟、国际 DOI 基金等，来使自己制定的标准成为国际事实性标准。

综上所述，近年来我国出版业标准化工作取得了长足发展，标准化机构日益健全，从事标准化工作的人员不断增多。我国在传统出版领域的标准已经初具规模，也正在加紧对信息化和数字出版领域标准的研究和制定，在语音出版领域我们迈出了我国标准国际化的第一步。在印刷领域我国标准化工作进步很快，在某些领域已经有所突破，话语权不断增加。但是，与国外发达国家相比，我国还存在一定的差距，标准化工作还有待于进一步提高。面对这些问题，我们要统一认识、找出路、想对策。

首先，要加强出版业信息化和数字化标准的制定，以适应当前我国出版业对信息化和数字化发展的要求，拓展我国出版业的发展空间，提升我国出版业的整体水平。我们还要努力提高我国出版业标准的整体水平，加强标准的市场适应性。要加强市场调研以保证标准立项的科学性和适用性，在标准制定过程中积极吸引相关企业的参与，加强标准制定的公开性，加大对标准的宣传力度，定期对标准进行复审。我国标准化管理部门应加强我国标准化管理体制的改革，制定科学合理的标准经费管理制度、立项制度和标准制定管理制度，切实建立标准长效维护机制，并逐步建立标准体系与技术法规、合格评定相协调的配套制度，使我国标准化管理体制更加科学、合理，反映企业和市场的意愿。其次，应加强与出版业相关行业的沟通和协调，优化出版业标准体系的结构，对我国标准体系进行科学合理的划分，建立各个环节、各个领域的协调沟通机制，使出版业的标准体系结构更加完善。最后，要积极研究和借鉴国际和国外先进标准并实质性参与国际标准的制定，增加我国在国际标准中的话语权。与此同时，要增强我国标准制定的国际标准化视野，积极地将国家标准转化为国际标准或其他国家的标准，实现标准"引进"和"输出"的双向交流和发展，增强标准的影响力，提升我国产品在国际市场上的竞争力。

任务二　推进出版物流标准化

任务思考

什么是出版物流标准化？结合出版物流标准化的现状，谈谈你对如何改进出版物流标准化中存在的基本问题的思考。

任务分析

物流的标准化是实现物流现代化的基础，出版物流标准化具有非常强烈的现实意义，了解掌握物流标准化的概念和现状，目的是提出建议解决问题，更好地促进我国出版物流的长远发展。

出版物流标准化是指在出版物流过程中，使重复性的物流活动的概念，通过制定、发布和实施出版物流标准，使其达到统一，以获得最佳的秩序和社会效益。出版物流标准化涉及图书产业链上运输、储存、包装、装卸、搬运、配送以及相应的信息处理等所有与物流活动有关的设施设备、工具器具的技术标准，物流过程各个环节内部及各环节之间的工作标准，各类技术标准之间、技术标准与工作标准之间的配合要求以及与其他相关系统的配合要求等。具体地说，就是建立出版物物流术语标准、单元标识标准、模数尺寸标准等一系列基础通用标准，仓库、货架、运输车辆、集装箱、托盘、周转箱、叉车等一系列设施设备、工具器具的技术标准，运输、保管、分拣、包装、搬运等一系列作业的工作标准与质量要求标准，信息表示、采集、交换、处理、上报等信息处理标准等等。这一系列的标准，有的已经有了国家标准，有的是行业标准，有的甚至是地方或企业标准，经过多年的应用，不断发展和巩固。在进行出版物流标准化时，也必须秉承原有行业的、应用面很广的行业标准，按物流系统所提出的要求重建新的标准化体系。除了建立标准体系之外，出版物流标准化还应包括贯彻、修订标准的活动过程，应是一个不断循环提高的过程。

一、出版物流标准化的意义

标准化是基础，物流标准化是实现物流现代化的基础。出版物流标准化是事关我国出版物流长远发展的根本保证，是我国出版物流与国际接轨的坚强基石，具有重大的现实意义。

(一)出版物流标准化是增强文化产业整体实力的重要保证

长期以来，我国的出版业一直属于相对特殊的经济部门，在投资建设、经营方式和组织结构等方面均有别于一般的工商业，其向社会提供精神产品或服务，对社会经济发展起着更为长远和深刻的影响。同时，我国的出版业作为国家精神文明建设、实现小康社会、实施人才强国战略的基础，需要把社会效益放在首位。按照国家的具体要求，进行出版物流的产业链重组或改造。实施出版物流标准化，将涉及图书产业链的准确定位与改革同步推进，就是实现习近平新时中国代特色社会主义思想，体现了维护人民根本利益、满足人民群众日益增长的文化消费需求的出版业社会功能。出版物流标准将对出版物流的规模化发展提出具体要求，将对增强我国文化产业整体实力起到知识技术与管理创新等方面的长远支撑作用，从而成为繁荣我国社会主义文化的重要保证。

(二)出版物流标准化可深入改革出版物流通体制、降低交易成本

我国的图书交易一直具有低生产与高成本的特性，政府主管部门为降低图书交易成本曾采取了各种措施，但收效不是很明显。实现出版物流标准化，可以减少出版、储运、销售、馆藏等环节的重复性劳动，节约大量经营成本，还有利于深化出版物出版、发行、销售体制改革，促进跨地区、跨媒体经营的发展，克服数据、术语、格式不统一造成的市场障碍，为实现出版物连锁经营及实施市场规范化管理提供良好的环境。例如，通过建设标准化的物流信息平台，使图书从被动退货转为主动退货，实现

图书的循环型销售，以提高图书产业链的整体经济效益。

出版物流标准化还可以帮助连锁企业尽快实现图书跨行政区域经营和送货到户的物流，提高出版物流、信息流的流速，使图书的流向与流量更加合理，降低图书的中转、物流作业费用；可以吸引更多的投资者参与建设具有现代经营理念的、低成本低价格运作的、能够取得规模效应的并可与国际出版商抗衡的大型连锁企业；可以促进更多的国有、民营企业积极采取或主动转换为新型经营模式。

(三)出版物流标准化是实施出版物市场监管的有力武器

在我国实现出版物流标准化，可以做到对图书产业链所有环节上的运输、包装、装卸、搬运、储存、配送等物流信息进行标准化，及时了解文化产品市场的发展动态和对进入出版物市场体系的企业经营行为进行实物性跟踪和监管。对于少数盗版、黄色等非法出版物，一经进入出版物市场，就可及时掌握动向，准确打击，从而有利于保护知识产权，促进出版市场净化。实现出版物流标准化，还可以帮助我国出版企业消除地区及国际贸易壁垒，建立健全我国出版物交易中的风险防范体系和紧急应对体系，起到提高我国出版物产业链整体竞争力、促进区域发展战略和全球化战略的重要作用。

(四)出版物流标准化是发挥出版物流整体功能的重要保证

出版物流企业属于投入大、服务区域广、需要有较多的出版物流资源支持才能正常运行的企业，只有实现规模经营才能保证企业的效益。因此，出版物流企业尤其需要开展跨地域、跨行业的出版物流服务，才能尽快收回投资。企业要扩大服务范围，就必须不断争取客户，满足客户的各种服务要求；要通过增加服务功能来争取客户，就要不断提高信息系统的功能，就要不断跟踪和采用适用的新技术，同时依靠标准化的支持来充分发挥信息技术的功能。只有充分发挥科学技术的作用，才能体现出版物流的整体支撑功能，才能有效促进和推动传统出版业技术改造和产业升级。这种向技术要规模、要效益的发展模式，充分体现了科学技术作为第一生产力的作用，也显现出标准化对技术提供有力支持的基础性作用。所以要充分发挥科学技术的作用，必须要有标准化的支持。例如，出版物流对农村出版物发行的支持作用，尤其是对“农家书屋”长效机制的建立和保障，可以说没有物流的支持，就没有我国的农村出版物发行。一方面，随着社会经济的发展，农民对出版物的需求不仅是图书、报纸、杂志，还有电子出版物、音像出版物等多种媒体类型，这就要求对所有的出版物类型统一描述后才能够进行统一管理，最终实现出版物物流的统筹配送；另一方面，由于农民居住分散，物流成本高，更需要优化物流线路、实现规模化经营。因此，不仅要实施多种出版物统筹配送，还需要建立正向物流与逆向物流相结合的物流整体支撑功能，而要获得这种整体支撑功能，就必须发挥标准化的基础保障作用。

(五)出版物流标准化是促进出版业技术改造和产业升级的重要手段

目前，出版物流服务主要是面向企业内部的服务，其信息系统大多依附于业务管理信息系统，由于业务管理信息系统的开发各自为政，许多出版发行企业自行定义出版业务的流程、数据和服务规范，不但使企业间的业务信息难以对接，也严重影响了出版物流对跨地区服务的支撑功能。例如，北京发往承德的图书，需要先发到石家庄。这是由于业务信息系统的固化作用，使物流流程必然依附于商务流程，导致了大量无效物流的存在，本来可就近到达的货物不得不辗转到达，不但增加了物流耗费的时间和成本，更重要的是降低了对客户需求的响应速度和服务功能。因此，出版物流业务的外包与第三方物流承揽业务之间只有遵循统一的成本构成与成本计算标准，才能有效沟通，提高双方协作的效率。

没有标准化，信息系统就没有一致性的数据和兼容性的接口，就难以使出版物流企业摆脱离散状态，形成一个相互联结的物流网络。这不但影响了出版物流线路的优化，增加了中转和分发环节，还丧失了整体竞争的优势。

要提高出版物流企业竞争力，必须在形成整体的基础上增加服务功能，并应用标准对服务过程进行约束，以提高出版物流企业协调作业的服务质量和效率，从而促进整个产业的升级与技术改造。

二、我国出版物流标准化的现状

(一)我国出版物流标准化的现有基础

随着我国加入世贸组织和全面建设小康社会、加快推进社会主义现代化建设的需要，国家高度重视标准化工作，把标准化工作作为经济工作的一个重点。先后颁布了《中华人民共和国标准化法》《中华人民共和国标准化法实施条例》和《行业标准化管理办法》等法规和规章，并把标准、专利和人才作为三大战略来发展。随着我国加入世贸组织和对外开放出版物分销市场，新闻出版总署也高度重视标准化技术工作，2001 年 1 月新闻出版总署发布《新闻出版行业标准化管理办法》，对行业标准化工作的任务、地位、作用和内容都作了明确规定，并紧密结合新闻出版行业发展需求，制定了“两化一机制”的新闻出版总署科技发展目标，即以标准化为基础，以信息化为手段，建立质量检验、合格评定、体系认证和产品认证的社会监督机制来促进政府职能转变，推动新闻出版业向产业化方向发展。

发行行业标准化与其他行业的标准化发展相比，虽然起步晚，基础薄弱，缺乏标准体系，但发行行业经过 20 多年的改革和信息化进程的发展，积累了一定的物质基础和大量的技术进步经验，为实现发行行业的标准化奠定了坚实的基础。随着出版物流市场的发育，我国的出版物流标准化工作开始启动，并取得了一系列成绩，具体表现在以下几方面。

第一，建立了与出版物流有关的标准化组织、机构。现阶段，我国加快了物流标准化的工作进程。2003 年 9 月，国家标准化管理委员会批准成立了全国物流标准化技术委员会。全国物流标准化技术委员会是从事我国物流标准化的技术工作组织，委员单位包括与物流有关的各政府部门、专业标准化技术委员会、标准化研究机构、行业社团、高等院校以及大型工业、交通、物流、贸易企业等。为了适应我国出版物发行现代化建设的需要，充分发挥出版物生产、流通、使用、科研、教学、质检和认证等方面专家的积极性，促进出版物发行标准化工作有组织、有计划地发展，2004 年 7 月，新闻出版总署批准成立了全国出版物发行标准化技术委员会，简称“发行标委会”，是继全国印刷标准化技术委员会之后成立的全国专业标准化技术委员会。发行标委会负责出版物发行标准的制定、修订及推广工作，受新闻出版总署领导，委员由出版物发行各有关部门专业人员组成。为加快推进新闻出版行业信息标准化工作，新闻出版总署于2007年8月批准成立了全国新闻出版行业信息标准化技术委员会。全国新闻出版信息标准化技术委员会是总署批准成立并直接领导的第四个专业技术标准化工作机构，其主要职能和任务是根据新闻出版行业信息化建设工作的实际，按照总署制定的一系列信息化发展规划的有关要求，在新闻出版电子政务和电子商务等多个领域积极开展标准化工作，从标准体系和技术上保证新闻出版产业链的上、中、下游信息类标准的统一性和规范性，加强与出版、印刷、发行三个标准化技术委员会的交流、沟通和相互配合，建立健全协商沟通机制。

第二，制定了一系列出版物物流或与出版物物流有关的标准。2006年，发行标委会发布了《出版物发行标准体系表》(CY/Z 213—2006)和《图书流通信息交换规则》，填补了我国出版物发行业标准化的空白。《出版物发行标准体系表》是指导出版物发行标准化工作的框架性文件，描绘了我国出版发行业现有的、正在制定的和应该制定的标准蓝图，由7大类、205个标准组成，划分为A、B、C、D四个优先级别。《图书流通信息交换规则》是发行标委会成立后出台的第一个发行行业标准，是在研究国内外出版物发行现状和信息技术的变化及未来发展趋势以及行业现有标准的基础上，采用ONIX框架和英格拉姆企业流通信息交换标准的设计思想以及中国机读目录格式的数据、标识、定义、原则和《会计核算软件数据接口》的数据表现形式制定的。2008年10月28日至29日，全国出版物发行标准化技术委员会一届四次会议暨行业标准审查会在北京召开，与会专家审查并通过了《图书、音像制品、电子出版物营销分类法》《出版物发货单》《出版物退货单/退货差错回告单》《出版物物流标签》《出版物在途查询/回告单》《出版物物流作业规范验收》《出版物运输包装材料基本要求》七项行业标准(送审稿)。这七项行业标准的编制分别由业内发行企业和部分高校承担。其中，深圳出版发行集团和武汉大学信息管理学院承担的《图书、音像制品、电子出版物营销分类法》在《中图法》基础上有所创新，是一项自主创新的科研成果，是《图书流通信息交换规则》等标准实施的配套标准。四川新华文轩连锁股份有限公司、西南交通大学、新华书店总店、电子工业出版社、中国建筑工业出版社等五家单位承担的《出版物发货单》《出版物退货单/退货差错回告单》《出版物物流标签》《出版物在途查询/回告单》《出版物物流作业规范验收》《出版物运输包装材料基本要求》六项标准中，前四项出版物物流标准的制定填补了我国出版物物流单位标准的空白，而后两项标准是出版物发行标准体系中的关键标准，标准的制定是建设出版物发行标准体系的关键步骤。此六项标准处于国内出版发行行业标准的先进水平，有较高的应用价值。

第三，积极采用国家标准、国际标准和国外先进标准。新闻出版总署在2001年颁布的《新闻出版行业标准化管理办法》中明确提出：“积极采用国际标准和国外先进标准是新闻出版行业的一项重要技术经济政策，要建立健全符合市场经济要求和新闻出版规律并与国际接轨的新闻出版行业标准化体系。新闻出版行业标准化工作应及时收集、研究国际标准和国外先进标准，积极参与国际标准化组织的活动。"这说明，我国发行行业标准化虽然刚起步，但定位高，从开始就瞄准国际水平。如全国出版物发行标准化技术委员会通过引进、消化、吸收、再创新，将国际 ONIX 标准转化成我国发行行业的《出版物在线信息交换标准》，目前此标准已经纳入新闻出版行业指导性技术文件《出版物发行标准体系表》中，项目类目号为 4.2.7，制标优先级为 A 级，被确定为行业急需的应优先制定的基础性关键标准。

第四，积极开展出版物流标准化的研究工作。目前，我国各科研院所、高等学校的科研机构，都积极投入到这项研究当中。为了加速我国出版物物流标准化建设进程，新闻出版总署对"中国出版物物流标准总体规范"立项，组织北方交通大学、中国出版科学研究所、北京南开戈德自动识别技术有限公司、新华书店总店储运公司、新闻出版总署相关部门的有关人员组成课题组进行专题调研。课题组于 2003 年 9 月完成了《中国出版物物流标准总体规范研究报告》，报告反映了我国出版物物流标准化的现状，对我国实现出版物物流标准化进行了可行性分析，设计了我国的出版物物流标准体系结构，对二维条码技术在出版物物流标准化中的应用提出了建议，明确了出版物物流亟待解决部分的关键标准。2005 年，北方交通大学主持了《出版物物流作业流程及相关信息流调查》研究项目，该项目分析了出版物相关产业中的企业群落现状，并对出版物流作业流程及相关信息流、发行物流作业流程及相关信息流、境外出版物境内物流作业流程及相关信息流、境外机构对中国出版物物流信息的需求、音像制品和电子出版物特殊物流作业和特殊信息等进行了调查和研究，最后提出流程优化的建议。

(二)我国出版物流标准化存在的基本问题

近几年来，我国出版物流的标准化工作取得了一定进展，但由于诸多原因，目前我国出版物流的标准化状况仍不容乐观，存在着诸多问题。

1. 出版物流标准制定内容上存在的问题

(1)出版物流相关标准缺乏，标准和规范未形成体系。出版物流活动既有物流过程的共性，又有书业的特性。目前我国并没有成文的出版物流标准，已经颁布的与出版工作和印刷工作相关的国家标准和行业标准中，只涉及了部分出版物流活动的内容。新华书店总店储运公司受国家出版总署委托，作出了一些图书储运工作的规定。由于没有全行业统一的标准，部分书业企业根据自身需要，制定了企业或地区的标准或规范。这些标准或规范适用对象单一，使用范围只限于本单位、本地区，未能在业内得到普及与承认。

由于缺乏物流设备及辅材的标准，使得图书在物流过程中需要多次倒装，降低了物流效率。以托盘为例，实际上托盘的尺寸以及相关参数已有国家标准，但由于没有根据出版物的特点制定本行业托盘的选用标准，导致造纸企业、印刷企业、出版企业以及各级出版物批发企业选用的托盘各式各样，相互之间很少能够通用，在交接时只好进行倒装，浪费了人力、物力和时间，导致物流效率降低，物流作业成本上升。

由于缺少出版物业务信息交换标准及元数据标准，导致无法建立全国统一的出版物信息平台，这既影响了出版物物流的综合管理，又影响了出版物物流资源的综合利用，使得多方面的信息无法及时共享，导致出版物物流、信息流的不畅，出现供需不平衡，增加了物流成本。

由于缺少适合出版物分销的代码标准，给出版物的分类、存储、陈列、采购和检索造成很多困难，也对建立出版物自动补货系统形成障碍。由于各企业出版物物流代码标准不统一，给处于出版物物流上游、中游、下游的企业进货、验收、储存、结算、退货等带来许多不便，从而降低了物流速度和品种资源利用率，提高了交易成本。

由于缺少统一的出版物物流术语标准，造成了出版物流系统建设、功能选择以及设施设备的匹配与选用等方面的概念不统一，以至于造成和扩大了出版物流系统资源配置的非均衡性，无形之中增加了对物流硬件的投资。

由于缺少出版物物流包装方面的标准，因此增加了物流成本和信息交换成本，降低了物流包装质量，影响了物流效率。

(2)信息标准化落后，物流信息交换标准不统一。目前，我国许多部门和单位都在建立自己的商品信息数据库，但数据库的字段、类型和长度都不一致，形成一个个信息孤岛，严重影响了作为物流管理基础的信息交换和电子商务的运作。当前大力推进出版业信息化建设之际，业界在信息标准化方面存在的问题，已严重影响和制约我国出版业信息化建设及行业的进一步发展。

出版物发行信息按信息功能和在供应链上所处的环节可细分为出版物出版发行基础信息、出版物商务交易信息和出版物物流信息三大类。在信息技术飞速发展的今天，许多出版企业和规模较大的发行企业，大多已经建立了信息系统，其中包括物流信息系统。但由于缺乏统一的出版物流信息标准，企业基本上各自为政、重复投资、重复开发，造成资源的极大浪费；而且，各企业信息系统的数据格式都是根据自身需要制定的，各不相同。这造成图书产业链上的企业之间数据不能交换，无法共享数据资源，还导致下游企业需要配备相当的人力、设备来重复上游企业已经做过的工作，最典型的例子是重复录入出版物及其物流信息。由于增加了信息录入这一环节，不但延误了出版物的收货、配货、发货及上架时间，而且增加了企业的经营成本。此外，由于信息不能交换和共享，导致上游企业发货的盲目性，进而导致出版物退货率居高不下。退货物流是正常物流的逆过程，其作业环节和所花费的成本往往比正向物流还要高，而且大部分是不能增值的不合理物流(在我国，图书二次上架的比例较低)。高退货率导致整个产业链上的企业经营成本大幅上升。

采用国际标准的比例低。在长期计划经济的影响下，我国的标准包括物流相关标准在制定过程中较少考虑与国际标准的一致性。因此，目前能与国际标准接轨的物流标准所占比例很低，这必将为我国的国际贸易设下障碍。

由于国情不同，国外出版业并没有可供我国直接参考的相关标准。关于出版物发行标准化的研究状况，尚未查到国外同行业的出版物发行方面的标准体系。经查询，ISO、IEC、DIN、JIS等国外标准化组织也没有找到专门设立出版物发行标准的专业分支机构。只有在个别专业委员会的标准制定范围中，有部分涉及媒体标准制定的情况，如：美国全国信息标准组织(NISO)曾制定“用于图书的信息服务及信息系统技术标准，包括通信地址、格式、标识系统及图书设备等”，但未发现真正为出版物流量身定做的标准体系。

2. 出版物流标准在推广、执行上存在的问题

标准的贯彻实施是比制定标准本身更难的课题。目前的发行标准主要是推荐性行业标准，不具有国家标准强制执行的优势，且各项标准之间需要配套使用。比如已经推出几年的《图书流通信息交换规则》因为没有相关的行业标准与之配套，如分类代码、企业代码、读者代码等标准，在推广和应用的过程中碰到了许多障碍。

现有出版物流的相关标准或规范贯彻执行的力度不够。如由新闻出版主管部、全国信息与文献标准化委员会等单位提出，国家质量技术监督局等单位批准的出版工作相关国家标准有13项，其中与出版物流工作有关的标准有中国标准书号(GB/T 5795—2002)等国家标准，规定了中国标准书号的结构及其印刷位置，为在中国合法出版的每一出版物及每一版本提供唯一确定的、国际通用的编号标识，适用于各种介质的图书。但多年来，“一号多书”现象在图书市场上屡见不鲜。由于某些出版社利用同一书号多次出版，导致出版物条码不唯一，主要表现在重版重印采用同一书号、套装书采用同一书号和装帧不同的书采用同一书号等三种情况，使得出版物条码和出版物本身不能一一对应，迫使各级批发企业和零售企业花费大量时间和成本重新编码和印制条码，经营成本大大增加。再如出版物的包装，根据出版物的特性和运输要求，新华书店系统制定了出版物的包件规范，包括包装材料、包装工艺、包件尺寸、包件重量以及包件标签等。该规范已应用多年，已形成实际上的行业标准。但是由于没有明确其行业标准的地位，个别出版、发行企业在发货、退货时，组包、包装的随意性很强，有不用规定规格包装纸的，也有不符合包件尺寸和重量的，还有干脆使用编织袋组装为一个大包件的。由于存在这些不规范的包装件，导致出版物在物流过程中货损严重，收货、分拣、入库或配货时增加了许多不必要的环节，致使物流成本上升。

这些现象的广泛存在，深刻揭示了我国出版物流标准化管理工作落后的现状。制约出版物流标准化推广、执行的因素有很多，主要是由物流标准化意识淡薄、物流市场发育不足、物流标准化人才缺乏以及体制性障碍造成的。

总之，我国出版物流标准化现状不仅无法适应全国统一的出版物大市场实际的经营需求，也使我国出版物流通成本上升、商品库存量增加、销售渠道不畅、盗版与非法出版物屡禁不止等问题难以解决。

三、实施出版物流标准化的建议

出版物流标准化建设是一个系统工程，涉及编制、发布和实施标准的全过程。

(一)加快建立出版物流标准体系

推行出版物流标准，建立出版物流标准体系十分必要，它对于提高出版产业效益，建立全国统一、开放、竞争、有序的出版物大市场，将起到助推作用。出版物流标准体系，是为实现出版物流标准化目的，将其相关的标准按内在联系形成的科学的有机整体。

第一，开展国际交流与合作。对国外出版业先进标准进行研究，追赶国际出版业标准化水平，学习、借鉴国外出版业标准化工作方法和标准化市场化运行机制，提高

行业标准化水平。出版物流标准化是中外出版业共同面对的问题，是标准化对象之一。通过采用国际上成熟的标准，将其转化成我国的行业标准，可以缩短自主研制的时间，减少费用，避免设计开发的技术力量跟不上的情况出现。

第二，借鉴全国物流标准体系。因为出版物流标准体系属于全国物流标准体系范畴内的子体系，所以出版物流标准体系建设可借鉴全国物流标准体系，突出物流的特点。同时，应结合出版物流的发展现状和特点，考虑到出版物流的发展趋势，来设计出版物流标准体系。出版物流区别于一般物流的特点就是出版物流不但包含正向物流，而且包含逆向物流，逆向物流的存在对于出版物流是必要的。因此，一定要将出版物流中设计退货的有关流程、作业、管理等进行标准化，以保障出版物流标准体系的完整性。

第三，直接承接业外成果。目前，国内物流标准化比较成熟的行业集中在运输业与仓储业。无论公路、铁路还是河运、海运、空运系统，它们在集装箱、车皮设计规格与规范方面，标准化已趋完善；另外，在仓储业的平面库、立体库设计标准，托盘、货架、通道设计规范方面也相当成熟。与河运、海运、空运相比，公路与铁路运输跟出版物发行的联系更为紧密，因此在制定出版物发行过程中的物流标准时，将铁路与公路运输中业已成熟完善的标准直接引进或在其基础上稍加改进，无疑为出版物流标准的制定提供了便利，并可加快与运输部门相关技术的对接，提高出版物发行效率。

第四，循序渐进，急用先行。出版物流与其他行业相比，虽有其自身的专业性，但其标准体系同样包括了物流设施设备等硬件的技术标准、物流作业与服务的工作标准、物流管理与质量的管理标准。这些标准系列在整个标准体系中的地位和作用是不同的，况且标准种类繁多，不可能一次全部实施。因此，应积极遵循国家标准、国际标准和国外先进标准的方针，统筹规划，以应用为核心，急用先行，从最紧迫的难题和最关键的问题出发，研究制定出系统、完整、先进、市场适用的出版物流标准体系。在建立出版物流标准体系的基础上，通过分析研究，分出轻重缓急，确定优先制定和实施的关键标准，重点突破，然后再实施一般标准。出版物流标准化是一个不断完善、循环动态的过程，在实施中，还要不断完善出版物流标准体系以及已经实施的各类标准，不断优化，从而促进出版发行行业的发展。

(二)加快推进信息标准化工作

信息标准化已经成为出版物流发展的瓶颈。因此，出版物流在标准化的过程中，势必要将更多因素集中于出版物流信息标准化，以期实现出版物流系统对信息化的要求。应通过信息标准化整合现已建成的各种信息管理、业务处理系统，并指导以后的信息化系统建设，使现有系统在执行统一的标准规范的基础上，尽快实现互联互通、信息共享，实现信息内容的一次加工、多次发布和多种利用，要让行业内上、中、下游已建的所有信息系统形成一个有机整体，实现行业内沟通自如，交换畅通，达到互联互通、信息共享、业务协同、安全可靠的总体目标，彻底根除信息“孤岛”，使全行业信息化应用水平有一个质的飞跃。

(三)加强出版物流市场的培育

出版物流市场发育不足是既有标准得不到推广的一个重要原因。在市场经济中，技术标准通常是从行业自发需求中产生的。在我国，出版物流市场需求还没有形成足够的规模，很多出版物流企业都是从传统储运转型过来的中小企业，尽管更换了公司名称，但操作理念和规范还比较陈旧。由于标准化的普及有赖于产业自身的发育程度，在这些企业中推行物流标准化显然具有很大难度。因此，必须在强化和提升出版物流服务功能的同时，加大出版物流需求的开放力度，争取更大的空间服务半径，在空间半径中争取更多的市场份额，在市场份额中争取更多的增值服务，以获取更多的经济效益。

(四)积极争取各方支持

出版物流标准化关系到整个出版产业的健康发展，需要政府主管部门、行业协会、出版社、图书批发商、零售商等出版产业中所有组织共同努力和全力配合去完成。

第一，政府主管部门要强力推动。出版物流标准具有法规性和权威性，只有经过政府颁布，才能在全国范围内实施。在制定出版物流标准的过程中，需要征求各方面意见，要调整和协调图书产业链各企业的关系和利益，这些工作只有政府主管部门有能力处理。因此，制定和实施出版物流标准，需要由政府主管部门成立专门的机构，负责统一规划、组织、协调和管理；要明确规定各有关机构应履行的职责，并以法律手段切实保障各项工作的顺利实施；要组织行业协会、企业、研究机构以及相关的专家，对产业链的状况做充分的调查研究，提出标准化方案，制定和实施各项具体标准。

第二，行业协会大力宣传。发达国家的出版物流标准化建设，基本是由专门的行业协会来组织实施的。行业协会是中介组织，是政府与企业间的桥梁和纽带，其基本职责是为同行业企业服务，开展行业自律管理。因此，建议出版业的行业协会加大宣传力度，让社会各界充分认识实施出版物流标准化的意义，尤其要使出版、发行工作者认识到物流标准化给本企业和部门带来的利益。为加强出版物流标准化的宣传力度，可以创办会刊；创建标准化信息网络发布平台，还可以与《中国出版传媒商报》等媒体共同策划宣传方案、创办标准化宣传专栏，向全行业和全社会宣传出版物流标准化工作的重要性和必要性，宣传标准政策、国内外标准化工作动态和新标准的宣传贯彻。针对目前许多业内人士对标准化依然不太了解的情况，还可运用多种手段开展出版物流标准化知识培训。

第三，争取企业的积极配合。各类出版发行企业是出版物流标准的事实主体，要建立适合我国国情和特点的出版物流标准体系，必须同出版发行企业的具体运作和实践密切结合。出版发行企业应该从国家利益出发，充分认识到出版物流标准化的重要性和必要性，理解、支持和配合出版物流标准化工作，在自身的运作中总结经验，为国家或行业标准的制定提供良好的基础素材，并对出版物流标准化工作提供一定资金支持。在实施标准化过程中，出版发行企业应积极采用新标准，先进企业应带头成为示范工程。

第四，研究机构共同研发。科研机构包括很多高校是出版物流标准的主要制定者，也是联系政府与企业的桥梁。研究机构要对我国图书产业链物流状况进行充分调研，引进国外的先进理论和方法，全面综合各方意见，形成符合我国实际并兼具先进性、成熟性的国家或行业标准。为了做好这项工作，有关的研究机构应相互协作，发挥各自的优势，使出版物流标准科学化、合理化，为我国出版发行业服务。

任务三　识别出版物流信息化

任务思考

什么是出版物流技术？出版物流信息化过程中的常用物流技术有哪些？它们的功能分别是什么？

任务分析

出版物流技术的应用是支持出版物流发展的主要硬性条件之一，现代物流技术在出版物流中的应用涉及相关商品的包装、识别、跟踪等等一系列环节，起到举足轻重的作用。因此，了解相关物流技术无疑是十分重要的。

出版物流的发展不仅需要先进的管理理念，还需要各种物流技术的应用。在对目前物流技术的发展有全面了解的基础上，结合出版物流的特点，分析现代物流技术在出版物流中的应用，对出版物流的发展无疑是有益的。

物流技术一般是指与物流要素活动有关的所有专业技术的总称，包括各种操作方法、管理技能等，如流通加工技术、物品包装技术、物品标识技术、物品实时跟踪技术等。随着计算机网络技术的应用和普及，物流技术中综合了许多现代信息技术，如地理信息系统(GIS)、全球卫星定位系统(GPS)、电子数据交换(EDI)、条码(Bar Code)等，我们称之为现代物流技术。

一、信息处理技术及其应用

信息处理技术及应用现代信息处理技术在物流领域的应用已经远远超出了数据处理、事务管理，正进入到智能化管理阶段。信息系统与自动分拣系统、自动化立体仓库系统、自动拣货系统的结合，大大缩短了作业时间，提高了生产效率，使物流管理水平得以大幅度提升。物流业信息处理技术包括了诸如条形码的应用(特别是二维码的引进)、POS系统、电子订货系统(EOS)、电子数据交换系统(EDI)、全球定位系统(GPS)、地理信息系统(GIS)、射频识别技术(RFID)以及与之相配套的设备等。

(一)条码技术及其应用

1. 条码技术概述

条码技术是在计算机的应用过程中产生和发展起来的一种自动识别技术。它是为实现对信息的自动扫描而设计的。它是实现快速、准确而可靠地采集数据的有效手段。条码技术的应用解决了数据录入和数据采集的“瓶颈”问题，为供应链管理提供了有力的技术支持。

条码技术为我们提供了一种对物流中的物品进行标识和描述的方法，借助自动识别技术、POS 系统、EDI 等现代技术手段，企业可以随时了解有关产品在供应链上的位置，并即时作出反应。当今在欧美发达国家兴起的有效客户信息反馈(ECR)、快速回应(QR)、自动连续补货(ACEP)等供应链管理策略，都离不开条码技术的应用。条码是实现 POS 系统、EDI、电子商务、供应链管理的技术基础，是物流管理现代化、提高企业管理水平和竞争能力的重要技术手段。由于条码技术具有输入速度快、信息量大、准确率高、成本低、可靠性强等特点，因而发展十分迅速。在仅仅 40 年的时间里，它已广泛应用于交通运输业、商业贸易、生产制造业、仓储业等生产及流通领域。

按信息存储的维数可将条形码划分成一维条码和二维条码。一维条码必须依赖于数据库，纠错能力较差，只能对货物进行标识，是目前应用比较成熟的条码技术；二维条码除了可以标识货物之外，还可以对货物进行描述，具有不必依赖数据库等特征，另外，二维条码还可以表述图像数据及进行加密等。条码的识别可以通过扫描器和手持式数据终端设备进行。

2. 条码技术在出版物流中的应用

1972 年由国际标准化组织(ISO)设立和推行的 ISBN(国际标准书号)标准现已广泛应用于世界 160 个国家的图书出版和发行系统，可以快捷、有效地识别书籍的出版地、出版社、书名、版本及装订方法。出版社、书商及图书馆普遍采用这些系统，作为处理书籍订单及盘点存货之用。为了帮助图书行业更好地与全球其他行业的商业伙伴进行电子信息交换，2005 年 6 月，国际标准化组织(ISO)发布新版国际 ISBN 标准，即 ISO 2108：2005《信息与文献——国际标准书号(ISBN)》，该标准规定新的 13 位国际标准书号的执行日期为 2007 年 1 月 1 日。

1993 年 9 月，国家新闻出版总署发布了《关于在出版物上全面推广使用条码的通知》；1995 年 9 月，新闻出版总署组织召开了条码技术推广会；1996 年 3 月，新闻出版总署再度下文，明确了之后出版的图书，没有条码的不得上市销售。为加强对出版物条码的管理，推进条码技术在新闻出版行业的应用，加快新闻出版行业的信息化建设，新闻出版总署于 2000 年 3 月 29 日颁布了《出版物条码管理办法》，于 2000 年 5 月 1 日起实施。明确规定了“无条码的出版物或印有不符合质量标准条码的出版物不得上市销售”、“出版单位不得将一个条码在多种出版物上使用。出版单位对其相应出版物的条码享有专用权”等。在流通环节上采用条码技术，实际上是发行管理的一场革命，是流通管理现代化的标志。

二维条码技术作为现代信息技术应用中的一个独立要素，可以大量、快速地采集信息，同时随物流实时传递信息，非常适用于物流管理信息系统对大量、高速采集和传输信息的要求，在现代物流系统中应用最广泛。利用二维条码可以对汉字或图片进行编码的特性，可以很容易地将图书在版编目数据、版权信息、内容提要、防伪信息甚至封面图案、作者照片及指纹等一切可以数字化的信息编入二维条码中，有效地解决了图书信息的可机读及真伪辨别问题。在图书管理、销售、收藏等单位的计算机上录入出版物编目数据等信息时，只需几秒钟就可准确地完成，不仅节约了图书登记、管理人员的宝贵时间，还可避免人工录入交易发生差错，确保了图书信息的可靠性，因此可广泛地应用于各类出版物。

(二)EDI 技术及应用

EDI(电子数据交换)是指按照统一规定的一套通用标准格式，将标准的经济信息通过通信网络传输，在贸易伙伴的电子计算机系统之间进行数据交换和自动处理，俗称“无纸贸易”。以往全世界每年花在制作文件上的费用达 3000 亿美元，所以“无纸化贸易”被誉为一场“结构性的商业革命”。

构成 EDI 系统的要素是 EDI 软件、硬件、通信网络以及数据标准化。一个部门或企业若要实现 EDI，首先必须有一套计算机数据处理系统。其次，为使本企业内部数据比较容易地转换为 EDI 标准格式，必须采用 EDI 标准。此外，通信环境的优劣也是关系到 EDI 成败的重要因素之一。

EDI 是信息和物流相结合的关键技术，通过建立企业间的数据交换网来实现企业间数据处理、加工等事务作业的自动化、省力化、及时化和信息化，同时通过有关销售信息和库存信息的共享来实现经营活动的效率化。EDI 的主要功能是电子数据传输和交换，传输数据的存储，文书数据标准格式的转换，安全保密，提供信息查询、技术咨询、信息增值服务等。

在美国图书出版业，EDI 技术的引入改变了以往通过中间发行人的习惯做法，出版商和零售商直接通过 EDI 网络联系，使订货时间节省 60%，并密切了出版商与书店的关系，书店经理们视该网络系统为“个人生活中所发生的最美好的事情”。EDI 技术也由此得到了不断推广和应用。

在我国，出版企业计算机普及率不高，而且大都实行单机运作，EDI 不发达，造成信息闭塞、送货时间长、服务质量差，直接阻碍了物流技术的应用。

(三)EOS 系统及应用

电子订货系统(Electronic Ordering System，EOS)是利用计算机与通信线路在企业内部或企业之间进行联网，相互传递与交换订货、补货信息的系统。EOS 最初是连锁店内部的系统，后来与制造商、批发商的计算机系统连接起来，形成系列化的电子订货系统。

该系统的主要作用是：①实现订货业务的合理化、效率化。通过 EOS 系统可以使用户随时向联网的供货方订货，大大缩短了订货信息的传递时间，同时也可以实现订货业务的标准化和简单化，提高订货效率。②提高商品管理的精度。通过 EOS 系统，可以提高商品订货的速度，及时补充库存，加速商品的周转。③提高物流效率。应用该系统可以实现库存管理、发货作业管理、运输管理的系统化，从而提高物流效率。

在出版行业，信息不畅长期以来一直是出版社、销售商、读者之间的一个瓶颈。一方面，出版社图书积压，增加了库存成本、占用了大量资金，但销售商那里的图书销售状况却不能及时反馈到出版社，图书脱销时无法及时组织货源，出现积压时也不能及时通知出版社控制印刷数量；另一方面，读者想要的图书到处找不到，大家根本不感兴趣的图书反而在市场上随处可见。应用 EOS 系统使订货信息能够得到最快速度的传播和反馈，解决图书行业信息不畅的问题也就成为可能。

(四)POS 技术及应用

POS(Point Of Sale)称为“销售点实时管理系统”，即销售时点管理系统，是指以商业环境为中心的进货、销货、存货和内部调配货物的信息管理系统。由于 POS 系统能够使商业零售企业的经营更为高效、准确、迅速，因此它已逐渐成为现代商业零售企业加强企业管理、提高企业效率的必选工具。

POS 系统通常由一台被称作 Store Controller(简称 SC)的计算机与电子收款机进行通信连接组成，而 SC 还可以连接到一个更大的计算机网络上，从而实现局域网或者城域网的应用。书店(或书城)中各种出版物的版别、名称、标准书号、开本、字数和价格等信息通常被存储在 SC 或与 SC 相连的一个大的服务器中，当收款员在电子收款机上录入某一出版物的标准书号(或者条形码)时，SC 就从信息数据库中将该书号对应的各种信息检索出来，显示该出版物的价格并完成销售，同时将出版物交易的相关信息立即输入销售数据库中。书店经营者可以通过随时检查存储的销售信息来确定书店的人员安排、出版物陈列等，以提高书店的经营效率。与电子收款机连接配套的外部设备有：识别、采集与录入出版物商品销售和库存管理信息的条码阅读器，读取与处理金融信用卡信息的磁卡阅读器等。

我国书店的第一台 POS 机于 1995 年出现在吉林长春市新华书店。1995 年 7 月 31 日，在吉林省长春市新华书店举行了新闻出版总署首家条码扫描试点揭匾仪式。不久，新华书店总店华威图书精品店开始使用“新华书店门市销售系统”(简称 POS 系统)，使计算机在发行工作中的应用从进货、仓储等后台管理系统引入门市销售前台管理系统。从 1996 年的全国书市开始，深圳市新华书店推出了全城联网的 BIMS(Business Information Management System，商业信息管理系统)系统，全面推广了 POS 电子收款机的应用。今天，大书城里的 POS 机已经非常普遍，比起十多年前营业员用手工计算、收款、开票，书店的生产力得到了巨大解放。

(五)GIS 技术及应用

地理信息系统(Geographic Information System，简称 GIS)是多种学科交叉的产物，它以地理空间数据为基础，采用地理模型分析方法，适时地提供多种空间的和动态的地理信息，是一种为地理研究和地理决策服务的计算机技术系统。其基本功能是将表格型数据(无论它来自数据库、电子表格文件还是直接在程序中输入)转换为地理图形显示，然后对显示结果浏览、操作和分析。其显示范围可以从洲际地图到非常详细的街区地图，显示对象包括人口、销售情况、运输线路以及其他内容。

GIS 应用于物流分析，主要是指利用 GIS 强大的地理数据功能来完善物流分析技术。国外公司已经开发出利用 GIS 为物流分析提供专门分析的工具软件。完整的 GIS 物流分析软件集成了车辆路线模型、最短路径模型、网络物流模型、分配集合模型和设施定位模型等。北京著名的物流配送企业小红帽报刊发行服务有限责任公司在全市设 100 多个发行站，开展发送 40 多种报刊及送书、送奶、送水、投放广告等业务，极大地方便了市民生活。该公司采用了北大方正的 GIS，针对订阅发行、订货送货、广告投递业务在地理信息方面的需求，以业务数据图形化管理和业务机构、业务对象图形化编辑为核心，从客户、产品、业务结构三个管理层面上实现对其业务的全面图形化管理。

(六)GPS技术及应用

全球定位系统(Global Positioning System，简称GPS)是美国20世纪70年代初推出的具有在海、陆、空进行全方位定时三维导航与定位能力的系统。GPS由卫星、地面监控中心、用户三部分组成。GPS定位数据通过GSM(“全球通”移动通信网)、CD-MA(Code Division Multiple Access，码分多址，是在无线通信上使用的技术)的SMS(短消息)或集群通信等手段传到地面监控中心，显示在装有GIS的大屏幕投影仪上。地面监控中心24小时不间断地监测目标当前位置、行动路线、方向和速度。

GPS目前已经成为现代物流配送中心普遍应用的一种卫星定位技术。其主要功能有：车辆跟踪、自动路线的规划和导航、指挥调度、紧急援助以及车辆信息查询等。此外，对安全运输、优化运输路线有很大作用。出版发行行业应用GPS技术，可以迅速把每天的销量信息反馈到总部，从而能够及时掌握销售动态，进行适当的库存补充。

(七)射频识别技术(RFID)及其应用

RFID是Radio Frequency Identification的缩写，是指用能接受或发射无限电波的电子标签存储信息、标签与识读器之间利用静电耦合、感应耦合或微波能量进行非接触的双向通信，实现存储信息的识别和数据交换的技术。RFID的优点是不受现场光照限制，识别距离比光学系统远。射频识别标签具有可读能力，可携带大量数据，难以伪造和易于智能化等。RFID主要应用于物流仓储信息管理系统，具体包括：货物的定时定位系统、智能化托盘系统、通道控制系统、配送过程中贵重物品的保护等。

射频识别技术是从20世纪80年代开始逐步走向成熟的一项自动识别技术。射频识别系统是非接触式的自动识别系统，它采用的是射频识别技术。射频识别系统一般包括电子标签、阅读器和计算机与数据库系统。电子标签中通常保存有约定格式的电子数据。在实际应用中，电子标签附着在待识别物体的表面。阅读器又称为读出装置，可无接触地读取并识别电子标签中所保存的电子数据，从而达到自动识别物体的目的，并进一步通过计算机及计算机网络实现对物体识别信息的采集、处理及远程传送等管理功能。

目前，具有更多智能化功能的RFID标签应用的范围很广泛，它可以不断地主动或者被动地发射无线电波，只要处于RFID阅读器的接受范围之内，就可以被“感应”并且正确识别出来。阅读器的收发距离可长可短，根据它本身的输出功率和使用频率的不同，从几厘米到几十米不等。另外，RFID的扫描速度也是传统条形码技术所不能与之相提并论的，RFID的读卡器每250毫秒便可从射频标签中读出商品的相关数据。同时，RFID支持批量处理，条形码标签需要一个一个地识别，RFID阅读器可以同时处理200个以上的标签。在处理标准数据方面，RFID的优势十分明显，拥有现有的条形码标签不可比拟的容量优势。另外，RFID还具有使用寿命长、安全性高、对环境要求低等优点。RFID标签的寿命最高可以达到10年以上，其拥有条形码所不具备的防水、防磁、耐高温等性能；在遇到雪、雾、冰、污迹等各种恶劣的工作环境时，传统条形码的光学识别技术将会失效，而RFID依然可以正常工作。RFID的采用对于出版供应链将是一场真正的革命，它能够追踪一本图书从装订到销售乃至退货的全过程。RFID

还可用于书店的防盗管理。早在2003年，日本出版仓库流通协会开始应用RFID技术来解决图书流通问题，书店可以自动清点和统计图书信息，告别了以往繁琐和容易出错的人工盘点，自动、高效和准确的RFID系统让书店省时、省心和省力。由于RFID系统成本较高(在图书中嵌入RFID标签代替条形码)，国内出版业目前仍没有成功运用RFID系统的案例。随着RFID技术的成熟和标签成本的降低，我国出版业采用RFID系统将成为可能。

(八)ERP系统及其应用

ERP是Enterprise Resource Planning(企业资源计划)的缩写，它是一种新型的管理模式；作为一种管理工具，它同时又是一套先进的计算机管理系统，它为许许多多的企业带来了丰厚的收益。ERP体现了"供需链"的管理思想，把客户需求和企业内部的制造活动以及供应商的制造资源整合在一起，体现了"完全按用户需求制造"的思想。由于企业所追求的目标是利润最大化，而现代企业管理的核心是动态地对企业进行控制，其具体表现为企业的动态利润分析，即在外观上追求利润，而其内涵则是追求企业资源的合理高效利用。为此，在管理技术上，ERP在整个供需链的管理过程中加强了对资金流和信息流的控制，将对供需链的管理上升到对价值链的控制。当今时代已进入现代市场经济阶段，ERP打破了只局限在传统制造业的格局，把它的触角伸向各行各业。据预测，未来的ERP将会在动态性、集成性、优化性和广泛性方面得到更大的发展，成为企业在激烈市场竞争中的有力助手。

ERP最早应用在制造业中，随着ERP管理思想和技术的不断成熟，在越来越多的行业得到了推广和应用。德国SAP公司就推出了银行、金融、制药等20多个行业的解决方案，其中也包括媒体行业解决方案。全球大中型出版公司、出版集团纷纷采纳和实施ERP，世界最大的10个出版集团中有8家都采纳、实施了ERP。ERP带来了降低成本、集中管理和实时完成在不同国家的不同业务的神奇功效。有的公司已经收回初期投资，并筹办进一步的系统升级。汤姆森出版集团26亿美元的业务全靠这种系统来实现。

2003年9月18日，高等教育出版社宣布ERP系统试运营4个月后正式上线，成为国内首家引入ERP系统的出版社，引起业内人士的广泛关注。经过4个月的试运行，ERP系统在分社、运营管理部、编辑制作部、市场部、销售部和财务部等部门之间实现了跨部门集成、业务信息实时共享。在ERP运行过程中，高等教育出版社梳理了132条业务流程，做出了77项优化和改进，同时清理了所有业务的100多万条历史数据。例如，优化了编辑全面参与设计产品的内容和形式的流程。过去图书的形式，包括开本、用纸、装帧等都由设计室设计，系统上线后，由策划编辑在系统中通过确定产品主数据来决定图书的形状，再由生产部门执行，可以体现出策划编辑对产品的整体构想；由于策划编辑确定了产品的形式，所以在申报选题时便可利用系统提供的后台成本计算工具，进行经济效益预测。此外，还实现了业务和财务的相互制约和监督。以前的供应商，比如纸厂、印刷厂，是拿发票到财务部结账。现在，在每笔委外(委托外)业务发生之前，需要由生产管理部门在系统中创建采购订单，订单内容包括供应商、采购内容、数量、价格等。供应商结账时，必须要提供相应的采购订单号，财务部不能单凭发票付账，同时还要做发票校验，看是否与采购订单上的内容相一致。这样对财务部门是种制约，同时也控制了生产管理部门的漏洞。

二、自动拣选技术及应用

随着现代科学技术的迅速发展，物流的拣选技术也得到快速发展和应用，如电子标签拣选系统、自动分拣机分拣系统、机器人分拣系统等。这些自动化设施的采用，有利于加快物流信息流动，提高物流效率，降低劳动强度，开展增值服务。

(一)电子标签拣选系统

电子标签拣选系统是一种电脑辅助的无纸化拣货系统，其原理是借助安装于货架上的每一个货位的电子标签取代拣货单，利用电脑的控制将订单信息传输到电子标签中，引导拣货人员迅速、正确、轻松地完成拣货工作。拣货完成后按确认钮完成拣货工作，计算机监控整个过程，并自动完成账目处理。电子标签拣选系统包括了货架、电子标签、输送线、条形码阅读器及管理监控系统等部分。

传统的物流拣选作业以手工方式为主，当客户发出订货请求时，物流作业人员必须手持拣货单，按拣货单上列明的货品和架位逐架进行拣选，作业速度慢、出错率高、效率低下，因而已经不能适应现代物流及时化服务的要求。电子标签拣选系统接到客户订单后，能在最短时间内将订单信息直接传送到电子标签上，作业人员只要根据电子标签上显示的拣货信息即可进行商品拣选，并及时通过输送线将货品装箱至发货区，从而缩短了服务的反应时间；作业人员由于无需拣货单，只需依照电子标签上显示的数量进行拣货，拣货的正确率也得到了提高；在输送线的支持下，作业人员无需进行更多的装卸和搬运工作，作业轻松愉快。作业完成后，只需在电子标签上进行确认，信息即可传送到信息管理系统进行处理，信息的实时性得到提高。此外，电子标签系统还可以实时进行库存数量清点，从而使库存信息的准确性大大提高。

电子标签应用于库房架位管理，是目前可行的物流库房精细化管理的方案之一，在具体业务环节的应用有：货品下架，具体流程包括分区、分单、分箱、换箱、并箱、数量更正、品种确认，分区完成确认，整单确认；货品上架，根据业务系统的上架指令分区、分架确认；盘点，分为定期盘点(根据业务系统的盘点指令分区、分架确认数量，并产生盘盈、盘亏结果)和实时调整(库房理货的同时，对库存误差通过操作电子标签调整业务系统库存)两种模式。江西省新华书店采用的电子标签主要分为一对一标准型电子标签和一对多三窗型电子标签。前者主要用在主动配货作业中，后者用于拣货作业中。

1. 一对一标准型电子标签

每一个通道两头各安装一个作业指示器，显示目前拣货中的单号。每一个储位安装一个标准型电子标签，电子标签上直接显示应拣货的数量。某一储位的品种需拣货时，电子标签上的红灯亮起，并显示应拣数量。一个储位拣货完成之后，按下电子标签确认键，确认该品种拣货完成。如该储位的品种不足，则以“十”及“一”键调整数量后按下确认键。按下确认键后，会出现以下三种情况：该信道所有标签显示“Ch—××

×"，表示本通道已无待拣品项，继续进行通道×××；该信道所有标签显示"End"，表示目前的拣货单已全部拣完，可进行下一张拣货单；该标签未再显示数据，表示本区还有其他储位尚未拣货。

2. 一对多三窗型电子标签

每一个通道两头各安装一个作业指示器，显示目前拣货中的单号。每一座货架安装一个三窗型电子标签，逐一显示拣货商品的层别、格位及数量。某一储位的品种需拣货时，该座货架的电子标签上的红灯亮起，并显示层别、格位及应拣数量。

三窗型电子标签的数量显示无法超过两位数，因此，当应拣数量超过两位数时，会分次显示(123 会分为 90 及 33 两次显示)。如该储位的品种不足量，按下 Fn 键后再按确认键，表示缺货，此时实际拣货量为零(三窗型电子标签无法调整数量)。一个储位拣货完成之后，按下电子标签确认键，确认该品种拣货完成。按下确认键后，会有以下四种状况：该信道所有标签显示"Ch—×××"，表示本通道已无待拣品种，继续进行通道×××；该信道所有标签显示"End"，表示目前的拣货单已全部拣完；该标签未再显示数据，表示本区还有其他储位尚未拣货，该标签继续显示下一个应拣的层别、格位及应拣数量。

(二)自动分拣机分拣系统

自动分拣机分拣系统是集信息技术、自动化控制技术和机械技术为一体的商品自动分拣系统。它适合于多客户、大批量的商品配送分拣，具有分拣速度快、效率高、准确性高、信息处理及时等特点，可应用于商品配货和商品退货等业务。

自动分拣机分拣系统由信息控制系统、自动分拣机系统和输送系统三个部分组成。信息控制系统将需分拣的商品信息进行分类；自动分拣机系统用以完成信息控制系统所发出的指令；输送系统则将分拣完成的货品实物输送至指定的物流区域。下面以逆向物流来说明自动分拣机分拣系统的工作原理。

信息控制系统接收到连锁店退货信息之后，按预先设定好的算法，对退货商品信息进行分类，将此信息传递给自动分拣机系统。工作人员可以按分类信息对自动分拣机系统的格口进行设置，每一格口对应一个供货商。格口下放置物流箱，物流箱与格口信息对应。将商品实物进行上线处理。利用扫描设备读取商品信息，自动分拣机系统根据读取的信息自动识别该商品属于哪个供货商，并通过小车设备将该商品送入指定的供货商格口。商品落入指定格口下的物流箱中，工作人员待箱满后将物流箱推至输送线上，输送系统将物流箱送至指定物流区域，工作人员用无线扫描设备读取物流箱信息，以确定该箱货品属于哪个供货商。待所有商品分拣完毕后，按供货商集中包装并退回至供货商手中。商品配货工作原理与其类似。

自动分拣机在物流中的应用可以归结为点数、分类、制单三项。①点数。对批量无序的商品通过条码设备扫描在数量上实现点核，并为制单功能做好准备。②分类。按照商品属性进行分类是分拣机设计的初衷，当然商品属性不是单一的，应包括品种、图书营销分类、版别等多方面；并且在业务系统的支撑下，分拣机的分类功能还应该能够体现管理策略，管理策略包括对商品的处理数量、收发业务关系的确定等。③制单。作为整体业务系统的一个组成部分，分拣机处理结果与业务系统的其他单据实现一体化管理，包括通过点数功能采集的数据生成新的单据，或通过点数功能采集的数据与原单的比对来记录差异并修正单据。

自动分拣机分拣系统的应用，可以在如下方面产生巨大作用：第一，采用自动化与机械化的作业设备，减少人手操作，作业效率会得到极大提高。第二，自动化的机械设备与信息系统的有机结合，减少了人手劳动出错的几率，作业的准确性得到提高。第三，使用自动化的机械设备，使机械劳动代替了人工劳动，可以节省人力成本。第四，使用自动化的机械设备，可以使逆向物流不再成为物流作业的瓶颈，使退货成本降低。第五，客户可以根据需要进行退货，可以有效地缓解门店无效库存的压力，加快整个库存的周转速度。第六，采用自动化的分拣设备，可以加快物流配送服务的速度。第七，自动化分拣设备与信息系统的有机结合，解决了过去人手操作所不能解决的信息同步问题。第八，自动化分拣设备的应用，必然要对原有的业务管理流程进行重组，从而可以优化管理流程，提高管理水平和管理质量。

任务四　构建出版企业物流信息系统

任务思考

物流信息系统的基本功能模块有什么？它的基本作用是什么？应当如何建设？

任务分析

目前很多相关行业从业人员对物流信息运作一无所知，缺乏相关知识。要了解并推动出版企业物流信息系统的建设，借助计算机网络和信息技术将各个环节进行统筹协调，实现完整的供应链条的管理。高效的物流信息系统和信息平台是整个体系的重要组成部分。

由于目前我国尚未建立起完备的物流统计制度，关于物流企业内部的信息化建设，具体详细的统计数字尚无法得到。根据中国物流与采购联合会对我国物流发展进行的摸底统计报告，我国尚有很多企业对物流信息化运作一无所知，严重制约了我国物流企业服务质量的提高和运作效率的提升。因此，应重视和加快物流信息系统的建设。

现代物流的核心技术是物流系统的信息化，即借助计算机网络和信息技术，将原本分离的采购、运输、仓储、代理、配送等物流环节以及物流、信息流和资金流进行统一协调、控制，实现完整的供应链管理。

一、物流信息系统概述

物流创造的时间与空间价值只有在信息通畅的基础上才能有效实现。物流信息系统的内容涵盖企业物流的整个过程，包括采购物流信息、存储物流信息、销售物流信息、废弃和回收物流信息。这些信息一般由物流系统内部信息和系统外部信息两部分组成。

物流信息系统是企业管理信息系统的一个重要的子系统，是通过对企业物流相关的信息进行加工处理来实现对物流的有效控制和管理，并为物流管理人员及其他企业管理人员提供战略决策支持的人机系统。

物流系统是由多个子系统组成的复杂系统，一个子系统的输出是另一个子系统的输入。合理组织物流活动，就是使各个环节相互协调，根据总目标的需要，适时、适量地调度系统内的基本资源。物流系统中的相互衔接是通过信息予以沟通的，而且资源的调度也是通过信息的传递来实现的，所以物流信息系统可以大大提高企业经济运行质量和企业经济效益。

物流信息系统的基本功能有：(1)数据的收集和录入。物流信息首先要做的是用某种方法记录下物流系统内外的有关数据，集中起来并转化为物流信息系统能够接受的形式，再输入到系统中去。(2)信息的贮存。数据输入系统后，经过整理加工，成为支持物流运行的物流信息；或这些信息需要暂时存储，以供使用。(3)信息的传播。物流信息来自物流系统内外的有关单元，又为不同的物流职能使用，因而克服空间障碍的信息传输是物流信息系统的基本功能之一。(4)信息的处理。物流信息系统的最基本目标就是将输入的数据加工处理成物流信息。信息处理可以是简单的排序、查询，也可以是较复杂的模型求解和预测。信息处理能力的强弱是衡量物流信息系统能力的一个重要方面。(5)信息的输出。物流信息系统的目的是为各级物流人员提供信息。为了便于理解，系统输出的形式应力求易读易懂、直观醒目，这是评价物流系统的主要标准之一。

与其他领域的信息相比，物流信息的特殊性表现为：①物流信息量大、分布广。包括物流流转信息、物流作业层信息、物流控制层信息和物流管理层信息。②物流信息动态性强。信息的价值衰减速度快，对信息管理的及时性要求比较高。③物流信息种类多。不仅本系统内部各个环节有不同种类的信息，而且由于物流系统与其他系统密切相关，因此还必须收集这些物流系统以外的有关信息。这就会使物流信息的分类、研究、筛选工作的难度增加。

物流信息系统管理两类活动流中的信息。一个是调控活动，另一个是物流运作活动，两个活动流相互影响，相互促进，构成完整的物流信息传递来推动物流活动。

调控活动流程是整个物流信息系统架构的支柱。从战略、能力、物流、采购计划上指导企业自愿从原材料采购到产品送货过程中的分配与调度。上述计划在物流中的具体实施便构成企业主要的增值活动，而正是这些增值活动为企业带来利润。

尽管调控活动中的各项计划工作是相对独立的，计划周期也各不相同，但如果各项计划出现不一致、失调或扭曲，则会造成运作的低效率和库存的过量或短缺。例如，对战略计划缺乏充分的理解与贯彻会导致生产和物流库存的不协调；同样，如果不充分估计到生产、采购和物流能力限制，也会导致系统的应变力差和低效率。各项计划工作不协调的另一个典型后果是过高的安全库存量设置。物流信息系统的一个重要作用就是帮助实现各项计划的一致性。

物流运作活动中的信息流主要包括顾客订单和企业采购订单的接受与发送、处理以及相关的货物运输调控。主要的物流运作活动包括订单管理与订货处理、分销运作、库存管理、货物运输和采购。库存管理直接与调控信息流相联系，是两大信息流的集成与结合部分。以顾客实际需求为驱动的库存管理称为响应式管理，典型的如重订货点法(Reorder Point)；基于预测的库存管理称为计划式管理，典型的如分销资源计划(DRP)。计划驱动的库存管理模式更接近于调控计划层面，而响应式的库存管理模式更接近于物流运作活动层面。

二、出版企业物流信息系统的功能模块

在激烈的市场竞争下，出版企业面临着越来越多的不确定因素，市场瞬息万变，不同行业客户需求呈现差异化，客户对服务要求越来越苛刻。开发新的物流客户，维持现有物流大客户的忠诚度，对客户的需求有清晰的调查、了解，对服务进行有效地跟踪，及时为客户提供个性化的优质服务都是对现今在如此激烈竞争中生存的物流企业提出的要求，而先进的物流信息无疑为这些要求的实现提供了帮助。

出版企业物流服务水平的提升需借助计算机信息技术来实现。先进高效的物流信息系统与信息平台是现代物流体系的重要组成部分。出版企业物流信息系统一般由仓储管理信息系统(Warehouse Management System，WMS)和运输配送管理系统组成。

出版企业的 WMS 系统一般包含以下几个功能模块：

(一)商品管理模块

商品管理模块提供与商品有关的各项管理维护，其子功能包括：商品类别维护、商品主档维护、商品/储架库存查询、储位库存查询、商品异动查询、库存信息查询和日结。

(二)储位管理模块

储位管理模块提供与储位有关的各项管理维护，其子功能包括：分区维护、储位维护、商品储位指派、有效容积查询、储位使用状态查询、储位调整和自动调拨作业。

(三)入库作业模块

入库作业模块提供使用者对进货流程的各项管理维护，其子功能包括：产生进货通知单、到货点收作业、进货验收作业和上架作业。

(四)出库作业模块

出库作业模块提供整个出货流程的各项管理维护，其子功能包括：出货资料建立、出货单截取确认、出货单据打印、产生补货单、拣货作业执行、检验包装作业、合流出货作业、发行作业、到店结果输入和手工拣货作业。

(五)流通加工模块

流通加工模块提供出版企业贴标、重组等流通加工的各项管理维护，其子功能包括：出货加工截取、加工物品建档、重整物品建档、加工拣料单、加工拣料结果、加工物品结果、重整物品结果和加工物料维护。

(六)返品作业模块

返品作业模块提供出版企业销退、进退、报废等逆物流处理的各项管理维护，其子功能包括：退货点收作业、退货输入作业、退货确认作业、退货预给储位、退货上架作业、进货退回作业和报废作业。

(七)盘点作业模块

盘点作业模块提供出版企业各项盘点作业，如供货商商品盘点、商品类别盘点、储位商品盘点、进出货异动商品盘点等弹性范围选择，并可搭配智能型电子标签进行盘点，以利提升盘点效率，其子功能包括：盘点范围设定、盘点人员指派、盘点结果输入、遗漏资料输入和盘点差异资料。

(八)计价管理模块

计价管理模块提供出版企业自行弹性设定每个货主的各项收费项目及计价费用，当收费时间发生时，供出版企业选取合适的收费项目，并计算收费费用。出版企业可在任一时段查询任一期间内该客户的收费汇总，其子功能包括：收费项目设定、收费类别维护、收费作业识别码、收费资料维护和收费资料统计。

(九)绩效分析模块

绩效分析模块提供出版企业作业绩效、储位使用效率以及商品滞销分析，其子功能包括：订单单品订购量(EIQ)资料分析、滞销书定义、拣货绩效评估、储位使用效率、久置品分析、收费资料分析、库存周转分析、商品缺货统计和出货单处理汇总查询。

(十)电子标签控管模块

电子标签控管模块提供智能型电子标签辅助拣货系统的相关控管功能，其子功能包括：电子标签测试、标签基本资料、拣货区段定义、控制器设定、拣货工作指派、分段同步拣货作业模式和分段同步配货作业模式。

(十一)系统维护

系统维护包括基本资料维护、权限控管、系统相关参数设定等功能，其子功能包括：员工资料维护、职权组别维护、货主资料维护、货主客户资料维护、送货地址维护、到站运费维护、丛书套书维护、包装箱维护和打印定义维护。

运输配送管理系统一般包括出货配送管理、货物追踪管理、运输调度计划、分配计划等功能子系统。它以最大限度地降低物流成本、提高运作效率为目的，按照批量运输和实时配送(JIT)原则，在多方购买商并存的环境中，通过在购买商和各自的供应商之间建立实时的双向链接，构筑一条顺畅、高效的物流通道，为客户和供应商或制造商提供高度集中的、功能完善的、不同模式的运输配送信息服务。

三、出版企业物流信息系统建设应注意的问题

(一)贯彻“以客户为中心”的思想

传统的出版进销存管理软件、运输管理软件、仓库管理软件大多以单据打印和统

计报表为设计目标，无法解决供应商、仓储、运输乃至相关的增值服务之间的信息交流，因而无法满足现代出版物流管理的需求。因此，出版物流信息系统应贯彻“以客户为中心”的思想，应能为行业内企业带来以下实际意义：首先，提高各环节的信息与数据，以保证运输、仓储等各职能之间的协调一致，提高物流的经济效益；其次，及时掌握运营状况，提高对非正常业务的处理能力；再次，明确各环节经营人的责任和义务，提供各相关企业的电子结算功能，提供实时的客户查询功能，实现物流信息的“客户共享”，增强物流企业和客户间的合作伙伴关系；最后，提供货物流动库存的统计报表，提高各种接口实现物流系统和 GPS 系统、POS 系统以及其他出版、批发、销售系统的对接，建立完整的出版物商品供应链。

(二)选择适合自己的开发途径

出版企业引入物流信息系统时，一般有三种模式可供选择：一是请专业的信息技术公司结合企业情况开发专用系统；二是利用企业自身技术实力开发系统；三是购买已经成熟的物流配套系统。这三种模式都有可取之处，也都有各自缺点，出版企业要在最适当的时候选择最适当的方式，关键是要适合自己的企业。例如，浙江省新华书店认为信息系统与企业的业务模式和领导的经营理念有关。因为各自的管理模式和经营理念不一样，所以同一个系统的运行效果可能完全不同。为了确保企业独特的运营模式，浙江省新华书店没有选择购买专门的信息系统软件，各个阶段的信息系统全部由自己开发。

(三)加强管理的标准化、规范化

信息化的推进是以管理的标准化、规范化为基础的，在此基础上引进信息化设备和软件，更有效地实现营销、物流、财务三方面的职能，并为决策提供支持。目前国有发行企业信息化的程度普遍偏低，这是与目前的管理水平和技术引进相关的。首先遇到的就是管理瓶颈，相当一部分企业对企业战略的把握和将来的管理模式还存疑虑，各个环节的流程还处于随时的调整和变动中，标准化和规范化都有待进一步提升。在这种环境下必然无法进行信息系统的统筹规划，甚至对信息系统的引进都存怀疑态度。相当一部分企业只是引进一套库存或销售的独立系统，这与建立完整的物流信息系统还有很大差距。其次就是对软件和设备的引进的认识存在问题。企业对现代信息技术和设备重要性的认识有待提高，对国内外较为成熟的技术和设备的应用才能实现管理的规范化和标准化。

(四)建立商流、物流、信息流、资金流为一体的现代物流系统

目前大部分出版企业现有的信息系统基本是孤立的系统，系统之间数据不能共享，数据重复录入，流程复杂且不规范，运营成本高。从企业信息流角度来看，企业信息化建设必须整体进行规划，消除信息“孤岛”及部门利益扩大化问题。因此，出版企业的信息系统建设应涉及出版物的预订、采购、批发、零售、调拨、仓储等出版物供应链的各个环节，达到商流、物流、资金流、信息流的一体化管理，实现商务智能化、物流自动化、资金科学化和信息准确化。

(五)加强物流信息标准化建设

物流信息化是现代出版物流发展的关键，包括出版物流信息的商品化、出版物流信息收集的数据库化和代码化、出版物流信息处理的电子化和计算机化、出版物流信息传递的标准化和实时化、出版物流信息存储的数字化等，为物流供应链的整合和采用外部物流资源提供了条件。当前，应该首先从物流信息标准化入手，建立统一的物流信息平台。借助现代信息技术，实现各种物流信息在生产者、消费者以及物流服务企业之间共享，使得供应链更加紧凑有效，使企业对市场反应也更加灵敏，根据市场需求提供产品和服务。在统一的物流信息平台上，可发挥现代物流的资源共享和规模效应。

思考与练习

1. 为什么在出版行业的各个环节都要强调标准化？

2. 现阶段出版业标准化过程中的障碍是什么？

3. 出版物流标准化可解决我国出版物流行业的哪些具体问题？

4. 你还知道哪些出版物流信息化系统构建的新型技术形式？

5. 除了书中的例子，你还能想到哪些主体在物流信息化平台建设方面做得较好？为什么？

附录一 《中国图书馆图书分类法》简表

A 马克思主义、列宁主义、毛泽东思想、邓小平理论
1 马克思、恩格斯著作
2 列宁著作
3 斯大林著作
4 毛泽东著作　49 邓小平著作
5 马、恩、列、斯、毛、邓著作汇编
7 马、恩、列、斯、毛、邓生平和传记
8 马列主义、毛泽东思想、邓小平理论的学习和研究
B 哲学
0 哲学理论
1 世界哲学
2 中国哲学
3 亚洲哲学
4 非洲哲学
5 欧洲哲学
6 大洋洲哲学
7 美洲哲学
80 思维科学　81 逻辑学(论理学)　82 伦理学(道德哲学)　83 美学　84 心理学
9 宗教
C 社会科学总论
0 社会科学理论与方法论
1 社会科学现状、概况
2 社会科学机构、团体、会议
3 社会科学研究方法
4 社会科学教育与普及
5 社会科学丛书、文集、连续性出版物
6 社会科学参考工具书
8 统计学
91 社会学　92 人口学　93 管理学　95 民族学　96 人才学　97 劳动科学
D 政治、法律

0 政治理论
1 国际共产主义运动
2 中国共产党　29 中国共产主义青年团
33/37 各国共产党
4 工人、农民、青年、妇女运动与组织
5 世界政治
6 中国政治
73/77 各国政治
8 外交、国际关系
9 法律
E 军事
0 军事理论
1 世界军事
2 中国军事
3/7 各国军事
8 战略、战役、战术
9 军事技术
F 经济
0 政治经济学
1 世界各国经济概况、经济史、经济地理
2 经济计划与管理
3 农业经济
4 工业经济　49 信息产业经济
5 交通运输经济　59 旅游经济
6 邮电经济
7 贸易经济
8 财政、金融
G 文化、科学、教育、体育
0 文化理论
1 世界各国文化事业概况
2 信息与知识传播
3 科学、科学研究
4 教育
8 体育
H 语言、文字
0 语言学
1 汉语
2 中国少数民族语言

3 常用外国语
4 汉藏语系
5 阿尔泰语系
61/67 其他小语种
7 印欧语系
81 非洲诸语言　83 美洲诸语言　84 大洋洲诸语言
9 国际辅助语
I 文学
0 文学理论
1 世界文学
2 中国文学
3/7 各国文学
J 艺术
0 艺术理论
1 世界各国艺术概况
2 绘画　29 书法、篆刻
3 雕塑
4 摄影艺术
5 工艺美术
6 音乐
7 舞蹈
8 戏剧艺术
9 电影、电视艺术
K 历史、地理
0 史学理论
1 世界史
2 中国史
3 亚洲史
4 非洲史
5 欧洲史
6 大洋洲史
7 美洲史
81 传记　85 文物考古　89 风俗习惯
9 地理
N 自然科学总论
0 自然科学理论与方法论
1 自然科学现状及发展
2 自然科学机关、团体、会议

3 自然科学研究方法
4 自然科学教育及普及
5 自然科学丛书、文集、连续性出版物
6 自然科学参考工具书
8 自然科学调查、考察
91 自然研究、自然历史 93 非线性科学 94 系统科学
O 数理科学和化学
1 数学
3 力学
4 物理学
6 化学
7 晶体学
P 天文学、地球科学
1 天文学
2 测绘学
3 地球物理学
4 大气科学(气象学)
5 地质学
7 海洋学
9 自然地理学
Q 生物科学
1 普通生物学
2 细胞学
3 遗传学
4 生理学
5 生物化学
6 生物物理学
7 分子生物学 81 生物工程学(生物技术)
91 古生物学 93 微生物学 94 植物学 95 动物学 96 昆虫学 98 人类学
R 医药、卫生
1 预防医学、卫生学
2 中国医学
3 基础医学
4 临床医学
5 内科学
6 外科学

71 妇产科学 72 儿科学 73 肿瘤学 74 神经病学与精神病学 75 皮肤病学与性病学 76 耳鼻喉科学 77 眼科学 78 口腔科学 79 外国民族医学

8 特种医学
9 药学
S 农业科学
1 农业基础科学
2 农业工程
3 农学(农艺学)
4 植物保护
5 农作物
6 园艺
7 林业
8 畜牧、兽医、狩猎、蚕、蜂
9 水产、渔业
T 工业技术
TB 一般工业技术
TL 原子能技术
TD 矿业工程
TM 电工技术
TE 石油、天然气工程
TN 无线电电子学
TF 冶金工业
TP 自动化技术、计算技术
TG 金属学、金属工艺
TQ 化学工业
TH 机械、仪表工业
TS 轻工业、手工业
TJ 武器工业
TU 建筑科学
TK 动力工程
TV 水利工程
U 交通运输
1 综合运输
2 铁路运输
3 公路运输
6 水路运输
V 航空、航天
1 航空、航天技术的研究与探索
2 航空
3 航天(宇宙航行)

X 环境科学、劳动保护科学(安全科学)
1 环境科学基础理论
2 社会与环境
3 环境保护管理
4 灾害及其防治
5 环境污染及其防治
7 废物处理与综合利用
8 环境质量评价与环境监测
9 安全科学
Z 综合性图书
1 丛书
2 百科全书、类书
3 辞典
4 论文集、全集、选集、杂著
5 年鉴、年刊
6 期刊、连续性出版物
8 图书目录、文摘、索引

附录二　出版物发行标准体系

出版物发行标准体系

（新闻出版总署 2006 年 5 月 22 日）

1. 范围

本指导性技术文件确立了出版物发行标准体系框架和标准明细表。

本指导性技术文件适用于政府行政主管部门制定相关政策、行业标准化组织制定标准化工作规划、行业中各相关企事业单位选用标准，以促进行业的标准化建设，实现行业标准化。

2. 规范性引用文件

下列文件中的条款通过本标准的引用而成为本标准的条款。凡是注日期的引用文件，其随后所有的修改单(不包括勘误的内容)或修订版均不适用于本标准，然而，鼓励根据本标准达成协议的各方研究是否可使用这些文件的最新版本。凡是不注日期的引用文件，其最新版本适用于本标准。

GB/13016—1991 标准体系表编制原则和要求

GB/13017—1995 企业标准体系表编制指南

3. 术语及定义

3.1　标准体系 standard system

一定范围内的标准按其内在联系形成的科学的有机整体。

3.2　标准体系表 diagrams of standard system

一定范围的标准体系内的标准按一定形式排列起来的图表。

4. 编制原则

4.1　需求主导

从行业实际需求出发，围绕出版物发行现代流通体系的建设，用标准化为手段和方法，指导和推动行业信息化建设、连锁经营、物流配送、现代物流体系的构建、企业经营管理水平的提高、市场综合竞争实力的提升、市场行为的规范。

4.2　应用为上

凡确定为标准体系表中的标准都应是切实可行的，即在现有条件下能够贯彻执行和实行的，又可进行检验的要求才能制定成标准。对由于各种原因一时无法贯彻或检测的要求，暂不收入标准体系表。标准制定要考虑便于推广实施：标准体系表编排方便使用和管理。

4.3　急用先行

标准的制定有目的、有计划、有步骤地进行，行业迫切需要的标准制定优先安排。

4.4　全面成套

将出版物发行所需的各项标准分门别类地纳入相应的位置，并使其相互配套，协调一致，构成一个完整的标准体系。将本行业正在执行的标准、现有的标准和将要制定的标准纳入体系表，全面反映本行业的标准。

5. 框架结构及构成要素说明

5.1　框架结构示意图

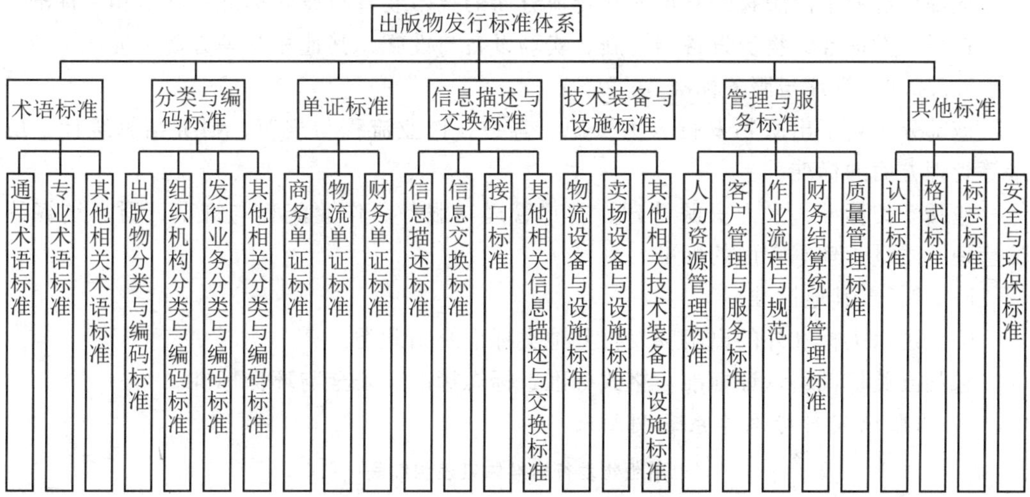

出版物发行标准体系结构图

5.2　框架结构及构成要素说明

5.2.1　框架结构

出版物发行标准体系框架以标准的内容特征为依据，结合行业特点，规划了七大类标准。

七大类标准分别是：术语标准、分类与编码标准、单证标准、信息描述与交换标准、技术装备与设施标准、管理与服务标准、其他标准。

出版物发行标准体系结构包含三个层次：第一层为大类，第二层为子类，第三层为具体标准。它们之间的层次关系是：大类标准下分子类，子类下设具体的标准。

5.2.2　构成要素说明

5.2.2.1　术语标准

该部分规划了术语类标准。

包括三类标准：通用术语、专业术语、其他相关术语标准。

5.2.2.2　分类与编码标准

该部分规划了出版物、出版物发行组织机构、出版物发行业务活动方面的分类与编码标准。

包括四类标准：出版物分类与编码、组织机构分类与编码、发行业务分类与编码、其他相关分类与编码等方面的标准。

5.2.2.3 单证标准

该部分规划了出版物发行商务、物流、财务方面用的单证标准。

包括三类标准：商务单证、物流单证、财务单证等方面的标准。

5.2.2.4 信息描述与交换标准

该部分规划了出版物流通信息描述、交换和接口方面的标准。

包括四类标准：信息描述、信息交换、接口、其他相关等方面的标准。

5.2.2.5 技术装备与设施标准

该部分规划了出版物经营场所和物流方面的技术装备与设施标准及其他相关标准。

包括三类标准：物流设备与设施、卖场设备与设施、其他相关等方面标准。

5.2.2.6 管理与服务标准

该部分规划了出版物发行人力资源、客户、作业流程与规范、财务结算统计、质量等管理方面的标准。

包括5类标准：人力资源管理、客户管理与服务、作业流程与规范、财务结算统计管理、质量管理等方面的标准。

5.2.2.7 其他标准

除上述六类标准外的出版物发行其他类标准统归此类。

包括五类标准：认证标准、格式标准、标志标准、安全与环保标准。

6. 出版物发行标准体系表明细表

出版物发行标准体系表明细表

序号	类目号	标准名称	标准编号	采用国际标准或国外先进标准情况	宜定级别	优先级
1 术语标准						
2 通用术语标准						
1	1.1.1	新闻出版术语			CY/T	
2	1.1.2	印刷技术术语 基本术语	GB/T 9851.1-1990			
3	1.1.3	电子出版物 术语	GB/T 17933-1999			
4	1.1.4	物流术语	GB/T 18354-2001			
1.2 专业术语标准						
5	1.2.1	出版物发行术语			CY/T	A
6	1.2.2	出版物物流术语			CY/T	A
1.3 其他相关术语标准						
7	1.3.1	条码术语	GB/T 12905-2000			
8	1.3.2	包装术语 基础	GB/T 4122.1-1996			
9	1.3.3	分类与编码通用术语	GB/T 10113-2003			
10	1.3.4	职业安全卫生术语	GB/T 15236-1994			

续表

序号	类目号	标准名称	标准编号	采用国际标准或国外先进标准情况	宜定级别	优先级
11	1.3.5	统计学术语　第一部分一般统计术语	GB/T 3358.1-1993	neq ISO/DIS 5-1-3435-3		
12	1.3.6	商业自动化术语	GB/T 18184-2000			
13	1.3.7	电子商务基本术语	GB/T 18811-2002			
2　分类与编码标准						
2.1　出版物分类与编码标准						
14	2.1.1	中国标准书号	GB/T 5795-2002	eqv ISO 2018：1992		
15	2.1.2	中国标准书号条码	GB/T 12906-2001			
16	2.1.3	中国标准连续出版物号	GB/T 9999-2001	eqv ISO 3297：1998		
17	2.1.4	中国标准刊号(ISSN 部分)条码	GB/T 16827-1997			
18	2.1.5	中国标准音像制品编码	GB/T 13396-1992	eqv ISO 3901：1986		
19	2.1.6	电子出版物外观标识	CY/T 36-2001			
20	2.1.7	可记录光盘(CD-R)产品外观标识	CY/T 37-2001			
21	2.1.8	中国图书馆分类法(第四版)	文化部颁布			
22	2.1.9	中国图书二维条码			CY/T	A
23	2.1.10	出版物类型代码			CY/T	A
2.2　组织机构分类与编码标准						
24	2.1.1	国民经济行业分类	GB/T 4754-2002			
25	2.1.2	物流企业分类与评估指标	GB/T 19680-2005			
26	2.1.3	零售业态分类	GB/T 18106-2004			
27	2.1.4	位置码	GB/T 16828-1997			
28	2.1.5	出版物发行组织机构分类代码			CY/T	A
29	2.1.6	读者分类代码			CY/T	A
2.3　发行业务分类与编码标准						

续表

序号	类目号	标准名称	标准编号	采用国际标准或国外先进标准情况	宜定级别	优先级
30	2.3.1	运输方式代码	GB/T 6512-1998	eqv UN/ECE/ADE/138：1995		
31	2.3.2	货物类型、包装类型和包装材料类型代码	GB/T 16472-1996	eqv UN/ECE/21		
32	2.3.3	图书征订代码	CY/T 8-1993			
33	2.3.4	出版物营销分类法			CY/T	A
34	2.3.5	出版物营销分类法实施指南			CY/T	A
35	2.3.6	出版物销售形式分类代码			CY/T	A
36	2.3.7	出版物物流代码			CY/T	A
37	2.3.8	货架与周转箱编码规则			CY/T	B
38	2.3.9	出版物发行结算方式分类代码			CY/T	B
2.4 其他相关分类与编码标准						
39	2.4.1	表示货币和资金的代码	GB/T 12406-1996			
40	2.4.2	固定资产分类与代码	GB/T 14885-1994			
41	2.4.3	国际贸易用计量单位代码	GB/T 17295-1998			
42	2.4.4	信息分类和编码的基本原则与方法	GB/T 7027-2002			
43	2.4.5	学科分类与代码	GB/T 13745-1992			
44	2.4.6	专业技术职务代码	GB/T 8561-2001			
45	2.4.7	语种名称代码　第 1 部分：2 字母代码	GB/T 4880.1-2005	ISO 639-1：2002，MOD		
46	2.4.8	语种名称代码　第 2 部分：3 字母代码	GB/T 4880.2-2000	eqv S0639-2：1998		
47	2.4.9	中国语种代码	GB/T 4881-1985			
48	2.4.10	中国各民族名称的罗马字母拼写法和代码	GB/T 3304-1991			
49	2.4.11	空间和时间的量和单位	GB 3102.1-1993	eqv ISO 31-1：1992		

续表

序号	类目号	标准名称	标准编号	采用国际标准或国外先进标准情况	宜定级别	优先级
50	2.4.12	国际单位制及其应用	GB 3100-1993	eqv ISO 1000：1992		
51	2.4.13	中华人民共和国行政区划代码	GB/T 2260-2002			
52	2.4.14	世界各国和地区名称代码	GB/T 2659-2000	eqv ISO 3166-1：1997		
53	2.4.15	地名分类与类别代码编制规则	GB/T 18521-2001			
54	2.4.16	县以下行政区划代码编制规则	GB/T 10114-2003			
55	2.4.17	中国及世界主要海运贸易港口代码	GB/T 7407-1997			
56	2.4.18	中华人民共和国口岸及有关地点代码	GB/T 15514-1998			
57	2.4.19	中华人民共和国铁路车站站名代码	GB/T 10302-1988			
58	2.4.20	公路等级代码	GB/T 919-2002			
59	2.4.21	全国主要产品分类与代码第1部分：可运输产品	GB/T 7635.1-2002	neq CPC. V1.0：1998		
3　单证标准						
3.1　商务单证标准						
60	3.1.1	贸易单证样式	GB/T 14392-1993	eqv ISO 6422：1985		
61	3.1.2	出版物发行　订单			CY/T	A
3.2　物流单证标准						
62	3.2.1	出版物发货单			CY/T	A
63	3.2.2	出版物在途查询单/回告单			CY/T	B
64	3.2.3	出版物退货单/退货处理回告单			CY/T	A
65	3.2.4	出版物物流　标签			CY/T	A
3.3　财务单证标准						

续表

序号	类目号	标准名称	标准编号	采用国际标准或国外先进标准情况	宜定级别	优先级
66	3.3.1	书款结算单			CY/T	D
67	3.3.2	书款结算汇总单			CY/T	D
68	3.3.3	出版物发行业务统计报表			CY/T	B
4　信息描述与交换标准						
4.1　信息描述标准						
69	4.1.1	有关量、单位和符号的一般原则	GB 3101-1993	eqv ISO 31-0：1992		
70	4.1.2	文献著录总则	GB/T 3792.1-1983			
71	4.1.3	普通图书著录规则	GB/T 3792.2-1985			
72	4.1.4	连续出版物著录规则	GB/T 3792.3-1985			
73	4.1.5	书目信息交换用磁带格式	GB/T 2901-1992	neq ISO 2709：1981		
74	4.1.6	图书在版编目数据	GB/T 12451-2001			
75	4.1.7	贸易数据元目录　标准数据元	GB/T 15191-1997	idt ISO 7372：1993		
76	4.1.8	中国机读目录格式	WH/T 0503-1996			
77	4.1.9	出版物信息描述规则			CY/T	A
78	4.1.10	出版物发行数据元及其注册标准		Dublin Core	CY/T	B
4.2　信息交换标准						
79	4.2.1	用于行政、商业和运输业电子数据交换的报文设计规则	GB/T 15947-2001	eqv TRADE/CEFACT/1999/3		
80	4.2.2	电子商务协议	GB/T 19252-2003			
81	4.2.3	电子数据交换的国际商用交换协议样本	GB/T 17629-1998	idt UN/ECE R. 26		
82	4.2.4	图书流通信息交换规则	CY/T 39-2006			
83	4.2.5	报纸、期刊流通信息交换规则				
84	4.2.6	音像制品流通信息交换规则			CY/T	C

续表

序号	类目号	标准名称	标准编号	采用国际标准或国外先进标准情况	宜定级别	优先级
85	4.2.7	出版物在线信息交换标准		ONIX	CY/T	A
86	4.2.8	出版物物流信息交换规则			CY/T	A
4.3　接口标准						
87	4.3.1	信息技术　会计核算软件数据接口	GB/T 19581-2004			
88	4.3.2	出版物发行业务系统软件接口标准出			CY/T	B
89	4.3.3	出版物物流系统软件接口标准			CY/T	B
90	4.3.4	出版物发行财务软件系统接口标准			CY/T	B
4.4　其他相关信息描述与交换标准						
91	4.4.1	信息技术　通用多八位编码字符集(UCS)第1部分：体系结构与基本多文种平面	GB 13000.1-1993	idt ISO/IEC 0646-1：1993		
92	4.4.2	信息技术　信息交换用汉字编码字符集　基本集的扩充	GB 18030-2000			
93	4.4.3	信息处理　文本和办公系统标准通用置标语言(SGML)	GB/T 14814 1993	eqv ISO 8879：1986		
94	4.4.4	信息技术　可扩展置标语言(XML)1.0	GB/T 18793-2002	W3C RFC-xml：1998，NEO		
95	4.4.5	信息技术　开放式 edi 参考模型	GB/T 17628-1998	idt ISO 14662：1997		
96	4.4.6	基本语义注册系统	GB/Z 18803-2002	ISO/68：2000，IDT		

续表

序号	类目号	标准名称	标准编号	采用国际标准或国外先进标准情况	宜定级别	优先级
97	4.4.7	信息处理系统　开放系统互连　基本参考模型　第2部分：安全体系结构	GB/T 9387.2-1995	idt ISO 7498-2：1989		
98	4.4.8	计算机信息系统　安全保护等级划分准则	GB/T 17859-1999			
99	4.4.9	信息技术　安全技术　信息技术安全性评估准则　第1部分：简介和一般模型	GB/T 18336.1-2001	idt ISO/IEC 5408-1：1999		
100	4.4.10	信息技术　安全技术　带符录的数字签名　第1部分：概述	GB/T 17902.1-1999			
101	4.4.11	信息技术　安全技术　带消息恢复的数字签名方案	GB/T 15851-1995	idt ISO/IEC 9796：1991		
102	4.4.12	信息技术　包过滤防火墙安全技术要求	GB/T 18019-1999			
103	4.4.13	信息技术　应用级防火墙安全技术要求	GB/T 18020-1999			
104	4.4.14	信息技术　安全技术　抗抵赖　第1部分：概述	GB/T 17903.1-1999	idt ISO/IEC 3888-1：1997		
105	4.4.15	电子计算机场地通用规范	GB/T 2887-2000			
106	4.4.16	订购单报文	GB/T 17231-1998			
107	4.4.17	订购单变更请求报文	GB/T 17536-1998			
108	4.4.18	订购单应答报文	GB/T 17537-1998			
109	4.4.19	运输状态报文	GB/T 19255-2003			
110	4.4.20	收货通知报文	GB/T 17232-1998			
111	4.4.21	发货通知报文	GB/T 17233-1998			
112	4.4.22	装箱单报文	GB/T 18157-2000			
113	4.4.23	应用错误与确认报文	GB/T 18128-2000			

续表

序号	类目号	标准名称	标准编号	采用国际标准或国外先进标准情况	宜定级别	优先级
114	4.4.24	库存报告报文	GB/T 17709-1999			
115	4.4.25	配送备货与货物移动报文	GB/T 18715-2002			
116	4.4.26	汇款通知报文	GB/T 18716-2002			
117	4.4.27	商业账单汇总报文	GB/T 18785-2002			
118	4.4.28	交货计划报文	GB/T 18125-2000			
119	4.4.29	价格/销售目录报文	GB/T 18129-2000			
120	4.4.30	质量数据报文	GB/T 18124-2000			
121	4.4.31	参与方信息报文	GB/T 18130-2000			
122	4.4.32	销售数据报告报文	GB/T 17705-1999			
123	4.4.33	销售预测报文	GB/T 17706-1999			
124	4.4.34	报价报文	GB/T 17707-1999			
125	4.4.35	报价请求报文	GB/T 17708-1999			
126	4.4.36	国际货物销售合同报文（XML 格式）	GB/T 18933-2003			
5　技术装备与设施标准						
5.1　物流设备与设施标准						
127	5.1.1	出版物仓储基础设备基本要求			CY/T	B
128	5.1.2	出版物物流传输设备基本要求			CY/T	B
129	5.1.3	出版物仓储货架要求			CY/T	A
130	5.1.4	出版物包装捆扎设备基本要求			CY/T	B
131	5.1.5	出版物射频识别系统基本要求			CY/T	B
132	5.1.6	出版物物流　电子标签系统基本要求			CY/T	C
133	5.1.7	出版物包装材料基本要求			CY/T	A
5.2　卖场设备与设施标准						
134	5.2.1	出版物卖场货架要求			CY/T	C

续表

序号	类目号	标准名称	标准编号	采用国际标准或国外先进标准情况	宜定级别	优先级
5.3　其他相关技术装备与设施标准						
135	5.3.1	集装箱代码、识别和标记	GB/T 1836-1997	idt ISO 6346：1995		
136	5.3.2	联运通用平托盘　主要尺寸及公差	GB/T 2934-1996	evp ISO 6780：1988		
137	5.3.3	联运通用平托盘　性能要求	GB/T 4995-1996			
138	5.3.4	铁路货运钢制平托盘	GB/T 10486-1989			
139	5.3.5	塑料平托盘	GB/T 15234-1994	neq JIS Z0602		
140	5.3.6	一般货物运输包装通用技术条件	GB/T 9174-1988			
141	5.3.7	储运单元条码	GB/T 16830-1997			
6　管理与服务标准						
6.1　人力资源管理标准						
142	6.1.1	卓越绩效评价准则	GB/T 19580-2004			
143	6.1.2	卓越绩效评价准则实施指南	GB/Z 19579-2004			
144	6.1.3	国家职业技术等级标准　出版物发行员	劳动部发布			
6.2　客户管理与服务标准						
145	6.2.1	服务标准化工作指南　第1部分：总则	GB/T 15624.1-2003			
146	6.2.2	星级书店评价标准			CY/T	A
147	6.2.3	出版社综合评价体系			CY/T	B
148	6.2.4	新华书店集体商标使用管理规则			CY/T	A
149	6.2.5	新华书店集体商标使用管理规则实施细则			CY/T	A
150	6.2.6	出版物发行客户服务规范			CY/T	B

续表

序号	类目号	标准名称	标准编号	采用国际标准或国外先进标准情况	宜定级别	优先级
151	6.2.7	出版物发行俱乐部和会员管理			CY/T	C
6.3 作业流程与规范						
152	6.3.1	出版物发行作业流程			CY/T	B
153	6.3.2	出版物商务作业规范			CY/T	B
154	6.3.3	出版物营销活动规范			CY/T	B
155	6.3.4	出版物直销规范			CY/T	C
156	6.3.5	出版物发行数据信息发布规范			CY/T	C
157	6.3.6	出版物物流作业流程			CY/T	A
158	6.3.7	出版物物流作业规范			CY/T	A
159	6.3.8	出版物入库验收规范			CY/T	A
160	6.3.9	出版物仓储作业规范			CY/T	B
161	6.3.10	出版物包装作业规范			CY/T	B
162	6.3.11	出版物运输作业规范			CY/T	B
163	6.3.12	出版物退货作业规范			CY/T	B
164	6.3.13	出版物发行对账作业规范			CY/T	B
165	6.3.14	出版物发行结算作业规范			CY/T	B
166	6.3.15	图书流通信息交换协议合同样本			CY/T	A
167	6.3.16	出版物在线信息交换协议合同样本			CY/T	A
168	6.3.17	出版物的养护规范			CY/T	C
169	6.3.18	出版物风黄、污损界定标准			CY/T	B
170	6.3.19	出版物报废、报损作业规范			CY/T	B
6.4 财务结算统计管理标准						
171	6.4.1	出版物发行企业物流成本考核指标			CY/T	D

续表

序号	类目号	标准名称	标准编号	采用国际标准或国外先进标准情况	宜定级别	优先级
172	6.4.2	出版物发行企业物流成本效益指标			CY/T	D
173	6.4.3	出版物发行量统计			CY/T	B
174	6.4.4	出版物发行统计指标体系			CY/T	B
175	6.4.5	出版物发行数据审核指南			CY/T	C
176	6.4.6	出版物发行数据核指引(报刊部分)			CY/T	A
177	6.4.7	中国报纸、期刊发行量认证规则			CY/T	B
6.5 质量管理标准						
178	6.5.1	中小学教科书用纸、印制质量标准和检验方法	GB/T 18359-2001			
179	6.5.2	企业标准体系表编制指南	GB/T 13017-1995			
180	6.5.3	企业标准体系　要求	GB/T 15496-2003			
181	6.5.4	企业标准体系　技术标准体系	GB/T 15497-2003			
182	6.5.5	企业标准体系　管理标准和工作标准体系	GB/T 15498-2003			
183	6.5.6	企业标准体系　评价与改进	GB/T 19273-2003			
184	6.5.7	质量管理体系　基础和术语	GB/T 19000-2000			
185	6.5.8	质量管理体系　要求	GB/T 19001-2000			
186	6.5.9	质量管理体系　业绩改进指南	GB/T 19004-2000			
187	6.5.10	质量和(或)环境管理体系审核指南	GB/T 19011-2003			
188	6.5.11	质量管理体系文件指南	GB/T 19023-2003			
189	6.5.12	质量经济性管理指南	GB/T 19024-2000			

续表

序号	类目号	标准名称	标准编号	采用国际标准或国外先进标准情况	宜定级别	优先级
190	6.5.13	质量管理 培训指南	GB/T 19025-2001			
191	6.5.14	伪劣、盗版图书鉴别指南			CY/T	D
192	6.5.15	伪劣、盗版音像制品鉴别指南			CY/T	D
193	6.5.16	伪劣、盗版电子出版物版鉴别指南			CY/T	D
7 其他标准						
7.1 认证标准						
194	7.1.1	合格评定人员认证机构通用要求	GB/T 27024-2004			
7.2 格式标准						
195	7.2.1	中小学教科书幅面尺寸及版面通用标准	GB/T 18358-2001			
196	7.2.2	开放式电子图书出版物结构	GB/T 18906-2002			
197	7.2.3	图书其他出版物的书脊规则	GB/T 11668-1989	eqv ISO 6357：1985		
198	7.2.4	图书和杂志开本及其幅面尺寸	GB/T 788-1999	eqv ISO 6317：1983		
199	7.2.5	图书书名页	GB/T 12450-2001	eqv ISO 1086：1991		
200	7.2.6	出版物上数字用法的规定	GB/T 15835-1995			
7.3 标志标准						
201	7.3.1	出版物发行 连锁店统一标识规范			CY/T	C
7.4 安全与环保标准						
202	7.4.1	职业健康安全管理体系规范	GB/T 28001-2001	neq OHSAS 18001：1999		
203	7.4.2	职业健康安全管理体系指南	GB/T 28002-2002	OHSAS 18002：2000NEQ		
204	7.4.3	作业场地环境要求			CY/T	C

注：

1. 序号：标准在本表中的排列顺序号。

2. 类目号：标准类目的编号。

3. 标准编号：按照国家标准化法和行业标准管理办法统一分配的标准标识号，GB 表示国务院标准化行政主管批准发布的国家标准代号，CY 表示新闻出版行业行政主管部门批准发行的行业标准代号。WH 是文化行政主管部门批准发布的行业标准代号。标准代号后直接加标准顺序号，表示标准为强制性标准，"标准代号/T"表示标准为推荐性标准，"标准代号/Z"表示标准为指导性技术文件。

4. 采用国际标准或国外先进标准的情况：采用国际标准或国外先进标准的名称和采用程度标识。IDT 表示等同采用，MOD 表示修改采用，NEQ 表示非等效采用。

5. 宜定级别：对规划中的标准给出的建议级别。

6. 优先级：标准优先制定的程度。根据应用为上、急用先行的原则，为有计划、有步骤的开展标准的制定工作，对规划制定的标准的优先级设置了 A、B、C、D 共 4 个级别，表示标准制订的计划时序先后程序不同，程度按字母排列依次递减。

7. ISO：国际标准化组织。

8. UN/ECE：联合国欧洲经济委员会。

9. IEC：国际电工委员会。

10. JIS：日本工业标准调查会批准的日本工业标准。

11. RFC：国际上有 ISOC(Internet 协会)、IAB(Internet 体系结构委员会)、IETF(Internet 工程任务组)、四个小组在负责 Internet 技术标准化工作，四个小组所出的所有关于 Internet 的正式标准都以 RFC 文档出版。

12. UN/EDIFACT：联合国推荐的用于行政、商业和运输业的电子数据交换标准报文格式。

13. ISO/DIS：国际标准草案。

14. CPC：主要产品分类。

15. UN/ECE/TRADE/CEFACT：联合国欧洲经济委员会贸易便利与电子商务中心。

16. UN/EDIFACT/TRID：联合国 UN/EDIFAC 语法实施指导。

17. UN/ECE/TRADE/WP. 4：联合国国际贸易程序简化工作组第四工作组。

18. ISO/IEC：国际标准化组织和国际电工委员会共同起草的标准。

19. W3C：万维网联盟。

20. OHSAS：职业健康安全管理体系标准。

21. Dublin Core：都柏林核心元数据集。

22. ONIX：在线信息交换标准。

参考文献

[1]周启蕾．物流学概论(第4版)[M]．北京：清华大学出版社，2017．6.

[2]张余华．现代物流管理(第3版)[M]．北京：清华大学出版社，2017．11.

[3]尹章池，张麦青．现代出版物物流管理[M]．武汉：武汉理工大学出版社，2012．2.

[4]刘灿姣．中国书业物流发展战略[M]．湘潭：湘潭大学出版社，2009.

[5]张文斌．出版物流管理实务[M]．重庆：重庆大学出版社，2011.

[6]朱诠．出版物流管理概论[M]．北京：中国书籍出版社，2011.

[7]华聚良．中国书业物流问题和解决之道[N]．中国出版传媒商报，2014-12-02(008).

[8]李彦宏．“配”与“送”的结构性矛盾[N]．中国出版传媒商报，2015-07-03(003).

[9]许洁．与时俱进的书业物流巨无霸：荷兰中央书局[J]．出版科学，2011(6).

[10]林竹鸣，刘振滨．组织经济学视角下出版物流整合路径选择研究[J]．中国出版，2014(1).

[11]王思语．关于出版物流信息化建设的思考[J]．中国出版，2012(15).

[12]费秀红．基于供应链体系的现代出版物流模式优化[J]．科技与出版，2014(7).

[13]马文静，吴东亚．ISLI/OID协同标识体系在出版物流领域中的应用[J]．出版参考，2017(4).

[14]喜崇彬．新华联合：探索现代图书出版物流升级之路[J]．物流技术与应用，2016(1).

[15]王冬．探究出版物流的信息化运作[J]．科技与出版，2015(2).

[16]徐晓燕．凤凰新华图书物流中心布局设计与车辆路径优化[D]．南京：南京大学，2013.

[17]王迪，付强．试论二维码技术在出版行业的应用[J]．经济师，2013，(08).

[18]杨小春．图书出版业智慧物流的发展对策研究[J]．物流科技，2017，(04).

[19]王传臣．数字出版业和传统业共生模式的供应链建模与优化[D]．北京：北京交通大学，2013.

[20]何国军．基于协同理论的出版供应链管理研究[D]．武汉：武汉大学，2014.

[21]张旭凤，康佳星，吴子敏．图书配送中心拣选区储位优化问题研究[J]．北京交通大学学报(社会科学版)，2015，(02).

[22]张亚军，李建强，张玉霞．国内图书逆向物流发展研究[J]．物流技术，2015，(10).

[23]王海云，费秀红．出版业互惠式供应链物流模式构建[J]．出版发行研究，2012，(02).
[24]刘灿姣，袁村平．出版业现代物流体系重构与优化探究[J]．出版科学，2012，(03).
[25]主爱华，杜诗卿．电子商务环境下出版物流分析[J]．科技传播，2014，(08).
[26]费秀红．基于供应链体系的现代出版物流模式优化[J]．科技与出版，2014，(07).
[27]马军，赵静．我国出版物流行业的基本现状与发展战略[J]．出版科学，2012(03).
[28]王华，柏子康．关于出版社图书库存控制的思考[J]．科技与出版，2007(10).
[29]舒文．企业库存成本控制的有效途径[J]．中国物流与采购，2007(14).
[30]刘英辉．企业物流管理如何进行成本控制[J]．铁路采购与物流，2007(09).
[31]黄俊．长尾理论下的第三方物流企业经营模式探析[J]．物流管理，2007(10).
[32]徐剑，黄秋月．"二八定律"在图书馆管理中的应用[J]．中国图书馆学报，2007(5).
[33]杨晓雁．供应链管理[M]．上海：复旦大学出版社，2005.
[34](日)小林一博．出版大崩溃[M]．上海：上海三联书店，2004.
[35]张青．中外图书定价比较[J]．出版参考，2007年7月下旬刊.
[36]丁伟妃．基于供应链管理的图书逆向物流对策[J]．中国出版，2009(02).
[37]李武，肖东发．2000年以来英国图书出版业发展特征和趋势研究[J]．出版发行研究，2008(12).
[38]尹章池．基于供应链管理的出版业逆向物流对策[J]．武汉理工大学学报(信息与管理版)，2007(10)：156-159，163.
[39]冯斌．关注书业供应链信息协同．出版参考，2007(19).
[40]尹章池．基于现代物流中心的出版市场监测机制研究．第二届数字时代出版产业发展与人才培养国际会议论文集．高等教育出版社，2009.4.
[41]尹章池．书业物流进入供应链管理的路径选择[J]．出版科学，2008(3)：66-68.
[42]张美娟．出版业供应链中的信息共享研究[J]．情报科学，2007(12)：1854-1858.
[43]全国最大的出版物集散中心在北京建成[J]．出版参考，2007(11下旬刊)：17.
[44]尹章池．我国书业物流的技术、制度问题及发展对策[J]．中国出版，2006(7)：30-32.
[45]陈丽．中国图书市场逆向物流模式的变革[J]．大学出版，2005(4)：29-32.
[46]陈昕．日本出版流通体系考察[N]．中国图书商报，2000-08-25(10-11).
[47]江宏．上海新华传媒的新一代图书物流配送中心[J]．物流技术与应用[J]．2008(1)：36-45.
[48]陈磊．巴诺书店的物流体系[J]．出版参考，2006(06).